元華文創

老子別裁

依法而治

破解老子 語言密碼 ，再現老子本來面目，
從學術研究深入，向大眾悅讀淺出，
兩千年誤讀誤解一舉廓清。

——

郭鶴鳴 著

自　序

　　做學問是日積月累的功夫，一方面要學，日知其所無，月無忘其
所能；一方面要問，既要請問於前輩賢達，也要能靜下來問一問自
己。然而無論學與問，都不能不好好思考。學問做到一定的程度，思
考尤其重要。

　　思考當然不是漫無邊際的胡思亂想，須有一定的方向，這個「一
定的方向」就是針對問題。如果不疑而無問，表示前人把所有的問題
都已經解決完了，不用後人再去費心費力。然而這根本是不可能的，
真正有用的書，真正的經典，總是可以與時俱進，時代不同，問題就
跟著呈現嶄新的面貌，值得我們再作思考，再一次又一次地以嚴肅的
態度虔誠叩問。

　　我寫這部書，絲毫不敢存標新立異之心，尤其對於曾經在《老
子》研究上作出重大貢獻的前賢時彥，不敢存絲毫不敬之意。書中看
起來像是既新且異而大不同於前人的看法，都是來自累積經久審慎的
閱讀、認真的思考與誠懇的叩問。對這些問題所提出的解答，我必須
「自以為是」，因為這是作者負責任的最基本的要求。若是連自己都
信不過的見解，怎麼能無愧無怍地呈現在讀者眼前呢？

　　在位掌權的領導者必須少私寡欲、循制守法，權力越大，地位越
高，越要遵守法律制度。其次，越在高處的人，越要心存謙卑，才能
江匯眾谷，海納百川，讓自己日廣日大。老子自己說：「吾言甚易
知，甚易行」，我認為老子所言，若能破解他所用的密碼，會而通

之，就知道正是上述這兩層意思，可謂「甚易知」了；然而說「甚易行」，則恐怕大不見得。因為不論小如一個機關一個部門，大如一個國家一個政府，要求掌握大權的人，能夠自我損抑、自我節制，真正做到謙卑而守法，總是相當困難的。雖然很困難，老百姓卻不能不逼著他們好好努力，讀者諸君說是也不是？

導　論
《老子》字義疏證——《老子》玄言解碼

　　研讀《老子》至今幾近五十年了，我一直在思考這個問題：為什麼老子自己明明說：「吾言甚易知，甚易行；天下莫能知，莫能行。」（七十章）老子自認很容易了解，而且也很容易付諸實踐的一套理論或想法，為什麼天下人（其實指的正是當時的國君）竟無一能夠了解，也無一能夠踐行？況且早自司馬遷已經如此評論：「老子所貴道虛無，因應變化於無為，故著書辭稱微妙難識。」（《史記・老子韓非列傳》）老子之「甚易知，甚易行」，與太史公之「微妙難識」顯然適相背反，這裡面到底是出了什麼問題？即使到今天，這個問題還是很值得我們好好去探討。

　　中外古今注解、詮釋《老子》一書者，恐已不止百家千家。中國古代關乎義理方面的經典，受到全世界學者的重視與追捧，且至今猶盛而不衰的，《老子》大概也是首屈一指。然而說解者無數，論述者紛紜，養生、修煉、用兵、謀略、帝王權術、國家治理等等，各家見解參差屢見，齟齬相尋。一章一句的注釋固已多有異同，甚至在整體義理詮解的大方向上，其中南轅北轍，彼此矛盾而不能相容者也不在少數。

一、關鍵「名言」鎖上密碼

　　為什麼會有這種狀況呢？我認為很重要的一個原因，正是對老子所用的「名言」未能有相應的理解。這些「名言」乃是《老子》一書的專門術語，也是想要貼切認識老子思想的「關鍵詞」。這些「名言」往往假借尋常用詞以蘊藏非常義涵，形同《老子》書中的密碼，顧其名不可能知其義，絕不能以其平常的用法、表面的意義來理解。

　　如果不能抉伏發微、探賾索隱，不能準確理解，那麼《老子》一書的密碼就不能破譯，當然這部書的大門也就打不開、進不了，然則欲窺其宗廟之美、百官之富又焉有可能？司馬遷是何等博學廣識，距老子的時代又如此之近，而竟稱五千之文「微妙難識」，等於自己承認並不能真正讀懂。何以如此？我認為其中癥結所在，正是他沒有意識到《老子》這部書中的關鍵名言是鎖上了密碼的！

二、「道」，可道也，非恆道也；「名」，可名也，非恆名也

　　《老子》這部書一開篇就說：「道，可道也，非恆道也；名，可名也，非恆名也」。這裡所據的版本是「帛書本」。帛書本的這一節比流傳更久且更廣的王弼注本、河上公注本等版本，在語氣上更能如實表達老子的原意而不容曲解。老子的原意，絕非如王弼所謂「可道之道，可名之名，指事造形，非其常也。故不可道、不可名也」，亦即理解成「道，可道者，即不是常道；名，可名者，即不是常名」。可是從帛書來看，老子本來的意思應該是：「我所謂道，是可道的，是可以說明清楚的君王大道，然而卻不是當今那些國君所行的尋常之道；我所用的名，是可名的，是可以描述明白的名言，只不過它並非

這些名言原先所用的尋常意義，而具有我特別賦予的義涵。」

三、「無」，名天地（萬物）之始；「有」，名萬物之母

老子開宗明義，在全書一開始（以「上德不德」為老子開篇之首，先「德」而後「道」，無論如何是說不通的）就鄭重其事地提醒，他在書中所用的「名言」（或專門術語）具有特殊的義蘊，不可拿平常習用、表面浮淺的意義去理解，所以緊接著就提出了「無」與「有」這一對全書中最重要、最具關鍵性的「專有名詞」。何以說「無」與「有」在全書、在老子思想系統中，屬最為重要且最具關鍵性？因為老子把「天地之始」名之為「無」；把「萬物之母」名之為「有」。既然強調「無」與「有」是「天地之始」、「萬物之母」，可見在這個世界中的天地、萬物是以「無」、「有」作為「始」、「母」，作為一切事物的源頭與根本的。事實上一點也不錯，老子思想中最為重要的「無為」、「不言」、「柔弱」、「自然」等這些概念，如果不以「無」和「有」作為基礎，其義蘊就會游移漂蕩，甚至完全失落！

四、老子的核心關懷是政治世界，而非自然世界

《老子》全書的論述，所面對的世界到底是一個什麼樣的世界呢？這一點至關重要。如果對此一世界在認識上出了錯，那麼對老子理論系統的論述，就會產生重大的扭曲而充滿矛盾與失誤，所有的詮釋就顯得相當牽強，甚至幼稚而可笑。《老子》五千言所直面的世界就是政治世界，絕不是自然世界。老子集中討論的問題是：君王應如

何合理地運用他所掌握的權力，才能完成良善的國家治理。換言之，老子所有論述的言說對象只針對君王一個人，而其內容完全鎖定在政治事務與權力運用，主題是：「有權力的人必須守法，越有權力越要守法。君王權力最大，所以君王第一要務就是守法」。老子所關心的根本不是自然世界，也不是權術掌控、用兵謀略，更不是保健養生、神仙修煉等等，拿這些來詮釋老子思想，半章一句或許還可以湊合湊合，但是若就全書而言，那是絕對兜不攏、講不通而必然顯得方枘圓鑿、觸處齟齬的。

五、「無」指法制的義理，「有」指法制的條文

什麼東西可以作為政治世界的「天地之始」、「萬物之母」呢？可以作為君王在一切政治施為、權力運作上的真正根源或不可動搖的基本標準？老子給我們的答案是國家的法律制度。老子分別從兩個面向來審視：首先第一個面向是一般人都知道，也都看得到的，那就是法律制度的條文，一條條一套套，形諸文字、藏諸官府，隨時可以稽考檢覈。因為這些條文是具體可見的，所以老子名之為「有」。但是這些條文並非憑空而來，一切政治運作、君王賞罰黜陟既然都要以法律制度作為根據，則法律制度的背後當然必須有其義理、有其精神，且在理想上必須有社會的正義、人間的公理作為立法定制的根基，而這個足以作為根基的義理與精神乃是抽象無形、不可見不可聞的，故而老子名之為「無」。法律制度的具體條文是基於法律制度背後無形的義理、精神，以此作為根源而產生，所以老子才特別重視而說「有生於無」（四十章）。

六、故常無，欲以觀其妙；常有，欲以觀其徼

　　由「常無」「常有」「欲觀」來看，動詞的背後當然有個人，這個人就是國君。「無」與「有」如此重要，所以老子要求有國之君必須時時關注國家的法律制度。不但要經常關心作為法律制度之根基的義理，而且還要隨時注意法律制度的條文實施後的狀況，是否真能主持、真正落實人間公理與社會正義，因此他才接著說：「故常無，欲以觀其妙；常有，欲以觀其徼」。法律制度的義理與精神自是精微奧妙，故曰「觀其妙」；而其條文在施行之後，到底能否真正落實原先的精神、義理，此中自有落實多少的界限、分際，故曰「觀其徼」。「徼」有疆界、邊際之意。

七、兩者同出，異名同謂。玄之又玄，眾妙之門

　　王弼注本「此兩者同出而異名，同謂之玄。玄之又玄，眾妙之門」，這幾句帛書則作「兩者同出，異名同謂。玄之又玄，眾妙之門」。我認為在這一節中，帛書之文更能保存老子原文的面貌，也更能表達其原意。王弼本「同謂之玄」一句，竟把老子在書中一無例外全部當形容詞用的「玄」字變成名詞，對「玄」字而言，理解並不準確。這裡的「兩者」毫無疑問指的是「無」和「有」，「同出」當然是同出於「道」。君王理政治國之道必賴法律制度，法律制度固然是來自於「道」之所出，其義理、精神亦皆為「道」之所涵所攝。雖然「無」、「有」兩者之名相異，但是所指所謂都同樣針對法律制度，只不過其面向所示則一虛一實，虛者為義理精神，實者為具體條文，所以老子說「無」與「有」兩者是「異名同謂」。不論是虛，抑或是

實，兩者都可想見其深邃而玄妙，「有」之為實固已是玄而深邃，「無」之為虛更見玄而奧妙，故曰「玄之又玄」。至於「眾妙之門」，意指老子所論所述，一切治國理政的奧義妙理，都是從「無」、「有」闡發開展而來。例如「無為」、「柔弱」、「不言」、「自然」諸義，在老子思想系統中居於重要地位者，都必須以「無」、「有」為根基，這些主要的「名言」、核心的思想如果卸除了法律制度，其義其理就顯得無依無歸，所以老子把「無」、「有」這兩者說為「眾妙之門」，是君王想要完成良善治理必須掌握的要道妙理，也是一定要由此而入的必經門戶，捨此絕無他途！

八、「名言」解讀與密碼破譯

以下就對這些在老子思想系統中佔據著關鍵性地位的「名言」加以說明，並引錄相關章節略作疏證。從嚴格的「合法性」來看，老莊雖同屬道家，但並不能以莊證老；孔孟雖同屬儒家，亦不允許以孟證孔。試看同一個「性」字，孟子之所謂「性」，便與孔子有所參差；同樣說「絕聖棄智」，《莊子・胠篋》亦與《老子》十九章命意大不相同，而其他者亦可知矣！因此作者疏證所引錄者，唯有以經解經，以老證老，並不旁涉其他典籍。

1.「無」與「有」

關於老子「無」與「有」的義涵，其詳已如前文所述：「無」是法律制度制定所據的義理與精神，為法制的終極根源；「有」則是法律制度保存在官府，可見可查的條文。除了第一章以外，十一章說：

　　三十輻共一轂，當其無，有車之用；埏埴以為器，當其無，有器之用；鑿戶牖以為室，當其無，有室之用。故「有」之以為利，「無」之以為用。

　　王弼注說：「木、埴、壁所以成三者，而皆以『無』為用也。言『無』者，『有』之所以為利，皆賴『無』以為用也。」王弼雖不能真正了解「無」、「有」之奧義，但是他對於「有之以為利，無之以為用」兩句，理解卻不差，意指「有」之所以有利而可用，都必須靠著「有」之中的「無」。其實老子在此章藉車、器、室其中的「無」，所要表達的正是：法律制度之所以有利而具安邦定國之用，必然是法律制度真正能體現法律之義、制度之理，這抽象無形的義、理說到最後，無非就是人間正義與社會公理。否則無義、非理的法律制度就是空尸其位而形同具文，完全不能發揮法律制度的真正作用了。因此老子更在四十章明白表示：

　　天下萬物生於「有」，「有」生於「無」。

　　很多學者都把這兩句往西方哲學宇宙論中「萬物創生」的方向去解釋，不過如果真要談論宇宙中天地萬物之創生，則老子之所謂「道」，必不可言「大道廢」（十八章），必不可言「是謂不道，不道早已」（三十章），必不可言「失道而後德」（三十八章），必不可言「天下有道……天下無道」（四十六章），必不可言「是謂盜夸，非道也哉」（五十三章）。為什麼？因為除非宇宙毀滅，一切消失，否則宇宙創生之道是絕不可能加以否定，亦絕不可能因任何原因

以致於敗壞而「廢」，而「不道」、「失道」、「無道」、「非道」
的！況且，若真論萬物之創生，則「天下萬物」當然已經是「有」，
直接說「天下萬物生於無」豈不更直截了當，何必還繞一大圈說「天
下萬物生於有，有生於無」呢？何況「有」又豈能生「有」？如此看
來，把老子所謂「道」講成宇宙論的萬物創生之道，而非單純的君王
治國理政之道、良善政治之道，這可能是古今中外注解《老子》、詮
釋《老子》所犯的最大錯誤！

　　另外十四章說：

　　　執古之道，以御今之「有」。能知古始，是謂道紀。

　　所謂「古之道」，在這裡也就是「無」，執「無」以御「有」，
所表達的也是法制條文這些「有」，必須有正義與公理（此義此理實
即愛民之道、致治之理）之為「無」者充實其中，作為控御的韁繩，
法制之車才能驅馳如意。

　　不過在第二章中也見「有無相生」這一句，句中的「有」
「無」，老子所用的就是「有」「無」的一般義、通用義，而非老子
所特別賦予的專名義、特殊義了。「有無相生」句中的「有無」，與
此章中的「難易」、「長短」、「高下」、「音聲」、「前後」性質
一樣，都只在表達一種彼此相對依存的關係，完全是一般性的用法，
與「有生於無」之為專名專用根本不同，否則老子既然已經說了「有
生於無」，又怎能再說「有無相生」呢？這豈不是明顯矛盾而不可索
解了嗎？

　　還有不能不順便一提的：四十章中的「天下萬物生於有」這一

句，正好可以「以經解經」、以《老子》自證《老子》，真正以第一手資料證明第一章應讀成「無，名天地（萬物）之始；有，名萬物之母」，而絕不可讀成「無名，天地（萬物）之始；有名，萬物之母」。為什麼這裡能說得如此斬釘截鐵？因為「天下萬物」既然是「生於有」，生之者即是其母，然則「有」才是「天下萬物」之「母」，而不是「有名」。所以讀成「有名，萬物之母」當然是錯的，早在帛書就已經讀錯了，王弼注本、河上公注本如此讀、如此注毫無疑問也是錯的，凡是把第一章讀成「道可道，非常道；名可名，非常名。無名，天地（萬物）之始；有名，萬物之母。故常無欲，以觀其妙；常有欲，以觀其徼。此兩者同出而異名，同謂之玄，玄之又玄，眾妙之門」，於文理，則看不到上下文意的承轉；於義理，也找不到全書旨趣的條貫，可以說在文理、義理兩方面都顯得一無所當，導致後人許多莫明其所以的誤解。由此可以明確地了此懸案，今後無須再把「無、有」和「無名、有名」依違兩可地亂作調停了！

第一章是《老子》全書開宗明義最為重要的一章，如果對這一章的理解出了問題，那就不能期望全書義理的詮釋能真正貼近老子的思想。自司馬遷以來《老子》之所以「微妙難識」，之所以「天下莫能知，莫能行」，第一章之誤讀誤解恐怕就是最主要的原因！

2.「柔弱」、「無為」與「不言」

老子何以說「聖人處無為之事，行不言之教」（第二章）？又何以說「不言之教，無為之益，天下希及之」（四十三章）？

我們要知道，老子唯一說話的對象就是掌權執政的君王，不是其他的任何人。所謂「聖人」就是完全符合老子標準的國君之典型、王

者之模範。

　　為什麼聖人「無為」而還能「處事」、「不言」而還能「行教」？為什麼「為無為，則無不治」（第三章）？為什麼「為道日損，損之又損，以至於無為，無為而無不為」（四十八章）？為什麼說「聖人無為故無敗，無執故無失」（六十四章）？

　　其次，為什麼老子要強調「柔弱」？說「柔弱勝剛強」（三十六章），說「弱者，道之用」（四十章），說「柔弱者，生之徒」、「柔弱處上」（七十六章），又說「專氣致柔」（第十章），說「守柔曰強」（五十二章），說「柔之勝剛」（七十八章）？

　　簡單概括來說，為什麼老子要求君王「無為」、「不言」、「柔弱」？

　　因為老子所謂「無為」，並不是真正一無作為，而是指掌握大權的君王，在處理國家政事時，能真正誠恪而素樸地遵守國家的法律制度，讓他所掌握的政治權力，成為護持國家法制堅若磐石的穩定力量，而不是君王假借其權力玩權術、耍陰謀、弄機巧，欲圖規避法律、扭曲制度，反倒使國家法制變成君王遂行其私心私欲的工具，幫助他隨心所欲胡作非為而一無忌憚。因此，當君王願意以嚴謹的態度尊重國家的法律制度，如果在得知自己將行或欲行之事會違背法律、觸犯制度時，他寧願在法律制度之前示弱退卻，這就是君王之「柔弱」；在這個時候，君王能勇於改弦易轍，以期符合法律制度，而不敢在違反法制的情況下仍然剛愎自用、恃勢妄為，這就是君王之「無為」。「無為」與「柔弱」實際上一而二，二而一，其本質並無不同，只是「柔弱」比較偏重在君王的存心與態度的表現上說，而「無為」則比較偏重在處事決斷時不敢違法亂制、強梁妄為上說。

　　至於「不言」，並不是君王真的端坐緘默，不言不語，而是不敢在明知違背國家法制的情況下，仍然下達命令、作出指示，要求政府機關或文武官員遵照自己的意志，違法辦理公務、悖制處置政事。然而要求君王完全「不言」或許太不容易，因為法制很可能並不完備，所以即使不能「不言」，至少要做到「貴言」（十七章）或「希言」（二十三章），否則「多言」必至於「數窮」（第五章），這是老子給君王的提醒、警告。用現代的語言來說，即政府辦事，必須遵守法律制度，不可輕率使用行政命令（尤其是不合法制的行政命令）來取代正式的、明文在案的國家法制。史書上史官會特別記上一筆的君王指示「便宜行事」，說穿了根本就是貪圖一時方便的苟且作為，若就總體行政的長久效應來看，必致後患無窮而不可收拾，所以老子才會嚴詞示警「多言數窮，不如守中」，「守中」也者，正是不偏不倚地持中守正，老老實實地遵循法制。

3.「自然」

　　在談到老子思想系統的時候，有不少學者會特別提出二十五章的「道法自然」，說「道」既以「自然」為法，則「自然」的位階尤在「道」之上。我認為如此說並不恰當。在這一章老子說「人法地，地法天，天法道，道法自然」，如果一定要按照字面上所呈現的語意邏輯來解讀，則人、地、天、道、自然，其位階當是順此次序而遞升，但是參照老子在書中的說法，若要說「地」的位階在「天」之下，「天」的位階在「道」之下，「道」的位階又在「自然」之下，這在義理上是很難講得通的。況且，「人」可以「法地」，但是「地」如何「法天」？「天」如何「法道」？「道」又如何「法自然」？好像

「地」、「天」、「道」都具備了作為主體的能動性，可以按照自己的意志去「效法」似的，這顯然很牽強。

　　我認為在這裡，「人」、「地」、「天」、「道」、「自然」都是經過「形象化」的，「人」是君王的形象，「地」是卑下能容能受的形象，「天」是廣大而無不覆幬的形象，「道」是君王應遵應行的治國之路，而「自然」則是治理之道本就「自己如此」。為什麼能說「自己如此」？因為這正是君王在治國理政的作為上，不以君王的權勢去干預、操控、支配、主宰政治事務之正常運作，而只是盡心盡力使國家大政能夠在遵循法律、依照制度的情況下流暢地進行、順適地完成，最終達到國泰而民安的境界。在這個過程中，君王看起來好像只是垂衣拱手，毫不費力，良政善治只是自然而然，真的若無為而事無不為，若不言而教化大成。第二章說「聖人處無為之事，行不言之教」，老子所指的正是這種政治的「自然」境界。　第十七章「悠（猶）兮其貴言，功成事遂，百姓皆謂我自然」，「自然」所取亦是此義。

　　至於二十三章，老子說：「希言，自然。故飄風不終朝，驟雨不終日。孰為此者？天地。天地尚不能久，而況於人乎？」為什麼在「希言，自然」底下要接著說「飄風不終朝，驟雨不終日」？因為「希言，自然」正是老子在提點或甚至警告君王，不可仗著自己大權在握，就敢於無視國家的法律制度，動不動經常以命令、指示越過法制，取代法制，干擾甚至破壞法律制度的正常運作。要求君王這種作為越少越好，故曰「希言」，而盡其可能讓官府正常地依法依制辦理事務，發揮「自然」的治理功能。否則即使君權奕奕，君威赫赫，挾其威權酷烈向百官臣民下命令、作指示，其勢形同「飄風」、「驟

雨」，一時之間令人恐懼而不敢抗拒，但是這種非常、反常而絕不「自然」的狀態絕不可能長久，「天地尚不能久，而況於人乎」，這裡的「人」正指君王，老子絕不造神造聖，在老子心目中，君王並沒有任何「神聖」而大異於凡人的天生高度！

六十四章「聖人欲不欲，不貴難得之貨；學不學，復眾人之所過，以輔萬物之自然，而不敢為」。「萬物」在此指萬事，「輔萬物之自然」即君王不敢憑藉權勢，以強梁手段貫徹自己的意志，操控、宰制萬般事務，而只是盡其心力以護持法制，好像只站在旁邊輔助、引導，使國家所有政事都能在法制、官府正常運作下順適地、自然地處理完善。「不敢為」正是君王不敢倚權怙勢、肆無忌憚地違法悖制而妄作妄為。

4.「反」

「反」在老子思想系統中是一個相當重要的觀念，充分顯示老子對君王逆乎流俗、反乎汙世以追求理想的殷切期許。

四十章云「反者，道之動；弱者，道之用」，這裡所謂「反」，與「弱」性質類似，都是關乎君王「存心」與「態度」的修養上的要求，指點君王要善修善養，調整心態，以期「反」乎時君世主之所作所為，雖然地位高貴，「反」而能夠自處卑賤；雖然權大勢盛，「反」而願意自甘柔弱。老子之「反」並非如陳鼓應先生及眾多現代學者所詮釋的某一種「宇宙事物的規律」，說是「自然界中事物的運動和變化」都完全依循著「相反對立與返本復初的規律」。

把老子所提出的「道」的體性，向整個「宇宙的根源」去思考或探索，認為「道」是「關於世界之統一性的概念，是貫通於宇宙、世

界、社會和人生的統一的根源、性質、規範、規律或趨勢的概念」，
是「宇宙萬物的總根源和總根據，或世界之統一性的象徵符號」（劉
笑敢《老子古今》之〈導論二〉）。由古至今，尤其是西洋哲學東播
之後的現代，《老子》詮釋之所以漫衍出一個相當龐大的「誤區」，
很大的一個原因便是對老子所言的「道」定性錯誤所致。把「道」指
向「宇宙運作規律」和「世界創生根源」，我認為類似的觀念使得老
子思想成為一團迷霧，也使《老子》一書的詮釋誤入歧途，滋生了眾
多原先根本不是問題，而竟成為大問題的問題，終至每逢義理關鍵所
在即觸處矛盾而不可曉解，兩千多年來司馬遷「微妙難識」的感嘆，
如今疑惑反而更甚，「反」之解讀不過是其中之一而已。

　　老子之所謂「反」，即「反轉」、徹底改變君王地位高貴、權大
勢盛的虛浮表相，而使之成為謙沖卑下、柔弱循良的國家法制之忠實
守護者。我們可以從這幾章所述去理出一個清晰的頭緒，並作出明確
無疑的印證：

> 天下莫柔弱於水，而攻堅強者莫之能勝，其無以易之。弱之勝強，
> 柔之勝剛，天下莫不知，莫能行。是以聖人云：受國之垢，是謂社
> 稷主；受國不祥，是為天下王。正言若反。（七十八章）

　　老子說「弱勝強、柔勝剛」是「天下莫不知，莫能行」，可見所
謂「柔弱」乃是要君王去「行」的，正是要君王循法律、守制度，要
君王強大的權勢在法律之前退卻，在制度之前示弱，不可剛愎強梁，
恃勢違法而妄作妄為。章中「是以」一詞於文意承上以啟下，既然君
權之強大者必須「柔弱」，所以（是以）君王本是極高極貴，同樣也

必須「反過來」成為好像至卑至賤，而「受國之垢」、「受國不
祥」，這才夠資格成為真正的「社稷主」、「天下王」。「正言」而
「若反」，意謂蘊藏著正大道理的言語，須從相反的方向、反面的思
維去領會。

　　從世俗的角度來看，君王明明地位高貴、權勢強大，可是老子卻
偏偏要求君王在心態上必須「反過來」而自居卑賤柔弱，這也正是老
子屢次以「水」，以「谿谷」，以「江海」為喻，要君王效法這些居
卑處下、能容能受之自然物象的原因。

　　所以四十章「反者，道之動；弱者，道之用」，其用意完全是在
指點君王調整心態、自修自養，能「反」其高貴地位而自居卑賤，謙
沖下士以期廣納人才，則足以使政治大道啟動；能「弱」其強大權勢
而在法制之前退卻示弱，則足以展現君王以聖人之道治國理政、循法
守制的妙用。簡而言之，「反」則能使道「動」，「弱」則能起道
「用」。

　　至於二十五章所說的「道」，看似抽象，其實當然也是指君王之
道。「吾不知其名，字之曰道，強為之名曰大。大曰逝，逝曰遠，遠
曰反」。此「道」指向君王，故勉強稱之為「大」，說的就是君王地
位之高貴、權勢之強大，然而此「大」既是「強為之名」，則所謂高
貴強大者，原只是妝點虛飾出來的虛假表相或皮相，必須透過修養自
己、扭轉心態而加以排遣，使之慢慢「消逝」；只是消逝尚有不足，
須再努力而使之「遠離」；遠離猶為不足，須更加努力而最後使之完
全「反轉」，亦即高貴強大的表相，完全「反轉」而變成真實的卑賤
柔弱。所以由「大」而「逝」，由「逝」而「遠」，由「遠」而
「反」，正是君王能回應聖人之道的要求而自修自養，逐步地提昇境

界才能終至於完全轉變的。否則若不由修養以「反轉」心態來解讀，「道」之「大」怎麼能憑空而「逝」，既「逝」又怎麼能「遠」，已「遠」又怎麼能「反」？

再說六十五章「常知稽式，是謂玄德。玄德深矣遠矣，與物反矣，然後乃至大順」。此所謂「稽式」，實即治國之典則、理民之大道，能「常知稽式」，遵「道」而行，君王就具備了「玄德」，「玄德」深遠而「與物反」，「玄德」即聖人之德，「物」則指時君世主這些政壇上的「俗物」，君王所行所為須得與之相反，才能使政治走上良善的「大順」之境。然則在此「反」字之義蘊與四十章、七十八章的「反」字並無二致。

以上將《老子》一書在義理詮釋上形同密碼，卻又居於關鍵位置的重要「名言」，諸如「無」、「有」、「柔弱」、「無為」、「不言」、「自然」、「反」等加以解讀破譯，並引出全書相關章節略作疏證。

由此可知：老子論述的主題根本無關宇宙天地如何組構、萬物如何創生、萬象如何運作、事物之發展遵循什麼規律等等屬於客觀認知的問題。換言之，老子立言的宗旨完全指向政治，目的在引導君王自我節制損抑，能以謙沖卑下的心態，反轉權力黑暗面的操控欲望，實誠地遵循法律，素樸地守護制度，不干預、不破壞，讓文武官員與各級政府真正做到依法辦公、循制處事，以成就國家的良政善治，臻達「無為而無不為」的「自然」境界。

這些加上密碼的「名言」既經破譯解碼，《老子》這部書就再也不會「微妙難識」了。然則聚訟積年、懸而未解的《老子》詮釋上的

諸多問題，應該也就可以獲得真正的解決，如《老子》義理方向的問題，《老子》各章錯簡問題，老子絕聖棄智、絕仁棄義、反對禮法等相關問題，三十一章言及「喪禮」是否為後人濫入且王弼何以不注此章的問題，老子所謂「道」能否跨越「實然」、「應然」兩界藩籬的問題，老子思想是否隱含陰謀權術甚而「反智」的問題，帛書本與竹簡本是否《老子》版本之善本的問題……這些問題在本書中都有相當詳細的討論，這裡就不須再贅述了。

本書體例說明

本書既名「別裁」，說解之際自有作者一心獨裁者在。雖然在詮釋時大異前賢時彥而獨出心裁，但是於前輩學者專家之論述實亦多所資藉。每章每句在說解時，力求做到「文理」與「義理」兼顧：文理部分則剖判其立言次第，以期文章理路前後通貫、承轉順適；義理部分則思考其立言指歸，務求義趣理路與全書宗旨融洽無間，不致於產生參差齟齬、方枘圓鑿的弊病。詮釋說解之際，不敢碎義，不敢逃難，知之為知之，不知為不知。論述時雖然不能不「自以為是」，但是學殖本就荒疏，見識自揣鄙陋，故我之自以為是者，亦知其未必果然真是也。懇請大方之家、積學之士惠示卓見，不吝指正！

每章底下分列五個項目：

1.原文

所錄以王弼注本為主，少數地方則通過版本比較，擇善而從。晚近出土而為學界所追捧推重的帛書本、竹簡本，僅在必要時取作參考，因為作者認為這兩個本子實在算不上善本。

2.異文討論

《老子》版本眾多，異文自亦不少。然而羅列眾本，字校句勘而長篇累牘，對於現代的一般讀者而言，實在過於繁重而殊無必要。所以僅擇取重要版本數種，遇到解讀時在義理宗趣上關係重大處始略作討論，目的在實事求是，而不敢奢求其全其備。如此或許也可以節省觀覽時間，於讀者不為無益。

3.章句詮解

此一部分是本書的主體，也是作者注心勞神、費時費力最多之處。每章文理析釋與義理詮解兼顧，通常直抒一己之所見，不事雜錄各家說法作為印證。但是在義理關鍵處，倘若遇有觀點人我不一，見解彼此歧異，而不得不分析別辨者，則亦原原本本地引述學者專家的說法，以為討論攻錯之資。然後撮錄書中的相關章節，擷採其中義趣，以明真旨之所歸。

古人認為解經典必須通訓詁，不過通訓詁不僅在名物制度之重，文中語詞虛字之微而僅在表達語氣者，實亦每每影響到文章理路的推衍。因此不明文理，則對於義理的解會亦常常有所偏頗。本書詮解章句，若遇疑難叢脞、各家議論紛紜而莫衷一是之處，經常從剖析文理入手，希望能由通文理而可以明義理。庖丁解牛，目無全牛，遂能由技以進乎道。我則只能傾心注意於一章一句，聚精會神於枝微末節，勉力以為而已，當然難於躋攀這等境界。

4.旨趣聯繫

《老子》上下兩篇本不分章，後人分章斷句亦頗不一致。所以常見的通行版本，雖章有章旨，句有句意，但是每每上下章、前後句都

常可看到文章理路密切相聯、義理旨趣踵接相繫者。故而本書每章也就挑選全書中義理旨趣足以互相發明者數章，作為讀者並觀兼覽之助。即使在義理核心、旨趣關鍵處，可以聯繫者常常不止六章，但最多也就以六章為限。

5.義理參觀

《老子》為引領道家思想的最重要經典，注解、詮釋、析論之專書專文遍於古今中外，可取來參考觀覽的太多太多了。但是本書在這一部分所錄者都屬古人的著作，其見解有的與作者相同或近似，有的與作者截然不同或稍有參差，異同之間，希望讀者能取來多作比較，藉此觸發多角度、多面向的思考。須請讀者諒解的是，文言文或許在現代人閱讀時稍有不便，不過若真想攀登中國經典的高峰，走上探討義理的大道，而思有以更進一階者，藉此作為參觀玩味的資糧，以待他日之登峰造極，如此則這個部分應當也是不無可取的。

謹致謝意

本書之出版，得力於元華文創李欣芳主編之主持，出版社編輯團隊之襄助，與我的好鄰居政治大學周祝瑛教授的引介，種種機遇緣會，委實非比尋常。臺大中文系黃啟方教授，臺師大國文系賴明德教授，兩位都是我的師長，也有多年同事之誼，當這部書的每一章最初在臉書發表時，不時給我最溫暖的督促與勉勵；其他眾多的師長朋友，也經常給我獎勸鼓舞。師友提攜扶持之德，恩義不可一時或忘。著筆以來，老妻麗華每當飯後茶餘，也常常從容獻疑進問，攜手討論尋繹，觸發了不少巧思妙解，說是共我切磋琢磨以玉成其事，孰曰不

宜？所有師長、朋友、同學、家人，贊助之力，期許之殷，在此一併
敬致深深感謝之意！

目　次

第一章

道，可道，非常道；名，可名，非常名。無，名天地之始；有，名萬物之母。故常無，欲以觀其妙；常有，欲以觀其徼。此兩者，同出而異名，同謂之玄，玄之又玄，眾妙之門。

異文討論

　　本章章句，通行各本與帛書本有幾個不同之處，這些字句之不同對於義理詮釋方向至關重大，值得特別注意。

　　首先，王注本「道可道非常道名可名非常名」，河上本、傅奕本與王注本無異，然帛書本作「道可道也非恆道也名可名也非恆名也」。王弼、河上公顯然把「道可道非常道名可名非常名」解讀成「道，可道者，則不是常道；名，可名者，則不是常名」這個意思。然而若依帛書本，則可解讀為「（吾所謂之）道，可道也；然而非尋常所謂之道也；（吾所用之）名，可名也，然而非尋常通用之名也」。按照七十章「吾言甚易知，甚易行；天下莫能知，莫能行」，可知《老子》一書五千言皆所以言道，且此道易知而易行，然則謂「道」不可道、不可名者，無疑皆屬誤讀、誤解。

　　其次，王注本「無名天地之始有名萬物之母」，河上本、傅奕本與此無異，帛書本則作「无名萬物之始也有名萬物之母也」。王弼、

河上公由其注文，可知讀成「無名，天地之始；有名，萬物之母」。但是按照四十章「天下萬物生於有，有生於無」，逆其文而推之，可知為「無生有，有生天下萬物」，「有」既然生「天下萬物」，則知「有」才是「萬物之母」，而非「有名」。依照以經解經的詮釋原則，毫無疑問此節即當讀為「無，名天地（萬物）之始；有，名萬物之母」。

再次，王注本「故常無欲以觀其妙常有欲以觀其徼」，河上本、傅奕本與此無異。帛書本作「故恆无欲也以觀其妙恆有欲也以觀其所噭」，顯然讀成「故恆无欲也，以觀其妙；恆有欲也，以觀其所噭」。帛書本兩個「也」字的語氣詞，必為後之讀者所妄加，為什麼能如此斷定呢？因為此節開頭有一「故」字，其作用在承上文以啟下文，若是讀為「無，名天地之始；有，名萬物之母」，再接「故常無，欲以觀其妙；常有，欲以觀其徼」，則「故」字之使用，在文意承啟上順理成章；如果讀為「無名，天地之始；有名，萬物之母」，再接「故常無欲，以觀其妙；常有欲，以觀其徼」，則「故」字在文意承啟上完全不能作出合理解釋，與下一節之「此兩者同出而異名」亦完全掛搭不上。所以此節兩「也」字必為後之讀者所妄加，與王弼、河上公同為誤讀無疑。《莊子·天下篇》即謂老聃「建之以常無、有」，亦足以作為佐證。

章句詮解

我認為老子一書體現的就是嚴格的法治思想，整部書就是針對君王提出建言，而論述的焦點就是「君王必須守法」，權力越大，越要

守法。試問從古到今，誰最不守法？毫無疑問，越是有權勢的人越不守法。君王權勢最大，所以也最敢不遵守法律、不尊重制度，最敢暴戾恣睢、為所欲為。因而老子要君王「柔弱」，在國家法律制度面前示弱，凡所欲行，有違背法律制度者，君王必須退卻以示弱；要君王「無為」，一切施設，有違背法律制度者，君王必須收手而不敢妄為。

　　大家一定會問：「什麼？老子不是反對法，反對禮，甚至也反對仁義聖智嗎？」老子老早被唐宋以來所謂衛道的儒者之徒曲解、誣蔑而判定為「異端」，甚至是「邪說」，於是看到「法令滋彰，盜賊多有」，就說老子反對法；看到「禮者，忠信之薄而亂之首」，就說老子反對禮樂；看到「絕聖棄智、絕仁棄義」，就說老子反對仁義道德。這些話可都是史上偉大學者、當代老學權威說的，怎能不信？眼前可見的中國哲學史也大抵都是這樣說的，又怎能不信？眾多大學者都斥老子為陰謀權術、暗黑可懼，連素所尊敬的余英時先生也不了解老子，把老子定性為「反智」。然而在我看來，如此解讀《老子》，無異只是望文生義，這種皮相之談，並不能真正讀懂老子！

　　《老子》這部書，書中的關鍵詞如「無」、「有」、「柔弱」、「無為」等等是帶著密碼的，如果不能破譯這些密碼，那麼讀《老子》就必然會如同瞎子摸象一般，不曲解、不誤解也難。

　　《老子》第一章（原本不分章，姑且如此說）的關鍵詞，甚至整部書最重要的關鍵詞就是「無」和「有」，所以開篇第一章就要先提出來說個明白。老子談的就是政治，即司馬談所謂「務為治」者；所論完全集中在君王之道，這就是班固《漢書・藝文志》所謂的「君人南面之術」。全書一開始就揭舉出法律制度，以之作為政治治理、公

共事務舉行施設的客觀標準，他所用的名詞就是「無」與「有」。「有」指的是法律制度的具體條文，一條條一套套，列於眼前，可檢可覈，故而名之為「有」；「無」指的是法律制度的精神、義理或原則，追尋到底應可說是人間社會的公平正義，而這部分是抽象的，視而不可見，聽而不可聞，故而名之為「無」。「無」近似今日的憲法，憲法所規定的只是一些方向與原則；而「有」則是各式各樣的法律。各種法律條文根源於憲法原則，所以四十章說「天下萬物生於有，有生於無」。解讀老子最大的錯誤，即在把「無，名天地之始；有，名萬物之母」望文生義地指向天地萬物之創生上去，這樣一來，人與物既然同樣繫屬於「道」，人文世界（人間社會）跟自然世界就必得共同遵從一樣的規律，問題是這兩個世界明明釐然有別，各自有一套不同的規律與法則，又豈能混為一談！

　　附帶再次說明，王弼、河上公等俱是讀成「無名，天地（萬物）之始；有名，萬物之母」，帛書本顯然亦是如此，我要斬釘截鐵地說這是錯的，因為由四十章之文即可「以經證經」而證明其錯誤。四十章明明說「天下萬物生於有」，而非「天下萬物生於有名」，把「天下萬物生於有」倒推過來當然是「有生（天下）萬物」而為「萬物之母」，而絕對不是「有名，萬物之母」。況且此章前文已申明並提醒讀者「名，可名，非常名」，帛書作「名，可名也，非恆名也」，告訴我們他所用的「名」是「可名」的，但是「非常（恆）名也」，「有」是一名，「無」也是一名，但是老子在此特別申說，不可用平常的、一般的「無」與「有」的意義去看待這裡的「無」與「有」，這一對名詞他是賦予了特殊的意義而別有重要內涵的，如同「舊瓶裝新酒」，舊瓶就是大家習用的「有」、「沒有」的「無」與「有」的

一般義，老子不曾新鑄偉詞，可是卻賦予舊詞以新的意義、新的內涵，而用「無」與「有」來表達法律制度的兩個面向，這就形同裝進了新酒。

　　第一章乃是《老子》一書開篇首見的文字，是整部書立論的根基，佔據著開宗明義的重要地位，我認為絕對不可易置。有學者因帛書出土時下篇「上德不德」擺在上面，加上韓非〈解老〉亦是「德」篇在前而「道」篇居後，於是認為《老子》原本可能德篇在前而道篇在後；或作調停之說，說是《老子》應有兩種傳本，一為讀書人傳本，道篇在前；一為政治人傳本，德篇在前。我認為若從思想系統與《老子》所揭示的義理來看，道篇居前比較合理。帛書出土時德篇朝上，韓非〈解老〉先德而後道，只能說很奇怪，看不出有什麼道理。

　　既然提到帛書，我就多說幾句話。讀《老子》時若以通行本對照帛書，就可發現帛書中很大部分的異文都是音同、音近，而其字就上下文看來，形與義卻相隔邈遠。何以如此？我猜測或許有一種可能：帛書發現於墓葬，其墓是貴人之墓，也許基於為死者祈福的緣由，當時墓中陪葬之物必須備有《老子》這一類的書，貴人有很多，以致《老子》這一類的書需求量甚大，單一個人抄書供不應求，於是由一人持原本專事誦讀，多人憑聽聞負責抄寫。誦讀者、抄寫者水準高低不齊，於是誦讀時不該停頓處停頓，抄寫者語氣詞就可能誤置了；誦讀的人雖沒讀錯，抄寫的人卻抄成音近或音同的別字了。帛書那些不能以異體字、古今字等等來解釋的眾多異文，或許就是這種原因造成的。帛書本與簡本《老子》一樣，雖然在版本校勘與學術研究上有很大參考價值，但我認為萬萬不可過於高估，以致視之為具有權威地位的善本，因而一切以帛書、簡本為準據，如此就未免失之迷信了！

　　首先，「道可道非常道名可名非常名」，帛書作「道可道也非恆道也名可名也非恆名也」，我認為帛書之文近於老子語意之真，而不應理解為「道，可道（者），（即）非常道；名，可名（者），（即）非常名」，一如王弼所注。王弼號稱玄學權威，至今好像無人敢於質疑、挑戰，可是我總覺得他注解老子，一開始就出問題，說什麼「可道之道，可名之名，指事造形，非其常也，故不可道、不可名也。」意思是老子所說的是常道、常名，而常道不可道，常名不可名。但是如果真正不可道、不可名，那就是所謂「言語道斷、心行處絕」，乃佛教中全憑修持工夫而得超越頓悟之事，根本不能經由語言文字去說明、去理解，然則老子又何必費心耗神寫五千言呢？且又怎麼能說「吾言甚易知、甚易行」（七十章）呢？這不是自相矛盾嗎？

　　如前所述，老子之道當然可道，但不是尋常所言之道；而「名」者，乃老子藉以言道之名，此「名」當然亦可名，然而並非尋常所用之名，非一般義涵之名，從外邊看確是舊瓶，可是裡邊卻已被老子裝進了新酒。這個「名」就是下文所提出來的「無」和「有」。

　　老子以「無」名「天地（萬物）之始」，以「有」名「萬物之母」，試想「天地之始」、「萬物之母」是何等巨大的分量，天地間萬物（物者事也）以此作為根源、基礎，天地間萬事藉此乃得依據、維持，這兩個「名」涵蓋了政治世界，包籠了公共領域，可知老子在說明「無」與「有」時，態度是何等的鄭重，而「無」與「有」的地位又是何等的重要！

　　我認為從全書義理條貫來推敲，從四十章「天下萬物生於有，有生於無」、十一章「三十輻共一轂，當其無，有車之用；埏埴以為器，當其無，有器之用；鑿戶牖以為室，當其無，有室之用。故有之

以為利，無之以為用」這兩章中「無」與「有」的依存關係來尋繹，「有」既然是從「無」產生出來的，而「『有』之所以為利，皆賴『無』以為用」（王弼注十一章語），再從道家乃是「務為治」的「君人南面之術」來定位，政治作為公共事務的重中之重，必須有一個客觀的準則作為一切施設舉措的依據，此一客觀準則必然只能是法律制度就毫無疑義了。然而法律制度又分為兩個層面，其最根本、最原始的乃是法意、法理，也就是法律制度藉之以制定的原則、精神或義理，這在儒、道兩家應無分歧。《禮記・禮運》：「禮雖先王未之有，可以『義』起也」，《莊子・大宗師》：「二人相視而笑曰：是惡知禮『意』！」禮既然有其「意」與「義」，法當然亦有其原則與精神。所以從表面上看，法律制度雖是一條條、一套套的具體條文，這是「有」；但是它裡邊卻必然涵有抽象的意義、原理，這即是「無」，而且「無」更屬根源、更為重要。為什麼老子要說「無，名天地之始；有，名萬物之母」，要說「天下萬物生於有，有生於無」，要說「有之以為利，無之以為用」，道理就在這裡！此義若不能鏊定，其他「柔弱」、「無為」、「不言」之義便都飄蕩游移，無從講起；此義若不能確立，老子被誣為陰謀權術、詭詐反智也就不可避免了！

　　古代中國思想家絕大部分的論述，都是談人生的、社會的理想，談有關價值取向的問題，因為這些是人可以去努力、去改善的，至於客觀的知識問題，古人一般而言並沒有真正清晰的覺醒與明確的認知。解決人生與社會的問題不可能不運用知識，但在他們的時代，知識只隱藏在代代相傳的經驗之中，身影依稀見得，只是妾身未明，並不具有真正獨立的地位。所以客觀世界的認知問題，包括天地如何創

造，萬物如何產生，大抵以神話交代了事，重要的思想家絕少作出真正具有嚴肅認知意義的論述。在這方面，孔子固然如此，老子也是一樣。所以老子談「道」，正如司馬談、班固（承自劉向、劉歆父子）所言，就是「務為治」的「君人南面之術」，也就是君王治國理民之道，談天地萬物，那就是政治世界中的天地萬物，談「有」論「無」，那就是藉「有」、「無」之名談法律制度。

　　設若「道」包涵覆蓋宇宙或天地中所有的事事物物，則萬事萬物都必須遵循此「道」的規律，客觀世界中的事物固是如此，人間世界中的事物亦莫不然。這個意思就是說：所有人的一切作為都不可能軼出於「道」的籠罩之外，都不可能逃出以「道」為規律的羅網之中。你不努力，任何事物固然不會改變；但你再怎麼努力，任何事物也一樣不會改變，因為這個世界中的任何事物無論如何都必須遵守「道」的法則，而不是依據你的作為。好，如果你說：不是這樣啊，自然世界有自然世界的規律，人的作為不能改變；但人間社會有人間社會的法則，只要方法對了，努力就可以改變現狀，歷史不是證明了這一點嗎？但是如果你認知到這一點，那麼「道」不就展現了兩種規律、兩種法則了嗎？客觀自然世界與人間社會各不相同。如此說來，這就分明有兩種「道」，而非唯一，我們能說老子的「道」有兩個嗎？老子真是這麼說的嗎？說到這裡，我必須坦白道一句：詮釋老子而認為老子之「道」是涵蓋萬事萬物，兼該自然與人文兩個世界，而同屬一個法則的，作為一個學者，這樣會不會顯得邏輯思考大有問題，甚至腦筋根本就不太清楚？真是抱歉，我在此用語頗嫌激烈，態度也不太客氣。這個觀念我一說再說，不免惹人厭煩，然而這正是老子思想詮釋的癥結之處，也是古往今來產生誤解的根源所在，有必要再三澄清。

予不得已也，豈好辯哉！

　　身為政治上的最高領導者，對於天地之始的「無」、萬物之母的「有」，也就是對於法律制度的兩個面向，當然不能不用心思忖，不能不注意考察。所以老子要求君王要「常無，欲以觀其妙；常有，欲以觀其徼」。所謂「觀」，當然不是用眼睛瞧一瞧、張望張望而已，「無」之中法律之理、制度之義，這裡邊深邃奧妙，為君為王者須得經常用心思慮忖度，念茲在茲；而法律制度既已制定而成為條文，其實施效果如何？執行之後是否符合原先的法意、法理？這些都要國家領導費神斟酌，加意考察。「妙」是著眼於抽象的義理，「徼」的字義本為疆界、邊際，在此當指法制施行後所達到的分際與效果，須時時考察是否符合原先的法意、法理，是否體貼當前的社會與人情，是否須要修正、調整？

　　如果讀為「無名，天地之始；有名，萬物之母」，這與「故常無欲，以觀其妙；常有欲，以觀其徼」如何在文意上、義理上都能順適地貫串起來？還有，與下文「此兩者，同出而異名」又將如何聯繫？「此兩者」是河上公所說的「無欲、有欲」呢？還是「無名、有名」？或者是王弼注所指的「始、母」？無論是「無名、有名」，或王弼的「始、母」，或河上公的「無欲、有欲」，我認為都經不起下文「異名同謂」的檢驗。

　　我們先看帛書章末這幾句：「兩者同出，異名同謂，玄之又玄，眾妙之門」，我認為這應當比通行本「此兩者同出而異名，同謂之玄，玄之又玄，眾妙之門」更接近老子原本之真。因為無論在文意聯繫上或義理條貫上都更順適，邏輯理路也更為明晰。為什麼說得這麼肯定呢？第一章的論述核心就是「無」與「有」，可以說此章中每一

句話都和「無」與「有」密切相關：所謂「道」即指君王治國之道，老子藉「無」、「有」二名以言道，蓋法律制度乃是治國理民種種事務的客觀標準，故為「天地之始」、「萬物之母」。因為它如此重要，故君王必須時時上心，既要「常無，欲以觀其妙」，又要「常有，欲以觀其徼」。謂此兩者「同出」，是因為同出於治國理民之道；謂此兩者「異名同謂」，是因為就「名」而言，雖然有「無」、「有」兩「名」之異，然而所指所謂同樣都是法律制度，只不過抽象義理這一面名之為「無」，而具體條文這一面名之為「有」罷了。正因為「無」與「有」實際上乃是同一物事（法律制度）的兩個不同面向，這才能說為「異名同謂」，如果是根本不同的兩種東西，其異名固為當然，大可不必再加以強調；而把兩個根本不同的物事竟然說它們是「同謂」，是指謂同一個東西，這豈不太過奇怪而完全不可理解嗎？所以無論把「此兩者」認為是「始、母」，或是「無名、有名」，又或是「無欲、有欲」，還要進一步說它們是「異名同謂」，都是牽強至極而絕不可通的！唯一能夠順理而且成章的，只有代表法律制度兩個不同面向的「無」和「有」！

「無」之作為「天地之始」，其中有無盡之「妙」；「有」之作為「萬物之母」，其中有難測之「徼」，故而老子說「無」與「有」實是「玄之又玄」，就君王之治國理民而言，這是無比重要的客觀標準，一切為政的要道妙理都自此而出，所有致治的千變萬化皆本此為則，所以謂之「眾妙之門」。

本章解說，不憚辭費，因為歷來的詮釋誤解深重，故不能不細予梳理。第二章緊接第一章，老子即在第二章中進一步說明治理國家何以需要客觀的法律制度。

旨趣聯繫

十一章、十四章、二十一章、二十五章、四十章、五十一章。

義理參觀

＊常者，不變之謂也。物有變，而道無變。物之變至於念念遷謝，俯仰之間未嘗少停。至所謂道，則無始無終，天地有盡，而此道無盡，是之謂常。常之為道，不可行而至，不可名而得。使其可行，即非常道；使其可名，即非常名。自未始有天地，而真常之理已具于無名之初，故無名為天地之始。及天地既判，高下之名生，萬物自是而滋，故可以名者，物之母也。聖人體真常之道，以出入于有無之間，故妙者，大道也，無也；徼者，小道也，有也。吾欲觀其妙，則與妙同入而歸于無；吾欲觀其徼，則與徼同出而遊于有。妙即徼，徼即妙；有即空，空即有。其本同，其末異，故同謂之玄。不獨此也，至於玄之又玄，即能使眾徼之間無非眾妙，是謂「眾妙之門」，言其于徼妙、有無之間，無揀擇而皆妙也。（李息齋註）

＊徼，讀如邊徼之徼，言物之盡處也。晏子曰：「徼也者，德之歸也」，列子曰：「死者，德之徼」，皆指近處而言。蓋無之為無，不待言也，方其有欲之時，人皆執以為有，然有欲必有盡，及其盡也，極而無所更往，必復歸于無，斯與妙何以異哉？故曰「此兩者，同謂之玄」。雖然，老子亦不得已為未悟者言耳，實非舍有以求無也。苟其舍有以求無，則是有外更有無，安得為無？蓋當其有時，實未嘗有，此乃真無也。故不滅色以為空，色即空；不捐事以為空，事

即空。不然,其所謂無者,為對有之無;而所謂有者,為對無之有,亦惡得謂之常無、常有哉?噫!安得知常者而與之一論此!(焦竑《筆乘》)

第二章

天下皆知美之為美，斯惡已；皆知善之為善，斯不善已。
故有無相生，難易相成，長短相較，高下相傾，音聲相
和，前後相隨。是以聖人處無為之事，行不言之教；萬物
作焉而不辭，生而不有，為而不恃，功成而弗居。夫唯弗
居，是以不去。

異文討論

　　本章通行各本與帛書本、竹簡本相異之處不少，但即使出現異
文，都不致於牽涉到義理詮釋方向的改變，應無必要作進一步的詳細
討論。

章句詮解

　　本章可分兩節，首節由「天下皆知美之為美」至「前後相隨」：
國家之治理為什麼需要法律制度？老子在第二章這樣說明：對於公共
事務，基本上每一個人都是從私己利益的角度出發，都是從本身所處
的境遇去看事情的，因之不免群言擾攘，眾口難調，彼此扞格，人我
齟齬，到頭來衝突不斷，若鼎之沸。這時若沒有一個可以代表公義公
理的客觀標準作為裁決處斷的依據，事情就不可能辦理，問題就不可
能解決。由此觀之，法律制度的必要性就不待言了。

　　所以老子在此章一開始就說：「天下皆知美之為美，斯惡已；皆知善之為善，斯不善已。」有人解為：人人都知道此物很美好，於是彼此競逐，爭端四起，此物就反而變成醜惡了；人人都知道這事很良善，於是矯揉造作，欺罔詐騙，良善反就變成不善了。我認為老子的意思應是：當我們都知道有所謂的「美」，那麼相對的「醜」就同時出現；當我們都意識到有所謂的「善」，那麼相對的「惡」也就同時出現。善惡美醜是相對相形而生成、而顯現的，其他的有無（此處之「有」、「無」為平常用法，與首章代表法律制度兩個不同面向而作為專用名詞的「無」、「有」不同）、難易、長短、高下、音聲、前後也是一樣。因此你認為好，有人認為不好；你認為對，偏就有人認為不對；你堅持事情這麼辦是擇善固執，但硬是有人批評這麼幹根本是愚蠢癡騃。甲認為事情這麼辦很好，因為對他有利；乙認為事情這麼辦不好，因為對他不利。由此可知，人人依其主觀而各有不同看法，然則處理公共事務，必須依據共知共守的客觀標準也就不言而喻了！

　　第二節由「是以聖人處無為之事」至「是以不去」：就個人而言，關起門來你可以有自己的標準而不必管別人怎麼看，但是一旦涉及公共事務，若沒有大家可以認知、持守的標準，那就寸步難行。天下擾擾，皆為利往，涉及利益，勢在必爭，爭而無解決辦法，整個社會就會騷亂不安，永無寧日。西方人看政治很實際，認為歸結到最後就是「資源（利益）分配」，國家這麼大，資源之分配若要公平合理，君王再怎麼聖明，也不能天天要他說了才算數，必須依靠法律、仰賴制度。法律制度既有規定，依法行事，大家便無話可說。「聖人處無為之事，行不言之教」，聖人能「處事」而「無為」，能「行

教」而「不言」，所倚仗者當然只有法律制度。既已說是「處事」了，君王已經在做事了，所以「無為」絕非真的端默垂拱而一無作為，必然是依法律、依制度而絕不在違法亂制的情況下胡作妄為；既已說是「行教」了，已經施行教化了，所以「不言」亦絕對不是不發號、不施令，不是真的閉上嘴巴一句話都不說，而是絕對不在違法亂制的情況下對文武百官有所發派指示。

果能如此，那就可以「萬物作焉而不辭（十七章王注引作「萬物作焉而不為始」，似較得其意），生而不有，為而不恃」。君王把該做的事情都處理得妥妥帖帖，卻只是依法律、依制度而非由己創始，不是按照自己的意思拿主意、作指示；只是依法依制對百姓萬物生育之、長養之，而不把天下之物據為己有；只是按照法制當為乃為，而不敢自恃其智其能。一切歸功於法律制度，而自己絕不敢居功。正因為真心尊重法律、誠懇守護制度，所以雖不居功，卻更加可長可久。

以上第二章說完，但關於「不言」很值得多說幾句。古代君王以其地位之高、權勢之大，一言既出，等同律令。如果此言背離法律、違反制度，底下負責執行的官吏要怎麼辦呢？遵從君命則背棄官府所守，玷辱自身職務，為官之風骨安在？若堅守法制而抵拒不受，則身家性命大有可能不保。因之為臣者在這種情況下，勢必進退狼狽、左右為難。長此以往，極可能導致行政效率的降低，嚴重的話甚至造成整個政府機關之失能。所以老子對國君屢次以「無為」、「不言」提撕警醒，二章之外，四十三章又曰「不言之教、無為之益，天下希及之」。而「不言」有時稍稍緩和而說為「貴言」或「希言」；「無為」則常略加改變而說成「不為」、「不敢為」或「為而不恃」。更值得注意的是「無為」、「不言」及其涵義類似的表述方式，又經常

與「自然」一義同時出現。例如十七章：「悠（猶）兮其貴言，功成事遂，百姓皆謂我自然」；二十三章：「希言，自然。故飄風不終朝，驟雨不終日。孰為此者？天地。天地尚不能久，而況於人乎」；六十四章：「學不學，復眾人之所過，以輔萬物之自然，而不敢為」。

尋繹這些章節而梳理其條貫，會通其旨趣，我認為老子是在要求君王敬謹遵守法律，誠實蹈循制度，不可以在違背法律制度的情況下發號施令而胡作妄為。即或不能百分之百依法循制而「無為」、而「不言」，至少也要謹慎持重、少私寡欲，儘可能減少在下命令、作指示時與法律制度互相抵觸的狀況，做到「不敢為」、「為而不恃」與「希言」、「貴言」的地步，而這就近乎老子所謂「自然」的最高境界了！

何謂「自然」？「道」在位階上應該已經是最高的了，為什麼老子還要說「道法自然」？「自然」就是「自己如此」，君王治國理民，一切遵循法律制度，無為而不言，一切作為、所有舉措皆在國家法制之下流暢順適地運作而看起來好像「自己如此」，這正是為政之道順理成章、毫不勉強的究極境界。反之，違法而胡作非為，壞制而亂下指示，即使君權至高，君威至大，強悍酷烈一如飄風驟雨，然而老子正色給予警告：「飄風不終朝，驟雨不終日。孰為此者？天地。天地尚不能久，而況於人乎？」（二十三章）你國君縱然人稱聖神文武，究其實也不過只是個人，即使偉大如天地，天地那違反自然、違背正常的狂風暴雨，再怎麼酷烈也不能終朝終日，君王不守法制而妄為妄言，使得本該為百姓造福的政治權力軼脫常軌，徹底變質而成為荼毒人民、禍害生靈的暴力，這種暴力就像飄風驟雨，只能肆虐於一

時，又豈能長長久久？

旨趣聯繫

第十章、三十四章、四十三章、五十一章、七十七章。

義理參觀

＊美至於無美者，天下之真美也；善至於無善者，天下之真善也。真美離，斯天下皆知美之為美；真善散，斯天下皆知善之為善。故有無者以言乎其道，難易者以言乎其德，長短者以言乎其體，高下者以言乎其位，聲音者以言乎其交感，前後者以言乎其始終，此勢之然也。夫聖人處無為之事，行不言之教者，將以使人冥于真善，混于真美，復歸于樸，而與天地為徒，與造化為友者矣。若然者，萬物之息，與之入而不逆；萬物之作，與之出而不辭。吾何容心哉？（陸農師註）

＊聖人處無為之事，行不言之教，彼無心于為與言者，順萬物性命之理而已。則萬物之作也，吾亦與之作而不辭；萬物之生也，吾亦與之生而不有；萬物之為也，吾亦與之為而不恃；萬物之成也，吾亦與之成而不居。蓋其作也、生也、為也、成也，皆順性命自然之理，因物與時，而非我也，則吾亦何必辭、何必有、何必恃、何必居？故曰「萬物並作而不辭，生而不有，為而不恃，功成而不居」。作然後生，生然後為，為然後成，此其序也。（王无咎義）

第三章

不尚賢，使民不爭；不貴難得之貨，使民不為盜；不見可欲，使民心不亂。是以聖人之治，虛其心，實其腹；弱其志，強其骨。常使民無知無欲，使夫智者不敢為也，為無為，則無不治。

異文討論

本章異文須作討論者，為章末幾句。

王注本「使夫智者不敢為也，為無為，則無不治」，河上本與此無異，傅奕本作「使夫智者不敢為，為無為，則無不為矣」，旨趣略同。帛書本則作「使夫知不敢，弗為而已，則无不治矣」，「知」字作動詞用。按七十三章「勇於敢則殺，勇於不敢則活」，此為老子對君王之告誡，因為君王權力至大，故以循守法制、不敢妄為之「不敢」為「勇」，帛書之「知不敢」、「弗為」與此意相合。問題是其上一句「恆使民无知无欲也」，在語氣上卻似是直貫下句「使夫知不敢」，則「知不敢」者又應是指「民」而不是「君王」了。通行本「使夫智者不敢為也」，「智者不敢為」即指「民」之有「知」有「欲」者亦不敢妄為。「為無為，則無不治」則又回到「聖人」上，文意有前後呼應之勢。兩相權衡、對照，通行本似乎較帛書本更見順理而成章。

章句詮解

　　首節由「不尚賢」至「使民心不亂」：關於「不尚賢」、「不貴難得之貨」、「不見可欲」，王弼注的解說不算太偏頗：「唯能是任，尚也何為？唯用是施，貴之何為？尚賢顯名，榮過其任，為而常校能相射。貴貨過用，貪者競趣，穿窬探篋，沒命而盜。故可欲不見，則心無所亂也。」樓宇烈《校釋》認為注中「為而常」三字當有脫誤。雖有脫誤，不致影響對王注的理解。

　　以王弼的家世，不可能不清楚政府用人必須選拔賢良英傑，但如何方能「唯能是任」呢？這就逼顯出政府必須有一套公平公正以拔擢真才的客觀制度，而不能靠君王光憑主觀的愛好去「尚」，不能靠君王只聽天花亂墜的一套漂亮說辭就去「尚」。所以「不尚賢」真正的涵義其實應更接近《韓非子‧顯學》所謂：「觀容服、聽辭言，仲尼不能以必士；試之官職，課其功伐，則庸人不疑於愚智。故明主之吏，宰相必起於州部，猛將必發於卒伍。」國家的高級官員，無論文的宰相、武的將帥，都要根據制度從基層幹起，逐級歷練，循階遷升，積累各階段的經驗，熟習各層級的運作，洞燭利弊，通觀得失，然後方能委以重任，或盱衡樞要，或運籌幕府，否則人主徒聞虛聲，即迎為輔弼；乍聽浮譽，即拜為將帥，若今之所謂「坐直升機」、「跳三級跳」者，不亂政、覆軍，也只能算是國之大幸了！

　　所以老子所謂「不尚賢」，並非不選賢、不舉能，而是要君王在用人取才時能尊重制度，不可聽信虛聲浮譽，但憑一己之好尚，如此人民就不致因爭名而詐騙。至於「不貴難得之貨」，亦指凡百貨物的價格，為政者但應順應供需原理，尊重市場機制，對物價不興風作

浪，不顛簸翻覆，如此人民就不致因逐利而作賊為盜。「可欲」者，即上述名與利之類為人心之所欲者。無論求名求利，都只能照著國家的法律制度來，不能使詐行騙。如果行之有常，人民便只能踏踏實實、安分守己而不致於使社會生亂了。

第二節由「是以聖人之治」至「則無不治」：「是以聖人之治，虛其心，實其腹；弱其志，強其骨。」張舜徽《老子疏證》說：「四其字，皆指人君自己。虛其心，謂少欲也；實其腹，謂廣納也；弱其志，謂謙抑能下人也；強其骨，謂堅定有以自立也。」張先生的《周秦道論發微》，內收《老子疏證》上下卷，是我至目前為止所見最能貼近老子思想的詮釋，但是這四句如此下解，我認為似乎還值得商榷。

就文章來看，「是以聖人之治」，下接「虛其心」四句，再結之以「常使民無知無欲」。可知「虛其心」這四句應當是針對所「治」對象之「民」，而不應該指向君王自己。本章所談都是治國理民的大方向、大原則，把這四句突然導向君王的內在修養，我認為無論就文章理路或義理條貫而言，都並不適當。第四章以下談修養者甚多，只不過君王的道德並不同於一般人的道德，君王的修養亦非臣民百姓的修養，這是讀老子書時先要留意的。

陳鼓應先生《老子今註今譯》則把這四句解為「使人心靈開闊，生活安飽，意志柔韌，體魄強健」，顯然是把「腹」字、「骨」字落實了看，指肚腹、筋骨。我認為「心」與「志」既然是抽象義，「腹」與「骨」何妨也視為表達生命內在的、心靈層面的抽象用語。「腹」字不用質實義而用抽象義，這在《老子》是有例可證的：十二章「聖人為腹不為目」，此章上文既已說「五色令人目盲，五音令人

耳聾，五味令人口爽，馳騁畋獵令人心發狂，難得之貨令人行妨」，可見老子把這些聲色、美味、畋獵等視為外在的誘惑，而用「目」字概括之，故曰「不為目」，而相對的必須「為腹」，所以「為腹」只能解為對內在心靈的、精神層面的充實與強化，否則就不能反對五味之令人口爽了！

由以上的分析，我認為「虛其心」四句應分為兩組，「虛其心，實其腹」對治上文之爭名，「弱其志，強其骨」對治上文之爭利，解為：「空虛百姓的爭名之心，而充實其精神層面的內涵；減弱百姓的爭利之志，而強化其內在生命的主幹」。如此方可「使民無知無欲」，也就是使人民清除巧偽的心智，放棄貪婪的慾望。這樣一來，那些狡黠的所謂「智者」，就不再能憑藉名與利去鼓動民眾、掀風簸浪地胡作非為了。以「無為」的原則治理天下，一切舉措尊重法律制度，如此則輕省簡易，人人走正路，事事上軌道，故曰「為無為，則無不治」。

第三章至此說完，但《莊子》書中對老子之「不尚賢」，顯然採取直白的解讀，試看〈天地〉篇：「至治之世，不尚賢，不使能。上如標枝，民如野鹿，端正而不知以為義，相愛而不知以為仁，實而不知以為忠，當而不知以為信，蠢動而相使，不以為賜。是故行而無跡，事而無傳。」〈庚桑楚〉篇：「且夫二子（堯舜）者，又何足以稱揚哉！……舉賢則民相軋，任知則民相盜，之數物者，不足以厚民。民之於利甚勤，子有殺父，臣有殺君，正晝為盜，日中穴阫。」這樣的觀點，我認為與老子「不尚賢」之說並不相應，但或許也是對「不尚賢」的另一種詮釋，錄之既備一說，亦資對照。

旨趣聯繫

十二章、十九章、三十七章、五十八章、六十五章。

義理參觀

＊尚賢，則民恥于不若而至于爭。貴難得之貨，則民病于無有而至于盜。見可欲，則民患于不得而至于亂。雖然，天下知三者之為患，而欲舉而廢之，則惑矣。聖人不然，未嘗不用賢也，獨不尚賢耳。未嘗棄難得之貨也，獨不貴之耳。未嘗去可欲也，獨不見之耳。夫是以賢者用而民不爭，難得之貨、可欲之事畢效于前而盜賊、禍亂不起，是不亦虛其心而不害腹之實、弱其志而不害骨之強也哉？今將舉賢而尚之，寶貨而貴之，衒可欲以示之，則是心與腹皆實也。若舉而廢之，則是志與骨皆弱也。心與腹皆實，則民爭；志與骨皆弱，則無以立矣。不以三者衒之，則民不知所慕，澹然無欲，雖有智者，無所用巧矣。即因三者之自然而不尚、不貴、不見，所謂「為無為」也。（蘇轍註）

＊聖人知夫美斯惡，善斯不善，而我無容心焉。故雖縻天下之爵，因任而已，而賢非所尚也；聚天下之財，養人而已，而難得之貨非所貴也。民之爭常出于相賢，知賢非上之所尚，則不爭矣。故曰「舉賢則民相軋」。民之盜常出于欲利，知貨非上之所貴，則不為盜矣。故曰「苟子之不欲，雖賞之不竊」。君子之所欲者賢也，小人之所欲者貨也，我皆不見其可欲，則心不亂矣。然不尚賢者，非遺于野而不用也；不貴難得之貨者，非委之地而不收也。內不以存諸心，外

不以遺其迹而已矣。是以聖人之治也，虛其心，實其腹，弱其志，強其骨。心藏神而腹者心之宅，虛其心，則神不虧而腹實矣。腎藏志而骨者腎之餘，弱其志，則精不搖而骨強矣。虛其心而腹實，則常使民無知也；弱其志而骨強，則常使民無欲也。智者知賢非上之所尚，而貨非上之所貴，則為之非所利，故不敢為也。夫唯如此，則為無為而無不治也。（呂吉甫註）

第四章

道沖，而用之或不盈；淵兮，似萬物之宗。挫其銳，解其紛；和其光，同其塵。湛兮，似或存。吾不知誰之子，象帝之先。

異文討論

本章章句各本大體相同，唯「道沖」傅奕本作「道盅」。朱謙之說：「『沖』，傅奕本作『盅』，即『沖』之古文。《說文 皿部》：『盅，器虛也』。老子曰：『道盅而用之』。……蓋器中之虛曰盅，盅則容物，故《莊子 應帝王》篇曰：『太盅莫勝』。」（《老子校釋》）

另外，「挫其銳，解其紛；和其光，同其塵」四句，近代學者頗多以為是五十六章之「錯簡」或「羼誤」，此說大謬，詳細辨析請見「章句詮解」部分。

章句詮解

本章一氣直貫，可不分節。以下先梳理一些普遍受到誤解的觀點。

對於這一章，很多現代的老子專家恐怕都沒有讀懂，名動兩岸的道家宗師、老莊權威陳鼓應先生應可視為其中之代表。

　　現代各家解說《老子》，而把此章看成「形容道體」者，即是解說此章錯誤的根源。此誤由來已久，嚴復即說：「此章專形容道體，當翫『或』字與兩『似』字方為得之。蓋道之為物，本無從形容也。」（《老子道德經評點》）說「道」「無從形容」，這是由於信了王弼第一章注中認為「道」是「不可道、不可名」之誤。「道」雖是抽象而非可聞可見的質實之物，但哪裡是真的不可道、不可名？《老子》全書就有很多章節在形容「道」、描述「道」，使君王了解「道」不但「甚易知」，也「甚易行」，怎麼能夠說「無從形容」呢？像本章，難道能說「沖（盅）」、「淵」、「湛」不是用來形容「道」、描述「道」，好讓君王「知道」以「行道」的嗎？再者，老子為什麼不用其他的字眼來形容「道」、描述「道」，而一定要選用「沖」與「淵」呢？其實這一點如果真能了解，則老子之道究竟是什麼道，也就可說思過半矣！

　　正因為誤把這一章視為老子在描述「道體」，而所謂「道體」乃一至高無上的玄虛之體，所以章中「挫其銳，解其紛；和其光，同其塵」這四句就成了大大的問題。因為那萬物之根、萬象之源而至高無上、覆蓋一切的「道體」，是絕不可能、也絕不可以有「銳」須要去「挫」，有「紛」須要去「解」的，而且，又怎麼能「和其光」，怎麼能「同其塵」呢？

　　碰巧五十六章剛好也出現了這四句：「塞其兌，閉其門，挫其銳，解其紛，和其光，同其塵，是謂玄同。」所以視此章為「道體」的專家學者們就有了絕佳的藉口，紛紛說第四章原先並沒有這四句，是後來從五十六章混進來的，應該刪除。這裡且看陳鼓應教授《老子今註今譯》所引：

　　譚獻曰：五十六章亦有「挫其銳」四句，疑羼誤。（《復堂日記》）

　　馬敍倫曰：「挫其銳」四句，乃五十六章錯簡，而校者有增無刪，遂複出也。（《老子校詁》）

　　陳柱曰：按：馬說是也。「淵兮似萬物之宗」與「湛兮似或存」相接，若閒以「挫其銳」四句，文義頗為牽強。（《老子》）

　　陳教授在引述了這幾家的說法後，加上自己的按語：「以上各說甚是。惟帛書甲、乙本均有此四句，其錯簡重出早在戰國時已形成。」

　　可惜的是第四章在簡本老子中，無論甲組、乙組、丙組的簡片裡都不見蹤影。如果簡本第四章尚存，我敢斷定亦必有此四句。只是到時真不知道他們又該怎麼費心勞神去圓了！

　　我的看法是本章就是老子在談修養，談身為君王極其重要的認知與修養，絕不是單純在描述所謂的「道體」。前面三章論述的重點擺在「道」的客觀面，亦即君王治國理民倚為客觀標準的法律與制度；而本章則在指點君王主觀面自己應有的修養，這種修養乃是專屬於君王特殊的「道德」，與一般人的道德修養並不一樣。這四句出現在第四章中，無論文理、義理均屬妥帖順適，絲毫不見枘鑿齟齬、難通難解之處。五十六章也有這四句，那只不過同屬「複文重出」而已。某一些章句「複文重出」而在兩章或多章中並見，這種現象在《老子》一書中不勝枚舉，並不構成任何問題。更何況在五十六章，帛書本、竹簡本之語序，皆作「塞其兌，閉其門，和其光，同其塵，挫其銳，解其紛」，與第四章並不相同，然則第四章之「錯其銳，解其紛；和

其光，同其塵」四句絕非五十六章之錯簡更可證明而毫無可疑了。

在王弼看來，「道」是「不可道」、「不可名」的，無論怎麼形容、描述都對，反過來無論怎麼描述、形容也都不對，因為超越於認知之上而涵覆一切的「道體」，任何描述、形容都只能窺其一鱗半爪，而絕不可能得睹神龍之全貌，所以王弼認為那是「不可說」的，一說便錯。

可是老子所說的卻是可道、可名的君王之道，不是上述的所謂「道體」。然則君王之道又該當如何呢？首先是「沖」，「沖」字傅奕古本作「盅」，《說文解字》引《老子》此句亦作「盅」，是「器虛」之意。老子認為作為一個君王，修養的第一要著，是要謙沖如容器之虛其中。君王虛懷才能夠禮賢下士以廣進人才，才能夠納下容人而得道多助。此外，能沖而虛其中，就可以遇事不存成見，得以廣諮博采，群策群力，找到解決問題的最佳方案。可見「沖」之為用多矣大矣，所以說：「用之或不盈」。

其次是「淵」，「淵」是深淵，既廣且深，又位於卑下之處。君王如果能夠胸襟廣闊、懷抱寬大，而且以尊貴之身卑下自處一如深淵，那麼當然萬眾歸心，仰為宗主，故曰「似萬物之宗」。

自然界的現象千般萬種，森然羅列於眼前，看那崇山峻嶺，巍峨崢嶸，豈不峻拔剛毅，可儀而可象？然而老子卻獨鍾於總是往下流去的水，獨鍾於處在卑下之地的谿、谷、江、海。書中這一類的譬喻不勝枚舉：

「上善若水，水善利萬物而不爭，處眾人之所惡，故幾於道。」（第八章）

「知其雄，守其雌，為天下谿。」（二十八章）

「谷神不死。」（第六章）

「上德若谷。」（四十一章）

「江海所以能為百谷王者，以其善下之，故能為百谷王。是以欲上民，必以言下之；欲先民，必以身後之。」（六十六章）

為什麼老子在自然萬象中，獨取其偏屬「處卑居下」者為喻？這正是因為君王權勢至大，而地位又高高在上，若只知道怙權恃勢，傲氣凌人，不能謙沖虛懷，卑身下士，如此不但不能使俊傑樂為所用，英豪之雄也都將離心離德，飄然遠引而寧願僻處江湖了！

再來老子更進一步說明，君王要如何「沖」呢？那就要「挫其銳」，必須先自挫其銳，然後方能「解其紛」。自己好好把自認權大勢大、位高處重，因而有股如刀如劍的尖銳、鋒利給摧挫、磨平。君王的權勢本就是用來推動政務的，不是動不動像刀斧劍戟一般要亮出來欺壓人、傷害人的，正如五十八章所謂「聖人方而不割，廉而不劌，直而不肆，光而不燿」，必須如此才能「解其紛」，才能調解社會的種種紛擾，處理好國家諸般棘手的問題。

其次，君王又要如何「淵」呢？老子說要「和其光」以「同其塵」。這兩個「其」字，與上文兩「其」字一樣，所指不同。「挫其銳」、「和其光」的「其」字代指君王；「解其紛」、「同其塵」的「其」字代指社會大眾或臣民百姓。一個夠格的君王，當然要有很好的才幹、很高的智慧，方足以聰裁明斷，這是「光」，但這光不能亮到刺眼，讓人只想躲避而不肯親近；這光要能給人溫暖，而不應該灼熱熾燙，所以要「和其光」，使之「光而不燿」，如此才能「同其塵」，真正忘記自己尊貴的身分，而與臣民百姓同處污穢塵垢之中，就像深淵一般居卑處下，不辭塵垢污穢，然後方能為眾流所匯所歸。

　　再來，何以老子要說「湛兮似或存」？「湛」《說文解字》釋為「沒」，因為「沖」也好，「淵」也罷，這些屬於內在層面的修養，從外表是看不出來的，就好像沉沒於水中一樣。不過，看不見並非不存在，故曰「湛兮似或存」。

　　最後，問此「道」是「誰之子」？是誰生下來的？等於是老子自問這種「道」究竟是什麼時候開始出現的？老子自答曰「象帝之先」。這回答帶點神秘的味道，「帝」是「天帝」，向來視為創造一切的始祖，然則比天帝更早的又是什麼呢？我認為這只不過是老子「故神其說」而已，意在強調此「道」出現之早。我們都知道，獅群必有獅王，猴群亦有猴王，獸類成群定有其雄健特出者領導其群，何況是人類？所以人群社會一旦形成，隨即必有出類拔萃的雄豪俊傑為之領袖，而時間必在有文字記載之前的史前時代。了解這一點，那就了解所謂「象帝之先」到底是何意義了。

旨趣聯繫

　　第六章、第八章、二十二章、六十六章、七十八章。

義理參觀

　　＊夫道沖然至無耳，然以之適眾有，雖天地之大、山河之廣，無所不遍。以其無形，故似不盈者，淵兮深眇，吾知其為萬物宗也，而不敢正言之，故曰「似萬物之宗」。人莫不有道也，而聖人能全之。挫其銳，恐其流于妄也。解其紛，恐其與物搆也。不流于妄，不搆于物，外患已去而光生焉，又從而和之，恐其與物異也。光，至潔也；

塵，至雜也。雖塵，無所不同，恐其棄萬物也，如是而後全，則湛然常存矣。雖存而人莫之識，故曰「似或存」耳。道雖常存，終莫得而名，然亦不可謂無也，故曰此豈帝之先？帝先矣，而又先于帝，則莫或先之者矣。（蘇轍註）

＊夫沖漠而不盈者道也，而用之者或見其盈，則失其所以沖漠者矣，故淵乎常止，雖萬流歸之而不見其盈。聖人體道於身，淵深靜遠，無有涯涘，一似萬物之宗，而非有以宗之也。故常挫其銳，以示不能；解其紛，以示不用；和光以遊於世，同塵以諧於俗。湛兮常寂，似亡若存焉耳。然此果伊誰之子乎？吾恐此道也雖黃帝未易當之，意者其在帝之先歟？夫海為眾流之宗，而海無有也，但見其淵乎而已矣。聖人為萬物之宗，而聖人無有也，但見其湛兮而已矣。彼騁能挾才、露光鑠眾者，皆自以其有而求通於物者也，非萬物之宗矣。夫惟無其宗者，乃可以為萬物之宗，而其誰能信之？（李宏甫註）

附錄一：古代中國讀書人為什麼厭惡法律？

在古代中國，讀書人無論在朝在野，一般都很少對法律發表議論，即使對法律有什麼意見，也寧願箝口擱筆，不敢指指點點，公開地放言批評。

何以如此？我想最大原因，可能是在君主專制的時代，說到底那根本就是百分百家天下的時代，「某業所就，孰與仲多？」天下是老子我打下來的，整個天下之玉帛子女無非老子的產業，而維護這些產業，使「子子孫孫永寶用」，靠的就是這一套法律制度。因之為了固權保位，當然無所不用其極，敢覬覦、敢窺伺的，甚至那功高足以震

主的，就動輒以謀反作亂之罪抄其家、滅其族，無辜也要羅織，非親也要株連，徹底殺個乾乾淨淨。

法制既然代表皇權之私，事實上就不可能真正彰顯公理公義。「三代以下無法」，梨洲之言何等痛切！所以法律制度再怎麼不合理不合義，只要稍涉皇權，等閒讀書人固然不敢置一辭，即使素負盛名的大宗師、大學者，於此也只能保持緘默，括囊以無咎，明哲而保身，因為批判國家法制就等於妄議執政、挑戰皇權，那往往是罪不可測，輕易就能滅家夷族的！

也正因帝王時代的法律制度，離真正的公理公義太過遙遠，執法之人又多枉法詭隨、阿意曲從，正史二十六部，張釋之得有幾個？所以就造成讀書人表面上既不議論法律，其實心裡頭也不尊重、不相信法律。久而久之，整個社會都認為法律只是專為有權有勢的人服務，而不是值得信靠的好東西，重法守法的觀念也就一直培養不起來，寧願倚仗人治而不肯相信法治。

古人說「法之不行，自上犯之」，今人又是怎麼犯的呢？由於一人之私、一黨之私。立法者有私，行政者有私，執法者有私，甚至連理應廓然大公的釋憲者，人亦咸信其必有所私。以前某國民黨大老公然大言：「法院是國民黨開的！」大家指目之、非笑之，然則在今天又如何呢？

第五章

天地不仁，以萬物為芻狗；聖人不仁，以百姓為芻狗。天地之間，其猶橐籥乎！虛而不屈，動而愈出。多言數窮，不如守中。

異文討論

　　本章章句，王注本「多言數窮，不如守中」，河上本、傅奕本俱同；帛書本作「多聞數窮，不若守於中」，兩者重大的差異在「多聞」。老子固未主張「多聞」，然而亦不曾明言加以反對。至於不贊成「多言」，本章之外足以為證者則不少，如「行不言之教」（第二章），「悠（猶）兮其貴言」（十七章），「希言，自然」（二十三章），「不言之教，無為之益，天下希及之」（四十三章），「知者不言，言者不知」（五十六章）。老子之所以要求君王「不言」、「貴言」、「希言」，因老子在這些地方所謂的「言」，指的是君王軼出於國家法制規範之外，在違背法制的情況下，仍強硬地以個人主觀意志發號令、作指示，此類行為即是不能「虛」。本章以天地、橐籥之「虛」為喻，謂之為「虛而不屈，動而愈出」，尋索文義，「多言數窮」正與「虛而不屈」相對相反，「多聞數窮」則不然。因此「多言數窮」較之「多聞數窮」，無論就義理條貫之順適或文意前後之呼應而言，皆勝出多多，絲毫沒有調停兩者而作左右袒的空間，故

當以「多言」為是。

章句詮解

本章所論，是在強調君王之治理國家，乃在實現一種以法律制度為基礎的社會公平。老子認為，君王必須自我檢點、自我約束，堅守此一依法而治的原則，不可動輒在國家法制之外發號施令，干預甚至破壞這種在法律制度下普遍性的公平。

老子首先說：「天地不仁，以萬物為芻狗；聖人不仁，以百姓為芻狗。」王弼顯然不知道什麼是「芻狗」，所以注這幾句很是離奇有趣，他說：「天地不為獸生芻，而獸食芻；不為人生狗，而人食狗。無為於萬物，而萬物各適其所用，則莫不贍矣。若慧（惠）由己樹，未足任也。」意思是：天地生了草，而牛羊吃草，草卻不是天地為牛羊而生；天地生了狗，而人把狗肉吃了，狗卻不是天地為人而生。由此現象可以引出一個道理：天地無為，純任自然，那麼天地間的萬物就可以各取所需，各適其用。在這種情況下，任何一物都可以自贍自足，各遂其生。天地如此，政治亦然。如果君王不能效法天地之自然無為，反而自作聰明，「造立施化，有恩有為」，行仁行義，施恩施惠，這就不免顧此失彼，左支右絀，越是努力，越見偏頗，種種虛偽造作也就紛紛出現，反而會破壞了自然原則之下的「大平衡」，這種平衡一旦失落，天下從此多事矣！這是王弼注老的中心思想，既呈現在其《老子指略》中，也貫穿在他整部老子注解裡。

不錯，「自然」、「無為」可以說是老子思想的核心，但是老子的「自然」、「無為」是不是真的就如王弼所理解的，在政治上不

「造立施化」、不「有恩有為」，於人群社會絕對放任而不加以干預，如天地之於萬物呢？

我認為不是，王弼對老子思想的理解是有問題的。如果「自然」、「無為」真的是絕對放任而不加干預，那麼人群社會是會回復到無爭無奪的一團和諧呢？還是會退墮到強凌弱、眾暴寡、攘奪劫掠無日無之的野蠻時代？這個問題，我們只要舉一例即可清楚回答：現代的社會裡普遍存在著挾暴力以犯罪的黑幫，只不過因法律的規範、政府的取締而藏匿於地下，不敢公開活動。設若政府真正放任不管，這些黑幫是會解散呢，還是坐大？那當然是乘機坐大，從此更加肆無忌憚地欺壓百姓、魚肉良民。

凡是組織與團體，必有其規範，即令動物之成群者亦然，何況是人類社會？規範之設置，其本質就是干預與限制，作為政治規範的法律制度當然亦是對治下人民的干預或限制。所以政治的根本問題早已不在要不要有干預、有限制，而在於政府對人群社會施加干預、限制的法律制度究竟健不健全、合不合理，是不是符合公平正義的基本原則？

天地以萬物為芻狗，這是在自然規律下天地對萬物的公平；聖人以百姓為芻狗，這是在法律制度下政府對人民百姓的公平。「芻狗」是什麼東西呢？這在《莊子・天運》篇中早已描述得相當清楚：「夫芻狗之未陳也，盛以篋衍，巾以文繡，尸祝齋戒以將之；及其已陳也，行者踐其首脊，蘇者取而爨之而已。」所以蘇轍說：「結芻為狗，設之於祭祀，盡飾以奉之，夫豈愛之？適時然也；既事而棄之，行者踐之，夫豈惡之？亦適然也。」（《老子解》）由此可知，「芻狗」係用草紮結而成，祭祀時奉之若神靈，儀式完成後則棄之如敝

屍，時候到了該怎樣就怎樣，看起來很現實，可是也很公平合理，其間並沒有行仁施愛或嫌棄厭惡的問題。在自然領域中，天地之於萬物，當生則生之，當死則死之，無所謂仁與不仁；在政治領域中，君王之於百姓，依照法律制度，當賞則賞之，當罰則罰之，亦無所謂仁或不仁。這就是國家基於法律制度，而為所有執政者必須遵守的公平原則。

王弼號稱精於老莊，通乎三玄，卻不解「芻狗」之義，把芻狗拆成兩個單詞芻與狗，說什麼「獸食芻」、「人食狗」，好像沒有讀過《莊子》一樣，這真是頗為奇怪的一件事。不過他提到不應當「造立施化」、「有恩有為」，不要多所干預，免得破壞了原先的平衡，如果是對自然生態而言，這倒是相當進步而值得參考的環保觀念。

「天地之間，其猶橐籥乎！虛而不屈，動而愈出」。這一小節是回應上文之「天地不仁，以萬物為芻狗」。老子特別以「橐籥」為喻，點出其「虛」與「不屈」。「橐籥」就是鼓風爐中的風箱部分，風箱裡頭是空的、虛的，藉著機簧的作用，一推一拉之間，就可以把空氣源源不絕地打進爐中，所以說「虛而不屈，動而愈出」。老子藉此譬喻來說明：天地以其空虛，順任自然，處「無為」、行「不言」，無事「造立施化」，不必「有恩有為」，芻狗萬物而萬物反得滋長蕃息。天地之化如此，所以聖人之治，也應當以橐籥為象，以天地為法，「處無為之事，行不言之教」，這樣才能「虛而不屈，動而愈出」。天地之間有一套自然的規律，聖人治國也有一套當然的法則，這一套當然的法則就是國家的法律制度。如果君王治國理民，都能遵循法律制度，不自居聖智，不師心自用，沖而無為，虛而不言，那就可以把國家治理好。反過來如果君王不能「絕聖棄智」，不能

「絕仁棄義」，硬是要在國家法律之外自命聖智，硬是要在國家制度之外行仁行義，於是經常跳過國家的法律對百姓人民發號施令，時時跨越國家的制度對文武百官下達指示，這就是「多言」，國君這一種違法亂制的「多言」作為，當然會引致嚴重的後果，使百官臣僚不知道究竟是要依法行政，還是要聽命辦事；也使百姓人民夾在國家法制與君王號令之間，舉國上下弄得手足無措，不知如何是好，所以老子嚴厲警告：「多言數窮」，國君這樣亂搞，絕對會很快把國家搞到窮途末路上去，還不如乖乖地「守中」為妙。「守中」就是持守中道，不偏不倚，呆呆地按照法律，笨笨地依循制度，在二十章老子就說：「我愚人之心也哉」、「我獨頑似（以）鄙」，在老子看來，最好的國君就是要「昏昏」、「悶悶」，以愚頑無能自勉，安事「昭昭」、「察察」，若臣僚之多智多能耶？

儒家重要經典《尚書》中所保存的文獻，記載了很多君王治理國家的基本原則，〈洪範〉篇中所謂「無偏無頗，遵王之義。無有作好，遵王之道；無有作惡，遵王之路。無偏無黨，王道蕩蕩；無黨無偏，王道平平（采采，音辨）。無反無側，王道正直。」這正是說：君王之道義、治國之正路，最終還是要回歸到法律制度上來，遵法律，循制度，不作好，不作惡，無偏黨，無反側，邁開大步走在正直坦蕩的道路上，這正是老子所謂「守中」。有些學者認定儒家才提倡「中」，道家絕不會強調「中」，遂一口咬定「中」必是「沖」字之毀損、缺壞，於是硬把「守中」改成「守沖」，這真是不獨不知道家，亦復不知老子啊！

我向來認為「儒道互補」根本是一個造作出來的虛假議題，儒固成家，道亦自成一家，雖然取捨異路，未嘗不同歸乎司馬談所謂「務

為治」者，只不過道家所論，更集中在「君人南面之術」罷了！《說文解字》釋「術」為「邑中道」，由此可知「道」即是「術」，「術」無非「道」，犯不著一看到「君人南面之術」就心生忌諱，以為這一套一定是陰謀權術、暗黑無光。即以莊子而言，縱然寧曳尾於泥塗之中，把入仕為官說得像廟堂神龜一樣，其實荒唐謬悠之言，無端無涯之辭，雖多鄙薄時君世主，而仍然高揭為政理想。試看〈天下〉篇，又何嘗輕詆鄒魯搢紳之士，又何嘗蔑視詩書禮樂春秋？所以老莊道家，說他們不滿當世之政則可，說他們完全反對政治，無心公共事務，一意山林皋壤，只圖欣欣而樂，這還能算是讀書人嗎？還能算是知識份子嗎？

旨趣聯繫

　　十六章、十九章、三十七章、五十一章、五十五章、七十四章。

義理參觀

　　＊天地無私，而聽萬物之自然，故萬物自生自死，死非吾虐之，生非吾仁之也。譬如結芻以為狗，設之於祭祀，盡飾以奉之，夫豈愛之？時適然也。既事而棄之，行者踐之，夫豈惡之？亦適然也。聖人之於民亦然，特無以害之，則民全其性，死生得喪，吾無與焉。雖未嘗仁之，而仁亦大矣。排（鼓火吹風之具，音拜）之有橐與籥也，方其一動，氣之所及，無不靡也，不知者以為機巧極矣，然橐籥則何為哉？蓋亦虛而不屈，是以動而愈出耳。天地之間，其所以生殺萬物、雕刻眾形者，亦若是而已矣。見其動而愈出，不知其為虛中之報也。

故告之以多言數窮，不如守中之不窮也。（蘇轍註）

　　＊芻狗喻聖人過化之妙，橐籥喻聖人存神之妙。「多言數窮，不如守中」，則老子自危自戒之言也。蓋道本不可言，而斥之以不仁；道本不可名，而狀之以橐籥。知者固得意而忘言矣，不知者不睹其真，而徒與我嘵嘵也，則吾說窮矣。中也者，中也，虛也，無也，不可言且名者也。守此而心思路絕，言語道斷，其何窮之足慮？老子著書談道，而其言如此，則其不得已之心為何如也！後世學者果不得於芻狗百姓之言，而遂疑其有土芥斯民之意，且曰申韓之慘刻原於道德也，自史遷已然，況其他乎？此即「多言數窮」之一驗也，老子蓋預知之矣！（王道註）

第六章

谷神不死，是謂玄牝。玄牝之門，是謂天地根。緜緜若
存，用之不勤。

異文討論

本章章句，王注本、河上本、傅奕本相同，帛書本雖稍見出入，
大抵非義理之關鍵所在，應無進一步討論之必要。

章句詮解

本章以「谷」為喻，為領導者說法，強調真正的政治領袖必須能
紆尊降貴，放低姿態，謙沖卑躬，虛懷若谷。

河上公的注解似乎透著一股虛虛玄玄的神仙氣，由於我對古人修
煉、養生這一套學問殊少涉獵，因之實在很難理解。底下稍作引述，
以見一斑。注「谷神不死」：「人能養神，則不死也。神，謂五藏之
神也。肝藏魂，肺藏魄，心藏神，腎藏精，脾藏志。五藏盡傷，則五
神去矣」。注「是謂玄牝」：「言不死之道，在於玄牝。玄，天也，
於人為鼻。牝，地也，於人為口。天食人以五氣，從鼻入，藏於心。
五氣清微，為精神聰明、音聲五性，其鬼曰魂。魂者，雄也，主出入
人鼻，與天通，故鼻為玄也。地食人以五味，從口入，藏於胃。五味
濁辱，為形骸骨肉、血脈六情，其鬼曰魄。魄者，雌也，主出入人

口，與地通，故口為牝也。」

河上公顯然把「谷」當作「穀」字解（古人有時把「穀」簡寫成「谷」），所以釋「谷」為「養」，而謂「人能養神，則不死也」，由此以下完全從道教神仙修煉的角度著眼，這自然另成一個系統，然而就老子之本旨來看，可謂完全偏離而不著邊際。王弼注解似乎也不能洞中竅要，他說：「谷神，谷中央無者也。無形無影，無逆無違，處卑不動，守靜不衰，物以之成而不見其形。此（至）物也，處卑守靜，不可得而名，故謂之玄牝。……欲言存邪，則不見其形；欲言亡邪，萬物以之生」。由此可見，王弼是把「谷神」與生長萬物的「道」劃上等號。然大體說來，「谷神」可視為老子所謂「道」之一端，而且是很重要的一端，卻不能直接與「道」劃上等號。

《老子》中常常強調柔弱、無為、卑下自處，這正是為帝王量身打造。觀其強調柔弱，可見所說之對象本來即屬強大而有力；觀其強調卑下，可知所說之對象本來即是居上而高貴。高貴居上的人養尊處優，習慣於受人奉承，聽人歌頌，因此常不自覺流於狂妄傲慢，自高自大而目中無人。但是真正有能力有才幹的人，通常也都是極有風骨、具有強烈自尊心與榮譽感的人，甚至是所謂脾氣壞、架子大的人，他是不可能趨炎附勢而只知道阿諛諂媚的。《戰國策·齊策》所載顏斶（音觸）的故事足可說明這一點：

> 齊宣王見顏斶，曰：「斶前！」斶亦曰：「王前！」齊宣王不悅。左右曰：「王，人君也；斶，人臣也。王曰：斶前；斶亦曰：王前。可乎？」斶對曰：「夫斶前，為慕勢；王前，為趨士。與使斶為慕勢，不如使王為趨士。」

　　齊宣王聽了大怒，問：君王尊貴，還是士尊貴？顏斶說：真正尊貴的是士，不是君王。先前秦攻齊，下令：有敢到柳下惠墳墓五十步內樵採的，殺無赦！又下令說：有能得齊王頭的，封萬戶侯，另外賜金千鎰！可見「生王之頭，曾不若死士之壟（墳墓）也！」齊宣王聽了默然不語。

　　顏斶接著又援引史事，說明歷代的聖主明王，正由於深知卑身而貴士，才能得到賢士的戮力輔佐。最後更引述《老子》三十九章的話，說：「『雖貴，必以賤為本；雖高，必以下為基，是以侯王稱孤、寡、不穀，是其賤之本與，非乎？』孤、寡者，人之困賤下位也，而侯王以自謂。豈非下人而尊貴士與？」

　　齊宣王聽了，當下心悅誠服，願卑身而稱弟子。顏斶不受供養，說自己能說的話都已說完了，於是再拜而辭，飄然遠引。

　　另外東漢末年劉備三訪諸葛亮的故事更為大家所熟知。劉備之於諸葛亮，地位尊貴而且年長，比孔明多了二十歲，但他卻願意紆尊降貴，三造隆中，殷勤備至，終於感動了諸葛亮。孔明的出師表上說：「先帝不以臣卑鄙，猥自枉屈，三顧臣於草廬之中，咨臣以當世之事。由是感激，遂許先帝以驅馳。」可見諸葛亮之所以甘願為劉家父子鞠躬盡瘁，死而後已，全因劉備能夠虛懷若谷而禮賢下士。

　　權大勢盛的人也經常自命聖智，自以為見多識廣，只有別人聽他的，要他接納別人的見解，承認別人比他高明，往往有若登天之難。然而帝王想要成大功、立大業，卻非有傑出人才佐助莫辦。欲吸納人才以成就功業，第一要著就是自己先得謙沖卑下，如幽谷之下乎高山；其次就是胸懷開闊，若深谿之虛而能容。如此既有俊傑人才輔佐，又能接納良善策略，宏謀嘉猷，層出迭見，就像源泉滾滾，不止

不息。所以老子說：「谷神不死，是謂玄牝」。

　　「谷」而何以謂之「神」？又何以「不死」？蓋帝王倘能領會「谷」之精義而卑身謙下，則所發揮之作用簡直如神明之靈異，所帶起來的正面影響必將長存而不亡，發榮滋長，使國家永保興旺。

　　何以謂「谷神」為「玄牝」？「牝」乃雌獸，又為生命始生之門，象徵一切事物滋長興旺的源頭或根本。國家之興盛壯大，其最稱玄妙的根源，乃在君王之卑下自處、虛心廣納，一如又深又廣的谿谷。下文謂「玄牝之門，是謂天地根」，即是此意。這裡的「天地」指的就是政治領域中的種種事物。

　　最後「緜緜若存，用之不勤」：「緜緜」是雖細雖微而不斷不絕，「若存」指此「谷」之所象所喻，並不是一種具體可見的事物，它正是君王謙沖自牧、虛心納下的「心態」，雖曰不可見，然而如能以這樣的存心與態度來治理國家、對待賢良，那麼真的可以「用之不勤」，一如泉源之不竭不盡。「勤」字帛書甲本作「堇」，《廣雅·釋詁》：「堇，少也。」引申則有竭盡之義。

　　本章著眼在一「谷」字。就自然界而言，生機勃發、萬物滋長之處何止谿谷？三山五嶽之中，林木茂密，花草蓊鬱，飛禽翱翔，走獸追逐，豈不也充滿大自然蓬勃的生意？然而老子拿來作為君王法象儀則的物事，卻特標「谿」、「谷」、「江」、「海」，這正是因為君王權力最大，地位又高高在上，所以欲其卑躬虛懷，如谿如谷，這與第四章所標舉的「沖」、「淵」實有異曲同工之妙。因此本章並無任何神秘氣息，以之言養生，以之言修煉，這只是剛好可以拿來穿鑿附會一下罷了，如果以同樣的觀點解釋其他章節，那就很可能完全講不通了。當然，我的意思並非否定養生，鄙薄修煉，這一套與傳統中

國醫藥一樣，都有其博厚深邃的理論與久經驗證的實踐，同樣是極可珍惜的。

旨趣聯繫

第四章、第八章、二十二章、二十八章、六十六章、七十八章。

義理參觀

＊谷至虛而猶有形，谷神則虛而無形也。虛而無形，尚無有生，安有死邪？謂之谷神，言其德也；謂之玄牝，言其功也。牝生萬物，而謂之玄焉，言見其生之而不見其所以生也。玄牝之門，言萬物自是出也。天地根，言天地自是生也。綿綿，微而不絕也。若存，存而不可見也。能如是，雖終日用之而不勞矣。（蘇轍註）

＊《列子》亦有此章，然不言出於《老子》，而言《黃帝書》，則知《老子》五千文引用墳典古語為多，如經中凡稱「是以聖人」、稱「古之所謂」、稱「建言有之」、稱「故聖人云」、稱「用兵有言」，是皆明述古聖遺言，故孔子述而不作，竊有比焉。惟信而好古者，可與言此道。（杜道堅註）

第七章

天長地久，天地之所以能長且久者，以其不自生，故能長生。是以聖人後其身而身先，外其身而身存。非以其無私邪？故能成其私。

異文討論

　　本章章句，王注本、河上本相同。「非以其無私邪」句，傅奕本「非」作「不」，餘亦無異。「後其身」句，帛書乙本「後」作「退」，又衍「外其身而身先」一句。比對而觀之，似無進一步討論之必要。

章句詮解

　　老子說「天長地久」，在今天，我們了解這只是就人的觀點來說的。人們生生死死，朝代興興亡亡，可是天總長在，地總長存，好像天地就會永遠存在下去。事實上我們透過天文科學、地球科學的探索，知道宇宙是有年齡的，有宇宙才有所謂的「天」。太陽、地球更是有年齡的，地球形成至今大概在四、五十億年，太陽等到它的氫氣核融合反應耗盡之後就崩解了。所以儘管老子是說了「天長地久」，事實上天地並不能真正永遠長存下去。

　　說了這麼多看來不太相干的話，其實我只是要進一步說明，老子

底下說的話「天地之所以能長且久者，以其不自生，故能長生」，嚴格說起來，並沒有太大的意義。老子認為天可以長久覆蓋，地可以永遠承載，天地為什麼能夠經久長存呢？那是因為天地都不會自私求生，正因為天地不會自私求生，所以天地反而能夠長生長存。照老子的話來推敲，好像天地還能自己作有意識的選擇一樣，天地在自私和無私之間選擇了無私，因此天地才反而能夠長存；要是天地選擇了自私，那早就天翻地覆，天與地都完全不存在了！不要以為上面這一段話很無聊，很「另類」，這裡頭其實有我們長久存在、習而不察的一個大問題：自然世界中的事物與現象，能夠不能夠拿來作為我們陳述、論證人生價值與意義的類比？我個人認為嚴格來說是不行的，所以我前面才會說，老子所說的「天地之所以能長且久者，以其不自生，故能長生」並沒有太大的意義。

　　何以如此說？我們可以問：你怎麼知道天地不自生呢？你又怎麼知道正因為天地不自生，所以天地才能長生呢？我想以上這兩個問題是沒有答案的，至少不會有讓我們能夠心服口服的正確而客觀的答案，因為這些問題，其答案的對或錯是永遠得不到證明的。所以這一類形而上的問題，分析哲學家會認為沒有意義，我們沒有足夠的能力證明它對，也沒有足夠的能力證明它錯，這些陳述並不具備任何真正可以論證的意義，頂多只有文學或美學的功能罷了！

　　問題是這一類的「論證」方式充斥在先秦典籍之中，《老子》之外，《孟子》、《莊子》、《荀子》、《韓非子》……等等，幾乎沒有一家不採用這種論證方式。例如孟子論證人性之善，他說：

　　人性之善也，猶水之就下也。人無有不善，水無有不下。（告子上）

　　意思是指人的本性生來即善，人性之善是非常自然的，就像水天生自然會往下流，只有在受到外力的干擾、排擊時，才會逆激而上流。說起來滿像回事，好像很有道理。可是主張天生性惡的荀子，他是不是也可以如法泡製，只須把孟子原文改動一字即可：

　　　　人性之惡也，猶水之就下也。人無有不惡，水無有不下。

　　他照樣可以藉「水總是向下流」這一自然現象，來論證人性生來即是惡，說人性之惡就像水往低處流一般自然，除非施以師法之教，有好的導師給予正確規範的指引，就像外在力量的拉拔使水逆溯上流一樣，終使人「化性起偽」，改變天性之惡而生起後天人為之善。

　　由這一個對照鮮明的例子，我們大約可以說明，先秦典籍，以至漢魏唐宋明清，所有以自然現象來論證或印證人類應有的行為規範的，其實都毫無證據力量而根本無效，充其量只能使文章看起來更有氣勢、更具煽動人的說服力罷了！

　　這樣說當然可能進一步撼動所謂「天人合一」的觀點，以我之愚魯，在研讀中國哲學時，總是搞不清楚，因之也非常懷疑「天人合一」的真正義理根據。「天」究竟是什麼呢？如果「天」是自然的天，則這個天空空冥冥，無知無識，也許它有一個乾健恆常的運轉規律，但也僅止於此而已，其他所有涉及價值領域的一切，都是人們附會增益上去的。此外，說天還有「道德的天」與「義理的天」，而且這樣的天在經典上是有明確根據的。「道德天」與「義理天」在古典文獻上昭昭明甚，這一點當然不容置疑，但是在各式各樣的知識都已經有了相當開發的今日，對於古聖先賢所說的這種「天」，我們都還

照單全收而絲毫不敢懷疑、絲毫不能分析省察、絲毫不能提問嗎？

　　對於這種「天」，它作為一切價值之根源，一切道德之依據，一切真、善、美等所有良善事物之「本體」，它的真實性在哪裡？它的客觀性又何在？它是透過類似「上帝啟示」的方式而讓人間的「先知」知道的嗎？要不然究竟有誰可以宣稱他了解？他又憑什麼了解？說到最後，只好說賢哲之人因其修養、實踐，終於徹上徹下通體印證、了悟了「天」的真諦，於是乎「天」與「人」乃合而為一矣！如此之「人」可以上躋於「天」矣！然而不得其門而入的人終覺神秘莫測。西方人對於中國哲學之神秘感，其故或在於此。

　　總而言之，無論是「道德的天」或「義理的天」，基本上都是欠缺客觀性的，因之無法進入公共領域而形成公共意識或社會共識，上焉者固可基於對此「天」的無窮嚮往而深造高明，但下焉者則仍然浮沉世俗，飄泊流蕩而無可歸止。我的看法是古聖先哲所揭之「天」，無論「道德的天」或「義理的天」，其作為一切價值根源、社會人生意義之形上依據的「客觀性」，完全只是虛擬的，它最後仍然要落到「人」身上來，亦即所謂「天人合一」的命題終究只是虛擬的，「天人合一」終究是只有「人」而無真正的「天」，只有各個思想家的主觀擬測而沒有真正的客觀共識。在這種客觀性嚴重缺乏的情況下，導致擁有最大權勢的人（帝王）成了唯一的裁斷者，不僅在政治領域裁斷，甚至也在「道理」領域裁斷，他的話就是真理，天人合一轉成政教合一，道理世界的客觀性就長久受到政治力的壓制與扭曲，連帶使得客觀知識的探討與開發都為之進展遲緩，這是近代中國專制魔咒難於解除、知識之學嚴重落後，終至國力積弱之主因。

　　「價值領域」、「應然抉擇世界」是無法找到一個顛撲不破的永

恆性客觀依據的，亦即「為什麼我應該這樣做才對」永遠不可能有客觀的標準答案，在這個問題上，我們只能以善意、以愛心為脊骨，以知識為羽翼，告訴自己該怎麼做就怎麼做，如果犯錯，那就改過，如此而已，一切尋覓外在客觀依據的努力終歸徒勞。但話說回來，我們也不可以單單倚靠所謂「良知」、「本心」，良知呈現、本心昭顯，誰又敢說修養已經達到此一境界呢？曾子老是說「戰戰兢兢，如臨深淵，如履薄冰」，前賢也常強調「朝夕惕勵」，曾子怎麼不輕輕鬆鬆地說：「我就依本心、憑良知做去就是了！」我們必須說，沒有知識，沒有學問，沒有斟酌至當，沒有隨時謹慎惕勵，所謂良知、本心焉知不是習氣深重的鹵莽滅裂？

此一論題不是簡單數語可盡，它是一個無窮盡、無止境的連環問題，自度學植荒落，未敢深入，且亦並非本章主題所在，就此打住。

本章重點其實落在後半章裡。前面我們討論了一大堆，目的在說明老子所謂「天長地久」這幾句，在我們現代人看起來，只是做文章罷了，後面所述主題和前面這幾句未必有什麼必然的相干。在以前，帝王可以神而又神地說他是「受命於天，以天為則」，今天誰還相信這一套呢？

為什麼說「聖人後其身而身先，外其身而身存」？這就指出一個政治上的領導者，他的胸襟氣度，他足以作為領袖人物、值得別人追隨、值得英俊豪雄為之獻身、為之效命的特質或修養。「後其身」是把自身擺在後面，「外其身」是把自己置之度外。你想要讓別人，尤其是奇才異能之士對你心悅誠服，願意死心塌地地追隨你，奉你為主，俯首聽命，那你必須先能夠「後其身」。有名有利，有什麼好處要懂得分享，懂得推讓，懂得犧牲自己以成全別人。讓別人，讓受你

指揮、被你領導的人，從你的一貫言行措施中得到一個堅定的信念：你絕不會讓他受到虧待！不管來自天性，抑或來自修養、學習，領袖人物必須把「後其身」作為自己的行為準則，使之附於身、在於心，成為自己的人格特質，如此才能使得你雖然「後其身」，但結果反而「身先」；雖然「外其身」，但最後反而「身存」。

必須特別指出來的是：這絕對不是口是心非、耍詐行騙，絕對不是玩弄陰謀權術，真正的領導者更需要真摯誠懇，否則「不誠無物」。「以無私而成其私」也是一樣。君王以天下為一家，有什麼好「私」呢？王者之私、人君所愛無非國泰民安，受萬民擁戴景仰，不但自己能久於王位，子子孫孫亦可以享國無窮，如此而已。如何方能達到君王私心之所求呢？老子就說要「無私」，不私於己而愛臣民、愛百姓，總是為臣民百姓著想。

這真是弔詭：當你真能於己無所私，臣民百姓必會反過來擁護愛戴；然而一旦君王只愛自己，只圖一己歡樂，不管臣民死活，「敲剝天下之骨髓，離散天下之子女」（黃宗羲〈原君〉），以滿足自己之淫樂，到百姓忍受不了起來反抗暴君、推翻暴政，屆時不但王位不保，連項上人頭也頂不住呢！

所以老子說：「非以其無私邪，故能成其私」，君王一定要把無私而愛臣民百姓之心擺在前面，這樣才能成全自己之所愛所求。是由於無私乃能成其私的，可不是為了要成其私才故意表現得跟無私一樣啊！所以明朝薛蕙的《老子集解》在這一章說：

夫聖人之無私，初非有欲成其私之心也，然而私以之成，此自然之道耳。程子有云：「老子之言，竊弄闔闢者也。」予嘗以其言為

然，迺今觀之，殆不然矣。如此章者，苟不深原其意，亦正如程子之所訶矣！然要其歸，迺在於無私。夫無私者，豈竊弄闔闢之謂哉！

　　薛蕙的看法很對，這才真是老子的原意。理學家由於衛道心切，把老莊當作「異端」，胡亂指控，一笑置之可也。

旨趣聯繫

　　二十二章、三十四章、六十六章、七十五章、七十八章、八十一章。

義理參觀

　　＊天、地、人，一原耳。天之所以為天，地之所以為地，人之所以為人，固同。而天地之能長且久，而人獨不然，何哉？天不知其為天，地不知其為地。今一受其形而為人，則認以為己，曰人耳人耳。謂其養生不可以無物也，則騁無益之求；謂其有身不可以不愛也，而營分表之事。厚其生而生愈傷，養其軀而身愈病，其不為中道夭者亦幸矣。老氏之旨如此，而未之思者，以謂黃老之徒率畏死而求長生者，豈不惑哉！夫人而無生，道安所載？然世之喪其生者，蓋反以有其生為累。有其生者且猶老氏之深戒，而謂其外于道而求生者乎？未之思也！（程俱論）

　　＊天施地生，施生之道在天地未嘗一日捨。由其施物不已，其生

物不測，天未嘗愛其施，地未嘗息其生，是之謂「不自生」。由其不自生，萬物恃之以生，故能長生。聖人亦然，知此心不變不壞，浩然與天地同流，故於此身無可愛者。一心之運，知無不為；舉措之間，無非善利。由其所得，以非身為身，故天下之有身莫我若也。是謂「後其身而身先，外其身而身存」。人所以不能成物者，以其自私也。我無自私，故能成人之私。物得其私，我得其得，是謂兩得。（李息齋註）

第八章

上善若水，水善利萬物而不爭，處眾人之所惡，故幾於
道。居善地，心善淵，與善仁，言善信，正善治，事善
能，動善時。夫唯不爭，故無尤。

異文討論

　　王注本「與善仁」句，河上本同，傅奕本作「與善人」，帛書本
作「予善天」。作「與善仁」，則與下句「言善信」為同一類，蓋
「仁」與「信」皆屬修養之德目。作「予善天」則與上兩句「居善
地」、「心善淵」為同一類，蓋「地」、「淵」、「天」皆取範於自
然物象而效法之。然則「與善仁」、「予善天」皆可通解，若為「與
善人」，則不知何所取義矣。

章句詮解

　　在前面的第七章，我用了很大篇幅，來說明「天長地久」這一類
凡是取象於「實然」領域的自然現象，以陳述、論證人們在「應然」
領域應有之作為、人間世界當行之義理，追究到底，論證的效果並不
大。這當是哲人、智者於紛紜變化、不可測度的人情世事之中有所體
悟，得其慧解，但又不敢自矜一己之悟解為是、為善，於是觀乎天地
萬物及種種自然現象，取客觀之真實（他當然要認定這些自然現象，

乃是人所共見而無可置疑的客觀真實）來印證自己主觀的解悟，以獲
得他所作論述的客觀真實性與普遍必然性。這是哲人智者把種種意義
附加在根本沒有意義指向的種種自然現象上。天上日夜輪替，春秋代
序，本來有何意義？而謂之曰「健」；大地動植滋生，承屋以居，載
車以行，本來有何意義？而謂之曰「順」；水行向下，盈科以進；木
生向上，枝葉朝陽，這一些自然現象本來都是沒有什麼意義的，但是
哲人智者就是能賦予它一些意義，以啟迪人心，激勵志氣。自然現象
之中，水最為常見，所以先哲關於水的智慧提點似乎也最多。《論
語・子罕》篇有一章是：

> 子在川上，曰：「逝者如斯夫！不舍晝夜。」

　　我認為孔子的話本來單單純純，沒有什麼特別深邃而不易解會的
含意。想來孔子這一次行至河川（管他什麼河川）旁邊，在岸上舉目
一望，只見河水滔滔滾滾，一逝而不回，他這時可能有點年紀了，青
春少壯、意氣風發的歲月已經離他遠去，於是觸景生情，感傷莫名。
人生幾何，青春易逝，年華如流，歲月之流逝竟如眼前滔滔流水一
般，片刻也不停留，而且一去永不回頭。自己濟世宏願未了，行道壯
志難酬，眼看流水如歲月，逝而不返，豈能不深深喟然一歎？所以這
一章記孔子兩句話，既見感觸傷懷，而又極富詩意，想像夫子斯時心
情，竟如眼下之景，情景交融，渾然一片，真令人深深感動。
　　想不到程朱等理學家獨具隻眼，竟別有所見。像程子就說：「此
道體也。天運而不已，日往則月來，寒往則暑來，水流而不息，物生
而不窮，皆與道為體，運乎晝夜，未嘗已也。是以君子法之，自強不

息，及其至也，純亦不已焉。」他還十分得意地補充：「自漢以來，儒者皆不識此義。此見聖人之心純亦不已也。純亦不已，乃天德也。有天德，便可語王道，其要只在謹獨。」朱子承此意加以發揮，也說：「天地之化，往者過，來者續，無一息之停，乃道體之本然也。然其可指而易見者，莫如川流，故於此發以示人，欲學者時時省察，而無毫髮之間斷也。」

哇！若照程朱此意，天地造化，道體昭昭，都具現於滾滾流水之中。我必須坦白說一句不甚恭敬的話，這實在附會得太過頭了。在此章中，什麼是「逝者」？當然只能理解為「逝去的時光、歲月」，絕無別解。「斯」則指眼前的滔滔流水，亦無他解。所以再怎麼尋繹玩味，我在此章也嗅不到絲毫「道體」的味道，覺得孔子頂多就是要人莫輕擲年華，千萬好好把握時光的意思，若還拉扯上什麼「道體」，就未免大言惑人了！

《孟子・離婁下》篇也有這麼一章：

> 徐子曰：「仲尼亟稱於水，曰：水哉！水哉！（仲尼）何取於水也？」孟子曰：「原泉混混，不舍晝夜，盈科而後進，放乎四海，有本者如是，是之取爾。苟為無本，七八月之間雨集，溝澮皆盈，其涸也，可立而待也。故聲聞過情，君子恥之。」

對於不捨晝夜的混混流水，孟子由此領悟到的是：只有有本有源的活水，才能「盈科而後進」，步步踏實，最後流到大海。一個人如果沒有真才實學，那些虛聲浮響就像無源之水，很快就會乾涸，君子反而以之為恥。

　　講《老子》幹嘛還拉拉扯扯，講到孔孟程朱身上去呢？主要是因他們都談到水，而且每一個都說得大不一樣，正是「戲法人人會變，巧妙各自不同」。老子講水，也是變個不一樣的戲法，重要的是我們要能看透戲法，直造老子的本意。

　　老子說：「上善若水，水善利萬物而不爭，處眾人之所惡，故幾於道。」顯然老子以「道」為至善、上善的體現，而「水」的性質又非常接近「道」，何以如此說？因為「水善利萬物而不爭」，又能「處眾人之所惡」。水灌溉農作，滋潤萬物，幫助所有有生之物獲得讓生命成長壯大的養料，而且又只予不取，流卑就低，絕不與他物相爭。水總是流向卑下之地，流向藏污納垢之處，那是眾人厭惡嫌棄而避之唯恐不及的地方。老子認為水的這些特質最接近「道」，此「道」究竟是什麼「道」？毫無疑問是他心目中的「帝王之道」，而絕非空空裊裊、不著邊際的所謂「客觀形上實體」的道。老子認為真正的國君，必須是無私無己，普利萬物而不與物爭，眾人所厭惡逃避之地，自己卻心甘情願居之處之。這正是黃宗羲那篇〈原君〉所說的：「不以一己之利為利，而使天下受其利；不以一己之害為害，而使天下釋其害。此其人之勤勞，必千萬於天下之人。」正因為君王之重責大任、辛勤勞苦非一般人所能堪，而為「眾人之所惡」，所以依梨洲之見，事實上這也正是老子所見：沒有絕大愛心、沒有絕大能力、沒有捨己獻身精神的人，是不夠格當帝王、當國君而擔任國家與人民的最高領導者的！

　　當然，我們也可以有這樣的疑問：「水」真的有那麼好嗎？水確實並沒有那麼好。或者如實而言，水無所謂好或不好。水只是自然界中之一物，而自然界中之事物原先並不具有任何價值上好或不好之指

向性，其價值之指向性乃是論述者所加上去的，是透過文學意義的類比、譬喻或象徵手法所賦予的。

老子先自有了「一個真正的君王當該如何如何」的看法，然後就自然界中的事物、現象加以檢視，發現水的某些性質有似乎君德、王道，於是作出了本章的論述，其論述重點在君德、王道，而根本不在水，水在本章中的作用只是工具性的。否則我們就可以質問：霪雨連日，洪水橫流，漂蕩田園廬舍，淹沒五穀六畜，使生命財產遭受嚴重損失，這難道不是萬物之大害嗎？哪裡還能夠談得到「善利萬物」？

其次，「居善地，心善淵，與善仁，言善信，正善治，事善能，動善時」這幾句，張松如《老子說解》謂：「下面七句，都是水德的寫狀，又是實指上善之人，亦即通過水的形象來表現『聖人』乃是道的體現者。」我認為這樣的理解恐怕有些問題。這七句直承前文的「故幾於道」，而「道」正指帝王之道，一旦為帝王，為國君，則其道當該如此：「居善地」：自居自處當以卑下之地為善，地在老子乃是謙沖卑下的象徵。「心善淵」：王者存心，當如深淵之寬闊深廣乃為善。淵是王者胸襟廣大、氣度恢宏的象徵。「與善仁」：凡所施與，以厚於仁愛之實為善。（由此可知，十九章之「絕仁棄義」不可望文生義，而確有別解。）「言善信」：所有號令、指示，必以信守、遵循國家法律制度為善。此處之「言」，在君王自非尋常言語。「正善治」：一切施政，務求規劃妥善，以期長治久安為善。「事善能」：設官任職以理事，以適才適所，足以施展其才能為善。「動善時」：凡有施設舉措，必以尋求最妥適的時機為善。

這七句中「居善地」、「心善淵」置於最前面，正是老子一貫強調國君要心態謙卑如腳下土地、胸襟寬宏如大谷深淵的意思，尤須特

別留意。整個看來，這七句都是針對人、針對君王來說的，並不是針對水。毫釐之差，整章的精義所在恐怕就因而失落了。最後兩句說：「夫唯不爭，故無尤」。何以會「爭」？「爭」往往是自私、攘奪、聚斂、操縱、掌控的具體表現，這基本上是與他人的利益嚴重衝突的。也許我們不能不承認「爭」是所有動物，包括人在內的特質，但它畢竟也是野蠻、世俗所殘留的特質，在資源匱乏、生活條件窘迫的環境下也許無可厚非。不過，君王作為一個領袖人物，他既已高高在上了，在眾人之中擁有最豐沛的資源了，他就不可以再停留在世俗的低下層次，而應該有過人的胸襟、氣度，能自我提昇、自我超越，反過來扮演一個以仁心、善意為基礎的提供者、協助者、給予者的角色，不應該再去「爭」。前文之所以特別強調「居善地」，要自處謙沖卑下；強調「心善淵」，要心胸寬闊能容；強調「與善仁」，要施與顯現仁厚，正是因為這才是一個領袖人物能深得民心之所在。君王而能如此，自可免於怨尤，免於罪戾，獲得臣民一致的擁戴。

　　至於本章結構的問題，石田羊一郎、馬敘倫、古棣等人都認為末二句「夫唯不爭，故無尤」應該提前而接在「水善利萬物而不爭」句下。古棣說如此安排比較「合乎邏輯」，否則就「使人感到文理支離」，我的看法卻大大不以為然，這倒不是說帛書甲本、乙本仍以「夫唯不爭」這兩句殿後，所以尊重古本，而是原文文意本即通暢順適，絲毫不見齟齬，若硬要乙出「夫唯不爭」二句，置之「水善利萬物而不爭」底下，則「處眾人之所惡」二句反而掛搭不上，文氣為之斬絕，上既不接，下亦不續，這才真正是「文理支離」！尤其更重要的原因是，就整章文意來看，老子原文在「故幾於道」以上本是說「水」，然而早已暗喻「君王之道」，故「居善地」以下各句即分明

針對君王，謂帝王、國君之道當該如是，否則「居善地」、「動善時」之「居」、「動」對於「水」猶有可說，其他「心善淵」等句之「心」、「與」、「言」、「正」、「事」這些動詞或名詞，又怎麼能說到「水」身上去呢？所以末二句之「夫唯不爭，故無尤」正是作為一章之總結，而不是單單就「水」而言，甚至細味之下，應該可以看出文脈已然潛運暗轉，說王道、說君德的成分還更多一些呢！

旨趣聯繫

第四章、二十二章、三十四章、六十六章、七十八章、八十一章。

義理參觀

＊上善若水者，蓋水之善以其灌溉浣濯，有利萬物之功，而不爭處高潔，迺處眾人所惡卑污之地，故幾於有道者之善也。彼眾人所善，則居之善必得地，心之善必如淵。淵，謂靜深。與之善必親仁。與，謂伴侶。仁，謂仁人。言之善必有信，政之善貴其治，事之善貴其能，動之善貴其時。時，謂當其可。七者之善，皆擇取眾人之所好者為善，可謂之善，而非上善也。夫唯有道者之上善，不爭處上而甘於處下，有似於水，故人無尤之者。尤，謂怨咎。眾人惡處下而好處上，欲上人者有爭心，有爭則有尤矣。（吳澄註）

＊言天下之善者莫善於水，而聖人之善若之。何謂善？蓋凡利於物者或不能以無爭，而能不爭者又不必能澤於物也。水之善，固利萬

物而不爭者也。何以見其不爭也？眾人處上，彼獨處下；眾人處高，彼獨處卑；眾人處易，彼獨處險；眾人處順，彼或處逆；眾人處潔，彼或處穢。所處盡處眾人之所惡，夫誰與之爭乎？不爭，則無尤矣，此所以為上善也。「居善地」七句，皆聖人利萬物而不爭之實。（李載贄註）

第九章

持而盈之，不如其已；揣而銳（王注本作「梲」）之，不可長保；金玉滿堂，莫之能守；富貴而驕，自遺其咎。功遂，身退，天之道（也）。

異文討論

　　本章章句，世傳各本與帛書本、竹簡本都有一些出入，但這些不同之處，並不足以導致義理詮釋的歧異，應可不必詳細討論。

章句詮解

　　這一章文意淺白直接，向來也比較沒有分歧的看法。老子告訴國君要懂得持盈保泰，不可驕盈傲慢，否則必然會招來罪咎。

　　《論語・泰伯》篇裡，孔子說：「如有周公之才之美，使驕且吝，其餘不足觀也已！」孔子年輕時常常夢見周公，後來還以久不夢見周公感嘆自己之衰老，可見孔子對於周公之嚮往與崇仰。周公憑什麼讓孔子如此之傾心向慕呢？周公「才之美」又表現在哪裡？孔子評價周公，其著眼點當然不同於一般人，而在政治人物，是掌管國家大政的政治領袖。周公之才之美主要當是表現在「制禮作樂」，釐定了國家的法律制度，規劃了國家社會的運作規範與發展方向，形塑出一個朝代的文化秩序與特色。到民國即使政體之變革可說天翻地覆，但

是文化風格仍不脫周文特色，受到周文的極大影響。

　　孔子說：即使以周公之美才，如果他驕而且吝，那就再無可觀。「驕」是驕傲、驕盈，目中無人、意態傲慢，以為自己最聰明、最有智慧，看得最透徹，聽得最清楚，想得最明白，所以什麼人的話、任何不同的意見都再也聽不進去，這就是「驕」。另外，一個人掌握了權力，而且是最大的權力，幾乎要什麼就有什麼，他還須要去爭奪、去掠取、去佔有嗎？他這時應該想到的是「給予」，而且是寬宏大量的給予，切不可小鼻子小眼睛地這也捨不得、那也捨不得，否則就是「吝」了。「驕」則不能容不能受，「吝」則不能給不能予。身為政治領袖，既驕且吝，必不能進賢用能，不能使自己更充實、更豐富、更成長、更壯大，也必不能在付出與給予中養望進德，厚植助力。於是乎在自我膨脹中反而漸漸消餒萎縮，在只知聚斂中反而漸漸流失人心，嚴重的話就會眾叛親離，陷入「獨夫」那種政治領袖最危險、最可悲的孤獨與隔絕的處境。

　　除了制禮作樂，周公最為人所稱道的就是虛懷若谷、求賢若渴。所謂「一飯三吐哺，一沐三握髮」，殷殷勤勤，誠誠懇懇，這種謙抑自下的氣度實在令人感動，所以連曹操也要讚嘆說「周公吐哺，天下歸心」（〈短歌行〉），曹操之能廣納人才，得其佐助，得力所在就是學自周公。

　　本章老子教給帝王、指導國君的治國要道正是謙退自持，力戒驕盈。容器滿盈，則易致傾覆，所以老子說：「持而盈之，不如其已」。已經很多了，還要更多，貪得無厭，永不滿足，從來不知收手，這樣必然惹人反感，招人厭嫌，傾覆之禍，斯須立至。《荀子・宥坐》篇有一則故事，很可以傳達老子此意：

孔子問於守廟者曰：「此何器？」守廟者曰「此蓋為宥坐之器。」
孔子曰：「吾聞宥坐之器者，虛則欹，中則正，滿則覆。」孔子顧
謂弟子曰：「注水焉！」弟子挹水而注之，中而正，滿而覆，虛而
欹。孔子喟然而嘆曰：「吁！惡有滿而不覆者哉！」子路曰：「敢
問持滿有道乎？」孔子曰：「聰明聖知，守之以愚；功被天下，守
之以讓；勇力撫世，守之以怯；富有四海，守之以謙。此所謂挹而
損之之道也。」

　　權大勢重，要如何持盈保泰呢？要懂得謙退，懂得遜讓，只能
「挹而損之」，才能長久保持「中而正」。尖銳則易折，鋒利則易
挫。身為君王，權勢最大，權勢之所向，當者盡皆披靡。君王的權勢
已經夠尖銳夠鋒利了，應該盡可能藏其鋒銳，非必要時不可輕出，怎
麼能夠再極力捶擊，想要更尖銳、更鋒利呢？所以老子要君王守柔
弱、為無為，告誡君王雖然擁有至高至大的權力，但是千萬不可以濫
用權力，輕試其鋒，否則即使手握寶劍利器，誤用、濫用之下，殘損
斷折，斯須立至。「揣而銳之，不可長保」，老子這話意味真是深長
啊！
　　王者富有天下，當然不必也不能再事聚斂而以黃金珠玉為寶。稍
稍有識者都知道，有國之君當以賢能人才為寶，而不以珠玉金銀為
寶，輕財重士，這才是君主應有的格局。所以老子說：「金玉滿堂，
莫之能守」，如果沒有賢能智謀之士，空有滿堂金珠寶玉，又有誰來
替你守護呢？因之滿堂金玉，遠遠不如滿室賢才、輔弼多士啊！
　　「富貴而驕，自遺其咎」，富是錢財很多，貴是地位很高。無論
古今中外，富貴所代表的意義就是權大勢盛，影響力極大，再怎麼困

難的事，也是咄嗟立辦。有錢已經能使鬼推磨了，更何況再加上有勢？所以長久下來，不免就會使這些有財有勢、大富大貴之人產生了嚴重的錯覺，以為只要權勢在手，既富且貴，那就可以為所欲為；而且若不把法律制度踩在腳底下而為所欲為，就根本顯不出我真能「喊水能使結凍」呢！所以富貴之人很少不耍權弄勢，使自家雞狗亦能升天；很少不故意縱容家人，藉之以耀武揚威的，倚仗權勢來欺負人往往成了他樂趣之來源，是他自以為真正高人一等、什麼人都可任其踐踏的憑藉，這就是富貴之「驕」。一個人一旦富貴而驕，人們原先對他的尊敬很快就會轉變成厭惡與嫉恨，富貴而致令人厭惡、令人嫉恨，那麼這個人、這一家就離衰敗不遠了。所謂「高明之家，鬼瞰其室」，事實上何與於鬼神？只是眾人所共厭共棄罷了！人所厭棄，並不是因為富貴，而是由於驕溢，敗家亡身，皆由自招，所以老子給予強烈的警告。

最後說「功遂，身退，天之道也」，天生萬物而不自居功，這是所謂「天之道」，老子認為帝王當法天道，所以功成而身退，自己不居其功，不事自我表揚，而多推功於臣下，歸勞於眾人，這才是「天之道」，實踐天道，方能長長久久。

戒驕盈，藏鋒銳，不以金玉為寶而以賢才為寶，不以富貴驕人，不以權勢欺人，成事則推功於下，自處則謙退為懷，老子說之為「天之道」，其實正是王者持盈保泰、謙沖自牧的妙理。試觀《貞觀政要》書中所錄，魏徵之所以屢諫太宗者，大體也就在這些地方。末句王弼注本、河上公本皆無「也」字，帛書乙本（甲本推估）則有「也」字，雖於義理解讀無關宏旨，然而加上「也」字，語氣似乎比較完足。

旨趣聯繫

二十二章、二十八章、三十九章、六十六章、六十七章、七十八章。

義理參觀

＊知盈之必溢，而以持固之，不若不盈之安也。知銳之必折，而以揣先之，不知揣之不可必恃也。若夫聖人有而不有，尚安有盈？循理而後行，尚安有銳？無盈則無所用持，無銳則無所用揣矣。日中則移，月滿則虧，四時之運，成功者去。天地尚然，而況於人乎！（蘇轍註）

＊盈則必虛，戒之在滿。銳則必鈍，戒之在進。金玉必累，戒之在貪。富貴易淫，戒之在傲。功成名遂必危，在乎知止而不失其正。此言深欲救人，謂非必處山林、絕人事然後可以入道，雖居功名富貴之域，皆可勤而行之。（劉師立解）

＊知其盈而持之，不若未嘗盈之為善也。知其銳而揣之，不若未嘗銳之為得也。知盈而持、知銳而揣，已為不善，況盈而不持、銳而不揣者乎？盈而益貪，銳而益驕；金玉滿堂，莫知其止；富貴而驕，未能驕物，先喪己心，是為自遺其咎。四時之運，功成者退，天道如此，況於人乎！（李息齋註）

第十章

　　載營魄抱一，能無離乎？專氣致柔，能如嬰兒乎？滌除玄
鑒（覽），能無疵乎？愛民治國，能無知乎？天門開闔，
能為雌乎？明白四達，能無為乎？生之畜之，生而不有，
為而不恃，長而不宰，是謂玄德。

異文討論

　　本章各版本字句之出入，須作分析、討論的為「明白四達，能無
為乎」一句。王注本「明白四達，能無為乎」，河上本作「明白四
達，能無知」，傅奕本作「明白四達，能無以為乎」，帛書乙本作
「明白四達，能毋以知乎」，甲本缺損不可見。帛書乙本在此句上已
有「愛民活（當是「治」字之訛）國，能毋以知乎」一句，「能毋以
知乎」不應重複，而六十五章曰「以智治國，國之賊；不以智治國，
國之福」，「智」字帛書甲、乙本皆作「知」。然則乙本「能毋以知
乎」，「知」字當是「為」字之訛，宜依傅奕本、王注本改正。

章句詮解

　　這一章無論是前賢的注解，抑或是時彥的詮釋，問題都頗不在
少。但是不管如何，我們從文中「愛民治國」這樣的字句來看，可知
此章亦是針對君王說話的。其實我們老早一再強調，整部《老子》八

十一章五千言，無一章一句不是面對帝王發言，直向國君講話。

　　首先「載營魄抱一，能無離乎」，「載」字到底是屬上一章，還是本章？在古人已有不同看法，而兩種說法都各有理據，很難斷定孰是孰非。還好這只是字句上的小小紛紜，無關大義宏旨，或可存而不論。我個人認為，「載」字當句首發語詞，在《老子》中並無第二例，因此很可能這個「載」字就是「哉」字之誤讀誤書，應歸上一章「天之道也哉」比較符合文例。

　　再看「營魄抱一」，古人多解「營魄」為魂魄，但從句法看去，「魂魄」如何「抱一」呢？「一」在老子是有特殊意義的，所以說「聖人抱一為天下式」（二十二章），可知「抱一」不能只講成一般「合一」的意思。我認為「營魄抱一」是兩個動、賓結構的詞，就像下文「專氣致柔」亦是兩個動、賓結構的詞。「營」有周行、經護、回繞、圍守等義（《經籍纂詁》八庚下）。《昭明文選》卷二十四，陸機〈贈從兄車騎〉這首詩有「營魄懷茲土，精爽若飛沉」兩句，李善注引老子曰：「載營魄抱一，能無離乎？」鍾會曰：「載，辭也。經護為營，形氣為魄，謂魂魄經護其形氣，使之長存也。」可見鍾會把「營」當動詞而解為「經護」，參酌回繞、圍守等義，我認為「營魄」即是收斂、結合魂魄，使身心能夠統合在一起而不紛馳、不散亂，如此就能以一種單純而專注的心神來面對社稷、處理國事，而這就是「抱一」的境界了。老子這樣問國君：你憑什麼作為一國之主呢？你能做到這些事，修養能達到這樣的境界嗎？第一個是：作為一國之君，你能夠收斂魂魄，凝聚精神，把身心調和統一，不致紛馳散亂，然後以一種簡單而又清明，純一而又專注的心靈狀態，去面對這個世界，處理國家大事嗎？

　　其次，「專氣致柔，能如嬰兒乎」，老子很喜歡嬰兒，認為嬰兒也是近乎道的。如二十章：「我獨泊兮其未兆，如嬰兒之未孩」；二十八章：「為天下谿，常德不離，復歸於嬰兒」；五十五章也說：「含德之厚，比於赤子」。老子究竟何所取於嬰兒呢？在本章中他說「專氣致柔」，嬰兒天然一片，無所謂「專氣」，句中之「柔」才是對嬰兒說的。什麼是「柔」？老子常常「柔」、「弱」連言，柔弱在其思想系統中有其重要義涵，不可只從表面浮淺作解。帝王雖貴為天下之君，但在國家法律制度之前，願意委屈自己的主觀意志，而遵從國家客觀的法制，亦即不以君權對抗、否定法制，這就是「柔弱」；否則為了貫徹自己的意志而不惜違背法制，這就是「剛強」、「強梁」。

　　老子把嬰兒說成「柔」，這當然是一種富於象徵意義、帶著濃厚詩意的文學性類比手法。嬰兒之「柔」當不在初生時身體之柔柔軟軟，否則天下柔軟之物太多了，又何須取譬於嬰兒？老子之有取於嬰兒者，應當是初生的嬰兒真純和諧，不虛偽，不造作，完全遵從生命本身自然而然的律動，絕不亂鬧意氣，絕無強硬蠻橫。嬰兒不會挾敵意在肅殺緊張的對抗中強取豪奪，而只是以其自然天成的真純和諧，令人不得不疼惜愛護，這才是嬰兒之「柔」。所以「專氣致柔」乃是要求君王致力於修養，使身心狀態達到嬰兒般真純和諧的境地，在處理國家大事的時候不亂鬧意氣，不強硬蠻橫，而能遵從國家自然的、客觀的規範——法律制度。「氣」是中國哲學中一個含義多方的特殊用語，大體可以理解為某一種生命力，「專」在此通「摶」，就是會合、結聚之意。「專氣致柔」就是要君王攝其身、靜其心，盡一切努力使心靈達到真純和諧、柔柔軟軟，不任意使氣動怒，強橫地以個人

意志取代國家法制。

　　再來「滌除玄鑒，能無疵乎」。「鑒」字王弼注本等本子作「覽」，其實就是「鑒」的另一種寫法。「鑒」就是鏡子，「鑒」而謂之「玄」，可見不是普通的鏡子，這一面鏡子是帝王之鏡。我們知道有一個很有名的故事，魏徵去世，唐太宗為之傷感落淚，歎息說：「夫以銅為鏡，可以正衣冠；以古為鏡，可以知興替；以人為鏡，可以明得失。我常保此三鏡，以防己過。今魏徵殂逝，遂亡一鏡矣！」唐太宗經常保有三面鏡子，其實一個人心靈如果清明，那麼清明的心靈就是一面最好的鏡子，而且這樣的鏡子一面可抵千面萬面來用。如何使自己的心靈能夠長保清明，像一面澄澈晶瑩、足以燭照萬象而洞然瞭然的鏡子呢？那就要常常擦拭，常常洗滌汙穢、清除垢膩，使這面鏡子沒有一絲一毫的污染、疵病。問題是心靈的鏡子又該如何滌塵除垢呢？老子在這裡並沒有明說，但是整部《老子》裡凡是提到修養的，都是在滌除汙穢、洗刷塵垢，都有助於使心靈成為一面明鏡，幫助君王燭照幽微、明辨是非，在處理國事時作出最正確、最妥適的裁斷，不至於犯下難於彌補的錯誤。果能如此，那就是一面名副其實的「無疵」之「玄鑒」了！

　　接著是「愛民治國，能無知乎」。帛書乙本作「能毋以知乎」（甲本此處殘損），傅奕本作「能無以知乎」。什麼叫做「能無以知」，「知」就是「智」，作名詞用。既然說「無以知」，可見這「知」（智）並不是個正面的好東西。「無以知」就是「不用智」，十九章也說「絕聖棄智，民利百倍」，我們由此可以推測，所謂「知」（智）大概就是想辦法、施奇巧、耍詐偽，逃避國家法律制度的規範，玩弄手段大鑽國家法制的漏洞。做國君的不唯不以守護國家

法制為職志，反而以遂行君王一人之私意為要務。平民百姓不守法固然不可，掌握最大權力的君王若不能守法，其危險性、破壞力更大，足以禍國殃民，對國家與人民造成最大的傷害！所以老子要君王「無以智」，最好能夠「絕聖棄智」，這樣才會「民利百倍」。景龍碑本「能無以知乎」作「能無為乎」，「無為」的意義和「無以知」近似，用智如同有為，都是在國家法律制度之外玩弄智巧、胡作非為。一個真正愛人民、愛國家的君王，其治國理民，當然是不會玩弄奇巧詐偽，想盡辦法鑽法令漏洞、尋制度縫隙，甚至公然強橫地違背國家法制，以申張個人之意志、遂行自己之私欲的！

再來是「天門開闔，能為雌乎」。什麼是「天門」？前人有種種不同的解釋，但可以肯定的是本章所述都是屬於修養的工夫，所以都是可以自己努力，而且是自己可以充分作主的，因此「天門」之「開闔」，其「為雌」抑或「為雄」（老子未嘗說過「為雄」，只說「知其雄，守其雌」），乃是可以充分自主而自作選擇的。河上公注：「天門謂鼻孔」，但十二章提到五色、五音、五味等等，所以看來還是高亨的說法最好：「耳為聲之門，目為色之門，口為飲食言語之門，鼻為臭之門，而皆天所賦予，故謂之天門也。《莊子・天運篇》：『其心以為不然者，天門弗開矣。』天門亦同此義，言心以為不然，則耳目口鼻不為用。」

「為雌」今本作「無雌」，「無雌」實不可通，以老子「知雄守雌」之說推之，更見相悖。帛乙本作「為雌」，傅奕本、景龍碑本亦作「為雌」，可見今傳王注本當為誤書。俞樾說：「『天門開闔能無雌』，義不可通，蓋涉上下文諸句而誤。王弼注云：『言天門開闔，能為雌乎？則物自賓而處自安矣。』是王弼本正作『能為雌』也。河

上公註云：『治身當如雌牝，安靜柔弱。』是亦不作『無雌』。故知『無』字乃傳寫之誤，當據景龍本訂正。」（《老子平議》，見《諸子平議》）舉證歷歷，判斷精當。老子原文作「為雌」應是毫無疑問的。

老子的意思是：我們的外在世界聲色雜陳，充滿了各式各樣的誘惑，我們不可能完全封閉我們的感官，眼不能不見色，耳不能不聞聲，口鼻不能不接觸美味與芬芳。感官是自我心靈和客觀世界的通道，只要心靈能靜能定，我們是完全可以不受外在花花世界之騷擾、誘惑的。「開」是透過感官去接觸、感受以了解外在世界，「闔」是關閉起來，不讓外在世界的聲色貨利穿透感官，腐蝕心靈。老子要求國君必須在花花世界的種種誘惑中，鍛鍊出具有良好自我管控能力的成熟心靈，面對誘惑而能不受誘惑，不沉溺於慾望之中。「為雌」就是守靜，誘惑當前而毫不動心，靜定如恆，這樣的心靈才算成熟。治理國家、帶領人民的一國之君，怎麼能夠沒有足以拒斥諸般誘惑的成熟心靈呢？

不過要特別說明的是，老子並無意要國君真成為禁絕慾望的「清教徒」，雖然在某些狀況下有時也說「無私」、「無欲」，但是「少私寡欲」畢竟比較合理。因為適度地享受口腹之慾、聲色之娛，樂之而有節，悅之而有制，這不但不是壞事，而且是使生命、心靈得到應有滋潤而不致乾枯僵硬的相當正面且極具意義的好事。粗俗的欲海沉淪，和精緻的美感與藝術之心靈饗宴是不應該混為一談的！《古今譚概》裡有個故事很可以給我們一些啟發：宋朝二程兄弟程顥、程頤是思想史上很有名的大理學家，有一次兄弟聯袂赴宴，席上安排歌妓舞女唱歌跳舞，程頤一看，艴然離席；老哥程顥則歌舞當前，照樣泰然

自若，最後盡歡而去。隔天，弟弟找上哥哥的書房，心裡頭還為昨天那事兒不痛快。哥哥就對弟弟說：「昨日座中有妓，吾心中卻無妓；今日齋中無妓，汝心中卻有妓。」程頤聽了爽然若失，自以為境界不及他老哥。「酒色財氣，不礙菩提路」，這種話當然不是可以隨便說說的，如果心靈既沒有良好的素質，又未經嚴格的鍛鍊，如此便不可能具有足夠的自制力，可以在節制中擁有自由，在自由中又能節制。具備良好自制力的成熟心靈，才能通透靈動、自由自在，和外在的聲色之美一搭一唱，以和諧的節拍互相呼應，既見清明，又很能受用種種藝術之美，這才是真正的幸福。

接著我們看「明白四達，能無為乎」。河上公本、景龍碑本「無為」作「無知」。既然「明白四達」，怎麼又說「無為」呢？這種近乎詭詞的表達方式乃是老子所習用的，值得我們注意。身為帝王、國君，當然不可以昏庸糊塗，老被臣子、左右所蒙蔽，對於民生疾苦、地方利病，臣僚的賢愚忠奸，政事的得失利害等等，都要有深入而透徹的了解，但是這種了解絕不是吹毛求疵、察察為明。所以所謂「明白四達」，是對國家大政洞若觀火、瞭如指掌；而「能無為」則是告誡君王不可因其「明白四達」而師心自用、自以為是，仍應循法律、守制度，不可自恃聰明睿智而恣意妄為。

最後，「生之畜之，生而不有，為而不恃，長而不宰，是謂玄德」。這幾句五十一章也有，有人就懷疑是錯簡而重出，像馬敘倫就說：「自『生之畜之』以下，與上文義不相應，……自『生之』以下皆五十一章之文。」我認為如真為錯簡，就不會重出；既然重出，就屬兩見，而非錯簡之誤置，這是顯而易見的道理。類似之文不只五十一章可見，第二章、三十四章也都可以睹其蹤跡，如果不是必不可

解，就只能視為重出複見。何況這幾句在此處，皆關乎帝王之「愛民治國」，與前文之六句，在文理、義理上都互相呼應，馬敍倫說「與上文義不相應」，我認為應該是他看不清楚、想不明白，當然是錯誤的看法。這幾句放在這一章，但見文從字順，義理妥貼，是一點問題也沒有的。老子說：保護萬民使之成長，養育萬民使之安居樂業；生之育之而不以奴僕視之，據為己有；治國理政，一切遵守法令制度而不逞才不用智，不自恃其能；使百姓成長順遂，而不用嚴刑峻法操控宰制。大德如天，一一暗合於道，而一般人不知不覺，這就叫作「玄德」。

旨趣聯繫

二十章、二十二章、二十八章、四十一章、五十一章、六十五章。

義理參觀

＊載，初也。營，造也。魂者人之陽，魄者人之陰。自初造魄，抱魂於魄，能使魂魄相抱一而不離乎？嬰兒者，陽氣未散，內和以柔，非嬰兒之能然，乃專氣之效，不期致而致之。故專氣致和，一而不雜，能如兒子乎？超然玄覽，非不善也，然此心未忘，則不足以語道。故能滌除玄覽，使之無疵乎？以愛愛民，愛始不周。以事治國，國始不治。清靜臨民，民將自化，故曰「能無為乎」。陽動而開，陰靜而闔，一開一闔，變化所出。然動而不已必窮，動已而闔，守靜養動，故曰「能為雌乎」。內外明白，中心洞然，雖不涉事為，然猶為

靜塵所累，必能自知無知，然後知不為礙，故曰「能無知乎」。聖人於物，生之若父母，畜之若子孫，然生而不取以為有，為而不恃以為功，長而不自以為主，非體玄德不能矣！（李息齋註）

第十一章

三十輻共一轂，當其「無」，「有」車之用；埏埴以為器，當其「無」，「有」器之用；鑿戶牖以為室，當其「無」，「有」室之用。故「有」之以為利，「無」之以為用。

異文討論

　　本章章句各本略有出入，但於義理詮解並不構成分歧，似無進一步討論之必要。唯「當其無，有車之用」，帛書釋文作「當其无有，車之用也」。下文「器」、「室」句亦於「无有」後點斷：「當其无有，埴器之用也」，「當其无有，室之用也」。本章於「無有」後點斷，清人畢沅始作此說，其後馬敘倫、高亨、朱謙之等人皆從之，然而章末「故有之以為利，無之以為用」，分明以「有」、「無」分立相對為說，故當從王弼注「言無者，有之所以為利，皆賴無以為用也」，而於「無」、「有」之間點斷，畢沅、馬敘倫等人所說皆誤無疑。

章句詮解

　　這一章重點不在車乘，不在陶器，不在房室，而在「有」和「無」。我們甚至認為，「無」和「有」才是老子思想中最根源、最

核心的部分，講「道」說「德」，講「柔弱」說「無為」，都是要奠定在「無」、「有」的基礎上去談才清楚，才見其明確的意義。第一章、四十章也以「無」、「有」為論述主題，我們分別有所說明，可以參看。尤其在四十章之中，老子談到「道」、「反」、「弱」、「有」、「無」，可以說老子思想中最重要的、最核心的觀念，在此章中都用最精簡的表述方式集中加以說明了，到了講這一章的時候，這些基本觀念將會有更詳細的分析與討論。

　　「有」、「無」指陳的是君王之「道」必須遵循的客觀面的標準，「反」、「弱」點明的則是作為國君必須具備的主觀面的修養。對四十章如果能有準確的理解，對老子整體思想的掌握大體就不致於偏離。

　　老子談「無」論「有」，因為這個是相當抽象的東西，所以必須拿日常生活中一些比較具體的事物來打比方、作譬喻，以為論述之助。本章前面的這三節，其作用就在以實喻虛。

　　「三十輻共一轂，當其無，有車之用」。「輻」是連接車軸和輪圈之間作為支撐的木條，據說依照古制，車輻共有三十根，故曰「三十輻」。「轂」則是車輪軸心的部分，為所有車輻圍繞會集之處。車轂中心是空的，故可容納車軸，車子拉動時，車軸帶動輪轂，同時帶動了車輻、輪圈，車子就此或行或馳。所以我們為甚麼能夠藉車子乘坐載運、享受車乘之利呢？老子認為主要是因為車轂中空的緣故，「當其無」意即正因為它中空無物。由於車轂空無一物，故可容納輪軸，帶動車輪，我們就可以乘車載物，享受車子的用處。

　　「埏埴以為器，當其無，有器之用」。「埏」是調和，「埴」是陶土。陶土須經調和，據說宜興師傅利用當地特產的陶土（紫砂）做

茶壺，那陶土的成分、顏色等等，也是要經過精心調和，甚至用種種秘法鍊製的。師傅配合土質，精心調和，才能做成甕盎瓶盆壺等容器，讓我們儲放油鹽醬醋茶，以便在日常生活中使用。為什麼這些陶土燒成的器物可用呢？老子認為那也全因這些器物中空的緣故。

「鑿戶牖以為室，當其無，有室之用」。「鑿」就是開，建築房屋，開了門，開了窗，正因為屋內是空的，我們才能住在屋裡，享受居室之用。有學者還說這正可印證老子西出函谷關，在陝西黃土高原上看到的住家都是鑿開黃土，成為窰洞，不止今日可見，實是自古已然。這樣講當然有點趣味，但是憑一字考古而引為證據，不免稍嫌附會。

以上「三十輻共一轂」、「埏埴以為器」、「鑿戶牖以為室」三節都是老子以實喻虛，取以為譬，真正的重點其實落在「有之以為利，無之以為用」這兩句。那麼這兩句到底是什麼意思呢？正因為寓意深而微，很不易曉解，老子才須要連設三喻，取平居習聞習見的事物來加以說明，也因此這兩句話的義涵須在上述譬喻中推敲、尋繹。這兩句重點在談「有」和「無」，車子（或直接說車轂）、陶器、房室是「有」；車子之所以有用是因為車轂之「無」（中空），陶器之所以有用是因為器中之「無」，房屋之所以有用也是因為屋中之「無」。如此則可以推知：老子認為「有」之所以有用，是因為其中之「無」。此意以王弼的注解表達得最為清晰，他說：「木、埴、壁所以成三者（車、器、室），而皆以『無』為用也。言『無』者，『有』之所以為利，皆賴『無』以為用也。」

「有」之中如果不包含、蘊藏著「無」，這「有」也就喪失其功用了。在這裡「利」就是「用」，「用」就是「利」，字面雖有變

化，意思實無不同，並無任何隱微之深意。真正微意之所託其實是在
「有」、「無」身上：「有」是治國理民之具，近乎王安石針對這一
章所說的「禮樂刑政」，也就是法律制度。法律制度、國家典章是一
條條、一套套，有明文可按，有政典可查，有檔案可以稽考的，故謂
之「有」，利用這些「有」、這些法律制度來治國理民，所以它當然
有「用」。但是這些法律制度可不是隨隨便便想怎麼定就怎麼定的，
它必有所依所據，必有其義其理，它必有永久之道、恆常之理、終極
之義作為它堂堂正正的根據。例如就社會而言，則應有普遍的公平與
正義；就人與人之間而言，則應有仁愛、有善良；就政府而言，則應
有權力、有責任等等這些終久、恆常的道理，因為它是原則性的，是
可以隨著時代環境的變化、隨著知識的開發、隨著觀念的更新而應機
調整，使之成為合道之道、合理之理、合義之義的，但是它畢竟是抽
象的、看不見的，故而謂之「無」。這些不可見的道理、義理，是使
一條條、一套套可見的法律制度具備正當性而真正發揮其作用的依
據，王弼所謂「有之所以為利，皆賴無以為用」就是這個意思。第一
章、四十章與本章的「無」、「有」之義完全一致，是老子思想系統
中最根基、最核心的一組觀念。老子藉這一組觀念建立政治事務運作
的客觀標準，有了法律制度作為政治事務運作的客觀標準，「柔
弱」、「無為」的意義方才得到貞定而不致漂蕩浮沉，無所歸止，也
才不致於被無知誤解、被惡意曲解而流向陰謀權術。國君願意捨棄自
家主觀的意志與私己的欲望，而恪遵國家的法律制度，寧可在法制之
前示弱讓步而不敢任意妄為，方得謂之「柔弱」，方得謂之「無
為」。反過來君王不惜踐踏國家的法律制度，一意申張自己的私心與
意志，此之謂「剛強」（三十六章）、「強梁」（四十二章）、「堅

強」（七十六章），此之謂「妄作」（十六章）。

若對法律制度之條文尋其本、溯其源，則知是根源於法律制度之義理，故四十章謂「有生於無」；法律制度是老子思想、老子之道最核心、最重要的部分，是「道」的「眾妙之門」，故第一章謂「此兩者（無、有）同出而異名，同謂之玄，玄之又玄，眾妙之門」。至於第二章之「有無相生」，就只是一般意義的有與無，絕非已被老子專詞化、術語化了的第一章、十一章與四十章中的「有」和「無」，這是一定要加以釐清，而絕不容混為一談的！

以我個人的淺見，目前談論老子之「有」、「無」問題的，不客氣地說，大抵非混即濫：邏輯不清，條理不順，義界無別，含含混混，此即是混；實然應然，一切是道，包山包海，泛濫無歸，此即是濫。混濫之餘，曲解橫生、誤會屢見，加以沿襲既久，遂致澄清為難矣！

雖然澄清甚難，但我覺得還是應該不厭其煩、不憚其難，嘗試再做一些澄清的工作。

首先我們要問：《老子》是不是一部思想自成體系的完整著作？這一點甚為重要。因為此書如果是「成分不純」的東西，是東掇一章、西拾一句的雜纂拼湊之作，那就根本談不上什麼前後聯繫、通貫統一的「思想系統」，每一章，甚至每一句，都可以離之析之拆開來獨立注解、各自詮釋，只要該章該句講得通就行了，不必管是否與其他章節能夠前後呼應、一氣貫串。但是只要我們承認它是一部思想自成體系的完整著作，那就必然要用一以貫之的邏輯理路來解讀、詮釋，不允許這一章是這種思路，那一章又是另外一種截然不同的思路。因為彼此齟齬、互見矛盾的解讀思路如果都可以成立，那就表示

老子本身的思想乃是充滿矛盾、時見齟齬的。老子會是這般根本不夠格的思想家嗎？

　　例如有很多學者，尤其是現代學者，他們都認為老子所謂的「道」是對著天地萬物，甚至整個宇宙而提出來的。好，既然如此，那麼此「道」所涵所覆就當然是整個宇宙間的天地萬物了；接著，此「道」展現了種種法則、規律，則這些法則、規律，凡是宇宙間的天地萬物當然都必須一致遵守奉行，而不可以有任何一事一物例外了。

　　現在我們且不須談到「宇宙」這麼大，就以我們自身所處的天地間來說好了，天地之間的事事物物都必須一無例外地遵循「道」所展現的法則、規律，絕不允許這一物遵守甲法則、不遵守乙法則，也不允許那一物奉行乙規律、不奉行甲規律，否則規律豈成規律，法則豈成法則？這樣一來這個「道」又算得什麼「道」呢？

　　當然我們也不可以說此宇宙天地之「道」落在政治上，方才表現出這般那般的規律、法則，而落在其他的事物上就另外表現出不同於政治的規律、法則。宇宙天地之「道」難道不是全體涵覆，其法則與規律難道不是所有事物都必須一體遵循的嗎？對於宇宙天地之道的規律、法則，難道任何事物還有選擇遵循或不遵循的自由嗎？

　　所以當老子說「柔弱勝剛強」（三十六章）的時候，如果他所揭舉的「道」真是宇宙萬物之道，那就必須萬事萬物都遵守「柔弱勝剛強」的規律、法則，絕無一事一物可以例外。有人也許說「滴水可以穿石」，證明了「柔弱勝剛強」；也許又說「女人之柔足以勝過男人之剛」，這也證明了「柔弱勝剛強」。且先不說以上兩事能不能算是「柔弱勝剛強」，我們必須認識到：在宇宙天地之道底下，「柔弱勝剛強」是具有涵蓋一切事物、一切現象的必然性與普遍性的，任何現

象、任何事物都必然是，而且全部都是符合「柔弱勝剛強」才行。我們都知道事實絕非如此，因為很顯然宇宙天地之間，並非事事物物、各種現象都是「柔弱勝剛強」的。那麼我們還能大聲堅持老子之「道」指的就是宇宙天地之道嗎？

　　宇宙天地之道是抽象的，自然世界之道是抽象的，文學藝術之道也是抽象的；為師之道是抽象的，為君之道、政治之道也是抽象的，凡是可以稱之為「道」的，即使是書道、柔道、弈棋之道、烹調之道等等，也都是形而上的，都是抽象的，都是如老子在十四章所描述：不能以目見而「夷」、不能以耳聞而「希」、不能以感官接觸而「微」，都是「無狀之狀，無物之象，是謂惚恍」的。所以當我們統貫《老子》全書，便可得知老子所揭舉的「道」，一無疑義皆指向他心目中的君王之道、良善政治之道（當然任何人都可以批評、修正，甚至否定老子的觀點，老子所見並不一定即是絕對的政治真理），唯其為君王之道、良善政治之道，所以當君王不能秉道而行，乖離了良善政治之道時，老子才斥之為「不道」（三十章）、「無道」（四十六章）、「非道」（五十三章）。如果老子說的真是宇宙間天地萬物之道，會容許任何人、任何事、任何物、任何現象「不道」、「無道」、「非道」嗎？那根本是絕對說不通而且也是絕對不可能的！

　　前面提到詮釋老子「無」、「有」的一些問題，底下舉出兩位重要學者的看法。我當然不敢說這就是「混」，這就是「濫」，但是淺學寡識如我，所知實在不多，即使一讀再讀，還是不能理解，深恐評述多有錯會之處，所以列舉出來，盼望學界碩彥有以教我。

　　馮友蘭先生說：

《老子》所說的「道」，是「有」與「無」的統一。因此它雖然是以「無」為主，但是也不輕視「有」，不過不把它放在第一位就是了。《老子》第二章說：「有無相生」，第十一章說：「三十輻共一轂，當其無，有車之用。埏埴以為器，當其無，有器之用。鑿戶牖以為室，當其無，有室之用。故有之以為利，無之以為用。」這一段話很巧妙地說明「有」和「無」的辯證關係。一個碗或茶盃中間是空的，可正是那個空的部分起了碗或茶盃的作用。房子裡面是空的，可正是因為是空的，所以才起了房子的作用，如果是實的，人怎麼住進去呢？《老子》作出結論說：「有之以為利，無之以為用」，它把「無」作為主要的對立面。《老子》認為碗、茶盃、房子等是「有」和「無」的辯證的統一，這是對的；但是認為「無」是主要對立面，這就錯了。畢竟是有了碗、茶盃、房子等，其中空的地方才能發生作用。如果本來沒有茶盃、碗、房子等，自然也沒有中空的地方，任何作用都沒有了。（《老子哲學討論集》）

我實在看不懂，馮先生到底是從哪一點看出老子在此章中「把『無』作為（『有』）主要的對立面」？

陳鼓應先生在此章「引述」部分說：

本章所說的「有」「無」是就現象界而言的，第一章上所說的「有」「無」是就超現象界、本體界而言，這是兩個不同的層次。它們符號型式雖然相同，而意義內容卻不一。「有」「無」是老子專設的名詞，用來指稱形而上的「道」向下落實而產生天地萬物時

　　的一個活動過程。這裡所說的「有」就是指實物，老子說明實物只有當它和「無」（中空的地方）配合時才能產生用處。老子的目的，不僅在於引導人的注意力不再拘著於現實中所見的具體形象，更在於說明事物在對待關係中相互補充、相互發揮。（《老子今註今譯》）

　　類似的說法是現代學者詮釋《老子》的典型模式，把老子的思想拉高到了哲學的形上學的高度，用以解釋一切現象。我們這樣提問好了：如果「有」指實物，而實物真的「只有當它和無（中空的地方）配合時才能產生用處」，那麼一切實物（形上學的本體論必然涵蓋一切，不可任意挑三揀四）是不是都必然如此？然則萬有萬物也都有「中空的地方」嗎？這樣的問題乍看之下好像很愚蠢，可是我們必須說並不是這種問題愚蠢，而是把老子「有」、「無」問題基於西方哲學的宇宙論、本體論而提出類似詮釋，使之充滿矛盾、邏輯不通而不自知的學者專家們使這樣的問題看起來如此愚蠢。我們還是得不厭其煩地提醒一下：老子的「道」、老子的「無」「有」、老子的「柔弱」「無為」，都不是拿來解釋宇宙中或天地間的所有事物、一切現象的啦！老子的企圖心沒有那麼大，老子只想針對君王處理政治問題說話。只因為政治問題、政治權力伸張所至，影響層面幾乎覆蓋天地，滲透到萬事萬物，好像遍及於天地萬物一般，這才藉著「天地」、「萬物」這一類詞語作為他論述時使用的語彙，所以「道」、「無、有」、「柔弱」、「無為」等等都只是針對政治領域發言。如果不了解這一點，詮釋時一旦逾越了政治領域，妄想囊括天地間的一切現象，那就必然產生矛盾、發生不可調和的衝突，反而會把老子的

思想撕扯得四分五裂，看似奧杳神秘，其實大不像樣。我們必須鄭重指出：即使只談政治，即使僅論君王領導之道，老子照樣還是很有智慧，照樣還是非常偉大。不認真把老子本尊認識清楚，卻老是想替老子塗脂抹粉、上色上彩，老子就會被變裝、扭曲成貌似神秘而其實已失去本來面目的小丑，倘若他地下（或天上）有知，豈不是要氣得跳腳嗎？

旨趣聯繫

第一章、十四章、二十一章、三十四章、四十章、五十二章。

義理參觀

＊竭知盡物以為器，而器之用常在無有中。非「有」，則「無」無以致其用；非「無」，則「有」無以施其利。是以聖人常「無」以觀其妙，常「有」以觀其徼。知兩者之為一而不可分，則至矣。（蘇轍註）

＊乘則觀乎車，用則觀乎器，居則觀乎室，其用未嘗不在於無，其則不遠矣。至於身，則不知吾之所以用者，何邪？故有之以為利，無之以為用。有「有」之為利，而無「無」之為用，則所謂利者亦廢而不用矣。有「無」之為用，而無「有」之為利，則所謂用者亦害而不利矣。是故聖人入而未嘗有物也，所以為無之之用；出而未嘗無物也，所以為有之之利。故（《易·繫辭下》）曰「精義入神，以致用也；利用安身，以崇德也。」（呂吉甫註）

第十二章

五色令人目盲，五音令人耳聾，五味令人口爽，馳騁畋獵令人心發狂，難得之貨令人行妨。是以聖人為腹不為目，故去彼取此。

異文討論

本章章句，通行各本基本相同；帛書本前後句次雖異，但就整體內容而言並無出入，應可不作討論。

章句詮解

五色會令人目盲嗎？這是一個彩色的世界，透過晴光日照，驚紅駭綠，色彩繽紛，天地萬物以他們自己鮮豔美麗的色彩，和人們的眼睛打招呼，使人們歡呼讚嘆，滿心感動，滿懷喜悅，這些顏色千態萬狀，又何止於青、黃、赤、白、黑五種？當然我們知道，老子說五色乃是泛指，意為各種美麗誘人的色彩。只不過若此物色彩很美，定還有他物的色彩更美，如果沉溺其中，永無底止，亦永不滿足，那麼對眼前美的事物便只會永遠覺得不夠美，這豈不跟目盲沒有兩樣嗎？百花獻紅，千山送綠，天地萬物顏彩之美當然是令人愉悅而很可欣賞的，但是得其欣悅而已足，如果沉溺，如果強求，那就反為不美而近乎目盲了。

　　在這裡，老子要求對於感官慾望宜有適當的節制，其警惕的意味是十分鮮明的。

　　老子所警惕的對象是誰呢？當然是治國理民，負重責、擔大任的國君。試想在古代，能輕易觀五色、聆五音、嘗五味，馳騁畋獵以為樂，擁有金玉等難得的寶貨的，又豈會是一般百姓、等閒官吏？在今日，人們只要富於貨財，所有物質享受再也無復階級限制，但是這一類型的慾望填塞又有什麼意義呢？所謂「欲深谿壑」，那無底洞常是越填越深的。尤其當權主政的領導者一旦為慾望所役，免不了「玄鑒」塵積三寸，滌除為難，我們怎能指望他會有清明的心靈，作出清明的決策呢？再進一步說，慾望的追逐除了有待於各種外在的條件，更不可忽視的是它必然會耗損內在的生命力，越是放縱，越是耗損。老實說，作為君王，必須五更早朝，日理萬機，那是何等費心費力的辛苦工作，又怎麼經得起這樣的耗損？

　　其次，「五音令人耳聾」，色可以悅目，聲音之美亦足以悅耳。鶯啼恰恰，更見春光爛漫；促織唧唧，愈覺秋意蕭森。自然中的音聲，已足以深深挑動人們情懷，有時來自絲竹樂器的演奏，更能夠呼應心靈深處的哀樂。喜愛音樂的人都知道，美好的音樂真是可以和靈魂共同呼吸的！正因為音樂容易感動人，甚至魅惑人，所以絲竹管弦當然潛藏著使人沉溺的暗流，稍稍把持不住，就很可能陷落而淪沒。先不談音樂，就拿音響來說吧，中學生幾仟臺幣買個隨身聽，你看他戴個小耳機，就可以聽得揚眉瞬目，甚至手舞足蹈；上了大學，可能就要萬把塊的床頭音響；畢業後有了收入，就要五萬起跳那種唱盤、擴大機、喇叭分開來的成套設備了。再來呢，唱盤要講究，擴大機要名牌，前級要全平衡、多功能，後級要三百瓦、五百瓦。晶體機音色

嫌冷硬，要真空管音色才溫暖，才見親切而富人性。我聽過一個很誇張的故事，臺灣有個蔡姓富豪，他買的進口喇叭太大太重，家裏聆樂的音響室那房門相形之下實在太小了，於是只好拆掉側牆，用起重機把那對喇叭吊進去安置。估計能和這樣一對喇叭匹配的 CD 唱盤、LP唱盤、DAC 轉換器、前後級擴大機（很可能推高音、中音、低音、超低音的都是獨立的擴大機），再加上周邊設備如連接線、喇叭線、專用音響室等等，那錢絕不是以百萬為單位，而一定是用千萬來計算的。這樣的音響聽上了，聽慣了，別的音響放出來的音樂都可能成了聒耳的噪音了，不再能聽了，這豈不也是一種「五音令人耳聾」麼？老子當然不知道有我們這樣的現代音響，但他確實知道，美妙而使人為之魅惑的聲音，可能成為令人沉淪陷落的深坑大洞，一意追逐也容易使心靈蒙塵而不復清明，所以提醒君王不能不警惕。

　　「五味令人口爽」，「爽」是差錯、敗壞的意思，譬如說「報應不爽」，就是善有善報，惡有惡報，古人相信上天對人的善惡必有回報、呼應，不會有差錯的。「口爽」就是味覺喪失掉、敗壞掉，味道好壞感覺不出來了。酸、苦、甘、辛、鹹，謂之五味，這種種味道又怎麼會讓我們的味覺喪失呢？很多人吃多了大魚大肉，吃多了山珍海錯，這時來一點清粥小菜，味道越淡越覺清甜可口。晉朝的何曾當過丞相，大富大貴，這位先生史書上說他「日食萬錢」，對眼前各式各樣的奇珍異味還嫌它無一可口，歎息著說「無下箸處」，沒有一樣菜餚能吸引他下筷子、吃一口。嘴巴可真刁啊！想不到慾望的滿足要是太過容易，那就會反過來壓縮了自己正常的慾望，使滿足慾望的快樂、幸福感大幅度地降低，甚至完全麻痺。五味之令人口爽，五音之令人耳聾，五色之令人目盲，也許都是這個原因吧！君王富貴之極，

各種慾望的滿足也容易之極，可是越容易則接下來的慾望越大，誘惑越大，而危險也越大，這正是老子鄭重告誡的原因所在。

「馳騁畋獵，令人心發狂」，前文所謂「目盲」、「耳聾」、「口爽」，指的都是過分沉溺於慾望之後，感官的、心靈的感受能力反而會失常。一旦失去了感官、心靈正常的感受能力，則有目而不能視，形同目盲；有耳而不能聽，有類耳聾；有口舌而不知滋味，無異口爽。這裡說得更為直接：「馳騁畋獵，令人心發狂」，「馳騁」是打獵時縱馬狂奔疾驅，全無管束，全無控制。古時天子、諸侯在秋後國家無事的時候，往往藉打獵以習兵講武，但仍以三驅為度，極見節制。如果無度無節，放情縱慾，以追逐為戲，以殺傷為樂，這就會使得潛藏在人心深處那原始的野性、獸性被猛然喚醒，於是距文明越來越遠，而離野蠻越來越近，這樣的人真是「異於禽獸者幾希」了！發狂的人心還能算是人心嗎？說「發狂」是因為縱情於打獵，在追逐殺戮中以多獲為樂，其實也就是以看到流血、看到死亡為樂，這豈是正常的人心？這只能說是令人感到恐怖的瘋狂了！

再說到「難得之貨，令人行妨」，國君本來就富有天下，對他來說還有什麼「難得之貨」呢？但是貪得之心人人皆有，國君自亦難免，所以假使沒有相當的修養，沒有嚴格的自我節制，還是難擋誘惑，看到奇珍異寶，這時就不免動心了。齊宣王在好色、好勇之外，還自己承認「寡人好貨」，好貨而無節，貪取而無厭，一見異寶奇珍，則不是巧取就是豪奪，傷廉敗德，可羞可恥，這豈不正是「行妨」嗎？

大體說來，生命是藉著慾望的滿足來維持的，是故真正絕欲則必然傷生，因之老子說「少私寡欲」，而孟子也只說「養心莫善於寡

欲」。寡欲而少私，就是自覺地透過慾望的節制，減少心力的流失與生命的耗費，如此人的內在自我就可以在心靈的收斂凝聚中逐漸充實，逐漸豐富，這正是老子所說的「為腹」。「腹」是內在自我，也是心靈主宰的象徵，絕對不可望文生義而說成裝填米麵魚肉的肚皮；「為目」也不單是追求悅目之色，而是泛指浪費心力，汲汲於感官慾望的滿足。林語堂先生英譯《老子》，注云：

> 「腹」指內在自我，「目」指外在自我或感覺世界。

「內在自我」就是心靈，就是具有靈性而能自作主宰的心；「外在自我」或「感覺世界」就是感官慾望所投注的外在世界。林氏的詮釋，我認為與老子的旨意相當貼近。至於嚴靈峰先生說：

> 腹易厭足，目好無窮。此舉目為例，以概其餘耳、口、身、心四者。言只求果腹，無令目盲、耳聾、口爽、行妨。

古棣先生說：

> 「腹」不是指填飽肚子。這裡「腹」代實，「目」代外表；其意思是：聖人不追求五色、五音、五味、田獵、難得之貨，而要講求實惠，即對個人身體和國家有益之事。

陳鼓應先生說「為腹不為目」是：

只求安飽，不求縱情於聲色之娛。──又說：「腹」，內；「目」，外。「腹」謂身，「目」謂物。「為腹」即「實其腹」、「強其骨」；「不為目」即「虛其心」、「弱其志」。楊朱的「重生」即此「為腹」；楊朱的「外物」即此「不為目」。

以上嚴、古、陳三家之說都不是很妥當。「是以聖人為腹不為目，故去彼取此」是承接前面五節，言放縱於欲望之追逐，則心靈外蕩，魂不守舍，其弊乃至於目盲、耳聾、口爽、心發狂而行多妨。所以老子認為有智慧的國君應當少私寡欲，努力在欲望的管控、節制中迴轉心力，寶愛精神，以期充實自我心靈，富裕內在生命，絕不把心神精力耗費在外在世界的物慾追逐，絕不讓生命在耳目之娛的營求中浪擲。因此「去彼」，屏除物慾之貪求；「取此」，致力內在之修養。整章論旨可與第三章相互補充，值得拿來對照參看。

旨趣聯繫

第三章、三十七章、四十四章、五十九章、七十五章、八十章。

義理參觀

＊視色、聽音、嘗味，其本皆出於性。方其為性而未有物也，至矣。及目緣五色，耳緣五音，口緣五味，奪於所緣而忘其本，則雖見而實盲，雖聞而實聾，雖嘗而實爽也。聖人視色、聽音、嘗味皆與人同，至於馳騁田獵未嘗不為，而難得之貨未嘗不用也。然人皆以為病，而聖人獨以為福，何也？聖人為腹，而眾人為目。目貪而不能

受，腹受而未嘗貪故也。彼，物之自外至者也；此，性之凝於內者也。（蘇轍註）

＊凡所欲之外物，皆害身者也。聖人但為實腹而養己，不為悅目而徇物也。故悉去彼在外之諸妄，而獨取此在內之一真。上言目盲、耳聾、口爽、心狂、行妨五者，下但言「不為目」，蓋舉一以包其四。董思靖曰：「前章言虛中之用，此則戒其為外邪所實。」然目必視，耳必聽，口必味，形必役，心必感，是不可必靜，惟動而未嘗離靜，則雖動而不著於物，乃湛然無欲矣。染塵逐境，皆失其正，而要在於目，是以始終言之。夫子四勿，必先曰視；釋氏六根，眼色居首，皆此意也。（吳澄註）

第十三章

寵辱若驚，貴大患若身。何謂「寵辱」（若驚）？寵為下。得之若驚，失之若驚，是謂「寵辱若驚」。何謂「貴大患若身」？吾所以有大患者，為吾有身，及吾無身，吾有何患？故貴以身為天下，若可寄天下；愛以身為天下，若可託天下。

異文討論

　　本章章句，各本之間有不少出入，比較值得注意的是由「寵辱若驚」至「是謂寵辱若驚」一節。王注本作「寵辱若驚，貴大患若身。何謂寵辱若驚？寵為下，得之若驚，失之若驚，是謂寵辱若驚」。河上本作「寵辱若驚，貴大患若身。何謂寵辱？辱為下，得之若驚，失之若驚，是謂寵辱若驚」。傅奕本作「寵辱若驚，貴大患若身。何謂寵辱若驚？寵為下，得之若驚，失之若驚，是謂寵辱若驚」。帛書本作「寵辱若驚，貴大患若身。何謂寵辱若驚？寵之為下也，得之若驚，失之若驚，是謂寵辱若驚」。竹簡本作「寵辱若纓，貴大患若身。何謂寵辱？寵為下也，得之若纓，失之若纓，是謂寵辱若纓」。以各本會觀，唯有竹簡本文從字順而曉然可解，其關鍵在竹簡本之「纓」字，其他各本皆誤作「驚」，然作「驚」實不可解，目前所見之解釋都只能說是牽強附會。關於這一點，其詳細說明請見下一節

「章句詮解」，此處暫不另作分疏。

章句詮解

這一章極其麻煩。坦白說，截至目前為止，還很少看到通暢順適、合義合理的詮釋。更令人搖頭嘆氣的是，有些學者對這一章左看右看實在看不懂，又不老老實實承認自己不懂，硬是要說它有錯簡、有衍文，於是就對《老子》原文動手動腳，不是增字，就是減句，任意把《老子》原先的字句搬來搬去，好像他是老子的老子一樣，這實在有點不懂禮貌，有點不太應該啊！

我看過不少古人的注解、時賢的詮釋，幾乎沒有學者不說這一章的章句是有問題的。但是明明所有老子的版本，包括帛書甲本、乙本，甚至出土時間最晚而書寫年代又最早的郭店楚簡本，其字句都相差不多，根本看不到真有意義而又具關鍵性的差異，我們只要稍稍加以檢視、比較，就可以同意這一點。所以《老子》這一章原文大體就是這樣，帛書甲本、乙本及郭店簡本大致尚存原貌，不容後人再以錯簡、衍文、乙亂等等作為藉口，任意加以改動。

此章解讀之關鍵所在當是前兩句，這兩句是一章之總提，亦為一章主旨所在。這兩句的意思疏理清楚了，才能了解何以「貴以身為天下，若可寄天下；愛以身為天下，若可託天下」。

我們有個習用的成語叫「受寵若驚」，出處就在這裏，然而本章這兩句話之所以受到曲解、引起誤會，恐怕也就是來自這個成語先入為主的影響。時賢之中能不受影響而疏釋可觀的只有張舜徽先生，他的《老子疏證》對本章這兩句見解獨到，析釋精闢，值得一字不漏地

加以引述，他說：

此二語乃上世遺言，故老子采用之，而又分釋其義於下也。「辱」與「大患」對舉，皆名詞；「寵」與「貴」皆動詞。「寵」謂愛之，「貴」謂重之也。老子言君道，嘗言：「知其白，守其黑，為天下式；知其榮，守其辱，為天下谷」，又言「大白若辱」，「辱」即後起「黷」字，玉篇：「黷，垢黑也。」古之言君道者，以居下為重，所謂「受國之垢，是謂社稷主」也。人主以居下為道，故不避垢辱而反愛之，且受之若驚，此即所謂「寵辱若驚」也。人主之於國家，惟恐其有大禍患，故重視之若護頭目百體，惟恐其生疾病焉，此即所謂「貴大患若身」也，必如此理解，而後下文始可宣究其旨趣。（《老子疏證》）

由上文可見，張氏解這兩句是從句法入手的。一般看「寵辱若驚」是把「寵辱」二字當一對相反詞來看，但這麼看此句就明顯不通了，幸好有「貴大患若身」這句法相同、位置相當，同時又近乎相偶的句子以為我們了解之助。「貴」是愛惜、重視而以之為貴的意思，「貴大患若身」意即重視、珍惜重大的憂患，就像重視、珍惜自己的身體一樣。「大患」本是人所深患，故當為人所深惡，今乃不然，反過來還重視它、珍惜它。準此，受辱本來是人所不愛、不喜歡的，今則反過來「寵愛」它、喜歡它。這正是老子「反常而合道」的思考方式，特別拿來警惕、勉勵那身負重責大任的君王，因為君王本來就不是尋常的一般人啊！

老子認為：受辱本為人所厭惡，然而身為帝王，任大責重，所以

必須先調整心態，把受辱當成得榮之驚喜一般地甘之如飴；深憂大患本為人所深惡，但是既為帝王，責任重大，故須改變心態，對於深憂大患不但不可一味抵拒排斥，反過來還要像善待自己身體一般，去用心、重視，去好好對待且謹慎地處理。

　　「寵辱」以下這兩句可能如張舜徽先生所說的是「上世遺言」，也就是古人的話，所以老子進一步自下己意給予說明：何謂「寵辱若驚」？因為這句話實在是「反常」之言，不容易理解，所以他予以詮釋：「寵為下。得之若驚，失之若驚，是謂寵辱若驚」。「寵為下」，帛書甲本、乙本皆作「寵之為下」，如此「寵」字又成名詞了，反而講不通，郭店本作「寵為下也」，這當是原本之面貌。什麼是「寵為下」？「為下」是位居卑下，居於卑下本來人多以之為辱，然而我獨不以居卑下之辱為辱，反而寵之愛之，這就是「寵為下」。通常人們獲得尊榮，則喜而若驚，我卻即使喪失尊榮而處於卑下，仍然喜而若驚，這就是「寵辱若驚」。以上疏解「寵辱若驚」，大體是順著張先生的思路加以演繹。初看似乎可通，但細予思量，總覺得尚有未安，為什麼呢？蓋若以句法相似加以推敲，「貴大患若身」意即「貴大患若貴身」，然則「寵辱若驚」意即「寵辱若寵驚」。於此我想進一步探問的是：「驚」有何可「寵」？解「驚」為「驚喜」，似乎可通，但是「驚」何來「喜」意而為可「寵」？故而說「寵辱若驚」無論怎麼解釋，畢竟終屬牽強。

　　檢閱簡本，諸「驚」字皆作「纓」，而「寵辱若纓」就提供了可以順適解讀的一罅之光。蓋「纓」字本義為冠係，即冠之繫帶，綁在頷下使冠能戴得安穩的帶子，故常被作為冠的代稱。「簪纓之族」即指官宦人家，故而「纓」乃成為尊榮與名望之象徵。「寵辱若纓」音

義皆近於「寵辱若榮」（「纓」「榮」二字聲類、韻部相同），如此一來就與「貴大患若身」無論在句法或句意上皆可偶列而彼此匹配矣。

什麼是「貴大患若身」？老子說：我之所以有深憂大患，那是因為我有此身，我有自己。但凡是人，總重視自己、愛惜自己，假使我沒有了自己，連自己都不重視、不愛惜了，那我還有什麼所憂所患的呢？君王而如此，則將肆無忌憚，胡作非為，不至破國、亡家而喪其身不止。范應元說：「貴大患若身者，猶言不輕大患如不輕此身也。儻輕患而不慮患，輕身而不修身，則自取危亡也。是以君子安而不忘危，存而不忘亡，故身無患也。」（《老子道德經古本集註》）如此詮釋應該與老子的意旨相當貼近。至於張舜徽先生對這幾句的解說恐怕就有些隔閡了，他說：「吾，人君自謂也。此言人君所以惟大禍患為憂者，由于自私其身，貪權位而恐失之耳。假若人君能不自私其身，復何禍患之足憂乎？」這樣的解說，與下一節的文意就很難結合貫串。

最後「故貴以身為天下，若可寄天下；愛以身為天下，若可託天下」。首句「貴以身為天下」，帛書甲本、乙本都作「貴為身於為天下」，郭店本乙組此句有缺文，不過計算其字數，與帛書本相當，則「貴為身於為天下」或許正是老子原文。「貴為身於為天下」，亦即把看重自己、愛惜自己，把為了自己好，看得比當國君治理天下還重要，「貴以身為天下」其實也就是這個意思。不過「貴為身於為天下」意思表達得更加顯豁。老子的看法是：那種能把重視自己、愛惜自己，看得比治國家、為天下還重要的人，那種寧願視君位如敝屣的人，則可寄以天下，讓他來當國君；那種能把愛惜自己、珍重自己，

看得比治理天下還重要的人，那種真的把當國君看成辛苦差事而寧可不幹的人，則可託付天下，請他來當天子。

《莊子‧逍遙遊》篇中「堯讓天下於許由」的寓言表達的也正是這個意思：「堯讓天下於許由，曰：『日月出矣，而爝火不息，其於光也，不亦難乎？時雨降矣，而猶浸灌，其於澤也，不亦勞乎？夫子立而天下治，而我猶尸之。吾自視缺然，請致天下！』許由曰：『子治天下，天下既已治也，而我猶代子，吾將為名乎？名者，實之賓也。吾將為賓乎？鷦鷯巢於深林，不過一枝；偃鼠飲河，不過滿腹。歸休乎君！予無所用天下為，庖人雖不治庖，尸祝不越樽俎而代之矣！』」

許由說自己平生並無大志，只想管好自己，踏踏實實過日子，就像鷦鷯巢林，只需一枝；鼴鼠飲河，但求滿腹。難道還真的吃飽了沒事幹，去當什麼國君，治什麼天下？當國君、治天下可會把人給活活累死，誰肯幹啊？

帝堯想讓，而許由不受，為什麼？因為他們都知道當那國之君、天之子這碼子事，實在太辛苦、太不好玩，代價實在太大了！老子就是指出：必須愛惜自己勝於治理天下，對君王大位視如糞土、棄若敝屣，清楚認識到為君為王任大責重，實在是太過辛苦的人，才是適合當君王的人。黃宗羲《明夷待訪錄‧原君》說的亦正是此意。

旨趣聯繫

第八章、二十八章、三十九章、四十一章、四十四章、七十八章。

義理參觀

　　＊天子之尊，四海之富，皆以身為天下者也。知道之人愛惜貴重此身，不肯以之為天下，寧不有天下，而不輕用其身。夫惟如此，乃可以寄託以天下。「寄」猶「寄百里之命」之寄，「託」猶「託六尺之孤」之託。舜、禹有天下而不與焉，所以唐、虞之禪也。彼寵其辱以為榮，貴其大患以為大利者，鄙夫耳，何可付之以天下？（吳澄註）

　　＊人情率上寵而下辱，不知辱不自生，生於寵也，則寵為下矣。寵為下，故得寵、失寵皆若驚。然驚者，觸於物而無著者也，過則虛矣。貴，重也，謂難之也。人情率有身而難患，不知患不自生，生於身也。無其身，則無患矣。由此言之，世之上寵者，是上辱也。驚寵與辱同，則何辱？有身者，是有大患也。貴身與貴患同，則何患？夫不以身視身，而以大患視身，無身者也，而顧可以無患，所謂「後其身而身先，外其身而身存」也。譬而言之，如不輕以身為天下者，天下反可寄；惜以身為天下者，天下反可託，則知不有其身，而其身反可保也。（焦竑《筆乘》）

第十四章

視之不見，名曰夷；聽之不聞，名曰希；搏之不得，名曰微。此三者不可致詰，故混而為一。其上不皦，其下不昧，繩繩不可名，復歸於無物。是謂無狀之狀，無物之象，是謂惚恍。迎之不見其首，隨之不見其後。執古之道，以御今之有；能知古始，是謂道紀。

異文討論

　　本章章句，王注本、河上本、傅奕本差異不大，但帛書本與通行本對照，異文稍多，可資討論者為「執古之道」一句。此句帛書甲本、乙本皆作「執今之道」，高明認為當依帛書本（見《帛書老子校注》）。但是若作「執今之道」，則與下文「能知古始，是謂道紀」顯然在文意上不能承接，且老子之論述依託於古人者實不勝枚舉，然則此句作「執古之道」，無論就前後文意或全書義理而言，皆較「執今之道」更見妥當（可參《老子古今》本章「對勘舉要」），帛書老子之不足以為權威善本，於此亦見一例。

章句詮解

　　這一章直到最後幾句才提到「執古之道」、「是謂道紀」，但是我們知道，從「視之不見」以下，至「隨之不見其後」，雖然沒有一

個字提到「道」，但是字字句句說的其實都是「道」。問題是這個
「道」究竟是什麼「道」呢？在此之前我們討論過，凡屬形上之理，
呈現一定規律者，皆得名之為「道」，如師道、醫道、君道等等。此
章所描述者，當然仍是老子心目中的「帝王之道」、「良善政治之
道」，絕不是什麼包覆宇宙、函天蓋地、包山包海、牢籠萬物，萬物
由之而生，並依其規律以運作的那個「道」。也許有人會問：這兩種
「道」難道不是合而為一的嗎？我認為當然不是。兩者之間釐然有
別，不可淆混。關於這一方面的討論，袁保新教授在他的《老子哲學
之詮釋與重建》中，引述陳康教授的論文（原作係英文）——老子
「道」的意義是什麼，引述之外並且有進一步的相當深入之分析，值
得我們特別注意，因此我把袁教授的討論詳細引述如下，袁教授說：

> 就「道」的認識論的意涵而言，既然「道」超越名言概念的思考、
> 感覺經驗的認知，試問：老子憑藉什麼來把握「道」？來論述它與
> 萬物存在的關係？他對「道」所賦予的形上意涵，其認識論上的基
> 礎又是什麼？又如何與「道隱無名」的陳述一致？其次，如果依據
> 嚴靈峰先生、唐君毅先生的看法，「道」的形上涵義是其實踐哲學
> 意涵的基礎，可是從邏輯的觀點來看，我們發現由前者並不能直接
> 地推導出後者。對於這個理論上的困難，陳康先生在其英文發表的
> 一篇論文——老子「道」的意義是什麼？曾有精闢的分析。陳康先
> 生依據《道德經》中「道」一語詞的使用，指出「道」在形上學的
> 範疇中，計有六項基本意涵，即：
> 1、道乃一切事物產生的最終根源。
> 2、道乃一切事物的貯藏之所。

3、道乃一切人物的楷式。

以上屬靜態義。

4、道乃一切事物產生的動力因。

5、道乃一切事物生長所憑恃的原理。

6、道之運動乃一反覆之歷程。

以上屬動態義。

並引據三十四章、四十七章，以及十四章，指出以上六義皆具形上普遍原理的性格（如「大道氾兮，其可左右」），不為時空所限（如「不出戶，知天下。不闚牖，見天道」、「執古之道，以御今之有，能知古始，是謂道紀」），其對萬物的拘束力更是永恆弗替，所以名之曰「常」。但是，問題在於老子曾明言「大道廢，有仁義」（十八章），「失道而後德」（三十八章），因此，如果「道」真是具有普遍恆常的效力，我們不得不追問：「大道」如何可廢？「道之尊」如何可失？我們難道認為人事的興廢亦即形上之「道」的反復歷程，換言之，認為它的廢失即源於形上之道的自我決定？對於這種訴諸形上玄想的先天性之解釋，陳康先生列舉四項理由予以駁斥：

1、如果我們接受這種解釋，則法「道」的聖人之治，與「盜竽」的殘暴政權，將都是「道」所衍生的，它們不過是「道」的傀儡而已。可是，如果二者只是傀儡而已，則就傀儡不必為其行動負責而言，我們似不應該以是非善惡的褒貶加諸在他們身上。然而，證諸《道德經》文獻，老子明顯有褒貶之意。

2、如果人的行為都是由「道」的自我決定之歷程事先加以規定，

則人間世界的事件也將沒有改變的餘地。可是，證諸四十六章「天下有道」、「天下無道」的對揚，以及七十七章「天之道」、「人之道」、「聖人之道」的對比，則老子顯然不是一位決定論者。

3、證諸三十七章「道常無為而無不為。侯王若能守之，萬物將自化」，則天下是否清平，實取決於人是否「守道」「法道」。換言之，老子不但認為人間世界的事件可以轉變，或善或惡，或是或非，而且轉變的契機就掌握在人自己手中。

4、尤有進者，我們看到老子對世人的諄諄告誡，「謙沖」、「守柔」、「知足」、「知止」等等，顯然認為人類對自身的行為具有自主自決的權力。如果我們接受先天性的解釋，認為人事莫非前定，則老子的告誡不是無的放矢、完全落空了嗎？因此，陳康先生認為老子的「道」其實具有雙重性格：一是作為「存有原理」，另一是「應然原理」。前者具有必然性，無一物可以脫離約束；後者則是規範性的法則，可以遵守，也可以違背。問題是：二者性質明顯屬於不同層次，卻在老子的思想中共同隸屬在「道」一概念之下，這是否意謂老子在思想上混淆了「存有」與「應然」之間的區分？陳先生所持的態度非常保留，只在結論中表示：正是因為老子賦予了「道」規範性的涵義，使得人在存有原理所籠罩的必然性世界中，以其個體之選擇自由，凌駕在眾物之上，獨顯人性的尊嚴與價值，成為中國哲學與文化的一項精神支柱。

以上引文篇幅甚長，袁教授文中的重點當然是陳康教授對於《老子》一書中有關「道」的討論。

　　我們可以很清楚地看出來，陳教授是試圖用西方哲學系統中形上學（兼含本體論、宇宙論）的思路來把握老子之「道」，而把「道」視為一種「形上實體」，依照他對老子所謂「道」的了解：「道」是「一切事物產生的最終根源」，是「一切事物的貯藏之所」，是「一切人物的楷式」，是「一切事物產生的動力因」，是「一切事物生長所憑恃的原理」，而且「其運動乃一反覆的歷程」。我們要特別指出，無論是自覺的或是不自覺的，事實上絕大多數的現代學者對老子的「道」也大體都是這般看待，彼此縱有出入，其實小異而大同。

　　問題在於陳教授所指出來的老子思想系統，其本身出現的矛盾與混淆，使得「存有原理」與「應然規範」竟致錯亂而不可判別，若然如此，這恐怕就不是任何型態的善巧詮釋所能圓轉、所能救濟的了！為什麼？我們試思：在宇宙裡、天地間，「人」難道不是一種「存有」之物嗎？人既然是此「道」涵覆下的一種「存有」之物，那麼人又怎麼可能打破基本的「存有」之理？怎麼可能不顧「道」作為「形上實體」所必定遵循的邏輯法則？也就是說，人再怎麼聰明睿智，又怎麼可能真正「在存有原理所籠罩的必然性世界中，以其個體之選擇自由，凌駕在眾物之上，獨顯人性的尊嚴與價值」？

　　說到這裏，我想起徐復觀先生在他的《中國人性論史・先秦篇》裡，關於老子也有一段極具創意的論述，徐先生說：

　　　　老子思想最大貢獻之一，在於對此自然性的天的生成、創造，提供了新地、有系統地解釋。在這一解釋之下，才把古代原始宗教的殘渣，滌蕩得一乾二淨；中國才出現了由合理思惟所構成的形上學的宇宙論。不過，老學的動機與目的，並不在於宇宙論的建立，而依

然是由人生的要求，逐步向上面推求，推求到作為宇宙根源的處所，以作為人生安頓之地。因此，道家的宇宙論，可以說是他的人生哲學的副產物。他不僅是要在宇宙根源的地方來發現人的根源；並且是要在宇宙根源的地方來決定人生與自己根源相應的生活態度，以取得人生的安全立足點。所以道家的宇宙論，實即道家的人性論。因為他把人之所以為人的本質，安放在宇宙根源的處所，而要求與其一致。

如果我們從西洋哲學系統的角度來看，可能會覺得徐先生這一段話實在荒謬可笑：所謂「宇宙論」，怎麼能是「由人生的要求，逐步向上面推求，推求到作為宇宙根源的處所」而得到的呢？又怎麼能說「道家的宇宙論，可以說是他的人生哲學的副產物」、「道家的宇宙論，實即道家的人性論」呢？

但是如果拋開西方哲學那一套系統，直面老子思想，我反而覺得徐先生此一類型的論述，與當代的其他學者，甚至與他的同門師兄弟唐先生、牟先生相對照、相比較，就十足地顯得精光耀眼、特具卓識了！徐先生若還尚有一間之差，也只是未能領悟到：老子之「道」，其形上原理實即帝王之道、良善政治之道的形上原理罷了！老子的天地，根本就是政治的天地；老子若有所謂宇宙，也只是政治權力所籠罩的宇宙！

所以，並非老子思想本身出現了系統上的淆混錯亂、矛盾不通，而是解讀者、詮釋者沒有真正讀懂老子、了解老子，遂導致詮釋時之失焦與解讀上的錯誤。既然說老子之「道」乃是帝王之道，是良善政治之道，那麼它當然是一種落在人間世界的應然性規範，而不是真正

繫屬於超越實體、具有必然性與普遍性的形而上運作原理。

　　然則何以老子在陳述這一套道理之時，其詞氣與姿態竟若斬釘截鐵一般，簡直就像具有客觀的必然性與普遍性呢？這就必須面向歷史而深入其中去尋索答案了。老子嘗為周守藏室之史，或曰柱下史，後人認為這是一個掌管圖書、國家檔案與種種史料的官吏，因此對於歷朝各代、大小諸國的興衰存亡，何以興何以衰、何存何以亡，他當然有機會深入鑽研而瞭若指掌，經過歸納、總結，於是提出了一套足以作為帝王金鑒而真能成就良善政治的治國理民規範，這一套道理雖然實際上僅是帶著老子個人主觀性質的應然性規範，老子卻自信滿滿地說得像具有客觀性質的必然性原理一樣。老子何以能有這樣的自信呢？因為那是經過歷史事實嚴格地檢驗過、清晰地證明過的！所以雖然只是「人之紀」，卻無疑等同於「天之經」、「地之義」，可以直擬天地萬物藉之以存在、賴之以運作的形而上原理！當然，不可諱言者，也正是因為這個原因，不免容易使人望文生義，產生了誤讀與誤解！

　　老子之所謂「道」乃是人間的規範，這並不是無可印證的孤例。我們由與老子同時而稍後的孔子身上也可以看到：當孔子宣示「吾道一以貫之」，而曾子為之作解，說「夫子之道，忠恕而已矣」，讀《論語》至此，試思此「道」是什麼樣子的道？會是遠在天上的嗎？當然是百分之百屬於人間性的！老子只差沒有明明白白地說「吾道如何如何」罷了，但是當他說「吾言甚易知、甚易行」（七十章）的時候，豈不是也就差不多等於說「吾道甚易知、甚易行」了嗎？經過以上的辨析與疏解，本章也就不難理解了。

　　底下再稍作說明：

　　「視之不見，名曰夷；聽之不聞，名曰希；搏之不得，名曰微」，這是說「道」是抽象之理，並非任何感官所得感受、接觸。「不可致詰」即不能再進一步追問、再窮探其究竟。「混而為一」，「一」是數之最少者，數損之又損以至於最少，即是「一」，老子強調「少私寡欲」，惟求其損，故「一」往往成為「道」的另一代詞。「不皦」是說不算昭然明白，有待悉心探尋；「不昧」是說也並非真的晦暗昏昧，只要有心尋索，則必有所得。雖然不可名狀，而固有繩繩不絕者在。因為「道」畢竟是抽象之理，若無狀而似有狀，若無物而似有象，似有似無，恍恍惚惚，迎之而不見首，隨之而不見後，故曰「復歸於無物」。

　　「執古之道，以御今之有；能知古始，是謂道紀」。最後這四句值得稍作討論。如果老子之「道」真是宇宙天地的形上之理，則此理儼然常在，既無所謂古，亦無所謂今。更說不上有誰可以「執古之道」，來「御今之有」。既然說了「執」，當然是有人去「執」，則此「道」之為人間規範也就再無疑義。為什麼帝王必須「執古之道，以御今之有」？「古之道」是此道之源，是法律之義、制度之理，理與義原是活蹦亂跳，可以因時因地制其宜而彈性十足的，而「今之有」作為法律制度之條文，常常需要「古之道」來「駕御」，使制定下來的規範能得到義理的指導、定向，而能充分體現其本意。當然「執古之道，以御今之有」可以再擴充解釋，未必侷限在法律制度上面，凡是施政、用人等等都可以包括進去。「古始」指的就是義理之所在，能了解其義理之底蘊而掌握適當、實踐得宜，這才能說是真知「道」的綱紀。

旨趣聯繫

第一章、第十章、二十一章、二十五章、三十九章、四十一章。

義理參觀

＊視之不見，不可以色求也；聽之不聞，不可以聲取也；搏之不得，不可以形索也。既不為色形器之所囿，則所謂元明者乃一精明耳。方其未散，混而為一，雖寄於明而不可謂明，故曰「其上不曒」。雖不可謂明，亦不可謂不明，故曰「其下不昧」。未嘗須臾可離可去也，故曰「繩繩不可名，復歸於無物」。雖歸於無物，不可謂之無物，故曰「無狀之狀，無物之象，是謂惚恍」。惚恍者，出入變化，不主故常之謂也。其來無始，故迎之不見其首；其去無終，故隨之不見其後。試執古道，以御今有，則今猶古也。以今之猶古，則知古之猶今，是謂道紀。道紀者，無去來古今之謂也。（李息齋註）

第十五章

古之善為士（道）者，微妙玄通，深不可識。夫唯不可識，故強為之容：豫兮若冬涉川，猶兮若畏四鄰，儼兮其若客，渙兮若冰之（將）釋，敦兮其若樸，曠兮其若谷，混兮其若濁。孰能濁以（止）靜之徐清，孰能安以（久）動之徐生。保此道者不欲盈，夫唯不盈，故能蔽而新成。

異文討論

　　本章章句，各本多有出入，須討論者為首句與末句。首句王注本、河上本皆作「古之善為士者」，傅奕本、帛書本皆作「古之善為道者」，然最早的竹簡本又作「古之善為士者」，與王注本、河上本相同。「為士」、「為道」於全書各有例證，於整章文意亦皆可通，應可視為版本傳寫之異。其次，末句王注本作「故能蔽不新成」，河上本與此相同，傅奕本作「是以能敝而不成」，帛書乙本亦作「是以能敝而不成」。竹簡本有此章，然末二句不見。按：傅奕本、帛書本「能敝而不成」，說「不成」頗怪異而不近理，王注本、河上本之「故能蔽不新成」於義理又不可通，易順鼎說：「疑當作『故能蔽而新成』，『蔽』者，『敝』之借字；『不』者，『而』之誤字也。『敝』與『新』對。『能敝而新成』者，即二十章所云『敝則新』。」其說在析釋、舉證上都比較明曉合理，似可接受。

章句詮解

這一章是老子對於一個優秀的政治領導者的描述，前半章比較偏重在外表，包括儀容、態度；後半章則強調推動改革時，處置舉措應該舒徐從容，不宜急切躁進。這樣的描述並不是隨意說說而已，而是有細密的觀察，甚至還加上心理的透視，作為立說的基礎的。

一開始說「古之善為士者」，這個「士」字相當奇怪，傅奕古本作「道」，帛書乙本亦作「道」（甲本此句殘損）；可是王弼本、河上公本俱作「士」，竹簡本也作「士」，作「士」作「道」俱皆可通。也許在傳寫的過程中產生了兩種版本，但是作「道」或許比較適當，因為按照下文所述，「為道」比「為士」更為貼切；且依全書宗旨而言，也應當是「為道」而非「為士」，若老子在此忽然跳脫而特別論「為士」，那是有點奇怪的！

「微妙玄通，深不可識」，是說一個好的國家領導者，其人格特質與居位理政的情狀、舉止措置的心態，從外觀而言，很難說得清楚，很難認識明白。隱微奧妙、玄深通達，概括地說大體如此。然而到底又是如何呢？其實很難作一項一項條列式的說明，勉強要說也只能像底下一般作粗略的描述：

「豫焉若冬涉川，猶兮若畏四鄰」，豫焉、猶兮，是刻畫君王處大事、決大政之時，謹慎小心，甚至有些猶猶豫豫、徘徊瞻顧。像冬日過河，踩在結了薄冰的河面上，怕稍有閃失就會陷落下去；又像害怕言行一有參差，左鄰右舍看得清清楚楚，不免指指點點，甚至譏諷唾罵。當然，一個卓越的政治領袖也不可一味遲疑猶豫，臨事勇決、當機立斷的清明智慧與決斷勇氣，在適當的時候也是非常必要的。

「儼兮其若客」，是說恭敬慎重，像出外作客，不敢張揚放肆，不敢無忌無憚，總是時時刻刻約束自己，收斂節制。宋明理學家經常強調的「敬」之一義，老子早就得其神髓矣！

「渙兮若冰之將釋」，高亨說「將」字疑衍。「渙」是解散融化，冬天的堅冰遇到和暖的春氣，那冰就融解消散，化為潺潺流動的春水。上一句形容其莊重篤敬，這一句狀寫其溫暖和藹。我認為這裡也可以如此解釋：一個好的領導者總是在堅守原則之下，又能應機隨宜，作出適當的調整，就像春氣融冰一般，遇暖則化，絕不是拘執僵固、冥頑不靈而不知變通。在這裡，老子把這一點形容得既生動又活潑。《詩經‧鄭風溱洧》：「溱與洧，方渙渙兮。士與女，方秉蕑兮」，春日冰融，河水潺潺流動，喚醒了大地的生機，也吸引士女出遊。領導者若能隨其機宜而「渙兮若冰之釋」，有豁達的心胸與靈活的手腕，也可以帶動政治的無限生機！

「敦兮其若樸」，形容其敦厚樸實，如未雕之木；「曠兮其若谷」，形容其胸襟開闊，虛懷而能自居卑下，如空曠之山谷；「混兮其若濁」，這是說一個好的政治領袖，即使有眼如炬，該裝糊塗的時候，要懂得裝糊塗，不可察察為明，過於吹毛求疵。蓋水至清則無魚，天下熙熙攘攘，不過是為了求名求利，想要廣聚人才以為己用，除了高擎仁義之大纛，必要時仍須假藉名與利以為用。否則要求每個人不沾名、不逐利，全然犧牲奉獻，這個紅塵萬丈的世界裡又能有幾個真正的聖賢呢？所以意中常有「總要給些好處」、「讓人有利可圖」，只要不是傷筋動骨，賊仁賊義違背基本原則，也可以算是無傷大雅。自己乾淨，但萬不可要求人人都得乾乾淨淨，一味「不沾鍋」絕非籠絡豪傑、廣聚人才之道。

　　「孰能濁以止，靜之徐清；孰能安以久，動之徐生」，這是據河上公本、道藏本，王注本無「止」字、「久」字，但兩者意義並無出入。老子在這裡連用兩個「徐」字，而其精義之所在，最應特別留意者也就在這個「徐」字上。「徐」者，舒徐寬緩，從從容容，不急不躁，不慌不忙。任何美政善制，難免日久弊生，若要推動改革，或是建立新制，都要徐徐圖之，絕不可急切躁進，更不能採取偏激暴烈的手段，搞得底下的臣民百姓雞飛狗跳，無有寧日，否則反對的聲音就洶洶湧湧，抗爭的動作也會一樣暴烈偏激了！舒徐寬緩，不急不躁，沉著勇毅，成竹在胸，既看到了改革的好處，但也不忽略安於現狀者可能蒙受的損失，所以措手之際徐徐以進，慢慢處置，一定想好配套措施，一定不會讓人覺得這樣一來損失慘重，再無生路。如果改革時真逼得大量本來生活安定者無以為生，那麼很可能群起反抗，甚至造反作亂，弄得舉國騷動，這就未蒙其利，先受其害了！總之，訣竅就在一個「徐」字，但是這「徐」可是舒徐從容，絕不是顢頇無能，不是牛步做事、要死不活。想要在改革創新中獲得進境，取得勝利，豈能不規劃完善？而想要規劃完善，又豈能不舒徐從容乎？

　　「不欲盈」，能保此道則不盈不滿，自知並不見得做到最好，所以絕不自以為是，總是保存一些預留的彈性和空間，以備猝然生變時仍有應變的餘裕，絕不孤注一擲，賭那沒把握的局，如此才能「蔽而新成」，舊的雖然毀壞，新的卻已建立。除舊佈新，生生不息，使政治常保新機，社會煥發生氣，而不是汙濁腐臭，死水一潭。「能蔽而新成」的「而」字，王弼注本、河上公本皆作「不」，於義不通，於文不順。易順鼎認為「不」乃是「而」的形誤，蓋篆文書寫「不」字、「而」字，兩字字形極為相近，致傳抄轉誤，他的推斷頗有道理。

旨趣聯繫

二十章、二十二章、二十四章、二十八章、四十一章、六十七章。

義理參觀

＊麤盡而微，微極而妙，妙極而玄，玄則無所不通，而深不可識矣。戒而後動曰豫，其所欲為，猶迫而後應，豫然若冬涉川，逡巡如不得已也。疑而不行曰猶，其所不欲，遲而難之，猶然如畏四鄰之見之也。若客，無所不敬，未嘗惰也。若冰將釋，知萬物之出於妄，未嘗有所留也。若樸，人偽已盡，復其性也。若谷，虛而無所不受也。若濁，和其光，同其塵，不與物異也。世俗之士以物汩性，則濁而不復清；枯槁之士以定滅性，則安而不復生。今知濁之亂性也，則靜之，靜之而徐自清矣；知滅性之非道也，則動之，動之而徐自生矣。《易》曰：「寂然不動，感而遂通天下之故」，今所謂動者，亦若是耳。盈生於極，濁而不能清，安而不能生，所以盈也。物未有不敝者也，夫唯不盈，故其敝不待新成而自去。（蘇轍註）

第十六章

致虛極，守靜篤，萬物並作，吾以觀復：夫物芸芸，各復歸其根。歸根曰靜，是謂復命。復命曰常，知常曰明；不知常，妄作，凶。知常容，容乃公，公乃王，王乃天，天乃道，道乃久，沒身不殆。

異文討論

本章章句，各本略見出入。王注本「致虛極，守靜篤」兩句，河上本、帛書本、竹簡本「致」皆作「至」，義無不同。「靜」字河上本、帛書本與王注本同，傅奕本作「靖」，義亦相同。竹簡本「守靜」作「守中」，第五章「虛而不屈，動而愈出，多言數窮，不如守中」，「虛」與「中」同時出現，然則「守中」在此義亦可通。「篤」字河上本、傅奕本、竹簡本與王注本同，帛書本則作「督」，作「督」於義難通，應是因聽寫之故而誤書。

章句詮解

在這一章裡，「虛」與「靜」是最重要的的觀念。什麼是「虛」呢？「虛」就是空虛，自己心裡面一片空虛，完全去除主觀成見、個人意志、私心私欲，沒有預設立場，完全遵守既定法則，完全遵守客觀規範，事情該怎麼辦就怎麼辦。君王深刻明白自己作為一國之主，

其所能為與所必不可為；但是對於好的見解、對的觀點，都願意採納，所謂「虛懷若谷」者是。這樣一種心靈狀態就是「虛」。

什麼是「靜」呢？一般我們說「動」與「靜」相對，但是在這裡恐怕不是這樣看，這裡的「靜」是與「躁」相對的。「躁」就是急躁、暴躁與躁動，不能審時度勢，不能等待最佳時機到來，不能等到一切客觀條件都真正成熟，不能等到所有配套措施都圓滿就緒。心裡只想到：我沒有私心，不是為自己而都是為大家好，我完全為國為民、為整個社會。於是心裡認定：事情只該這樣做，道理捨此而別無他。自己既然站在理上，那還怕什麼？那還等什麼？真個「自反而縮，雖千萬人，吾往矣！」至於得付出多少社會成本，會有多少家庭要因此流離失所，會有多少人要為之朝不保夕、有這一頓卻沒有下一頓？這些都不在他考慮之列，根本不會讓他瞻顧徘徊而為之猶豫躊躇，類似這一些情形都可以算是「躁」。真正能「靜」的領導者，他就會具有「靜觀的智慧」，能在密切觀察中審時度勢，最後能以最小的代價獲致最大的成果，用我們現代的說法，即是「以最小的社會成本取得最大多數人的最大利益」。

不能「虛」就很難做到「靜」。領導者「虛」的境界，大抵就是能夠「無所為而為」的境界，心中只有國家社會、人民百姓，沒有自己，當然也沒有左右親信，沒有親戚朋友，沒有黨羽徒眾，沒有附著在私人身上的一切，完全公而無私。在我們現代看起來，這幾乎是政治神話，是幾乎不可能、連想都不敢想的超高境界。現代人一談到政治，往往都是從「利益」出發，從「對我有什麼好處」這地方落想，每一件事都精打細算、千斟萬酌，只在私人利益處撥算盤，加加減減，至少也要算到利益大過損失才行。機關既已算盡，甚至還美其名

曰：「累積政治資本」。照老子的標準，現代政治人物，尤其是所謂民主社會中的政治領袖，恐怕沒有幾個人是夠格的！

「靜」是以「虛」為先決條件的，因為不能虛，所以一切作為都只在己身利害上打轉，不能誠懇照顧到義理之應然、當然，那就不能說是「靜」了。所以老子首先要求政治領袖要「致虛」，能「致虛」才能「守靜」。但是「致虛」是無窮無盡的修養功夫，而且幾乎是要把自己的生命之根、人性之本連根帶本都拔掉的艱難功夫，俗話說「人不為己，天誅地滅」，人在根源上、在生命的原始處本就與動物無殊，而捍衛自己的利益乃是所有生命的慣性，這一點本來是無可厚非的，但是帝王畢竟不是一般人，古今中外，我們之所以賦予君王那麼崇高的地位，給他戴上神聖的冠冕，就是告訴他，一旦站在這個位子，他就不再是一般塵俗之人，而是具有了「神」一般的神聖性質，他必須拔除自己那「為己」的動物本性，把自己提升到與神相當的高度，所以他必須努力做「致虛」的功夫，而這種「致虛」的功夫是無止境的，再怎麼做都做不到底的，所以老子要求「致虛」要至於「極」，而「守靜」要至於「篤」，「篤」是篤實、篤厚，實實在在，不妄不躁，老老實實地講理，老老實實地守法，老老實實地為人民謀福利，老老實實地守護整個社會的公平正義，絕不允許自己基於私心而有一絲一毫的胡作非為。

能致虛、守靜，君王所看到的才是國家社會的真相，同時也才能知道他真正該怎麼做。「萬物並作，吾以觀復」，社會上各式各樣的事情在發生，在進行，惟有自己能虛能靜，才能看清真相，作出正確的判斷。「復」是復歸本真、回到原貌，指事情的是非對錯回歸真相、原貌，君王看得清清楚楚，斷得明明白白。「夫物芸芸，各復歸

其根」，在致虛之下，君王也就移除了一切障蔽，所以無論事情怎麼
千變萬化，無論人們要什麼障眼法，他都一樣看得清楚明白，該怎麼
處理就這麼處理，一切回到理上，回到根本處，這叫「歸其根」，而
這也就是「靜」。所謂「復命」，「命」有「定」的意涵，復命就是
回到定常狀態，回到事務、人物原先應該的狀態，沒有偏離，沒有歧
出，沒有離開合理的、適宜的位置，所以這樣的「復命」方才可以稱
之為「常」，而真正了解這樣的「常」，才能說是「明」。

　　能觀變，則知道人們會玩什麼把戲，會搞什麼花樣，會耍什麼障
眼法；能知常，則能真正了解人類社會所應該追求的經常的、永恆的
價值。好的領袖人物必須既能觀變，又能知常，這才不會隨俗而流，
而能提振人心，昇華性靈。否則觀變而不知常，就會成為機會主義
者，甚至成為操弄民心、劫持民意的陰謀家，使國家社會就此墮落、
沉淪，所以老子語氣嚴厲地警告：「不知常，妄作，凶」。因其妄作
而使人群社會付出慘重的代價，作為政治人物這真的很罪過、很可
惡，故老子斥之為「凶」。當人群社會為君王的妄作妄為付出慘痛代
價時，君王還能輕鬆愉快、逍遙於事外嗎？這還能不說是「凶險」
嗎？

　　「知常容，容乃公」，知常則有容，也才能寬容，遇事能全面的
照顧到，也比較能體恤弱勢與小的群體，所以說「容乃公」，能公
平、公正地處理事情。一般我們說「有容乃大」，說「寬則得眾」，
都是針對政治領袖說的，老子在此強調一個「容」字，正是此意。能
容則公，能公則王，能王則如天，能如天則合道，能合道才能長長久
久，起頭都是由於能「容」，再追根究柢，那就是本章一開頭所說的
「致虛」、「守靜」，尤其是「致虛」，更是本源中的本源，容、

公、王、天、道、久，看來有其因果次第，但其實是可以畫上等號的：虛則能容，能容則公，這即是王道，亦就是天道。王道、天道與道為一，所以老子所謂「道」即是天道，而天道亦即王道，亦即良善政治之道，這並不是什麼不可曉解的神秘主義，西方學者如班傑明‧史華滋（Benjamin Schwartz）把老子講成神秘主義，畢竟是因文化的隔閡遂致引起曲解、誤解。老子之道清清楚楚，就是帝王之道，就是理想的、良善的政治領袖之道，如是而已，哪有什麼神秘呢？

旨趣聯繫

第四章、第五章、二十五章、二十八章、三十九章、六十七章。

義理參觀

＊保此道者不欲盈，致虛而不極，守靜而不篤，則非不盈之至也。眾人之於萬物也，息而後見其復，衰而後見其歸根，而我以虛靜之至，故見萬物之所以作與其所以芸芸在我而不在彼，其所以作者乃其所以復也。方其所以芸芸者，乃其所以歸根也。故以其並作而觀其復，則方其芸芸，而各復歸其根也。然則所謂虛者，非虛之而虛也，直莫之盈，故虛也；所謂靜者，非靜之而靜也，夫物芸芸，各歸其根而不知，莫足撓心，故靜也。故「歸根曰靜」。命者，吾之所受以生者也。夫唯靜則復其所以生，而能命物矣，故「靜曰復命」。道至於能命物，則常而不去矣，故「復命曰常」。自常觀之，則吉凶悔吝常見乎動之微，明孰加焉？故「知常曰明」。不知常者反此，則所作不免妄而已。能知常而體之，則萬物與我為一矣，故「知常容」。萬物

與我為一，則不內其身而私矣，故「容乃公」。萬物與我為一而無私
焉，大也，大則聖，內聖外王，故「公乃王」。聖然後至於神，故
「王乃天」，天則神矣。道者，所以成聖而盡神也，故「天乃道」。
為道而至於常，則盡矣，故「道乃久，沒身不殆」。久而至於沒身不
殆者，常之謂已。（呂吉甫註）

第十七章

太上，下知有之；其次，親而譽之；其次，畏之；其次，侮之。信不足焉，有不信焉。悠兮其貴言，功成事遂，百姓皆謂我自然。

異文討論

　　本章章句，王注本、河上本、傅奕本、帛書本等各本大致相同，甚至竹簡本也相當一致。即使有些出入，都不屬義理解讀上的關鍵之處，可不討論。「下知有之」一句各本皆同，但某些版本作「不知有之」，於義並非不通，然恐係後人所改。

章句詮解

　　老子認為政治領袖或政府可以分成四個等級：首先是「太上」，上而又上，那最高等級的政府、最好的君王，人民百姓只知道有個政府、有個國君在那裡，可是跟沒有也差不多，好像有他不覺多，沒他亦不覺少。人民可以安心自在地過日子，不覺得他有什麼好，也不覺得他有什麼不好，對於他不親不近，無譽無諉。（「下知有之」有的版本作「不知有之」，似亦可通。但王弼注本、河上公注本、傅奕古本、帛書甲本乙本、郭店簡本等重要版本皆作「下知有之」，然則「不」字當為後人所改。）

　　第二等的大概就是所謂的好帝王，臣民都知道他的好，又勤政，又愛民，人們對他歌功頌德，喜歡他，也親近他，視之如親人。

　　第三等的則是讓臣民敬畏的，甚至是害怕的。臣子朝夕謹慎畏懼，生怕出錯；百姓整天戰戰兢兢，生怕觸法。

　　最下一等的則是苛刻暴虐，奴視百官，剝削百姓。大家恨得牙癢癢的，一有機會就要咒罵他出出氣，到了實在「生亦何歡，死亦何懼」的地步，那就起來造反作亂，搞顛覆鬧革命，非把他拉下台不罷休。咒罵也好，革命也罷，這無疑都是對帝王、對政府最大的侮辱了！

　　在老子心目中，這四等帝王裡最好的竟然是那若有似無，僅僅「下知有之」的，而不是「親而譽之」的。我們必須知道，這「下知有之」的君王可不是不好，而是真好，因為他不但很好，而且那種好是連「好相」都脫卸淨盡了，好得完全不著相，讓臣民百姓不知道好在那裡，想要挑一樣來讚美、歌頌一番都不知道要挑那一樣。可見這是整體的、全面的都好，而且好得很自然，好得一點都不見著力，一些都不顯勉強。

　　「親而譽之」者則不然了，人們可以挑出來說這一點很好，那一點不錯，著力之跡、努力之處大家都看到了，所以可以挑出來讚美歌頌一番，但是沒有受到讚美歌頌的更大的部分顯然就是差一些了，就沒有那麼好了。因此「親而譽之」的只能擺在第二等。

　　至於「畏之」的、「侮之」的就比較容易了解，歷史上這兩類的帝王也比較多，像雍正就是令臣民生畏的吧，像隋煬帝就是招臣民侮辱的吧！「下知有之」的，大概孔子所推崇的「民無能名焉」的堯帝似乎近之；「親而譽之」這一級，唐太宗貞觀、清聖祖康熙應該算得

上吧，這兩個確實是歷史上不可多得的好皇帝了！

「信不足焉，有不信焉」，關於這一句，簡本作「信不足，安又（有）不信」，帛書甲本「信不足，案有不信」，乙本「信不足，安有不信」，傅奕本「故信不足，焉有不信」，字句雖略有小異，於義實無不同。都是說：在底下的百姓人民之所以不相信那些坐在上面的當權在位者，這都是因為在位當權的人本身信用不足，經常矇混欺騙，說話不算話。

不過，老子所謂「信」，往往還有一層比較深邃的意涵，即是信守法律制度。所以這兩句也許還可以講成：由於掌握權力、發號施令的人（君王）本身就不尊重法律制度，所以人民百姓有樣學樣，也就跟著違法亂紀，視國家律令如無物了！這樣解讀，接下句「悠（猶）兮其貴言」，在文義的貫串上似乎更為妥當。「悠」字竹簡本、帛書甲乙本、傅奕本、河上本皆作「猶」，作「猶」才是對的。至於「貴言」，我們在討論第二章的時候已經作了清楚的說明，當老子說「不言」、「希言」或「貴言」，「言」都是指君王對臣民所下的違背國家法律制度的號令或指示，正因為違背法律制度，所以這一類的「言」最好沒有而曰「不言」；但是完全沒有是太難了，那麼就越少越好，故曰「希言」、曰「貴言」。君王指令一下，如果出了問題，很可能就會禍國殃民，因之出言下令時怎能不小心謹慎、若猶豫若躊躇呢？「猶兮其貴言」就是說下命令、作指示時，君王小心謹慎，甚至有些猶猶豫豫，提醒自己千萬不要與國家的法律制度相牴觸，以免成為「不信」的始作俑者。是故凡有所言，必定都在規矩準繩之內，也就是都符合法律制度，否則君王言而非法，言而悖制，其禍患是不可估量的！

　　君王在法制之外，絕不輕易道一言、說一句話去施壓、去干預、去改變臣下或官府之依法行政、依制辦事，如此就可以使所有的國家大事都順著法制的軌道停停當當地完成，看起來一點也不費力，帝王好似端坐垂拱，而臣下確實奉法守職，大小事務都在法制之下順利推動。漢初行黃老治術，彷彿得此意趣，此即「功成事遂，百姓皆謂我自然」。「皆謂我自然」，意即百姓都認為我（君王）之能夠「功成事遂」，這一切都只是自自然然，事情本來就該這樣。上文「下知有之」，百姓只知有君王，卻看不到君王在幹什麼，一切事務都在正常狀況下（實即法律制度的規範下、經理下）發生了，也進行了，最後都各得其所地完成了，該做的都做得好好的，但是卻看不到君王在使勁、在賣力，這就是「自然」。

　　由此可知，老子之所謂「自然」，其最核心、最重要的意義就是：國家大小事務都能在法制所規範的軌道中妥善處理，只有依法行政，不見人為之跡，看不到繫屬於人的外力橫加介入，看不到君王、當權執政者的喜怒好惡影響於其間，這就是「自然」。

　　老子談的就是政治，談政治而不把法治的觀念導入，政治是不可能有善解的；不把法律制度有其條文、更有其義理之觀念導入，老子所謂「有」與「無」是不可能有善解的；不把老子強調君王必須守法、有權力的人必須守法此一觀念導入，老子的「柔弱」、「無為」、「不言」、「自然」是不可能有善解的；不把君王必須好好修養的觀念導入，老子所謂「道」、「德」、「沖」、「淵」、「致虛」、「守靜」等等，尤其是「反」之一義，都是不可能有善解的！

　　劉笑敢教授的《老子古今》是我所見近年來最具創意，也是最有價值的關於《老子》的學術著作。可是他雖知道老子談政治，卻不知

道老子的中心思想就是「法治」，就是有權力的人必須守法、權力越大越要守法；因此對於「無」、「有」、「柔弱」、「無為」、「自然」、「反」等書中核心觀念皆無的當之善解。譬如對於「自然」一義之探討著力甚深，最後卻提出老子之「自然」乃是「人文自然」的結論，這難道算是善解嗎？以此聯繫到二十三章「希言，自然。故飄風不終朝，驟雨不終日。孰為此者？天地。天地尚不能久，而況於人乎？」對於這裡的「希言」、「自然」，真的仍能詮釋順適而得其善解嗎？

旨趣聯繫

第二章、二十二章、二十三章、三十七章、五十七章、六十三章。

義理參觀

＊太上，以道在宥天下，而未嘗治之，民不知其所以然，故亦知有之而已。其次，以仁義治天下，其德可懷，其功可見，故民得而親譽之。其名雖美，而厚薄自是始矣。又其次，以政齊民，民非不畏也，然力之所不及，則侮之矣。吾誠自信，則以道御天下足矣；唯不自信，而加以仁義，重以刑政，而民始不信。聖人自信有餘，其于言也，猶然貴之，不輕出諸口，而民信之矣。及其功成事遂，則民日遷善遠罪而不自知也。（蘇轍註）

＊太上，猶言最上。最上謂大道之世，相忘於無為，民不知有其

上也。其次，謂仁義之君，民親之如父母，及仁義益著，則不但親
之，而又譽之矣。又其次，謂智慧之主，民畏之如神明，及智慧漸
窮，則不但畏之，而又侮之矣。信者，大道之實也，自大道之實有所
不足，不能如上古之時，則君之於民，有不以其實者焉，而日趨于
華，於是一降則用仁義，再降則用智慧也。此下言太上不知有之之
事。猶兮，見前章。貴，寶重也。然，如此也。寶重其言，不肯輕易
出口，如犬行之疑遲退卻，蓋聖人不言、無為，俾民陰受其賜，得以
各安其生。及其功既成、事既遂，而百姓皆謂我自如此，不知其為君
上之賜也。（吳澄註）

第十八章

大道廢，有仁義；智慧出，有大偽；六親不和，有孝慈；國家昏亂，有忠臣。

異文討論

本章章句，王注本、河上本、傅奕本、帛書本都略見出入。值得說明的是王注本「大道廢，有仁義；慧智出，有大偽；六親不和，有孝慈；國家昏亂，有忠臣」這幾句，傅奕本在「有仁義」、「有大偽」句前多一「焉」字；帛書甲本於「有仁義」、「有大偽」、「有孝慈」、「有貞臣」各句之前多一「案」字；乙本則多一「安」字。「焉」、「案」、「安」所表達的語氣都是「因此」、「於是」，而不是「怎麼能」、「如何會」，這一點從歷史事實或文章理路來看都是相當清楚的。另外，更值得注意的是竹簡本只見三項，缺了「智慧出，安有大偽」這一項，我認為竹簡本可能最接近原本面貌，理由請見下節「詮解」之說明。

章句詮解

這一章所述，老子是從反面來看的。當一個社會特別提倡什麼、強調什麼的時候，通常那些他們所提倡、強調，想要努力追求的東西，大概也就是他們正嚴重缺乏的東西。所以當人們重視仁義、提倡

仁義，歌頌仁義是美德的時候，正是人們普遍缺少仁義，很少人能做到仁義，所以使仁心義舉變得很稀有、很珍貴、很值得表揚的時候。

　　大道假使能夠實現，那麼人間的愛，社會上的美好與溫暖就會很自然、很「沒事兒」地呈現出來，沒有人會覺得那是什麼了不起的美德，因為人人如此，那些所謂美好的德行一點也不稀奇。惟其大道已經淪沒廢棄，人與人之間的和諧受到破壞，有很多人不仁不義，所以仁義變成稀有而珍貴的美德善行，必須標榜、揭舉出來，教導人們這才是對的，這才是好的。然而這樣的仁義已是落居第二義，並不是原先渾淪淳樸的和諧與美好了。所以這裡的「仁義」絕不是老子所真正反對的不好的東西，老子只是慨嘆：當大道毀廢，圓滿的和諧與美好被破壞的時候，個別的美好反而突出而特別顯現其美好，因而為眾人所矚目，仁義遂成其為仁義，於是就有了「仁義」之名。很多人常因為十九章有「絕仁棄義，民復孝慈」之語，於是直截地就認為此處之仁義當然也是老子所反對的。其實十九章之「絕仁棄義」乃特別針對君王立言，並非一般的仁義，這一點在下章會詳細析論。

　　「智慧出，有大偽」，有的本子「智慧」作「慧智」或「智惠」，義無不同。這兩句意思比較單純，我以智往，人亦以智來，彼此以智慧機巧相互算計，不至於玩弄陰謀詭計不止，則人無可信而大偽也就出現了！這兩句王弼注本、河上公本、傅奕本、帛書甲本乙本等重要版本皆有，可是年代最早的竹簡本卻獨獨沒有。仔細分析、比較，此章分為四組，每組兩句。「大道廢」、「六親不和」、「國家昏亂」都是負面的、不好的；「仁義」、「孝慈」、「忠臣」則都是正面的、好的。唯獨「智慧出，有大偽」在組織結構上與其他三組不同，「智慧」或許不一定不好，但是「大偽」絕不能說它是好，稍作

審視，即可知在表意結構上這一組明顯與其他三組相異。因此對照郭店簡本，這兩句很可能是後人不辨其句意結構而胡亂羼入的。

「六親不和，有孝慈」，這兩句意義與結構類似「大道廢」兩句。六親指父子、兄弟、夫婦，是家庭人倫結構中最基本、最親近的親情。父子、兄弟、夫婦若有不和，則親情破毀。倘若為父者不慈，而作兒子的仍恭行子道，不懈不怠，則可以稱孝矣；反過來若為子者不孝，而作父親的仍然子之、愛之，不改其道，則可以稱慈矣。如舜父瞽叟幾度欲殺舜，頗稱不慈，而舜仍然父事之，恭順謹敬，世人乃謂舜為大孝。如果舜父之慈愛和其他的父親一樣，則舜之以孝事父本來就是人倫之常，毫無特別值得稱讚頌揚之處，正因為父實不慈而子仍然孝順，其孝順才顯得特別突出。反之亦然。所以老子才點出：當六親不和，孝慈之行方顯特異。因六親之不和而有孝慈，則如此之孝與慈終究是有所缺憾，所以老子在這裡並不是真的否定孝與慈。子女之孝，父母之慈，實是人倫之美事，又有什麼不好呢？老子絕無可能反對而加以貶抑。

最後，「國家昏亂，有忠臣」，其思路亦如同前文。如果君王聖明，正如文天祥〈正氣歌〉所謂「皇路當清夷，含和吐明廷」，國家清平安定之時，文臣奉法守職，武將鎮守邊疆，好好盡自己的本分責任就可以了；但是當君昏而國亂，甚且陷入危亡之地，這時就需要有人出來拋頭顱、灑熱血，為社稷而不顧惜身了，所謂「時窮節乃現，一一垂丹青」。文天祥如果不是身當亂世，他大可仍然做他的公子哥兒，聽歌看舞，醇酒美人，又何須見囚燕京、殺身殉國？所以反過來看，要成就一個人的「忠臣」之名，竟然必須以國家的昏亂危亡作為代價，老子所感歎、所深惜者在此，並不是真的說忠臣有什麼不好。

《莊子》書中感慨不幸而生在常常打仗的亂離之世，人就像涸轍之魚，「相濡以沫」，看來深情相惜，令人動容；不過倒還不如「相忘於江湖」，能生在承平之時，可以像悠游於大江大湖的小魚兒，我不知道你，你也不認得我，無情而無牽，無愛而無掛，彼此兩忘，人我雙清。或許其發想之所自，就是從老子這裡得到的啟發吧！

旨趣聯繫

五十四章、五十七章、五十八章、六十五章、七十九章。

義理參觀

＊大道之隆也，仁義行於其中，而民不知。大道廢，而後仁義見矣。世不知道之足以贍足萬物也，而以智慧加之，於是民始以偽報之矣。六親方和，孰非孝慈？國家方治，孰非忠臣？堯非不孝也，而獨稱舜，無瞽叟也；伊尹、周公非不忠也，而獨稱龍逢、比干，無桀、紂也。涸澤之魚，相呴以沫，相濡以溼，不如相忘於江湖。（蘇轍註）

＊道不可名，名之為道，已非道也，則又分而為仁義，豈道之全哉？則有仁義者固大道之廢也，賊莫大乎！德有心而心有眼，及有眼而內視，內視則敗矣，則智慧出固所以有大偽也。偽者，德之反也。有仁義，則其弊至於六親不和而有孝慈矣。有大偽，則其弊至於國家昏亂而有忠臣矣。是故有瞽叟之頑嚚、弟象之傲，而後有舜；有桀、紂之暴，而後有龍逢、比干。此無他，去本日遠而已矣。（呂吉甫註）

第十九章

絕聖棄智，民利百倍；絕仁棄義，民復孝慈；絕巧棄利，盜賊無有。此三者以為文，不足，故令有所屬：見素抱樸，少私寡欲。

異文討論

　　本章章句，王注本、河上本、傅奕本與帛書本，這四種重要版本鮮有出入，可不討論。但竹簡本異文不少，本章作「絕知棄辯，民利百倍；絕巧棄利，盜賊無有；絕偽棄詐，民復孝慈。三言以為辨不足，或命之，或乎屬。視素保樸，少私寡欲。」竹簡本出土後，不少學者據此而認為此章無「絕聖」、無「絕仁棄義」，遂有「道家本來並不反對儒家」之論。其實道家、儒家本就殊途而同歸，借司馬談的話來說，都是「務為治」者，兩家主張並非南轅北轍。此中詳細的討論請見下節的「章句詮解」。

章句詮解

　　1993 年，湖北沙洋縣紀山鎮郭店村一號墓出土了大批古代竹簡，其中有許多竹簡抄寫《老子》，經過整理後分甲、乙、丙三組發表，甲組的第一章就是本章，但是其文字與今日的通行本有不少差異。由於竹簡之書寫文字是戰國時代的楚文字，因此考釋者眾多，某

些字譯成今天通行的文字究竟為何字，迄今猶未有定論。若依發表時之釋文，則是：

> 絕智棄辯，民利百倍；絕巧棄利，盜賊無有；絕偽棄詐，民復孝慈。三言以為辨不足，或命之，或呼屬：視素保樸，少私寡欲。

由於楚簡《老子》書寫年代還在帛書兩本之前，理論上較當今可見的所有《老子》版本更接近《老子》一書之原貌，所以學界視為奇珍異寶，一時之間投入研究者非常的多，而研究的結果認為：簡本《老子》與通行本最重大的差異是今本的「絕聖」、「絕仁棄義」都看不見了，而「聖」與「仁」、「義」都是儒家最強調的，因之郭店本《老子》所顯現出來的訊息是：道家原先並不見得那麼反對聖人、反對仁義，並不見得那麼反對儒家！

這真是從何說起！就道家與儒家的原始精神或本來宗旨而言，道家何嘗反對儒家？儒家又何嘗捉著道家打對台？後人小鼻細眼地老是注意學派紛爭，渾不知百家諸子原是各就其所學以論述為治之道。班固〈漢志〉敘論諸子，便謂雖殊途而終同歸，儒道兩家即使不能說大同小異，但是原先的大方向上其實並非南轅北轍。我們必須說，若鎖定十九章簡本與各本異文所在，去討論儒家與道家的學派之爭，這根本是把這一章的立言主旨完完全全搞丟了！這一章所論跟什麼儒家不儒家是一點關係也沒有的，而且不論是通行各本也好，郭店簡本也好，其論述內容在義理上並沒有本質上、方向上的差異。簡本出土之後，時賢關於此章的論述頗多，雖不無參考價值，但絕大多數不知老子命意所在，因之誤解迭見，甚至摸不著邊際者亦所在多有。

　　這一章完全是針對君王而說的。看他上句是「絕聖棄智」，而下句以「民利百倍」為對。老子要誰「絕聖棄智」呢？在那個時代有誰敢於自命聖且智呢？當然非君王無有敢當者。《老子》一書本來就是對為君為王者演說君王治國理政之道，對象之設定本就非常清楚，所以文中常常省略「君王」字眼，而直述應如何做、當怎麼辦。如本章意思本來是「（君王）絕聖棄智，民利百倍」，「（君王）絕仁棄義，民復孝慈」——，其他章節同此一例。如首章：「故（君王）常無，欲以觀其妙；（君王）常有，欲以觀其徼」。第三章：「（君王）不尚賢，使民不爭」。第八章：「（君王）居善地，心善淵……」。第九章：「（君王）持而盈之，不如其已……」。若此者指不勝屈，幾於每章皆是。

　　所以這裡是老子對君王極其鄭重的要求，甚至是帶有警告意味的叮嚀。他說：身為君王，一定要絕聖棄智，要絕仁棄義，要絕巧棄利，這樣對人民才是最好的。老子說得如此斬釘截鐵，「絕」、「棄」的語氣如此強烈，並不是興到突發的一時之論，而是與他素來強調的君王當「柔弱」、「無為」的主張同條共貫、一脈相承的。

　　君王手握大權，生殺予奪幾乎是隨心所欲，文武百官固然俯首聽命，人民百姓亦任其驅策奔走，久而久之，庸凡之君不免志得意滿、驕盈放肆，以為自己聖無不通，什麼都一清二楚；智無不明，籌策謀略無人能比，自己的聰明才智超絕天下，於是真的就自居為「聖」、自視為「智」了。我們現在常諷刺那些做官的老是自以為是，說他們「官大學問就跟著大」，等閒官員都不免有這種心態了，更何況是身在最高處的帝王呢！因之帝王自居為「聖」，自視為「智」，驕盈傲慢，國家的法律，祖宗的制度，他都可以不當一回事。心態越來越封

閉，行事越來越肆無忌憚，完全聽不進見解不同的話，這種情況通常日見嚴重，於是逢迎者擢置上位，諫諍者流放處刑，再也聽不進一句逆耳忠言。這時君王往往就會開始犯錯，而且所犯的過錯會越來越嚴重，而國事就開始顛來倒去，百姓就要跟著遭殃受苦了。所以老子苦口婆心，告訴帝王一定要「絕聖棄智」，這樣就可以使百姓得到百倍之利。

　　其次，老子也要君王「絕仁棄義」，如此就可以「民復孝慈」。在第五章老子早已說過：「天地不仁，以萬物為芻狗；聖人不仁，以百姓為芻狗」，天地之不仁，是因為天地無心無私，無分無別，平視萬物，一體同觀，這可以說是天地最大的公平，所以老子要帝王效法天地，以最大的公心、平心遵照法律制度對待人民百姓，不可以別有帝王自己的私人之仁、私人之義。所以本章所謂「絕仁棄義」，跟反對儒家之提倡仁義毫無關係。一般人可以有仁有義，也應該有仁有義，真個不仁不義豈復成其為人？但是作為國君則不然，國君還能對什麼人有特別的仁、特別的義呢？君王之所以為君王，就是他已經徹徹底底的成為「公權力」的化身，其身分與地位再也不允許他有一點點私人的關係、私人的考量，所有作為都必須恪遵國家的法律制度，否則便辜負了作為君王此一身分的重責大任。如果他對某人好，那也是因公依法依制而應該對他好，並非君王一人之私恩，在此一意義下也就不能說是「仁」了，是故一個稱職的君王絕不以私愛而假「仁」。同樣的，一個夠格的君王也絕不能因私惡而藉「義」，舉凡有所刑罰貶黜，都是按照國家的法律制度必須這樣處置，絕不是因為君王對某一位臣子、某一個百姓有個人的私怨。因此當老子說「絕仁棄義，民復孝慈」，指的就是國君如能拋卻私人恩怨（其實君王本就

不該有私人恩怨），誠懇信守法律制度，純粹以公心行公事，則舉國風紀肅然，上行下效，家庭中父母慈、子女孝也就不是什麼難事了。很多人儘在字面作解，直指「絕仁棄義」云云就是反對儒家，好像仁義道德在春秋時代純屬儒家一派之專利，其實仁之與義並非僅只儒家講求，「絕仁棄義」未必跟儒家有什麼相干。老子要強調的是：身為君王，除了恪守法制，絕不可有私人之仁、一己之義，如此而已。一切措置遵循國家法律制度，賞非私恩，罰非私怨，這就是君王的「絕仁棄義」。《春秋》所謂「大夫無私交」，國之大臣尚且在面對公事時不容許牽扯私人交情，則國君之「絕仁棄義」、嚴分公私豈不也是理所當然嗎？

「絕巧棄利，盜賊無有」：為什麼要國君「絕巧棄利」？我認為這裡所考慮的仍然是國家的法律制度，因為法律制度之制定畢竟比較深思熟慮，規撫長遠；而當下的指示、命令往往只會顧及一時。因之老子認為君王不可貪一時之利，圖眼前之便，玩弄機巧，苟且行事，罔顧法律，規避制度，否則將會造成很難收拾的後遺症。用我們現在的話來說，就是指法律制度沒有明白規定的，或者有所謂模糊空間的，甚至明明是違背法律制度的，國君卻為了伸張一己之意志、滿足個人的私欲，硬是死鑽活鑽，不顧一切要突破法律制度之網；要不然就是巧言極辯，扭曲當初立法定制之意，來替自己遮掩或辯護。總之，對於國家法制不是加工加料就是搓圓捏扁，無論如何就是要讓國家的法律制度來為自己的私心私欲服務，藉此牟取個人之私利，同時滿足一己的權力欲望。這樣一來，即使手法再詭譎狡詐，說詞再機巧善辯，難道還真能一手遮天，掩盡天下人耳目嗎？這是不可能的，因為凡事只要動過手腳，必將留下痕跡！法制的威信既被君王踐踏，然

則上行下效，法制的尊嚴終究會徹底破產，那時大盜獧賊紛紛而起，
視法令制度如無物，君王又能怎麼辦呢？有什麼資格說他要捍衛國家
的法律制度呢？所以老子說「絕巧棄利，盜賊無有」，此言實有深意
存焉！

「此三者以為文不足」，我認為應讀作「此三者以為文，不
足」。郭店本「文」作「辯」，意思接近。「此三者」指前文的「聖
智」、「仁義」、「巧利」，表面上看起來好像都是好的、正面的，
是文彩熠燁的好東西，但是在老子心目中，這些對帝王而言可都大大
不好：不能謙沖而竟自命「聖智」，不循法制而竟私設「仁義」，不
守素樸而竟務趨「巧利」，根本都只是玩花樣、耍把戲，說穿了就是
弄權玩法，於國家一無好處。「文」是文采，是外觀之美，是虛有其
表的花樣，對希望帶來長治久安的政教而言畢竟「不足」。謂其「不
足」，是鄙之而認為不足以為治。「故令有所屬」，必須讓它有所繫
屬、歸屬。然則要屬之於何者之下呢？下文說是「見素抱樸，少私寡
欲」。「素」為未染之絲，「樸」是未雕之木。這兩句看起來好像完
全指向君王主觀面的修養，其實這裡頭卻有一個非常重要的客觀標
準，那就是國家的法律制度。

我們要知道，有權力的人最會在法令制度的規範中搞花樣、弄機
巧，老子於此殷殷致意，就是希望掌握權力的人，尤其是擁有最高政
治權力的君王帶頭守法，也就是要君王以身作則，成為守法的模範，
只要君王能夠誠懇守法，其他的事都比較好辦。如果君王能認真遵守
國家的法律制度，不弄機巧，不搞花樣，一如未染之絲、未雕之木，
這才是君王真正的「素樸」。「見」讀如「現」，「見素」即表現於
外者，一言一行都老老實實尊重國家法制，絕不玩花弄巧，如同展現

未染之絲；「抱樸」即抱在懷裡、牢記在心者，念念慮慮皆衛護國家法制，絕不行譎使詐，就像懷抱未雕之木。所以「素」「樸」之義最重要的正在：君王護持國家法制，須如素之不染、樸之不雕，絕不因為自己的私願、私欲而刻意扭曲法律制度，找藉口、鑽縫隙把國家法制拿來加工加料。君王能夠生活簡約，不事浮華奢侈，這當然也是一種「素樸」，不過就帝王而言，這只是「素樸」之小焉者，如果能夠誠誠懇懇地遵循法律，老老實實地持守制度，這才是「素樸」之大者。君王要如何方能「見素抱樸」呢？最重要的還是要做到「少私寡欲」，因為若不是為了一己之私、個人之欲，又何必玩弄公法、毀棄國制，大搞機變巧詐呢？

旨趣聯繫

第五章、二十二章、二十八章、五十七章、五十八章、七十三章。

義理參觀

＊非聖智不足以知道，使聖智為天下，其有不以道御天下者乎？然世之人不足以知聖智之本，而見其末，以為以巧勝物者也。於是馳騁於其末流，而民始不勝其害矣，故絕聖棄智，民利百倍。未有仁而遺其親者也，未有義而後其君者也，仁義所以為孝慈矣。然及其衰也，竊仁義之名以要利於世，於是子有違父，而父有虐子，此則仁義之迹為之也，故絕仁棄義，則民復孝慈。巧所以便事也，利所以濟物也，二者非以為盜，而盜賊不得則不行，故絕巧棄利，盜賊無有。世

之貴此三者，以為天下之不安，由文之不足故也，是以或屬之聖智，或屬之仁義，或屬之巧利，蓋將以文治之也。然而天下益以不安，曷不反其本乎？見素抱樸，少私寡欲，而天下各復其性，雖有三者，無所用之矣。故曰「我無為而民自化，我好靜而民自正，我無事而民自富，我無欲而民自樸」，此則聖智之大，仁義之至，巧利之極也。（蘇轍註）

＊聖者不自以為聖，智者不自以為智，使聖智而可絕，皆非聖智也。仁者不自以為仁，義者不自以為義，使仁義而可絕，皆非仁義也。大巧不見其巧，大利不見其利，使巧利而可絕，皆非巧利也。聖人用其實，不取其文，故其見於外者無其形。眾人竊其似以亂其真，故今見於外者有所屬。無其形者利物而物不知，有所屬者徒足以亂天下而已。聖人惡偽之足以亂真，故欲絕其本原，以救末流之弊，使天下之人不復懷利心而竊聖智之行，假仁義而棄孝慈之實，用盜賊而棄巧利之便，惟以素樸先民，民見其見素抱樸，則不敢以文欺物；不以私欲示民，民見其少私寡欲，則不敢以文自欺。（李息齋註）

第二十章

絕學，無憂。唯之與阿，相去幾何？美之與惡，相去何
若？人之所畏，不可不畏。荒兮其未央哉！眾人熙熙，如
享太牢，如登春臺；我獨泊兮其未兆，如嬰兒之未孩，儽
儽兮若無所歸。眾人皆有餘，而我獨若遺，我愚人之心也
哉！沌沌兮，眾人昭昭，我獨昏昏；眾人察察，我獨悶
悶。澹兮其若海，飂兮若無止。眾人皆有以，而我獨頑似
（以）鄙，我獨異於人，而貴食母。

異文討論

　　本章章句，王注本、河上本、傅奕本、帛書本之間有不少出入，
但這些相異處似乎都無關宏旨。只有「人之所畏，不可不畏」一句，
河上本、傅奕本與王注本相同，但帛書乙本（甲本殘損）、竹簡本皆
作「人之所畏，亦不可以不畏人」。「人之所畏，不可不畏」可以解
釋為「眾人所畏懼者，我也不可以不畏懼」；但「人之所畏，亦不可
以不畏人」則可理解為「人民所畏懼的是君王，但反過來君王也不可
以對人民不心存謙卑而有所畏懼」。我認為從上下文意與全書義理來
看，兩者俱皆可通，而後者似乎略勝。

章句詮解

本章開頭「絕學無憂」一句，前人很多認為當屬十九章，置於「見素抱樸，少私寡欲」之下。高亨《老子正詁》且列舉三證以明之，略謂：

1、與上章「見素」兩句之句法相同。
2、與上章之韻部通諧，若置下章，則於韻不諧。
3、與上章「見素」兩句文意一貫，若置下章，則邈不相關。

不過《老子》原先只分上下兩篇，分章斷句都是後人所為。因此各章文意順著思路發展，本就常見章與章之間仍是一氣貫串，雖然勉強予以分章，其實仍多藕斷絲連。高亨所見，似非無理，然而若將「絕學無憂」直接放在本章開頭，其實也具有提點一章主旨的作用，我認為並沒有什麼問題。為什麼如此說呢？所謂「絕學」即棄絕世俗君王之作為而不仿效、不學步。下文中與「我」相對的「眾人」、「俗人」，即指當時一意尋求富國強兵以攻城掠地的時君世主。「無憂」即勉勵君王，若真能行我之道，則無憂國之不治不強。有學者解「無憂」通「無擾」，意為不要從事俗學以自取紛擾，似亦可通。

以上如此詮解「絕學無憂」，與下文所述，無論在文意上或者義理上都見條暢順適，並無絲毫違礙。況且郭店簡本之乙組抄錄本章，也是從「絕學無憂」開始，可見高亨所說的也不見得就是確切的定論。

關於「絕學無憂」，當指君王絕棄時君世主之學，不搞富國強

兵、攻城掠地類似軍國主義那一套，如此可以無紛無擾，不憂不懼。
現代學者詹劍峰《老子其人其書及其道論》論此章說：

> 老子所絕之學，乃卜筮之學、巫祝之學、相人之學以及禮義之學。
> 一句話，當時的官學，這些官學不外愚弄人民的迷信和束縛人民的
> 工具，打破了它，就沒有什麼「忌諱」，從而沒有什麼憂懼了。

　　這種說法我認為並沒有甚麼根據，因為上章之「見素抱樸，少私
寡欲」也好，本章之「絕學無憂」也好，都是老子針對君王，要求君
王必須做到的。老子提醒君王要得道、體道，然後方能了解治國理民
的根本所在，在治理國家的時候不至於跟著其他當時的國君瞎起鬨，
文中「眾人」、「俗人」正是指那些變易常法，熙熙攘攘，以察察為
聖明，以富國強兵、剽掠天下為目標的雄君霸主。孟子曾大聲疾呼：
「爭地以戰，殺人盈野；爭城以戰，殺人盈城，此所謂率土地而食人
肉，罪不容於死。故善戰者服上刑，連諸侯者次之；辟草萊、任土地
者次之。」（〈離婁上〉）在他之前的老子早已先見及此了！這也正
是為什麼老子冀望君王安於「小國寡民」而不事擴張的原因所在。
　　老子先問君王：恭敬的應承（唯）與散慢的回答（阿），這兩者
之間相差多少？美麗與醜惡，這兩者之間又相差多少？也許在某些情
況下，唯與阿、美與惡之間，其實兩者相去恐怕是相當有限的。所以
看似高貴居上，為人人所畏的君王，對於那卑賤處下的平民百姓，也
不能不心存敬畏。
　　張舜徽《老子疏證・卷下》據帛書乙本，改「不可不畏」為「亦
不可以不畏人」，他說：

各本作「人之所畏，不可不畏」，語意不明，顯有缺奪，今據帛書
乙本補正。此言人君為眾人之所畏，人君亦不可不畏眾人也。

張說頗有道理。蓋時不分古今，地不分中外，所有統治者權力與
地位的正當性，毫無疑問的都來自人民的支持與擁護，得民者昌，失
民者亡，所以魏徵也提醒唐太宗說：「載舟覆舟，所宜深慎」，可見
為君為王，真是大不容易啊！「荒兮，其未央哉！」「荒」是廣遠遼
闊，「未央」是無窮無盡。老子感歎：這做國君的道理真是奧義無窮
啊！「眾人熙熙，如享太牢，如登春臺」：「眾人」似可指一般平常
人，社會上大多數人。但本章中「眾人」與「我」為對，「我」既指
君王，則「眾人」當指與我同時的一般國君。這些國君看似很想有一
番作為，老是熙熙攘攘的，好像興高采烈在搞大拜拜一樣；又好像在
春暖花開、美景如畫的時候登樓遠眺、歡欣為樂一般。「如登春
臺」，王弼本作「如春登臺」。俞樾《平議》說：

按「如春登臺」與十五章「若冬涉川」一律。河上公本作「如登春
臺」，非是。然其注曰：「春陰陽交通，萬物感動，登臺觀之，意
志淫淫然。」是亦未嘗以「登春臺」連文，其所據亦必作「春登
臺」，今傳寫誤倒耳。

帛書甲本乙本皆作「而春登臺」，俞樾未見帛書，但推斷精確，
竟若目睹，前賢讀書之精之細，實在令人佩服！不過我也看過一種從
文化人類學的角度來詮釋的說法，倒也相當有趣，其說法是：先民在
祭祀太陽神和天神的禮樂歌舞中，源於對生殖之神的崇拜，於是選擇

祭壇附近的桑林，來作為年輕男女自由配對的場所，這桑林中的社壇就叫「春臺」，因此「如登春臺」當然就像河上公注所說的「意志淫淫然」，興高采烈而極盡歡暢了！

蔣錫昌說：

> 「眾人熙熙，如享太牢」，謂時君縱於情欲，其樂而無度，若饗食他人所獻之太牢也。「若春登臺」，謂俗君縱於情欲，其樂而無度，若春日登臺也。（《老子校詁》）

時君如此，我呢？「我獨泊兮其未兆，如嬰兒之未孩。儽儽兮若無所歸。」我希望成為一個好國君，好的國君應該是淡泊寧靜，平平實實，絕不浮誇張揚，絕不顯跡象、露朕兆，就像剛誕生的小嬰兒連笑都還不會呢！「孩」是「咳」的古文。《說文》：「咳，小兒笑也。」好的國君磊磊落落（儽儽即磊磊），雍容大度，不追流行，不趕熱鬧，所以甘於寂寞，樂於孤獨，不像世俗君王失魂落魄、瞎碰亂撞地總想跟班逐隊，急著找歸依、尋託庇，他必然是千山獨行，清明而有自主的決斷的。「眾人皆有餘，而我獨若遺。我愚人之心也哉！沌沌兮！」這是說世俗君王都是驕奢盈溢，自以為有餘；好的國君則經常自反自省，若有所遺若有所失，自以為不足。他淳厚樸實，心態上總像個愚人一樣，蠢蠢笨笨，不花不巧。「俗人昭昭，我獨昏昏；俗人察察，我獨悶悶。」世俗君王老是自以為神聖文武，英明智慧，所以鑑照毫芒，察察為明；而好的國君則是昏昏悶悶（悶悶，懵懵然若無知之貌），如聾似盲，其實他是寬宏大量，不責苛細，看起來糊裡糊塗，可是這正是板橋所謂難得的糊塗啊！

「澹兮其若海，飂兮若無止」，好的國君胸襟局量澹然沉靜，汪洋浩瀚一如大海；氣度恢宏，就像長風萬里，飄逸高邁，無際無止。「眾人皆有以，而我獨頑似（以）鄙」，世俗君王好像都很有辦法，都在大刀闊斧地有所作為；可是老子卻認為一個國君最好是頑冥樸鄙，愚笨似若無能。（張松如說：似、以、且，古字相通。）「我獨異於人，而貴食母。」理學家看到「食母」，因望文生義而大為吃驚，指老子竟然要食其母，真乃罪在不赦。依劉師培《老子斠補》說：「食母」當作「得母」，即五十二章之「得其母」，猶言得道之本。老子最後總結：理想中好的君王當然是和眼前這些個國君大不一樣的，他以守道為貴，他以知本為貴，知本守道，這才是治國為政之母！

旨趣聯繫

第十章、十五章、二十八章、四十一章、五十七章、六十四章。

義理參觀

＊或曰唯、阿同出於聲，善、惡同出於為，達人大觀，本實非異，正如「臧穀亡羊」之說也。此故太上忘情、是非俱泯者之所為。然學者直須於善惡不可名處著眼始得，若直以為善與惡同耳，則是任天下至於惡而不之顧，豈理也哉？（董思靖集解）

＊天非日無以煜物，人非學無以致道，故曰：學者，心之白日也。聖人乃曰「絕學無憂」，豈誠莽莽然無所用其心哉？蓋所絕者世俗之學，而所貴者食母之學也。母者何也？德者萬物之母，而道又德

之母，則聖人所謂母，兼道、德而言之也。食者，味之以自養也。味道德而自養，則無為而無不為，而其樂不可量矣。又奚暇為彼俗學以自取憂也哉？聖人所以異於人者以此。（王道註）

第二十一章

孔德之容，惟道是從。道之為物，惟恍惟惚。惚兮恍兮，其中有象；恍兮惚兮，其中有物。窈兮冥兮，其中有精，其精甚真，其中有信。自古及今，其名不去，以閱眾甫。吾何以知眾甫之狀哉？以此。

異文討論

本章章句，王注本與河上本、傅奕本、帛書本都有些許差異，但是這些差異就義理詮釋而言無關宏旨，似無進一步討論之必要。

章句詮解

這一章初看真是迷離惝恍，不易索解。其實老子就是藉此描述「道」，指出了「道」的一些特質，雖似恍惚，而有象有物；雖若窈冥，但其精甚真而且信實。所以「道」是真真實實而且可以檢證的，如何檢證？通過歷史事實檢證。同時，也藉著史實使「道」由抽象化為具體，予後人以寶貴的啟示。

一般常說老子的「道」是「不可道」、「不可名」的，我們已說過這樣的認識大成問題。在這一章，老子雖然說「道之為物，惟恍惟惚」，好像看不清楚、聽不明白，但是所謂「恍惚」，所謂不清楚、不明白，那只是提醒君王「道」是不能夠用僵化死硬的方式去把握而

已。因為此「道」所面對的是人，是社會，是國家，簡而言之，是人間世界，而不是可以用公式、用定律來規範的自然領域。帝王治國理民之道總是千變萬化的，不但須與時俱進，還得因地制宜，必須敏銳地隨著環境的改變而應機作出適當的調整。

　　試看在這一章裡，當老子說了「道」是「惟恍惟惚」之後，馬上就進一步說「惚兮恍兮，其中有象；恍兮惚兮，其中有物」，可見「道」乃是「有物」、「有象」，而非一味的撲朔迷離，完全不能認識、不能理解、不能掌握而屬於絕對形而上的玄虛、絕對不可知的抽象。雖然深遠而暗昧（窈冥），然而其中有精微奧妙的原理原則，而且此一原理原則真實不虛，（其精甚真，其中有信）我們從歷史事實之中，從眼前的國家社會之中，即可獲得明確的驗證，從而知其真實可信。因此自古及今，「道」之一名常存常在，而且，我們即是依據此「道」以檢閱、驗證政治領域中萬事萬物之理，種種政事的運作是否有所偏差？君王所言所行是否適當？其情其狀到底如何？這就是「以閱眾甫」。「眾甫」指諸般政治事務的本相、根源，欲知其究竟、識其底裡，「道」就是觀察與驗證的唯一標準。

　　「道」不能不表現，表現出來的即是「德」。「孔德」猶言大德、美德，「德」者，得「道」也，只要能夠體現「道」的某一個部分，都可以算是有「德」之人。老子無論把「道」說得如何迷離恍惚，然而總不忘經由「德」來示現。恍惚之「道」，其象其物是從什麼地方看出來呢？正是從「德」。在這裡，老子是不是也在暗示著：政治事務總是要由最後的結果來檢驗的。一個政策動機甚善，立意甚美，但是如果到了最後，其結果卻是不美不善，施政者原本出於良善的美意，到頭來人民嚐到的卻是酸澀而難以下嚥的苦果，那麼再好的

施政規劃也就變得一文不值。這就是政治事務千變萬化之處，也是其充滿誘惑而又棘刺滿佈之處。因此有智慧、有經驗的主政者推動任何一項政策，自始至終，必然是如臨深淵、如履薄冰，絕對不敢有一絲一毫以輕慢之心掉之弄之，因為一有閃失，可能就全盤翻覆。

當老子說「自古及今，其名不去」的時候，我們就應當知道：「道」是在歷史遞嬗中淬煉出來的，它也會在歷史與現實裡受到檢驗，它不是純粹思辨性的東西，更不宜藉西方哲學的形上原理（宇宙論、本體論中的「道」）來認識、來把握，否則毫釐之失，或將有千里之謬，使老子言「道」的精義凌遲以盡，那就未免太過可惜了！

旨趣聯繫

十四章、十五章、二十五章、四十二章、五十一章、六十七章。

義理參觀

＊道無形容，一可形容，即屬之德。然知德容，則道亦可從而識，如所謂「恍惚」、「窈冥」是也。人之學道，喜於有作，至恍惚窈冥，類苦其芒蕩，難於湊泊矣。不知恍惚無象即象也，恍惚無物即物也，窈冥無精即精也。如釋典云「若見諸相非相，即見如來」也。暫為假，常為真。恍惚窈冥，則不以有而存，不以無而亡。夫孰真且信於此？故曰「自古及今，其名不去」也。昧者乃謂恍惚窈冥之中，真有一物者。夫恍惚窈冥，則無中邊之謂也，而物奚麗乎？況有居必有去，又何以亙古今而常存乎？然則何謂「閱眾甫」也？甫，始也。人執眾有為有，而不能玄會於徼、妙之間者，未嘗閱其始耳。閱眾有

之始，則知未始有始；知未始有始，則眾有皆眾妙，而其為恍惚窈冥也一矣。是所以知眾有即真空者，以能閱而知之故也。釋氏多以觀門示人悟入，老子之言豈復異此？（焦竑《筆乘》）

第二十二章

曲則全，枉則直，窪則盈，敝則新；少則得，多則惑。是以聖人抱「一」，為天下式。不自見，故明；不自是，故彰；不自伐，故有功；不自矜，故長。夫唯不爭，故天下莫能與之爭。古之所謂「曲則全」者，豈虛言哉？誠全而歸之。

異文討論

　　本章章句，各本大致相同，雖有一些出入，並不足以構成解讀上的重大歧異，可不討論。但是劉笑敢教授說：「本章是傳世本第二十二章，在帛書甲乙本中都排在相當於第二十四章的內容之後。第二十四章有『自示者不章，自見者不明，自伐者無功，自矜者不長』。本章則有『不自示故章，不自見也故明，不自伐故有功，弗矜故能長』，本章恰是第二十四章的否定式表述，排在其後似乎更為合理。」雖然其他各本章次皆同，惟獨帛書相異，劉教授的說法還是很值得參考。

章句詮解

　　如果照一般的認識，委屈就委屈了，不一定能得到保全；彎曲就彎曲了，不一定能再伸得直；低窪之處不一定能充足滿盈；破敗毀壞

了的東西怎麼可能反而變成新的呢？少了就是少了，不一定能得到更多；取得多當然就擁有得多，怎麼會反而造成迷惑？在常人的世界中，在一般的情況下，所謂「曲則全，枉則直」云云，我們是很難理解的，也是很不容易接受的。

可是老子的話本來就不是對一般人說的，老子是對領導者說話，尤其是針對國家最高領導人說話。處在私人世界和身居公共領域，兩者之間是大不一樣的。私人事務無論如何總比較單純，公共事務則眾口難調，常常變化多端，既複雜又糾纏。因此國君作為國家這個公共領域的最高決策者，就要調整自己的心態，對政事的處理有一個全新的、有別於私人事務的觀點，要懂得含垢納污，要深悉寬諒容忍，不要在小地方斤斤計較，用人做事大處著眼，以通觀全局的大視野，為最大多數的人民百姓創造最大的利益，謀取最大的幸福。

因此，一個重大的決策，只能選擇那最大的利、最少的弊，不可能讓每一個人都得到好處，也不可能讓所有的人都滿意、都歡喜。譬如我們通常所謂的「改革」，事實上就整個國家社會來說，就是一種利益的重新分配，改革之前，利益的分配不夠公平，不符合正義原則，於是透過法律制度的更張，廢止原先的分配辦法，而以更符合公正原則的新制法令作為依據，將社會利益重新分配。所以一種新的決策，一定會除舊佈新，導致整體利益的重新分配，於是有的人得到好處，有的人卻被剝奪了他原先可得的利益。得到好處的人固然高興，可是平白失去利益的人可就大大不高興了，於是就不免對主事者既憤怒又怨恨，這種現象無論古今中外都是習聞習見的。

在這個時候，老子特別要求掌握最大權力、身在最高地位的君王委屈以求全（曲則全），轉彎以得直（枉則直）；願意身居低窪、藏

污納垢之處以期充盈圓滿（窪則盈）；承受破敗毀壞的陣痛來換取新生、新機（敝則新）；自己寧取其少以獲得眾人的擁護支持（少則得）；反之，如果自己務得貪多，則勢必招惑招疑以致眾人離心離德（多則惑）。以上這一節，我認為綱領落在第一句的「曲則全」：領導者願意自己委曲以求全，這不是退縮畏怯，而是完全祛除了所謂「權力的傲慢」，因為公權力本質上正是為了伸張公平與正義，而不是讓掌權者拿來耀武揚威，以恐嚇、壓制反對的人。領導者有了此一認識，養成了這樣的心態，就可以站穩立場，在改革進行中減少反對的力量，取得社會的和諧與大眾的支持，最後得竟全功。

同樣的，「不自見，故明」，不刻意自我表曝，久後人民反而更加明瞭他的深心與作為；「不自是，故彰」，不師心自用、自以為是，而願意諮諏博採、廣納建言，因此宏謀遠圖終得彰顯；「不自伐，故有功」，不張揚自己的功績，人人更會感念其勳勞；「不自矜，故長」，不誇耀自己的長處，百姓反而更肯定其能力之優長。

所謂「抱一」，通常講成「抱道」，這當然不錯，但是老子為什麼以「一」為「道」呢？我認為從此章即可得其端倪。「一」是數之最小者，帝王本來地位最高、權威最大，竟能自居卑下，身處最小最少之地，此非「抱一」而何？君王寧可曲己求全，寧可枉己求直，含垢忍辱，絕不自私自利，不自見，不自是，不自伐，不自矜，這些都是「抱一」的具體表現，王者真能抱一，即是體道得道，毫無疑問就可以成為全天下的「法式」，成為所有臣民百姓的典範，如此之「不爭」，當然就「天下莫能與之爭」。故老子在章末再一次強調：古人所謂「曲則全」者絕非虛言，因為身掌大權，本來握有絕對強大壓制力量的君王，卻仍願意委曲以求全，把可能暴力化的權力自我馴服，

轉換成春風煦日之溫和柔弱，那怎麼還能不使得天與之、人歸之呢？
所以老子歎而美之曰：「誠全而歸之」！

旨趣聯繫

　　第十章、二十四章、二十八章、三十九章、四十一章、八十一
章。

義理參觀

　　＊物不可以終曲，故曲則全。物不可以終枉，故枉則直。窪則必
盈，敝則必新，少則易得，多則易惑，此盈虛之至理也。古之聖人所
以能為萬物宗者，以其抱一也。抱一者常與道俱，故不自見而因人之
見，不自是而因物之是，不自有其功而因人之功，不自矜其長而因人
之長。唯其立於物之獨，而不與物爭，故天下莫能與之爭。聖人循理
而動，求其不全不可得，以未嘗不全，而又能致曲以養之，其全之也
至矣，是謂「誠全歸之」。（李息齋註）

　　＊「曲則全，枉則直，窪則盈，敝則新」，凡以明「少則得」
也。「一」，少之極也，「抱一」而天下式，則其得多矣。故一國三
公，不知誰適？十羊九牧，詎可得芻？喪生者繇其多方，亡羊者苦於
歧路。（焦竑《筆乘》）

第二十三章

希言，自然。飄風不終朝，驟雨不終日。孰為此者？天地。天地尚不能久，而況於人乎？故從事而道者同於道，德者同於德，失者同於失。同於德者，道亦德之；同於失者，道亦失之。（信不足，焉有不信焉。）

異文討論

　　本章各本之間，其異文值得進一步討論的有三處。第一，王注本「飄風不終朝」句前有「故」字，傅奕本同之。然而河上本、帛書本俱無此「故」字。「故」字在此句前無所承，不當有。第二，王注本「同於道者，道亦樂得之；同於德者，德亦樂得之；同於失者，失亦樂得之」，河上本與此相同，但傅奕本作「於道者，道亦得之；於得者，得亦得之；於失者，失亦得之」，帛書本作「同於德者，道亦德之；同於失者，道亦失之」，帛書本的「德」字通「得」。比較各本，當以帛書本較見文從字順。第三，「信不足，焉有不信焉」，王注本、河上本、傅奕本皆有此二句，然而帛書甲本、乙本俱不見。這兩句已見於十七章，置之於此，與上文文意似乎不相銜接，或許是後人取十七章之文作注解，而為抄寫者所不辨而誤入。

章句詮解

這一章可分兩節：「希言」至「而況於人乎」為第一節，「故從事」至「道亦失之」為第二節。末兩句「信不足，焉有不信焉」，帛書甲乙兩本都不見，但王弼注本、河上公注本、傅奕本皆有之。這兩句就上下文意來看，若置之此處，確實有點突兀而不夠順適。劉笑敢教授說：「此節（第二節）文字為帛書本文句，句義十分清楚。而王弼本、河上本和傅奕本則分別衍出贅句，繁瑣難解。」劉教授於此有清晰且精闢的分析，所說極是，見於所著《老子古今》此章「對勘舉要」之下，這裡就不詳引了。

當政治權力脫離常軌，其運作違反客觀的法律制度，而在掌權者主觀意志的操弄下橫衝直撞，形成巨大而可怕的破壞力量時，這樣的政治權力就完全變質，成為百分之百的暴力。在這一章裡，老子撥開歷史的劫灰，在尋覓與思索中有深沉的感慨和清明的領悟，於是藉常見的自然現象警告君王：脫離正軌而反常的狂暴力量是不可能經久長存的！

譬如颱風也好，颶風也罷，管他在太平洋或大西洋颳起來，再狂再暴再可怕，一天半天也總會過去，重回平靜；雨下得再大，豪雨暴雨，勢若傾盆，同樣也是一天半天終歸止息。所以老子說：「飄風不終朝，驟雨不終日」，這種狂暴的力量即使是來自天地，但畢竟也不能經久長存，為什麼？因為它不正常，它不在常軌上。「天地尚不能久，而況於人乎？」老子這話說得真好，句中的「人」指的就是帝王，帝王在政治的意義上說是「天子」，天之子亦即上天在人間的代理人，擁有絕大的威勢與權力，足可如天地一般興狂風、作暴雨，但

是帝王的威勢、權力也不可任意濫用，必須遵循國家的法律制度。當君王的權力完全在法律制度的規範下運作，這樣的權力就像和風細雨，可以滋潤有生，膏澤萬物，使萬物蓬勃生長；但是當君王有了私心私欲，就會認為法律制度對他而言簡直絆手絆腳，讓他想稱心遂意地幹點事都不容易，於是他挾其至高無上的威勢、權力，今日下一個指示，不管國家法律；明天下一道命令，無視祖宗制度。我們想想看，當君王真正鐵了心腸想要橫衝直撞的時候，那確實可比飄風驟雨，其狂其暴一時之間又有誰能真正擋得了呢？這樣違法悖制地胡亂下指令，就是老子所謂「多言」，就是背離了「自然」。如果帝王說的話、下的命令都符合國家的法律制度，人們就不會覺得他「多言」，因為他並不曾或者很少說了什麼不該說的話，這就是老子所謂「不言」或「希言」。帝王對文武官員所下的命令、所作的指示，都能遵循國家法律制度的軌道，沒有任何違背常規法制的舉措，國政因之能在政府正常的機制下順適地運作、妥當地完成，這就是老子所謂「自然」，而這種「自然」實際上就是按照法制當然而然！

　　君王治國理民遵守國家法制，應該怎麼做，就順其自然照著這樣做，當然而然，別無選擇，不搞花巧，素素樸樸。我認為老子所謂「自然」別無他解，只能這樣詮釋！所以老子在這一節指出：帝王必須「希言」，處事行政遵循國家法制，順其「自然」；否則當帝王「多言」而背棄「自然」，亂下指令而違法亂制，脫離常軌，這時本來應該富於建設性的權力，其實就已完全質變，反而成為極具破壞性的暴力，形同飄風驟雨。然而「飄風不終朝，驟雨不終日。孰為此者？天地，天地尚不能久，而況於人乎？」暴力必不久長，暴政定被唾棄，老子在此藉飄風驟雨作比喻，對君王給予嚴厲的警告！

　　「從事於道者」，指的就是帝王，謂帝王從事於治國理民之道。
這一節帛書作：「故從事而道者同於道，德者同於德，失者同於失。
同於德者，道亦德之；同於失者，道亦失之。」「德」、「得」兩
字，在這裡音義相通。對照王弼注本、河上公注本等通行本，帛書本
似乎更見朗暢通曉而文從字順。意謂：君王治國理民，行事能夠合道
的就同於道；處斷能夠踐德的就同於德；不能行道踐德，言行失道失
德的那就同於失。同於德者，道也會成全他；同於失者，道也會鄙棄
他。這裡的「道」與「德」，都是就君王治國理民而言，與一般道德
的意義並不相同。老子這幾句話好像說得有點玄，其實就是告訴國
君：「禍福無門，唯人自招」。不是老天要怎樣獎賞、怎樣處罰，而
是君王自己要完全承受自己行為所帶來的後果。所行合道，則必然
「履道坦坦」，可以長保富貴尊榮；反之，若是失道失德，那就一定
會招來禍患而自取其辱，最嚴重的當然就是被罷黜、被推翻，更甚者
連命都保不住。如此看來，君王所掌握的權力最好還是能像和風吹
拂、細雨遍潤一般，比較能夠期其長久而永續吧！否則，「飄風不終
朝，驟雨不終日」，即使手握大權，身居高位，真要肆無忌憚地敗壞
法制，不循軌範地為所欲為，就像飄風驟雨，一時之間固然使人恐
懼，但是馬上接著的就是令人厭惡，恨不得它趕快停歇，趕快消失，
甚至不惜與他同歸於盡，所謂「時日曷喪，予及汝皆亡」（《尚書‧
湯誓》）。所以，狂暴的破壞性力量是絕對不受人民歡迎的，政治暴
力是一定會被百姓所唾棄的，它必不可能長長久久！

旨趣聯繫

第五章、十九章、二十九章、三十八章、五十五章、六十四章。

義理參觀

＊言出於自然，則簡而中；非其自然而強言之，則煩而難信矣。故曰「道之出口，淡乎其無味」，「視之不足見，聽之不足聞，用之不可既」，此所謂「希言」矣。陰陽不爭，風雨時至，不疾不徐，盡其勢之所至而後止。若夫陽亢於上，陰伏於下，否而不得洩，於是為飄風暴雨，若將不勝，然其勢不能以終日。古之聖人，言出於希，行出於夷，皆因其自然，故久而不窮。世或厭之，以為不若詭辯之悅耳、怪行之驚世，不知其不能久也。孔子曰：「苟志於仁矣，無惡也。」故曰仁者之過易辭。志於仁猶若此，而況志於道者乎？夫苟從事於道矣，則其所為合於道者得道，合於德者得德，不幸而失，雖失於所為，然必有得於道德矣。不知道者，信道不篤，因其失而疑之，於是益以不信，夫唯知道，然後不以得失疑道也。（蘇轍註）

第二十四章

企者不立，跨者不行；自見者不明，自是者不彰，自伐者無功，自矜者不長：其於道也，曰餘食、贅行。物或惡之，故有道者不處。

異文討論

　　本章除帛書本外，各本差異不大。帛書本有兩處異文可進一步討論：一為王注本「企者不立，跨者不行」兩句，帛書本只有「炊者不立」一句，高明以為「炊」、「企」古音通假，可從今本單行作「企者不立」，至於「跨者不行」，當是後人增入而使之與「企者不立」成偶。其次為王注本「故有道者不處」句，帛書作「故有欲者弗居」。按上文「其在道也，曰餘食、贅行」，則此處以作「有道」為是，即使如帛書之「有欲者」，也只能承上文而解為「有欲於道者」。

章句詮解

　　作為一個領導者，通常都希望能好好表現，做出亮眼的成績。老子當然了解這一點，但老子更知道，治國理民並不是經營企業、管理公司，國家治理真所謂一日萬機，因此作為一國之君，其「心理素質」是十分重要的。國家的重要決策常常影響遠大，久後始見其功，

因而必須高瞻遠矚，不能夠急在一時，追求速效。慢工才能出細活，事情若只顧趕著做，往往就會趕出毛病來。所以老子提醒君王：「企者不立，跨者不行」，「企」是跕著腳尖，舉起腳跟，這是站不穩也站不久的；「跨」是撒開兩腿，大步跳著跑，那也必然是跑不遠的。處理國家大政就要站得穩、跑得遠，才能使社會穩定，人民可以安居而樂業。

其次，國政是影響層面最深最廣的公共事務，因之須從公眾的角度來著眼，要能知道人民百姓想要什麼，所以必須廣諮博詢，傾聽整個社會的聲音。老子就警告君王：「自見者不明，自是者不彰，自伐者無功，自矜者不長」，意思就是：只用自我的角度看事情，那一定看不到整體，所以不可能看得明白；只知拚命肯定自己，自以為是，不肯開闊胸襟，察納雅言，則己之所是未必真能被大家所接受；片面誇大自己的功勞，勢必反令別人黯淡無光，公正的人冷眼旁觀，真能心悅誠服嗎？自驕自矜，自己吹牛說自己有多好，旁人當然就要用更嚴苛的標準來檢驗你，等著看你牛皮吹破，漏氣洩底，如此一來，原先真有的長處、優點恐怕也會被人忽視、抹煞了！

老子認為：作為君王必須具有最高領導者的風範。已經站在最高處了，還有什麼好爭好搶的呢？還須要表現什麼、給自己增加什麼呢？難道還心懷虛歉、意有未足嗎？君王站在制高點，掌控全局，重要的是識人之明，是能指揮、能調度，至於和大小事務貼身搏鬥，邀功邀績，這是文武百官的事。君王如同首腦，首腦要能清明地意識到首腦該做的事，萬不可和類似手腳四肢的下屬爭露臉、搶場面，否則便會出問題，同時也會討人厭。所以老子對這一類的君王簡直嗤之以鼻，說「其於道也，曰餘食、贅行」，餘食就是剩飯剩菜，即使原先

是山珍海錯，色香味全都大打折扣了，還可能好吃嗎？贅行即贅形，身體累贅多餘的部分，如駢拇、枝指，畸形反常，還可能好用嗎？所以作為領導首腦的君王，還要自見自是，還要自伐自矜，把自己降格降級當作低階的徒隸下走，這豈不就像「餘食贅形」般招人嫌惡？老子總算說話還保留點情面，用了個「或」字，只說「物或惡之」，「物」可指人物，也可指神物、鬼物，意思就是人民不喜歡、鬼神也嫌惡，其實這樣的領導者真的是被人民厭棄、招鬼神疑忌的！所以老子諄諄告誡：「有道者不處」，有道之君對於這一些一定要躲得遠遠的，絕對要避免！

　　二十二章老子是從正面引導，本章則是從反面告誡，論述的角度雖異，兩章的旨趣則一，可以互相參看。

旨趣聯繫

　　第七章、二十二章、二十八章、四十一章、六十三章、七十七章。

義理參觀

　　＊人未有不能立且行者也。苟以立為未足，而加之以跂（企）；以行為未足，而加之以跨，未有不喪失其行、立者。彼其自見、自是、自伐、自矜者，亦若是矣。譬如飲食，適飽則已，有餘則病；譬如四體，適完則已，有贅則累。（蘇轍註）

　　＊石無足而立，風無足而行，蓋由立者不知其立，行者不知其行

也。足不至地曰跂，足越於行曰跨。立而跂，立必不久；行而跨，行
必不長。古之學道者必全於天，及其遇物而應，不作思慮，如人手足
耳目內應於心，無使之者。若使手足耳目思而後應，則舉動之間莫知
所措矣。是以自見者不明，自是者不彰，自伐者無功，自矜者不長，
由其有自心也。學道而有自心，是為餘食贅行。夫食者適於飽，行者
適於事，既飽之餘，芻豢滿前，唯恐其不持去。行不適事，雖仲子之
廉、尾生之信，猶可厭也。故食之餘與行之贅，此二者物或惡之。有
道者常行其所自然，故食不餘、行不贅。（李息齋註）

第二十五章

有物混成，先天地生，寂兮寥兮，獨立不改，周行而不殆，可以為天下母。吾不知其名，字之曰道，強為之名曰大。大曰逝，逝曰遠，遠曰反。故道大，天大，地大，王亦大。域中有四大，而王居其一焉。人法地，地法天，天法道，道法自然。

異文討論

本章王注本與通行各本皆有「周行而不殆」一句，而帛書本、竹簡本此句皆不見，應為後人為了使句式與「獨立而不改」成為偶對所添加。其次，王注本「道大，天大，地大，王亦大」句，河上本同，傅奕本「王亦大」作「人亦大」，然而帛書本、竹簡本皆作「王亦大」，可見傅奕本應是為了對應下文之「人法地」而改「王」為「人」，不知如此一來，就反而與「域中有四大，而王居其一焉」前後不相承接了。

章句詮解

關於這一章，往哲前賢的注解也好，當代碩學鴻儒的詮釋也罷，似乎都未能洞中竅要，盡愜人意。尤其很多現代學者，既未能準確掌握老子所謂「道」的意義，自亦不能貼切理解此章命意之所在。所以

　　既不了解「大曰逝，逝曰遠，遠曰反」、「人法地，地法天，天法道，道法自然」才是本章的重點；當然也不知道老子是藉此強調身為君王者所必須要有的認知與修養。君王倘若無此認知，無此修養，就不可能真正改變心態，足以承擔「君人南面」的重責大任。

　　這一章固然是在描述「道」，說明「道」，然而更重要的是在說明君王基於此「道」，應該在心態上如何調整與改變，又需要作什麼樣的修養。

　　老子所說明、所描述的必然是他所能真正了解、具有真知灼見的「道」，然則這只可能是帝王之道，是國君治國理政的真理大道，而不可能是西方哲學所說的構建宇宙、創生萬物的形上之道。為什麼？讓我們仔細想想：那構建宇宙、創生萬物的所謂「道」，所謂「宇宙論」中的創造根源、「本體論」中的萬物本體，老子究竟能憑藉什麼而有精準的認識與明確的了解呢？老子難道真的具有邁越尋常人類的特異功能嗎？當然不是。再者，老子難道能僅憑想像就知道宇宙如何建構、萬物如何創生嗎？當然也不能。老子真正憑藉的是他身為「守藏室之史」所能掌握的歷史材料、國家檔案，由於對歷代盛衰興亡所作的透徹觀察與深刻反思，確知君王一身之所言所行與國家的盛衰興亡關係極其密切，因而指出君王一切作為所應當遵循的原理原則，這就是老子在書中所揭示的「道」，亦即是本章中「有物混成，先天地生。寂兮寥兮，獨立不改，周行而不殆，可以為天下母。吾不知其名，字之曰道，強為之名曰大」的「道」。

　　因為此「道」並不是人們真正行走其上的道路，而是為君為王應當遵循的原理原則，因此是抽象而不具形質的，非感覺所能感知，非官能所可接觸，迷離惝恍，混然而成，似有一物，而其實並非真正的

物，故謂「有物混成」。再來，說此道「先天地生」，這恐怕只是誇張性的修辭手法，用意只在強調此一君王之道、人群領袖之道產生的時代非常的早。蓋人群社會一旦形成，就必須要有領袖君長來帶頭，而作為人群領袖、社會君長的人，當然必須了解領導社會、統御人群的道理，並如實加以體現，否則便不能服人而足以久居其位。換言之，自有人類以來，此「道」即當隨人類之存在而存在。若執定此「道」真的「先天地生」，在天地尚未生成之前即已自行存在，這畢竟不可想像，也不應該是事實，更何況即使是事實，老子也不可能知道，否則吾人便可質疑：他又是憑什麼知道的呢？「寂兮寥兮」是形容此道之寂寞寥落、悄無聲息，甚至無形無狀、無影無跡，一切感官在此道之前都形同無知無覺，毫無作用。雖然如此，此「道」卻是卓然獨立，其法則永恆長存，其規律不稍改變，時不分古今，地不分南北，皆見此「道」普適周遍地發揮作用而略無差謬，可以作為處置天下一切事務的根本依據，老子就姑且把它稱作「道」，若要勉強加以說明、描述，就說它叫作「大」。接下來「大」怎麼會「逝」，「逝」怎麼會「遠」，「遠」又怎麼會「反」？這真的是宇宙事物運作或變化的必然規律，一如陳鼓應教授等眾多學者專家所一口咬定的嗎？我必須說：當然不是！一旦「道」的體性認識錯了，很多關鍵章句便怎麼講也講不通，怎麼圓也圓不了，這裡就是又一個典型的例子。

　　這裡的「大」就君王而言，當然可以說是位望崇隆，權勢強大，一聲令下，臣民百姓盡皆俯首。但是老子認為君王切不可牢牢執著於自己地位之尊崇、權勢之強大，而應該努力地透過修養，滌除強橫傲慢的習氣，改變自尊自大的心態，把身為君王的「大相」化而遣之，

使此一「尊崇強大」而令人生畏的形相逐漸消逝，所以說「大曰逝」；光是消逝還不夠，消逝之後還要持續修養而使之離得遠遠的；光是遠離也還不夠，最好能夠把那表象上的尊崇強大消逝、遠離，最後完全清除而倒反過來，變成誠於中而形於外的謙卑柔弱。所以由「大」到「反」，「大曰逝，逝曰遠，遠曰反」，這根本不是宇宙事物「必然性」轉變的規律，而是君王努力修養，以清洗習氣、轉換心態，由妄自尊大反轉為謙沖卑下的「應然性」之修養要求！

　　因此，「道」與「天」、「地」固然尊崇偉大，「王」也可以說是尊崇偉大。人間世界，或者說整個國家領域之內（「域中」即國中，有學者指出：「域」、「國」二字之字源相同。）有以上所說的「四大」，而君王身居其中之一。君王縱然地位尊貴，高高在上，可是無論如何尊崇偉大，畢竟也只是個「人」，作為君王之「人」，首先應該效法「地」之謙卑厚重而甘於居下；「法地」之外進一步就要「法天」，效法「天」之廣大周遍、無不覆幬，如日月之遍照，無私且無別；「法天」之外，再進一步還要「法道」，君王之道如天之寬大，如地之謙下，無私無別，這就是恪遵法制、柔弱無為，此道君王固當持守效法；最後在「法道」之外，還要特別「法自然」。本節四句中用了四個「法」字，「法」自是效法、取法之意，然而無論如何，畢竟只有「人」才談得到效法、取法，「地」、「天」、「道」是沒有主觀能動性去效法，故而不能夠談「效法」的。所以這幾句只能講成：「人法地」，法地然後再「法天」，法天之後再「法道」，法道最後還要「法自然」。不如此講，難道還能硬說「地」、「天」、「道」俱皆像「人」一樣，有生命、有意志、有效法與學習的能動性嗎？

　　《老子》書中凡是提到「自然」，都絕不可理解為「自然界」、「大自然」的自然。就老子思想而言，「道」之外別無「自然」，「自然」之外亦無他「道」；「道」即「自然」，「自然」即「道」。身為君王，自當執守、護持國家的法律制度，在尊重國家法律制度的前提下，盡心竭力使國家政事都能夠在合法合制的情況下順暢運作，使所有國政的問題都能得到圓滿的解決，達到國泰民安的境地。國君看起來好像「無為」，然而國家一切事務卻能夠「無不為」，國泰民安好像是自然而然，就像是「自己如此」一般，完全看不到君王在費勁使力，這就是老子所說的「自然」，是他心目中政治的至高境界。本章之外，十七章、二十三章、六十四章等各章中「自然」之義也都應當如此理解。

　　如上所說，本章主要在描述「道」、形容「道」，老子儘管說得有些迷離恍惚，其實就是君王之道，此「道」不離所謂「域中」，亦即不出國家領域之外，仍然屬於充滿「人間性」的政治世界。

　　特別值得注意的是「反」的觀念：「大曰逝，逝曰遠，遠曰反」，老子極其鄭重地提醒君王，君王縱然是「大」，但一定要讓自己從「大」中解脫出來，萬萬不可因身居君王之高位而真的妄自尊大，要具有這樣的智慧：懂得從君王「尊貴偉大」的名位、榮觀中捨離消逝，也就是說要能夠拋得掉、放得下，要能夠從君王的光環中走出來；而且只是離逝還不夠，進一步還要離得遙遙遠遠，這樣才能渾然忘卻此種來自名位榮觀的尊貴偉大；最後甚至還要整個顛覆身為君王的尊貴偉大，完全反過來而體現君王本應具有的謙下柔弱之本質。作為一國之君，不再是高高騎在臣民頭上，反而是謙抑卑下；不再是剛愎強梁，反而是溫煦柔弱，願意蠲除唯我獨尊的傲慢強橫心態，放

棄私意私願，尊重公法國制；願意在國家法律制度之前退卻示弱，甘心承認國家的法律制度高過於、優先於君王私人的願望，而願意在法律制度之前低頭。這才是《老子》一書中相當重要卻屢被誤解的「反」的真正義涵。四十章「反者，道之動」的「反」；六十五章「玄德深矣，遠矣，與物反矣」的「反」；七十八章「受國之垢，是謂社稷主；受國不祥，是為天下王。正言若反」的「反」，以上各章中的「反」皆是此義。眾多學者專家（陳鼓應教授允為其中最具學術聲望的代表）把「反」字講成自然界中事物之「相反對立」，或事物運作必然會「返本復初」，或事物變化一定會「相反相成」，甚至還說事物都會在「對立相反」中完成「轉化」。我認為這一類試圖把老子思想定性成是在描述自然界客觀規律者，於老子思想而言皆不相應。老子是在指引君王治國理政之「應然」，而絕不是在陳述自然界事物之「實然」、「必然」。老子當時絕無足夠的知識可以讓他不愧不怍地指陳自然界的規律，他只是以他深觀歷史的智慧，婆心苦口地教導君王治理國家的原理原則而已！更何況「應然」與「實然」或「必然」分屬兩個領域，即使以哲學的角度來看，亦為兩個絕不可相混的層次，是「應然」者就絕非「必然」，是「必然」者就絕非「應然」，老子所謂「道」必不可能同時橫跨兩個領域，這是基本的邏輯問題，除非老子自己糊塗犯錯，否則即屬「無諍」之理。

對君王而言，紆尊降貴以示反轉心態、尊重法制以示柔弱無為，這一點極其重要。老子深知，君王權大勢重，君權當前，可說無堅不摧，要求一位嚐到至高權力滋味的國君甘願在法律制度之前低頭示弱，就人性來說本是極其困難的一件事，但是這件事卻又是帝王政體底下最重要、最根本的大事，國家興衰、政治良窳的關鍵可說全繫於

此，所以《老子》一書談「無為」、論「柔弱」、說「不言」，所有論述的焦點幾乎完全集中在君王必須依制理政、依法治國這裡，因此若說老子反對治理國家所憑藉的禮法制度，甚至還反對一般意義下的仁義道德、反對正常社會的結構與秩序，把道家說成反國家反政府、反社會反人群，是一心想要離世絕俗的孤獨隱者，這樣的理解只能說是對道家的扭曲，甚至更是對道家的侮辱了！

旨趣聯繫

十四章、四十章、四十二章、六十三章、六十六章、七十八章。

義理參觀

＊夫道非清非濁，非高非下，非去非來，非善非惡，混然而成體，其於人為性，故曰「有物混成」。此未有知其生者，蓋湛然常存，而天地生於其中耳。寂兮無聲，寥兮無形，獨立無匹，而未嘗變，行於群有，而未嘗殆。俯以化育萬物，則皆其母矣。道本無名，聖人見萬物之無不由也，故字之曰道；見萬物之莫能加也，故強為之名曰大，然其實則無得而稱之也。自大而求之，則逝而往矣；自往而求之，則遠不及矣。雖逝雖遠，然反而求之一心足矣。由道言之，則雖天地與王皆未足大也。然世之人習知三者之大，而不信道之大也，故以實告之：人不若地，地不若天，天不若道，道不若自然。然使人一日復性，則此三者人皆足以盡之矣。（蘇轍註）

＊道大，天大，地大，王亦大，是謂域中四大。蓋王者法地、法

天、法道之「三自然」而理天下也。天下得之而安,故謂之德。凡言「人」,屬者耳,其義云「法地地」,如地之無私載;「法天天」,如天之無私覆;「法道道」,如道之無私生成而已,如「君君,臣臣,父父,子子」之例也。後之學者謬妄相傳,皆云「人法地,地法天,天法道,道法自然」,則域中有五大,非四大矣!豈王者只得法地而不得法天、法道乎?天地無心,而亦可轉相法乎?又況地法天,天法道,道法自然,是道為天地之父、自然之子,支離決裂,義理疎遠矣!(李約註)

第二十六章

重為輕根，靜為躁君，是以聖人終日行不離輜重。雖有榮觀，燕處超然。奈何萬乘之主，而以身輕天下？輕則失本，躁則失君。

異文討論

　　本章章句，王注本、河上本、傅奕本大體相同。帛書本「雖有榮觀」句，甲本、乙本「榮觀」皆作「環官」，「環官」與「榮觀」字形差異甚大，而讀音則相當接近。我推測帛書本之成書，其抄寫型態乃是「聽讀而抄寫」，而非「對本以抄寫」，因此才會出現眾多就字形而言殊不可解，就讀音而言卻與通行本頗為接近的狀況。本章「榮觀」帛書本作「環官」即是明顯的一個例證。

章句詮解

　　本章的兩個關鍵字即是章首的「重」與「靜」，這兩個字貫串全章上下，而以「輕」與「躁」與之相對相襯。

　　老子在這一章談的是作為國家的領導人物，在言行舉止方面的基本原則，要能「重」，要能「靜」。「重」是審慎持重，不輕易下判斷、作決定。「靜」是不敢妄言妄行，一舉一動避免浮躁急切。因為一旦遇事不夠審慎持重，情緒浮躁急切，就常常會使得君王思慮不

周、判斷失準,導致在作決策時,或踰越了法律制度,或錯亂了本末先後,最終難以收拾,甚至給國家帶來災難,給百姓帶來不安與痛苦。

「重」為「輕」之根,「靜」為「躁」之君。「輕」、「躁」與「重」、「靜」剛好相對。當國家社會的問題一出現,君王若不能通觀全局,不能思前慮後,既不向深謀遠慮的輔臣諮詢,又不與熟習幹練的官員商量,就急切而輕率地下命令、作指揮,師心自用、自居聖明,不肯遵循常軌,視國家法律制度如具文,這樣的君王很少不會治絲益棻,把問題越弄越嚴重的。因此老子提醒君王要持重,要守靜。

「是以聖人終日行不離輜重」,這一句在字句上各版本略有不同。首先,「聖人」一詞,王弼注本、河上注本都作「聖人」,但傅奕本、景龍本、蘇轍本、范應元本等多種古本都作「君子」。《韓非子·喻老》說:「制在己曰重,不離位曰靜。重則能使輕,靜則能使躁。故曰:重為輕根,靜為躁君。故曰:君子終日行不離輜重也。」可見韓非當時所看到的《老子》,這兩字也寫作「君子」,與帛書甲本、乙本相同,因此這兩個字原先應當就是「君子」。「君子」其義本來就是領導者、發號施令者,與老子所謂「聖人」義無不同,都是指君王的意思。此句下接「雖有榮觀,燕處超然。奈何萬乘之主,而以身輕天下」,無論是「君子」或「聖人」,於上下文意皆可一氣直貫,所以即使把「君子」改成「聖人」,也完全符合老子原意。奚侗說:「君子,謂卿、大夫、士也,對下萬乘之主言」;蔣錫昌說:「聖人,乃理想之主,應深居簡出,以無為化民,不當終日行道,常在軍中管理輜重之事,誼作君子為是,當據諸本改正。」兩人一古一今,看起來好像辨析細入毫芒,其實正是不解上下文義。

其次，「輜重」一詞，各本都無異文，但是嚴靈峰先生《老子達解》改為「靜重」，他說：

> 河上公注曰：「輜，靜也。聖人終日行道，不離其靜與重也。」甚得其義。河上公以靜、重對文，是也。……按本章上下文，俱以「重」「靜」、「輕」「躁」對文，可證。疑古原作「靜重」，因「靜」、「輕」音近，又上文「重為輕根」句，遂誤為「輕」。日本有木原吉本正作「輕」，源東菴本亦作「輕」。又以「輕」、「輜」形近，遂又改為「輜重」。

但是翻檢帛書，甲本作「不離其甾重」，乙本作「不遠其甾重」。「甾」與「靜」無論字形或音讀都相距甚遠，若依嚴說，「靜」須先誤為「輕」，「輕」再誤為「輜」，這個可能性應該是很少的。我認為「君子終日行不離輜重」，意思就是君子即使終日出行在外，亦不離其輜重，這只是老子舉此作為譬喻，以說明君王之當「重」，若把「輜重」改為「靜重」，雖然似乎與前後文更能相互呼應，但本句的「終日行」可就落空而無所取義了，蓋既已「終日行」，又怎麼能說是「靜」呢？所以我認為依原文作「輜重」即可上下文順適通解，不煩改為「靜重」。

「雖有榮觀，燕處超然」，意為即使所居宮殿巍峨壯麗，君王也就當作一般住家的房屋看待，靜靜安居，淡泊以對，並不自覺有任何特別之處。除此之外，君王所擁有的一切，其榮華似乎甚有可觀，然而這也只在他人看來如此，君王自己實則超然處之，不以為異。「聖人（君子）終日行不離輜重」呼應「重」字，「雖有榮觀，燕處超

然」呼應「靜」字。「重」則能「靜」,「靜」則能「重」,所以接下來反問:「奈何萬乘之主,而以身輕天下」,身為萬乘之主當「重」當「靜」,為什麼偏要示天下以「輕」以「躁」呢?輕則失根,躁則失君,一旦輕而又躁,不免舉措無常,賞罰乖方,國君就完全不像國君了!

本章所述,雖或理論意義不大,但是對於君王言行舉動的提點是深具原則性、綱領性而頗能洞中竅要的。

旨趣聯繫

十五章、十六章、二十章、二十八章、三十七章、五十六章。

義理參觀

＊凡物,輕不能載重,小不能鎮大,不行者使行,不動者制動。故輕以重為根,躁以靜為君。行欲輕而不離輜重,榮觀雖樂而必有燕處,重靜之不可失如此。人主以身任天下而輕其身,則不足以任天下矣。輕與躁無施而可,然君輕則臣知其不足賴,臣躁則君知其志於利,故曰「輕則失臣,躁則失君」。(蘇轍註)

＊輕必歸重,躁必歸靜,故「重為輕根,靜為躁君」。「聖人終日行不離輜重」,無所不至,而不離其本也。「雖有榮觀,燕處超然」,無所不為,而常無為也。奈何萬乘之君,不自量其重,而徒以身驅馳於天下之細故,若以細故自嬰,則一物足以役之矣,又何足以宰制天下邪?雖然,輕與躁皆足以為病,而躁之病猶甚於輕,蓋輕者

役其心淺而躁者役其心深，輕之失不過失於所輕而止，躁之失則中君內擾，失靜之全，故「輕則失臣（「失本」他本或作「失臣」、「失根」），躁則失君」。（李息齋註）

＊有輜重，則雖終日行而不為輕，何也？以重為之根也。常燕處，則雖榮觀而不為躁，何也？以靜為之君也。故輕則失重根，躁則失靜君。（李宏甫註）

第二十七章

善行無轍迹，善言無瑕讁，善數不用籌策，善閉無關楗而
不可開，善結無繩約而不可解。是以聖人常善救人，故無
棄人；常善救物，故無棄物：是謂「襲明」。故善人者，
（不）善人之師；不善人者，善人之資。不貴其師，不愛
其資，雖智，大迷：是謂「要妙」。

異文討論

　　本章章句，各本雖有一些出入，但大抵無關宏旨。不過王注本
「故善人者，不善人之師」句，河上本、傅奕本與此相同，而帛書本
作「故善人，善人之師」，與下文「不善人（者），善人之資，不貴
其師，不愛其資」，在文意上比較能夠上下貫串。因為「不貴其師，
不愛其資」兩句的主詞應該是同一個，都是指向君王，也就是「善人
之師」、「善人之資」兩句中的「善人」。前後所表達的文意即是：
善人，固然足以作為善人（君王）之師；即使是不善之人，也足以作
為善人（君王）之資。仔細斟酌，帛書本「故善人，善人之師」應該
才是原本之真；作「不善人之師」者，反而是後人之不辨文義者所誤
加。

章句詮解

本章章末所謂「要妙」，其要道妙理之所在，其實就是君王對於人才的養護與儲備。國家之治理對君王而言是重責，是大任，絕非孤家寡人可以獨力承擔，而需要有一個龐大的團隊，需要各式各樣的人才。人才並不是隨時想要就有，必須長期用心養護，平日多方儲備，這正是本章論述的重點。

首節由「善行」句到「善結」句，我認為前兩句談言行者是主，「善數」以下三句是賓，賓雖是作為陪襯，但如果稍加引申，其意味也相當深長。「行」包括坐車、走路，車行而不見車轍，走路而不見腳跡，就常識來說，這幾乎是不可能的，所以老子在此應該只是譬喻，其意之所指正在君王之行事，謂真正善於行事者，不留事情的痕跡。老子說的當然不是幹壞事，幹了壞事若還巧於遮掩，不留一點蛛絲馬跡，這樣的人豈不太過可怕？所以此句須聯結下一節的「聖人常善救人，故無棄人」來看，而由此即可知老子說的是「救人」這一類的好事，絕不是什麼壞事。例如解人危急而若無其事，絕不聲張；助人改過而不落痕跡，無聲無息；掩人小惡而大量寬容，期其悛悔等等。

一個人再卑微低賤，再窮困落魄，只要真是一號人物，必然會保護自己最後的一點尊嚴而不容輕慢，不許褻瀆。《禮記・檀弓》記載了一則關於齊國鬧饑荒的故事：黔敖設食以濟飢者，由於態度倨傲輕慢，對著路過的飢者大聲說：「嗟！來食！」也就是大呼小叫地說：「喂喂！過來吃吧！」結果就有人寧願餓死也不肯吃這「嗟來之食」。由此可見，對某些人而言，生命誠然可貴，但尊嚴的底線更不

容許踐踏。尤其以才幹自負的人往往氣性更是高傲嚴毅，容不得他人絲毫褻慢。所以患難危急中亟待援手之人，或顛沛困厄時觸犯過惡之人，如果真能得到救濟援助而脫離艱危，得到寬容諒宥且全其顏面，而救援之人不見一絲施恩加惠之色，寬宥之主全無纖毫芥蒂存心，那麼蒙恩受德者豈能不感恩戴德，銘心刻骨，縱使所受僅只點滴，只要有機會又豈能不湧泉相報？

　　同樣的，「善言無瑕讁」，「瑕讁」猶言瑕疵、過失。善於說話的人總是鼓勵多於責備，期許多於壓迫，令人在聞言當下倍覺溫暖，足以收拾精神，躍然興起，在挫折之後鼓舞勇氣繼續奮鬥。所以有智慧的領導者必能「善言無瑕讁」，他說的話總是可以讓人增加許多正能量，而絕無不良的副作用。

　　接下來「善數不用籌策」三句：籌策是用來計算的，但真正善於計算的人卻不用籌策。這裡指的應該是作為國家領袖，必須深謀遠慮，所有政策其利與弊之計量，得與失之估算，都能精準確實地為長久的未來預作安排，而非汲汲營營只知為眼前的瑣瑣屑屑打算。「關楗」用以閉門，無關楗則門不可閉，既已不可閉矣，乃更進一步說「無關楗而不可開」為「善閉」，這話實在令人費解，如果從邏輯的角度來看簡直不通。所以我認為老子所謂「善閉」猶言善於阻擋、善於拒絕。君王能堅持國家法制，力守公正原則，絕不枉法徇私，是以關說不行，請託無門，這就形同「善閉無關楗而不可開」了。「繩約」即繩索，是用來打紮結束的，沒有繩索根本就不能綁縛紮結，又如何談得到「不可解」呢？故而此處之「結」應視為結納或約束之意：君王推心置腹，賴以結納奇才異能之士；開誠佈公，用以約束眾屬群下之人。君王居上，若執法能開誠心、佈公道，用人能推我心、

置人腹，則真的就可以做到「善結無繩約而不可解」了！

　　承上節五句之意，君王而能如此，則必善於救人，善於救物。因為善於救人，能夠捨其短而取其長，於是人當其位，眾樂其職，故可使人人皆得盡其才而無棄人。因為善於救物，則必令物盡其用而無棄物。如竹頭木屑，本是零碎無用的可棄之物，而陶侃卻惜其拋擲而積之貯之，到後來不但派上用場，且都足以濟一時之急，成難竟之功。陶侃是否熟讀《老子》不得而知，但其人其事正是「常善救物，故無棄物」的極佳例證。既善救人，又善救物，老子謂之「襲明」，亦即因襲、承傳往聖先哲之明，其實也就是既能知「道」，而又能對此「道」身體力行的意思。

　　最後一節「故善人者，（不）善人之師」，此句文意與義理都明白顯豁，無煩再解，然而帛書本作「故善人，善人之師」，與下文「不貴其師，不愛其資」在文意上較能前後貫串，蓋「善人之師」、「善人之資」，兩句中之「善人」皆指君王。「不善人者，善人之資」：我們通常會以為一個人既已不善，則更如穢草惡木，殳之夷之而不惜，剪之伐之而必棄，但是老子卻認為人縱使不善，猶足以為善人之所資所藉，蓋用之得所，馭之得法，雖不善亦可以轉而為善；再不然至少尚可取以為鑑，足以警惕自己不致犯下同樣的罪咎。所以若「不貴其師，不愛其資」，既不能信任善人而貴之重之，復不能護惜不善之人而導之正之，如此之君王即使眾人皆以為聰察明智，在老子看來仍是大迷大惑。

　　以上所述，老子認為是王者「重要而玄妙」（要妙）之理，亦是國君「窮深而極精」之道，要談人才的養護與儲備，這些就是基本原則。

旨趣聯繫

四十九章、五十八章、六十二章、六十七章、七十九章、八十一章。

義理參觀

＊乘理而行，故無迹；時然後言，故言滿天下無口過。萬物之數畢陳於前，不計而知，安用籌策？全德之人，其於萬物，如母之於子，雖縱之而不去，故無關而能閉，無繩而能約。彼方挾策以計，設關以閉，持繩以結，其力之所及者少矣。聖人之於人，非特容之，又善救之，我不棄人，而人安得不歸我乎？夫救人於危難之中，非救之大者也。方其流轉生死，為物所蔽，而推吾至明以與之，使暗者皆明，如燈相傳相襲而不絕，則謂善救人矣。聖人無心於教，故不愛其資；天下無心於學，故不貴其師。聖人非獨吾忘天下，亦能使天下忘我故也。聖人之妙，雖智者有所不喻，故曰「要妙」。（蘇轍註）

第二十八章

知其雄，守其雌，為天下谿。為天下谿，常德不離，復歸
於嬰兒。知其白，（守其黑，為天下式。為天下式，常德
不忒，復歸於無極。知其榮）守其辱，為天下谷。為天下
谷，常德乃足，復歸於樸。樸散則為器，聖人用之則為官
長。故大制不割。

異文討論

本章章句，王注本、河上本與傅奕本大致相同，但是「知其榮，
守其辱，為天下谷」這幾句，帛書本作「知其白，守其辱，為天下
谷」，且句次置於「復歸（於）嬰兒」之下。按四十一章「大白若
辱」也是「白」、「辱」對舉；《莊子・天下》所引亦作「知其白，
守其辱，為天下谷」，可知「榮」、「辱」對舉，應是後人因「知其
白」在本章中重複兩見，遂改「白」為「榮」。對此一問題有興趣深
入探索的，可以參閱劉笑敢教授《老子古今》本章之「對勘舉要」，
與黃釗教授《帛書老子校注析》關於本章章句的討論。

章句詮解

從本章重複使用的「知」、「守」、「復歸」來看，其論述的重
點應是落在君王角色的自我認知、心態方向的把持與由此而來的修養

之要求。

　　本章之章句問題，易順鼎《讀老札記》、馬敍倫《老子校詁》、高亨《老子正詁》迭有論述、辨析，大體據《莊子・天下》篇、《淮南子・道應》篇所引《老子》之文，證明「守其黑，為天下式。為天下式，常德不忒，復歸於無極。知其榮」六句二十三字為後人所增入。可是易、馬、高三人皆未及見一九七三年才出土面世的《帛書老子》，帛書乙本（甲本略有殘損）此章於「復歸於樸」下，重「知其白」一句，再接「守其黑」等六句於「樸散則為器」之上，其文曰：「……復歸於樸。知其白，守其黑，為天下式。為天下式，恆德不貸。恆德不貸，復歸於无極。樸散則為器……」，仔細看來，文字與句次之安置雖與今日通行本略有小異，而文意則並無任何出入。陳鼓應、鄭良樹等學者仍從易、馬、高三人之說，以「守其黑」等句為增入。不過劉笑敢教授《老子古今》則仍堅定依據帛書而加以批駁，他說：

　　　　帛書本出土，證明古書引文並非逐字逐句嚴格整段抄寫，據古書引文作校勘，應該多一層考慮和顧慮。

　　然而張松如先生《老子說解》則認為：

　　　　易、馬、高所說極是。今帛書出可見後人竄改之跡，非但不待魏晉，且復早於漢初，蓋自帛書已經有人染指了。不過帛書中尚未見「知其榮」句，而重見「知其白」句，其為戰國末以至秦漢間人所增補，甚顯。此乃竄改之第一步，增加了二十七字。在輾轉傳抄

中，方增一「黑」字與「白」對，增一「榮」字與「辱」對，兩段
變成為三段；在知白守黑一段，臆造出「守其黑，為天下式。為天
下式，恆德不忒。恆德不忒，復歸於無極」等語句，此為竄改之第
二步。到兩漢，尤其是東漢時，更將新增補之二十七字提前，如
此，則「復歸於樸」句，與「樸散則為器」句相銜接，更順當些，
此為竄改之第三步。於是遂為魏晉以來之今本奠定了基礎。惟每段
二十七字裁省為二十三字，這是與帛書不同的。

　　在這裡我基本上贊同張先生的看法，另外再提出四點，似乎還可
以作為補充：一、第二節之「為天下式」，與前後的「為天下谿」、
「為天下谷」文意不類。老子守柔，欲君王謙沖而自居卑下，故願君
王「為天下谿」、「為天下谷」，谿、谷皆為居於卑下而又寬大能容
之處，故老子取以為象。今「為天下式」卻是欲為天下之法式，與老
子要求君王柔弱謙下之旨似乎大異其趣。二、「守其黑」之「黑」
字，於《老子》五千言中僅在此章一見，且「守其辱」之「辱」字通
「黥」，已有垢黑之義，故「知其白，守其辱」無論文與義皆已順適
無疵，何況四十一章又有「大白若辱」之文，若再增入「知其白，守
其黑」，則視「知其白，守其辱」，於文義徒為疊床架屋而已。三、
「復歸於嬰兒」、「復歸於樸」二句中，「嬰兒」與「樸」皆為具體
之形象，又是充滿寄託義涵的象徵，「無極」則純為抽象之詞，並無
任何寄託義涵，與「嬰兒」、「樸」絕不相類。四、帛書於「復歸於
樸」下再接「知其白，守其黑，為天下式。為天下式，恆德不貸
（忒）。恆德不貸，復歸於无極」，然後再接「樸散則為器」，如此
將「復歸於樸，樸散則為器」兩句硬生生打散，文氣一斬而斷。此亦

可視為後人增入之證。

　　因此之故，我也認為「守其黑」等各句，後人竄入移易之跡相當明顯，所以這幾句底下就不再作進一步的詮釋。

　　首先「知其雄，守其雌，為天下谿」。何謂「雄」？雄性象徵力量。君王權大勢重，擁有無可比擬的政治性絕大力量，文武百官俛首聽令，任他差遣；人民百姓奔走服役，莫敢不從。所有臣民之生殺予奪、賞罰黜陟，他可以一言而定。身為君王，當然知道，也必須知道，他擁有如此莫之能禦的絕大權力，但是更要知道這絕大權力背後跟著的就是無可逃避的重責大任。為了擔起這個重責大任，做一個好的國君他就必須在「知其雄」之後還知道「守其雌」。雌性象徵柔順，其喻意即在：這絕大的權力不可任其橫衝直撞，必須服服貼貼順著軌道運作，而權力運作的正常軌道就是國家的法律制度。換言之，君王所擁有的絕大權力並不是可以任他肆無忌憚地為所欲為，去衝撞一切規範，而必須示柔示弱以順從法律與制度，這就是君王之「知其雄，守其雌」。下一句「為天下谿」：君王雖若高高在上，擁有至大的權力，但老子就是要求君王必須反過來效法一切柔弱卑下之物，例如「水」：「上善若水，水善利萬物而不爭，處眾人之所惡，故幾於道」（八章），水性柔弱，且總是流向卑下之處，甘於涵汙納垢而不辭。例如「谷」（下節即說「為天下谷」）：「谷神不死」（六章），「上德若谷」（四十一章），因為山谷空虛而地處卑下，象徵無私無我，能容能受。例如「江海」：「江海所以能為百谷王者，以其善下之，故能為百谷王。是以欲上民，必以言下之；欲先民，必以身後之」（六十六章），大江大海更在谿、谷之下，方能為一切谿、谷之水所匯所集，這正說明了只有最卑最下者，才能反過來成為最高

最上。「為天下谿」即君王面對全天下人，甘願以卑下虛己自居自處。下一節的「為天下谷」，其義涵與「為天下谿」近似，意在更進一步強調君王空虛己心、自居卑下的重要。

能為天下之「谿」，則「常德不離」。君王在心態上甘願居卑處下，恆以為常而行之不替、持守不輟，則德不離身，是謂「常德不離」。「復歸於嬰兒」：「嬰兒」在老子，乃至柔至弱而稟其天真、任其自然的象徵，君王處事行政，依法依制，踏踏實實而不用智巧；示柔示弱而不逞剛強，一如嬰兒之任真自然、柔弱無為，這是為政的至高境界。從知雄守雌、為天下谿到復歸嬰兒，這是老子對身為國君修養上一以貫之的要求。

下一節「知其白，守其辱」：這裡「白」與「辱」相對，「辱」通「黷」字，有汙穢垢黑之義，四十一章已見「大白若辱」，故「白」與「辱」正是反義詞。君王雖知潔白光明之可愛可悅，但是寧取汙穢垢黑而為天下之「谷」。「谷」與「谿」同樣位居卑下之處，「谿」與「雌」相應，若「嬰兒」之柔弱而順任自然；「谷」則與「辱」相應，是卑下而堪於容汙納垢之地。七十八章所謂「受國之垢，是謂社稷主；受國不祥，是為天下王」，亦同不取「白」而寧守「辱」，願若天下之「谷」以容納汙垢不潔，如此則恆常之德俱足，像那未經雕鑿、一無華彩的樸木，故謂「為天下谷，常德乃足，復歸於樸」。

最後「樸散則為器，聖人用之則為官長。故大制不割。」上文的「嬰兒」與「樸」都是君王之德的象徵，這裡專說「樸」：「樸」是完整的、渾全的未雕之木，「散」指雕鑿離散。木頭未雕之前保有全盤的可能性，可以製作任何器物；但是既經斧鑿，則形器已成，其他

所有的可能性也就完全消失了。我認為老子在這裡所說的「樸」，其義乃是全才、通才，而非莊子命意之下「不材」的「散木」。作為國家的領導者，必須是通才、全才，皆通皆達，而不是只知曉單一部門，他得造就自己成為遍照天下的日月，而不能僅僅是只照隅隙的蠟炬、燭火。若言一器，畢竟只能有一器之用；若是樸木，則尚保留萬般可能。專才之器絕不是不可貴，但是全才、通才方是老子對於君王作為一個國家領袖的嚴格要求。孔子說過「君子不器」，這「君子」未必指國君，但就理想層面而言，王者猶如君子之上的君子，機務叢脞，當然更須「不器」。「器」為「不器」者所用，故謂「聖人用之則為官長」，「官長」猶言官府之長，是指各部門的主管。劉笑敢教授針對這一句，引述劉殿爵先生《馬王堆漢墓帛書老子初探》說：

> 帛書本作「聖人用則為官長」，「聖人用」下無「之」字。按語法「聖人用」是被動句，意思是「聖人為人所用」，因而成為官長，這樣便與上句相對。「樸」本來不是器，散了便成器；「聖人」本來不為官長，但為人所用，便成為官長。今本與帛書本意義區別很大。

我認為這真是於本無可疑處反生疑了。兩位劉先生都太過相信帛書，在這裏只注意到語法，而未能深入考究文例與文意。帛書「聖人用」而無「之」字，只是文例上可以容許的省略，並非真正缺少，文意仍很明白的是指上句樸散之「器」為聖人所用，成為一官之長，怎能理解為有「之」便是聖人之主動，無「之」便倒過來成為聖人之被動？老子書中的「聖人」怎麼可能且又怎麼可以說是「為人所用」

呢？

末句「故大制不割」，不割截則不致離散而仍保有渾全之整體，這就不是只作為「官長」之「器」，而是制「器」用「器」的「聖人」了。證以四十一章「大器晚成」，帛書乙本「晚成」即作「免成」，則所謂「大器」者實是非器之器，而「不割」之「大制」亦猶「免成」之「大器」，也就是前文「樸散則為器」倒過來而反言之的不「散」之「樸」。莊子稱揚不材之木反得無用之用，那是純粹站在自我生命的角度說話，認為這樣生命才能全其天然而不致受到斲傷、戕害；老子卻是站在政治管理者的支點立言，所以強調惟有不雕之木、不散之樸能夠保持渾全之德，這才是君王「大制不割」的理想境界。從這一點加以檢視，老莊雖同屬道家而常常被拿來相提並論，兩者的立場卻明顯是不無參差的。

旨趣聯繫

第六章、二十二章、四十一章、五十五章、六十六章、七十八章。

義理參觀

＊雄動而作，雌靜而處。動必歸靜，雄必歸雌，故為天下谷（谿）。白者，欲其有知；黑者，欲其無知。有知以無知為貴，知白以守黑為賢，故為天下式。榮者，我加於人；辱者，人加於我。我加於人而人能受，則其益在人；人加於我而我能受，則其益在我，故為天下谷。然道之常，豈有所謂雄雌、白黑、榮辱者哉？曰知曰守者，

非常德也。及散而為德，以德自處，若用其雄，用其白，用其榮，則失常德矣。若用其雌，常德不離，復歸於嬰兒；用其黑，常德不忒，復歸於無極；用其辱，常德乃足，復歸於樸。所謂「嬰兒」，曰「無極」，曰「樸」者，真常也，故真常不可得而知，不可得而守，必使可知可守者復歸於常，然後為道。及樸散為器，聖人以道制器，猶不失於道，故用之為官長。官長者，視天下猶官長之，非如家而私之也。故官而不私，長而不宰，是謂「大制不割」。（李息齋註）

第二十九章

將欲取天下而為之，吾見其不得已。天下神器，不可為也，為者敗之，執者失之。故物或行或隨，或歔或吹，或強或羸，或挫或隳。是以聖人去甚，去奢，去泰。

異文討論

　　本章在章句上，並沒有什麼特別須要進一步討論的問題，不過六十四章第二節以下有「為者敗之，執者失之。是以聖人無為，故無敗；無執，故無失。民之從事，常於幾成而敗之，慎終如始，則無敗事。是以聖人欲不欲，不貴難得之貨；學不學，復眾人之所過，以輔萬物之自然，而不敢為」這一段文字，初看似可與本章相呼應，因此有學者認定是二十九章的錯簡。然而，「重文複見」的例子在五千言中往往而有，因此除非上下文實在懸隔不搭、兩相抵拒，否則就不宜視為錯簡而率爾移易。何況王弼注本、河上注本、傅奕本、帛書甲乙兩本，甚至郭店簡本甲組中，六十四章都全章俱在（字句各本小有出入），所以六十四章「為者敗之」以下之相重部分，應可視為重文之複見者，並不是二十九章的錯簡。至於簡本丙組另有簡片四枚，抄寫自「為之者敗之」以下至「而弗敢為」，卻不見「其安易持」至「始於足下」這一節。細味六十四章文意，或許自開始的「其安易持」至「始於足下」自為一章，其餘部分另成一章，如此分章可能比較妥

當。蓋「其安易持」一節，主要在論述君王應「為之於未有，治之於未亂」；而「為者敗之」以下這一節，則說明君王當「無為無執」，「以輔萬物之自然，而不敢為」。兩節論旨並不一致，若從通行各本而合為一章，或許稍嫌勉強。

章句詮解

　　本章提醒君王「無為」之旨。「無為」者，君王尊重法制，不敢妄為。「去甚，去奢，去泰」即是要求君王：雖然掌握大權，控制一切資源，仍須自我節制，在施政上力求平衡與穩健，不可趨向極端，流於激進。

　　首先，「將欲取天下而為之，吾見其不得已」：「將欲取天下而為之」，我認為這一句讀的時候，應當整句一氣直下，中間不可在「取天下」處點斷停頓。句中之「取」字，歷來學者或解為「治」，以為「取天下」即治理天下；或照一般「取」字之義解為「取得、獲取」，「取天下」即取得天下，獲得君王權位。我認為下文之所述所論著重在「不可為」，並未就「取」字進一步引申發揮，所以「將欲取天下而為之，吾見其不得已」，其意就是：若君王一旦在位掌權，就想把天下拿來「為」，拿來硬是要照自己的想法亂整亂搞，我認為那根本是行不通的！老子很鄭重、很嚴肅地告誡君王：身為一國之君，任大責重，必須對天下、對君王的權位有一份真誠的敬意，了解到，天下，也就是治理天下這件事，並不是可以讓你拿來任意地亂搞一場的。要是隨性任意，不遵規範，不守法制，自以為是而肆無忌憚地胡作非為，「吾見其不得已」，老子斬釘截鐵地說：我從歷史所呈

現的客觀法則看到，君王要是不守法制，任意妄為，那絕對是行不通的！

　　「天下神器，不可為也」：「神器」猶言「神物」，也就是說「天下」，或者君王的權位，它是一個神聖之物，君王面對它，一定要戒慎恐懼，滿懷敬意，絕對不可肆意妄為。「神器」之語，完全不涉鬼神崇拜之類的迷信，只在表達君王權位與隨之而來的責任之神聖莊嚴、不可輕慢褻瀆。老子所謂「為」，與「無為」相對，「無為」是君王遵循法律、按照制度，素樸踏實而不敢胡作妄為；「為」則剛好相反。所以說「為者敗之，執者失之」，君王一旦不管不顧地要「為」，天下就要敗壞；不但「為」，而且還要更進一步地「執」，固執、堅持，不肯回頭，不肯回到正常軌道上來，那就會失去天下。

　　有不少學者提到六十四章文作「為者敗之，執者失之。是以聖人無為，故無敗；無執，故無失」，句子都是兩兩相偶，所以本章在「不可為也」之下，應是遺漏了「不可執也」一句，必須給予補正。劉師培《老子斠補》首唱其說，易順鼎《讀老札記》又列舉三證以明之，近人如陳鼓應教授等都認為說得很有道理。然而王弼注本、河上注本、傅奕本、帛書本等各種版本俱不見此句。我認為本章「為者敗之」下又接「執者失之」這一句，此為進一步的強調，意謂「為者」既已「敗之」，若還堅持固執而更「為」，則不止「敗之」，更會「失之」，警告其後果是更具毀滅性的！所以從文意上來看，加上「不可執也」這一句，好像使句法在前後對稱上更見完足，但是按照各本原文，「執者失之」只是「為者敗之」不悛不悔勢所必至的更壞結果，也就是說「不可為也」在語勢上完全可以涵蓋「不可執也」，「不可執也」這一句並不是非有不可的！

　　「故物或行或隨，或歔或吹，或強或羸，或挫或隳」：這裡「物」指的是人民群眾或種種社會現象。「行」與「隨」，「歔」與「吹」，「強」與「羸」，「挫」與「隳」，這四組皆指各式各樣相對相反的狀況：行，先行；隨，後隨。歔本字即噓，意為微微呼氣；吹，大力吹氣。強，強壯；羸，羸弱。「或挫或隳」，傅奕本、帛書本俱作「或培或墮」，挫、隳兩字義不對反，整句句意難解。培，培植養育，愛惜顧護；墮，拋擲毀壞，棄之於地。改為培、墮，則順適可解。這幾句意指一國之內人民群眾與種種社會現象各不相同，有的甚至截然相反，猶如第二章所謂「有無相生，難易相成，長短相較，高下相傾，音聲相和，前後相隨」，因此聖人制法，應該力求折中以期至當；君王施政，也必須不趨兩端，回應中間最大多數平常人、一般人的需求，去除泰甚，戒絕淫奢。儒家「中庸」之說，其實亦是為君王之治國理政立言，所謂「道不遠人，人之為道而遠人，不可以為道」，所謂「庸德之行，庸言之謹，有所不足，不敢不勉；有餘，不敢盡」，其微意所在，與《老子》這一章可以說此呼彼應，若合符節。

旨趣聯繫

　　第二章、第十章、二十三章、五十九章、六十四章、六十七章。

義理參觀

　　＊至人體神合變，與物為一，雖兼制天下，而未嘗有有，故能從容無為，而業無不濟，糠粃土苴，將陶鑄帝王。若夫塊然有而以己遇

物，則雖六尺之身，運轉妨滯，若將不容，而況天下之大猷？「取」者取物，是其有我；「為」者造作，是其有為。有己有為之人，方且存乎憂患之間，而何暇治人乎？聖人心超有無，不物於物，故陰陽交代，而我法不遷。苟為有有，則物與為敵，萬變糾錯，不可勝圖矣。故獨行於前而不知隨者在後，如形影之不舍；呴之欲溫而不知吹者之已至，如寒暑之相生。知強而已，則羸者有時而來；知載而已，則墮者應手而至。此皆造化之大情，朝暮之常態，有有者不知，由己不了，故有此患，而更與為競。夫如是，則雖介然一物之微，而憂患之大充塞天壤，安能操神器而不累乎？聖人心合於無，以酬萬變。方其為也，不以經懷，如鏡應形，適可而止。分外之事，理所不為。彼有有者，妄見諸相，矜己樂能，為之不已，故事輒過分，此由不知行隨、呴吹、強羸、載墮之反覆故耳。（王元澤註）

　　＊物各有自然之性，豈可作為以反害之邪？是以聖人去甚去奢去泰，惟因其自然而已。聖人所謂甚奢泰者，非謂後世夸淫踰侈之事，凡增有為於易簡之外者皆是也。《漢書‧黃霸傳》「凡治道，去其泰甚者耳」，其言蓋本於此，而意實不同。事有太過者去之，若夫小而無害者，則因循而不必改作，此漢儒之意也。物有固然，不可強為；事有適當，不可復過，此老子之本意也。（薛蕙集解）

第三十章

以道佐人主者，不以兵強天下，其事好還。師之所處，荊棘生焉。（大軍之後，必有凶年）善者果而已，不敢以取強。果而勿矜，果而勿伐，果而勿驕，果而不得已，果而勿強。物壯則老，是謂不道，不道早已。

異文討論

本章章句各本大體相近。不過比較各本，帛書本卻少了「大軍之後，必有凶年」兩句，竹簡本甚至連「師之所處，荊棘生焉」句也看不到。此一異文問題的詳細討論，於「章句詮解」部分隨文附見，可資參考。

章句詮解

本章談用兵打仗的基本原則，和君王面對戰爭應有的態度。老子熟於歷史，深知兵凶戰危，認為戰爭乃萬不得已之事，即令強國，展示武力仍務須節制，不可取強。所以有道之君「不以兵強天下」，即使軍力強大，也只能用來抵禦外侮、濟難扶危。

首先「以道佐人主者，不以兵強天下，其事好還。」這裡前兩句另有一種不同的讀法：「以道佐，人主者（帛書無「者」字）不以兵強天下」持此說者認為，老子乃明為君王立言，非為宰輔將帥。若讀

成「以道佐人主者」云云，則進言之對象便不是君王，而是將帥宰輔了。然而若自「以道佐」點斷，則三字孤懸，更覺怪異，且又必須解為「（人主）以道自佐」。《老子》五千言，無一句不是為君王立言，無一字不在導君王入道，更著三字於此，豈不贅累多餘？直接說「人主（者）不以兵強天下」豈不更見明白簡淨？因之我認為照一般讀法即可通解順適，並無任何問題。此三句意為：君王用人，無論文之宰輔，武之將帥，必須認識到，那真能以大道佐助自己的人，是不會只管以軍隊耀武揚威，以武力強壓天下的。因為國無常強，國無常弱，一旦強弱異勢，今日我以大軍欺凌他國父老，明日他亦必以鐵騎踐踏我邦子弟。這種喜歡窮兵黷武的事情，那苦果是既容易又快速地一定會回報到自己這邊來的！

「其事好還」，王弼注謂：「為治者務欲立功生事，而有道者務欲還反無為，故云其事好還也。」把「為治者」和「有道者」、「立功生事」和「還反無為」兩兩對立起來，其實老子並不曾明白揭示這樣的對立，同時王弼這般注解也未能貼切詮釋「其事好還」之義。南宋李嘉謀《道德真經義解》謂：「殺人之父，人亦殺其父；殺人之兄，人亦殺其兄，是謂好還。」今人朱謙之《老子校釋》則說：「謂兵凶戰危，反自為禍也。」兩者在釋義上都比較明白顯豁。

「師之所處，荊棘生焉。大軍之後，必有凶年。」打仗是生命與財產的巨大消耗，強壯的勞動力都在大戰中上戰場，在攻守廝殺中死死傷傷，於是田園荒蕪，荊棘叢生，這是戰爭中最寫實的場景。至於「大軍」這兩句，王弼注本、河上注本、傅奕本都有，但是帛書兩本、竹簡本卻都不見。劉笑敢教授引了馬敘倫、勞健的說法，馬敘倫指出：「王弼未嘗注此兩句，成玄英亦未曾為此兩句作疏。」勞健則

引《漢書》卷六十四（上）淮南王上書：「『臣聞軍旅之後，必有凶年……於是山東之難始興，此老子所謂師之所處，荊棘生之者也。』按其詞意，軍旅凶年當別屬古語，非同出《老子》。」

劉教授於是說：「可見『軍旅之後，必有凶年』在漢代非《老子》之文。帛書本證明其說。疑後人誤將此句屬入《老子》。本節竹簡本全部付之闕如。考竹簡本文義完足，此節似非必要，或為後人解釋發揮而屬入。」其判斷、見解皆極中肯。

「善者果而已」至「果而勿強」：「善者」指真正善於用兵者。「果而已」說的是達到用兵的目的、取得戰爭的結果就好了，即行休兵罷戰，讓軍人可以解甲歸田。蓋老子認為，國家不可無戰備，但是用兵只為扶危濟難、抵禦外侮，絕不可被侵略的野心所驅使，一味想要開疆拓土，建立赫赫功業。「取強」猶言逞強，就是師出無名而徒以軍威展現強暴的力量來壓制敵國。底下「勿矜」，不敢仗恃；「勿伐」，不敢誇耀；「勿驕」，不驕不傲；「不得已」，被迫而不得不（用兵）。這幾句猶言興師動眾，只為拒敵禦侮，濟難扶危，目的達到，即時罷兵，並非仗恃軍力之強大，並非誇耀軍威之顯赫，不以軍容之盛、軍功之大而驕而傲，不以斬殺為事而樂之不疲。總之，戰爭只為禦侮扶危，取得戰果即可，決不是為了窮兵黷武，徒事逞強。

最後老子指出一個事物的規律：「物壯則老」。事物之變遷一如生命的歷程，以人而言，人不會永遠年輕強壯，既至壯盛之年，衰老也就等在眼前。人的生命無法避免衰老，但是國家卻不可任其衰弱而亡，必須求其代代永續，這是每一個在位君王不可拋、不可卸的職責。但是誇兵耀武、好戰逞強，這無疑是在展示國家之「壯」，過壯即「老」，竭力強戰，無疑會大大耗損國力而使國家趨於衰敗，國衰

而老，這就是「不道」，大違國家代代永續之道。「不道早已」，這樣的國家雖可旋興，但亦旋滅，不可能長存於世。「物壯則老」以下三句亦見於五十五章，乃複見之重文，亦由是而可知老子對於此意之重視。

　　老子悲天憫人，於戰爭屠戮之慘再三示其悱惻不忍，本章之外，三十一、四十六、六十七、六十八、六十九各章率皆同此一意，甚至在八十章更以「小國寡民」為美，冀甲兵之不陳，我認為亦是緣此惻隱之仁，不欲強國之君大開疆、廣拓土，取人子女玉帛，實我宮苑府庫，其量遠而其意深，真足以為帝王百世之師矣！

旨趣聯繫

　　三十一章、四十六章、六十一章、六十八章、六十九章、八十章。

義理參觀

　　＊聖人用兵，皆出於不得已。非不得已而欲以強勝天下，雖或能勝，其禍必還報之。楚靈、齊湣、秦始皇、漢孝武，或以殺其身，或以禍其子孫。人之所毒，鬼之所疾，未有得免者也！兵之所在，民事廢，故田不修；用兵之後，殺氣勝，故年穀傷。凡兵皆然，而況以兵強天下者邪？果，決也。德所不能綏，政所不能服，不得已而後以兵決之耳。勿矜、勿伐、勿驕、不得已四者，所以為勿強也。壯之必老，物無不然者，惟有道者成而若缺，盈而若沖，未嘗壯，故未嘗老，未嘗死。以兵強天下，壯亦甚矣！能無老乎？無死乎？（蘇轍

註）

＊殺人之父，人亦殺其父；殺人之兄，人亦殺其兄，是謂好還。
兵之不勝，其害未易一二數。使幸而勝，其殺氣之應，地不能使之
生，天不能使之和，故荊棘生於屯戰之所，饑饉起於軍旅之後，則其
不勝者可知矣。故善戰者因其不得已，果於一決，而不以是取強。果
者，不久之謂也。內持不得已之心，外為一戰之決，故未嘗矜，未嘗
驕，未嘗伐，未嘗強，皆生於不得已也。若得已而不已，兵老而氣
衰，猶人壯之必老，是為不道。人之不道，尚猶不盡年而死，而況於
兵之老乎？（李息齋註）

第三十一章

夫（佳）兵者不祥之器，物或惡之，故有道者不處。君子
居則貴左，用兵則貴右。兵者不祥之器，非君子之器，不
得已而用之，恬淡（銛䤵）為上。勝而不美，而美之者，
是樂殺人。夫樂殺人者，則不可得志於天下矣。吉事尚
左，凶事尚右。偏將軍居左，上將軍居右，言以喪禮處
之。殺人之眾，以哀悲泣（蒞）之。戰勝，以喪禮處之。

異文討論

就章句來看，本章有兩處似值得一提：其一，首句之「佳兵」，
王弼注本、河上注本俱作「佳兵」，傅奕本作「美兵」，帛書甲本、
乙本則僅有「兵」字，兩句文為「夫兵者，不祥之器也」（甲本
「也」字空缺）。竹簡本在「君子居則貴左，用兵則貴右，故曰兵
者」後空了五個字，推測當是「不祥之器也」。綜觀各本，言「佳
兵」、「美兵」，義皆牽強，當從帛書作「夫兵者，不祥之器也」。
其二，「恬淡為上」句，王弼注本、河上注本皆作「恬淡」，傅奕本
作「恬憺」，帛書作「銛䤵」，簡本作「銛纕」。以文義而言，此句
上文謂「兵者不祥之器，非君子之器，不得已而用之」，說的本是
「兵器」，進一步引申才是用兵打仗，若言兵器而謂「恬淡」，並不
適當，宜從帛書作「銛䤵」，指武器之鋒快銳利。帛書這幾句文作

「兵者不祥之器也，不得已而用之，銛䤈為上，勿美也，若美之，是樂殺人也」，王注本改為「兵者不祥之器，非君子之器，不得已而用之，恬淡為上，勝而不美，而美之者，是樂殺人」，乃從說「兵器」直接轉成談「用兵打仗」，嚴格來說，與上文並不連貫。

章句詮解

本章言王者當以用兵打仗為不得已，不應以戰勝為美，否則即是「樂殺人」，以殺人為樂者不可能得志於天下。所以即使戰勝，也要以喪禮的方式來處置。這些說法不能單純理解為老子之「反戰」，而只是認為君王對於戰爭，應當極其慎重，應當儘可能節制。

首節「夫（佳）兵者不祥之器，物或惡之，故有道者不處」：謂兵器是打仗時拿來殺敵的，兵器一出，非死即傷，兩國爭戰，死傷更重，故謂之「不祥之器」，即帶著不祥之徵的器物。「物或惡之」，「物」指神物、鬼物，鬼神之意難於徵實，故用「或」字，然在老子，其厭惡之意實際上甚為明確，於此不過是藉一般人所崇信的鬼神來表達而已。「有道者不處」，意即有道之君不願常居、久處於動用兵器的戰爭之中。

其次，「君子居則貴左，用兵則貴右。兵者不祥之器，非君子之器，不得已而用之，恬淡為上，勝而不美，而美之者，是樂殺人。夫樂殺人者，則不可得志於天下矣」。這一節帛書乙本（空缺處參照甲本）作「君子居則貴左，用兵則貴右，故兵者非君子之器。兵者不祥之器也，不得已而用之，銛䤈為上，勿美也，若美之，是樂殺人也。夫樂殺人，不可以得志於天下矣」，與通行本對照，帛書此節反而顯

得文從字順，意思亦明白曉暢，所以以下即根據帛書略作析釋：君子平時行禮，則以左為貴；然當戰爭之時使用兵器，則以右為貴。所以老子據此說明兵器非君子當用、常用之物。底下再重申「兵者，不祥之器也」，因其不祥，故「不得已而用之」，但是既然要用它來殺敵求勝，故應力求兵器之銛銳鋒利，然而亦止於銛銳鋒利、渾樸實用即可，不應再在兵器上雕鏤文飾、鑲金嵌玉以求其美。如果拿來殺人的兵器還要講究其裝飾之美，豈不是等於以殺人為樂嗎？一個以殺人為樂的君王，是不可能得到所有人的擁戴而得志於天下的！

第三節「吉事尚左，凶事尚右。偏將軍居左，上將軍居右，言以喪禮處之。殺人之眾，以哀悲泣（涖）之。戰勝，以喪禮處之。」這是說：吉禮之事以左為尚，凶禮之事以右為尚，而戰爭實乃大凶之事，故反過來以偏將軍居於左，而以上將軍居於右，右是凶禮之位，上將軍為軍隊作戰之最高指揮官，因而以主殺之故而居凶位。何以如此？蓋戰爭一起，勢必多所殺傷，故視其事一若喪事而以喪禮處置之。我之大勝，則為敵之大敗，無論勝敗，在戰場上被殺死亡的都是人啊！故而都以悲哀之情來面對，猶如在喪禮上以悲哀之情來感傷悼念。「以哀悲泣之」，「泣」字帛書兩本皆作「立」，釋文者皆釋為「涖」字，乃涖臨、面對而引申為處置之意。最後「戰勝，以喪禮處之」，謂即今在戰爭中獲勝，然而殺敵一千，我亦傷亡數百，故不但不應以歡欣喜樂之心慶祝，反過來還應當充滿傷悼悲哀之情，用喪禮來處置，以悼念在戰爭中（敵我雙方）死亡的將士。

關於本章中行禮居左居右的問題，歷來論辯紛紜，劉笑敢教授引葉國良教授謂：「吉事尚左，凶事尚右」，乃是先秦時代中原各國的共同禮儀制度，以吉事言，左尊右卑，涵蓋了地理方位、宮室、昭

穆、文武、主賓、男女等方面，見於《三禮》及其他相關資料者甚
明。（《文獻及語言知識與經典詮釋的關係──從名物制度看經典詮
釋》）

　　吉事既然左尊右卑，凶事自然反過來是右尊而左卑了，這與老子
在本章中所言者完全吻合。

　　不過我特別關注的倒不是此一問題，而是關於老子是不是真正反
對「禮」的問題。

　　古棣《老子通》說：

> 道藏《道德真經集注》（亦名四家注，四家指河上公、王弼、明
> 皇、王雱）於此章引王弼注曰：「疑此非老子之作也。」晁說之
> 云：弼知「佳兵者不祥之器」至「戰勝者以喪禮處之」非《老子》
> 之言。晁說之當據四家注所引王弼注而言。今王弼本無此注，該章
> 無一字注語。王弼疑此章非老子之作，或與錯雜特多，令人難以卒
> 讀有關。

　　今日可見的《老子》王弼注本，此章確實無一字注解，而且在八
十一章中唯本章與六十六章不注，但是王弼之懷疑此章不是老子所
作，恐怕不是古棣所說的「王弼疑此章非老子之作，或與錯雜特多，
令人難以卒讀有關」。我們如果細讀王弼注本此章，根本不會覺得此
章真的到了「難以卒讀」的地步。

　　然則王弼何以不注此章？

　　王弼之所以不注此章，我認為其主要原因乃在此章之言禮。透過
王弼整部的老子注，可知王弼認為老子根本反對禮文，亦即反對一切

禮節之儀文、形式。在王弼的認知裡，禮節的所有儀文、形式，必然不足以充分地、飽滿地表現禮的原始精神（禮意），最終也必然導致禮文之僵化與禮意之失落。他認為老子對於「禮」的看法也是這樣，所以基本上對禮抱持反對態度。試看他注解三十八章，洋洋灑灑累百千言，其中謂「凡不能無為，而為之者，皆下德也，仁義禮節是也」，謂「直不能篤，則有游飾修文禮敬之者。尚好修敬，校責往來，則不對之間忿怒生焉，故上禮為之而莫之應，則攘臂而扔之」，謂「夫禮也所始，首於忠信不篤，通簡不陽（原文不可解，樓宇烈《校釋》疑當作「易簡不暢」），責備於表，機微爭制。夫仁義發於內，為之猶偽，況務外飾而可久乎？故夫禮者，忠信之薄而亂之首也」，謂「用其誠，則仁德厚焉，行義正焉，禮敬清焉。棄其所載，舍其所生；用其成形，役其聰明，仁則尚焉，義則競焉，禮則爭焉。故仁德之厚，非用仁之所能也；行義之正，非用義之所成也；禮敬之清，非用禮之所濟也」。從以上所論看來，王弼也並非真要拋棄「禮」的原始精神，只是反對禮文、儀節所必然（他認為必然）帶來的矯飾虛偽，所以他進一步提示解方：「載之以道，統之以母，故顯之而無所尚，彰之而無所競。用夫無名，故名以篤焉；用夫無形，故形以成焉。守母以存其子，崇本以舉其末，則形、名俱有而邪不生，大美配天而華不作」。看起來好像理想崇高、議論精到，但是問題在：你怎麼可能做到「顯之而無所尚，彰之而無所競」，完全避免可能引起崇尚與競逐的儀節、形式，而且又真的能「顯之」、「彰之」，真的能彰顯禮的精神與內涵？

　　所以我認為這正是真真實實的「清談」，是完全沒辦法落實到政治、教化層面而有其政策可行性的，因為禮敬的精神必然要透過一定

的儀式、節文，這樣才能得到表現，如果捨棄形式，所謂「精神」者又將用什麼來承載？這就是古人為什麼要強調唯有聖人才夠格制禮作樂的道理所在，因為要在理想與現實之間折中，以求得最適當的儀節、形式，這實在太難了，故而若非聖人就根本辦不到！

老子在本章一再談到喪禮，清楚陳述「君子居則貴左，用兵則貴右」、「吉事尚左，凶事尚右。偏將軍居左，上將軍居右，言以喪禮處之」，左右方位，言之鑿鑿；吉事凶事，各有所尚。試思老子如果真的反對禮節儀文，如王弼所認定者，他會如此這般說話嗎？由於這跟王弼對老子的基本認識大相逕庭，因此他怎麼可能注得下去？

此章除了王弼不注、不能注之外，其後還有人因誤認此章言禮乃大悖老子思想，遂認定此章整章皆為後人所妄增、羼入，然而帛書甲本有之，乙本有之，竹簡本丙組所錄縱非全貌，亦備言為禮之方位與其所尚。帛書與簡本其書寫年代無疑皆早於王弼，然則所謂「後人羼入、妄增」之說亦可以休矣！

王弼注老犯了根本性、方向性的大錯誤，藉由王弼注來解讀《老子》、認識道家也因之而犯了根本性、方向性的大錯誤。舉世滔滔，孰能真知老子？誰又能深識道家？

在此附帶提一件小事。我十幾年前在臺師大國文系任教，講授《老子》，記得有一回遇到陳麗桂老師（我讀大一時她任助教，雖沒上過她的課，見到她一定恭恭敬敬稱老師），陳老師是中文學界黃老學的翹楚，因此我向她說：「中國哲學史老子這一章，甚至有關道家的部分都應該重寫。」陳老師瞪著她一雙大眼睛，沒有搭腔。現在想來，我當時也實在太過唐突莽撞了，她或許心裡說：「你這是從何說起？到底在說什麼啊？」然而對於老子，我這看法至今並未改變，而

且見之益明、持之益堅。不過在這裡把這麼一件小事說出來，也許還是一樣的唐突莽撞吧！

附錄二：關於老子思想的一些看法

　　大概在十年前，我寫了一篇有關老子的論文，題目是「柔弱無為與法治原則——觀察《道德經》的一個新視角」，後來發表在方勇教授所主編的《諸子學刊》第五輯，這是上海華東師大諸子研究室主辦的學術期刊。此文與其說是「新視角」，倒不如說是「古義新探」更為貼切，因為我對於老子思想，其實並沒有什麼真正的新發現，只是就古人所謂「君人南面之術」略有闡發而已。論文很長，約有兩萬多字吧，學術論文對一般人而言，本來都是相當討厭的東西，所以在此我只把結論錄出，目的是希望對於我已寫過的這些章，在閱讀時或許能有一些參考，了解這三十幾章我在詮釋時，是有一條明晰的主線來貫串老子的整個思想系統的。

結　論

　　本文檢視老子思想，反省目前流行的詮釋系統，以繼往開來的全新視角，堅定地立足在以老證老、以經解經的詮釋方法上，重新開發漢代人解老之古義，為老子思想的詮釋系統別開生面。經過以上各節詳細的分析與討論，得到了幾點結論，茲分述如下：

　　（一）老子所謂「道」，其原始本義只是政治之路的應然、當然，只是理想政治之道、良善政治之道，完全無涉於客觀知識架構下現代意義的「宇宙」、「天地萬物」、「自然」。此「道」僅僅是

「應然」領域、價值領域中的一部分，與「實然」領域的「自然世界」毫不相干。我們毫無必要也不可以從現代自然科學的角度把老子虛飾、附會成一個科學知識的先知；同樣的我們也毫無必要亦不可以把老子之道詮釋成一個籠罩一切、無不包舉的無限無上的道體，它既不是西方哲學本體論中一切事理之所出的本體，也不是宇宙論中創生萬物的根源。

我們如果承認《老子》這部書自成系統、自具條理，思想脈絡一以貫之，而不是雜纂鈔錄的拼湊之作，那麼就必須堅持以一個共同的標準、一貫的規律、毫不妥協的嚴密邏輯法則來檢驗「道」的體性，而不可以含糊籠統地想要兼該實然世界與應然世界，想要一廂情願地合自然與人文而為一，劉笑敢先生「人文自然」的提法很可能在相當程度上誤解了老子所謂的「自然」。老子的「道」就只是人文領域、價值領域內「理想政治的應然之道」，其來源是他從歷史上朝代與國家成敗興衰、興滅存亡之觀照與領悟，以其深沉智慧凝聚、提煉成一個具有普遍性規律與客觀性意義的「政治應然法則」，指點君王如何才能成為一個理想的、良善的治理者──「聖人」。政治世界說小雖小，但就人群社會而言，其影響之深入而廣大，幾乎可以說是遍天地、普萬物，《道德經》中言天地、萬物，其意正在於此。

（二）老子論君王之道，絕不片面強調倚勢執術，據刑德以講明賞罰，依律令以宰制臣民，而是叮嚀反覆，要君王反求諸己，以遵守法令制度為百官萬民之榜樣。老子藉其著作以「道德」說國君，迥異乎縱橫遊說之士，絕不作脅肩諂笑之態，絕不出逢迎承應之語，而是莊顏正色，高高站在君師的位置，要求君王為平民百姓設想，要求君王自盡其道，為所應為，而不應為者必須「損之又損，以至於無

為」。應為與不應為之「自然」界線即是國家的法律制度。老子認為君王最重要的「道德」即是遵守國家的法律制度：「柔弱」即是在法制之前君王亦須退讓示弱，「無為」即是君王絕不在國家法度之外師心自用、肆意妄為；「不言」即是君王不敢存私心、逞私欲，在公共領域內違背法制去發號施令，因而以私害公。

老子要求君王卑下自牧、謙抑自養，兼聽廣納，如江如海，絕不可妄自尊大、自居聖智，故謂「絕聖棄智」；生殺予奪、賞罰黜陟，完全遵守國家法度，不以私愛假仁，不以私惡藉義，故謂「絕仁棄義」；凡於國家政事有所施行作為，不弄機巧，不貪近利，唯知素素樸樸，老老實實，以遵守國家法令制度為先務，故謂「絕巧棄利」。法令制度乃是《道德經》立論之核心，也是老子心目中一切政治操作最重要的客觀標準：以其條文具在，可檢可覈，故老子即名之曰「有」；然而老子更重視「無」，故謂「有生於無」，「無」即是法令制度賴以制定的義理根據，以其虛而無形無質、不可見聞，故名之曰「無」。「無」是法令制度之源頭活水，使法令制度之條文可以隨文明之開發、觀念之更新而相應作出更合理、更合義之調整與改革。故老子所謂「道」、所謂「無」顯然都不應該是先天自在的真理，事實上人文領域的價值世界亦無可能有所謂先天自在的真理，所有的道理、義理，都只是隨著人類真心嚮往理想、追求崇高價值之不懈努力，在艱難困苦之中才好不容易地一步一步、一點一滴顯現的！

（三）君王雖然位高權重，但是卻必須接受法律制度的檢查與限制，所謂「不言」、「柔弱」、「無為」、「自然」都是就君王遵守客觀法度這一部分而言。除此之外，君王還須要在自己的心態上、自己的言行舉動上，有一種反乎世俗的自我要求、自我調整：那就是紓

尊降貴，卑下以自牧，謙抑以自養。所謂「上善若水」、「谷神不死」、「為天下谿」、「居善地」、「心善淵」、「江海所以能為百谷王者，以其善下之」、「侯王自謂孤、寡、不穀，此非以賤為本邪？」、「柔弱處上」，這一類的提示在《道德經》中隨處可見，這就是與世俗帝王居心行事相異相反、老子所謂「反者道之動」的「反」，亦即「受國之垢，是謂社稷主；受國不祥，是為天下王：正言若反」之「反」。唯其與橫暴制下、刻剝百姓的時君世主有相反之作為，乃能推動良善的政治大道；唯其能受國之垢、受國不祥，低首下心，承擔責任，方足以為天下之共主，可知妙道至理之言常若與世俗之見相反。所以老子之所謂「反」，絕不是就天地萬物運動之客觀規律而說的，因為它只有針對性而不具普遍性，它是特別針對君王主觀面的修養或心態上的自我調整而說的，自然界天地萬物的運動哪裡真有一個可以稱之為「反」的客觀而普遍的規律？

有權力的人更必須守法，更必須自我節制。權力越大，越要遵守法制的規範，越要懂得自我節制，否則權力違法而濫用，就會變質而成為具有破壞性的暴力，形同飄風驟雨，為生民百姓帶來巨大的災難，這是老子送給所有掌權者的永恆箴言。

（四）《道德經》雖然其原始本義只是針對君王而說，但是就其引申之義理而言，每一個人都可能是各種人際關係中掌握權力而能夠下達指令，說「可以」或「不可以」的人，亦即每一個人都可能是各種人際關係中實質的「君王」，例如家庭裡父母子女關係中的父母，學校裡師生關係中的老師，各種公務系統裡長官僚屬關係中的長官，甚至人與自然環境關係中掌握開發主動之權的人類。在這種種相屬相對的關係中，居於高處而有權力下達「可」或「否」指令的人，都應

該可以從老子的教訓裡得到很多啟發，知道尊重客觀規範，懂得節制私心私欲，培養出作為一個領導者應該具備的智慧，清除操控他人、宰制外物的權力欲望，在解放他人中同時解放了自我，在還給外物自由中使自己的心靈也回歸到自由，這樣世間的人人與萬物才能如莊子所說的真正逍遙自在，「相忘於江湖」！

（五）在君王專制的時代，帝王大權在握，所有政治資源幾乎完全受其支配，而且沒有適當的節制與監督之機制，因之昏暴之主當然可以翻雲覆雨、興風作浪，即使違法亂制、觸犯大錯，亦無須負責而下台。老子深論「有」、「無」，一再要求君王「柔弱」、「不言」、「無為」，要求君王遵守法令制度。雖然老子言之極為鄭重，叮嚀反覆，苦口婆心，然而在君權神（天）授、君位世襲的時代裡，這畢竟也只是一種所謂的「道德勸說」而已，國家法令並無強制君王必須退位之實際規定與可行辦法，因此歷史上的昏君暴主，即使殘民以逞，罪大惡極，最後亦只能在民怨沸騰之餘透過暴烈的革命手段、經受慘酷的戰爭禍害將之推翻，而天下固已疲弊，民命固已夭夷，百姓在改朝換代中所受的巨大痛苦根本無法避免。可是在現代的民主國家，國家體制與法律規定對政治領袖如總統、總理等的監督機制已相當完備，除了定期改選、遞相更迭以外，政治領袖如果不自檢點，違法濫權，辜負人民付託，則不待其任期屆滿，亦可能因遭受彈劾而去職。由是可知老子思想因受制於時代條件，慮不至此，遂無可能作出即時的救濟，這或許是其限制與不足之處，我們大可不必為老子諱。然而老子既重視客觀法制之建構，又要求掌權者謙沖自牧、卑下自處，柔弱無為、希言自然，其智慧所照，雖歷千年萬世，猶足以為君人南面者之金鑑，太史公歎美其「深遠」，豈徒然哉！

第三十二章

道常無名，樸。雖小，天下莫能臣也。侯王若能守之，萬物將自賓。天地相合，以降甘露，民莫之令而自均。始制有名，名亦既有，夫亦將知止，知止所以不殆。譬道之在天下，猶川谷之與江海。

異文討論

　　本章章句，包括帛書本與竹簡本等各種版本，大體上都相當一致，應無需要作進一步的討論。最後一句「猶川谷之於江海」，河上本、傅奕本作「猶川谷之與江海」，帛書本、竹簡本作「猶小谷之與江海」，雖有一二字之出入，意思並無歧異。

章句詮解

　　本章言侯王若能抱樸（「樸」在老子，可理解為信實地遵守法制規範，不玩花巧、不走旁門左道之義）守道，恪遵法制，而以謙沖卑下自牧自養，則四方百姓自能賓服而來歸，一如天地氤氳，陰陽相合，則甘露普降，沛然自均。然而王者掌權以制法，區類以別名，名法既立，則應知所當止，知止方能不殆，不可專以名法制約天下。若能以卑自處，以道自守，則天下之歸心，將如百川眾谷之水，匯聚而同歸大江大海。

　　首先「道常無名樸雖小」，在句讀上有各種不同的斷法，陳鼓應教授說：

> 「道常無名樸」，歷來有兩種斷句法：一為「道常無名樸」；一為
> 「道常無名，樸（雖小）」。第二種斷句法，是將「樸」字屬下
> 讀。但三十七章有「無名之樸」之文，所以在這裡仍以「無名樸」
> 斷句。

　　其實，還另有一種是「道常，無名，樸。雖小，天下莫能臣
也。」前面所引陳教授的說法，其意並不是很清楚，他的意思應該
是：「道常無名，樸。雖小，天下莫能臣也」是第一種斷句法；「道
常無名，樸雖小，天下莫能臣也」是第二種斷句法。他認為第一種斷
句法依三十七章經文「無名之樸」有其根據，所以選擇第一種。如果
陳教授說的是這個意思，則其說可從。因為謂「樸」為「小」，在五
千言中並無其他經文可以佐證；而三十七章則謂「道常無為而無不
為，侯王若能守之，萬物將自化。化而欲作，吾將鎮之以無名之
樸……」其中「侯王若能守之，萬物將自化」，與本章「侯王若能守
之，萬物將自賓」意指相當接近。然則本章之「無名樸」，與三十七
章的「無名之樸」確實是可以等列齊觀的。
　　「道常無名，樸。雖小，天下莫能臣也」：意謂君王之道無聲無
臭，抽象無形，莫可名狀。然而其道信實而若愚若拙，謙抑而自下，
守雌而為谿，一若未雕之樸木。雖說此道看來好像隱微細小，普天之
下卻無人可以輕視，無人可以違背。
　　「侯王若能守之，萬物將自賓」：侯王若能恪守此道，則英傑歸

心，萬民擁戴。「萬物」在這裡當指萬民百姓，「自賓」意思是不須強制而自行賓服，若賓客之隨順主人安排。

「天地相合以降甘露，民莫之令而自均」：這一節王弼注文分為兩件事，「言天地相合，則甘露不求而自降」這是注解「天地相合以降甘露」；「我守其真性無為，則民不令而自均也」則是注解「民莫之令而自均」。但是我認為這兩句所說是同樣一件事情，乃是「侯王若能守之，萬物將自賓」進一步的譬喻性說明。意思是：侯王若能守道，則萬民百姓就會自行歸服，不勞督促，更用不著強迫。如同天地陰陽之氣一旦氤氳相合，就會普降甘露，人們不須強求其均勻，它也會自行均勻。老子強調的是，治理教化之事，重在君王之守道自修，而不在以刑名法制強作約束，故下文即指出君王應當「知止」。「始制有名，名亦既有，夫亦將知止，知止所以不殆」：這裡的「名」即名分、名義，包括相應的法律制度，即政府治理行為中所制定的屬於客觀面之「規範性約束」，它當然具有強制性的約束力量，但是這種強制性的力量不能讓它無限制地膨脹，否則很容易就變成政治權力的暴力化，這種「權力的異化」是政府治理這件事裡面極為險峻、危殆的，故而老子叮嚀、告誡君王必須「知止」，「知止」才可能「不殆」。從這裡，我們也才比較能了解老子之所以要說「禮者，忠信之薄而亂之首」、「法令滋彰，盜賊多有」的原因。所以這一節意為：為了便於治理，政府一開始不得不制定一些關乎尊卑上下、名分名義和與其相應的法律制度，但是這些具有規範性、約束性的名分、法制既已制定出來，只要堪用就行了，不可無限制地加以擴張，而應知所底止，否則便會發展成對人民的壓迫、鈐束，使得政府治理的權力變質異化而形同暴力，終至招來反抗，造成治理的險峻危殆。若能知

止，這是君王的節制與謙卑；不知止，卻是十足表現出君王權力的傲慢。掌握大權，而以驕狂傲慢居之，當然危乎殆哉！

最後兩句「譬道之在天下，猶川谷之與江海」：「川」字帛書、簡本皆作「小」，也可通，並不影響釋義。這裡就上文所論，再用譬喻說明：因此君王守道而又能以節制、謙卑的態度面對天下，打個比方，就像大江大海位居所有河川谿谷之下，才能涵納百川、匯歸眾流，終至汪洋浩瀚而成其大。

旨趣聯繫

第八章、二十二章、五十八章、五十九章、六十六章、七十八章。

義理參觀

＊「道常」，首章所謂「常道」也。「無名」，首章所謂「無名」也。以其未彫未琢，故謂之「樸」；以其曰希曰微，故謂之「小」。然能見小而守之者鮮矣，侯王若能守，是見小曰明者也，知子守母者也。如此則靜為動君，而動為之臣；一為萬主，而萬為之賓，又孰有臣樸者哉？始，即無名天地之始；制者，裁其樸而分之也。始本無名，制之則有名矣。苟其逐於名而莫止，則一生二，二生三，將巧曆不能算，而種種名相皆以為實，與接為搆，窮萬世而不悟。陰陽之慘，殆孰甚焉！所謂「不知常，妄作凶」也。誠知無可以適有，則有亦可以之無，是故貴其止。止者，鎮以無名之樸也。知止則不隨物遷，淡然自足，殆無從生矣。此非強之也，物生以道生，物

滅以道滅。萬物皆作於道，萬物皆歸於道。我之性宅，我自復之，夫何難之有？故江海，水之宗也；川谷，水之派也。異派必會於宗，殊名必統於道。（焦竑《筆乘》）

第三十三章

知人者智，自知者明。勝人者有力，自勝者強。知足者富，強行者有志。不失其所者久，死而不亡者壽。

異文討論

　　本章章句，各本並無具有意義的重大差異，唯末句「死而不亡者壽」帛書甲本、乙本「亡」字皆作「忘」。劉笑敢教授《老子古今》於本章之「對勘舉要」說：

> 帛書出土後，高亨似亦接受帛書作「死而不忘」，然高明反對依帛書讀本字「忘」，理由是老子主張「生而弗有，為而弗恃」。筆者以為，從文義看，此處從傳世本讀本字「亡」，或從帛書本讀本字「忘」均無不可。帛書本「死而不忘」與「為而弗恃」並無矛盾。生時「為而弗恃」，身後才可能「死而不忘」，「死而不忘」並非生前自己所求，故與「為而弗恃」毫無矛盾。

　　劉教授說「死而不忘」與「為而弗恃」毫無矛盾，這一點是對的；但是說末句作「死而不亡」或「死而不忘」義皆可通，這一點則尚可商量。理由如下：「忘」字漢魏人常讀作「亡」，曹丕〈燕歌行〉「憂來思君不敢忘」，「忘」即為叶韻之字而讀平聲。帛書之用

字凡與傳世本有較大出入者，頗多音同、音近而字形、字義並不相類者，此一現象其可能之原因，我在談第一章時已有說明。本章「亡」字帛書之作「忘」，或許亦是此一緣故。況且「死而不亡」句中死者、不亡者皆指同一人，在構句與表意上俱無問題；然而欲表達「某人已死而人們仍沒有忘記他」，當說「死而人不忘」，否則「死而不忘」所表達者，乃是死者、不忘者皆是同一人，這是相當奇怪的。所以我認為傳世本誤書「忘」字為「亡」字的可能性比較小，而帛書本因誦讀與抄寫間之誤差，把「亡」字錯寫成「忘」的可能性比較大。所以此句當從傳世本作「死而不亡者壽」。

章句詮解

本章在語言表達上清透明晰，雖然義蘊深厚，對君王有很多甚具激勵性的期許，但是與老子的主要思想關係似乎不那麼密切。

「知人者智，自知者明。勝人者有力、自勝者強」：君王必須能知人方才能夠用人，而知人一事其實大不容易，非有極大的聰明才智不可，故謂「知人者智」。知人已是不易，而「自知」很可能更難。尤其擁有至高至大權力的君王，欲其迴心向內，既能曉知自己的長處，又能照燭自己的短處，願意謙抑自居、卑下自處，同時還能認真踏實地修道養德，使得賢良傾心、輔弼戮力，國政日見清明，百姓安居樂業，這更是難上加難。對於君王而言，或許這才是真正的英明，故謂「自知者明」。

「勝人者有力」，所謂「有力」，並非單指力氣大，而是泛指各個方面能力之優長，唯其能力優長方才足以勝人，故謂「勝人者有

力」。然而日復一日、時時刻刻能與自己較量，永不自滿，隨時督促自己努力求取進步，務使今日之我永遠比昨日之我更好，明日之我永遠比今日之我更強，一天比一天更接近理想中的完美，這就是「自勝」。《禮記·大學》云：「苟日新，日日新，又日新」，大人之學，日新又新，這正是治國平天下的帝王之學。為天下之主者，已是居於至高的地位，掌握至大的權勢，在這種情況下，若猶強調「有力」而「勝人」，似無太大意義，故老子以「自勝」相期許。

「知足者富，強行者有志」：「知足」則更無所求，此所以為「富」；反之則汲汲營營，永不滿足，永遠覺得有所缺欠，如此則與貧窮匱乏之人更無兩樣。「強行」即勉力而行：設定一遠大目標，即使深知其艱難，然而勉強力行，不間不斷，不底於成則不止，此非意志堅強、毅力絕人者不能辦，故老子謂之「有志」。真正有志者，其事必成。

「不失其所者久，死而不亡者壽」：所謂「不失其所」，「所」可以指所居之地方、所在之場域，在此當是指所任之職務。君王能負責盡職，恪盡治國理民的職務，使得國泰而民安，則可獲得人民的愛戴與擁護，如此當然可以久於其位，故謂「不失其所者久」。「不失其所」或者解為「不離失根基」（陳鼓應《老子今註今譯》）、「不喪失其本性」（張松如《老子說解》），二說當亦可通，不過這就不是專指君王，而是泛指一般人了。

「死而不亡者壽」：「死」是肉體之死亡，「不亡」應指聲名之長存。君王治理功績顯赫，於民有惠有愛，故能得到人民長久的懷思感念，則其人雖死，而遺澤常在，如此之死猶若不死，故謂「死而不亡」才是真正的長壽。反過來看，人縱然長壽，終歸不免於老死，則

尋常所謂之長壽畢竟不是真正的「壽」，老子對君王說「死而不亡者
壽」，對照後世秦皇漢武之浮海尋藥、謬求長生，其意深矣！

旨趣聯繫

第九章、二十二章、二十四章、五十四章、五十五章、七十一
章。

義理參觀

＊知在外為智，在內為明；勝在外為力，在內為強。智與力為
妄，明與強為真。入道之門，皆由於此。人所以不能入道者，以自見
不明而為物所勝也，若內明則自不騖外，不騖外則漸能勝物，積日既
深，自然入道。凡不足者，蓋不知我之有也。萬物皆備於我，返照內
觀，知取諸一身而足，不亦富乎？知足心生，漸離諸有，有力未全，
未能充其所見，必有強志，乃能力行，見清靜根，漸返於道。虛中證
實，所得不移，無古無今，浩然常住，是謂不失其所。等視死生，有
如旦暮。生而不有，死而不亡，是之謂壽。（李息齋註）

＊列子之「不化」，莊子之「不死」，佛氏之「不滅」，與「死
而不亡」同意。是以聖人之生也與死同，謂之神；聖人之死也與生
同，謂之壽，言其生死之未有異也。夫唯生死同狀，而萬物一府，故
夫身如蝸甲蛇蛻，寓之而已。蓋蝸之甲已死而其蝸未嘗亡，蛇之蛻已
腐而其蛇未嘗喪，何則？其真者雖死不滅也。曰：夫至人不焚於火，
不溺於水，虎不能搏，兕不能觸，乘虛不墜，觸石不礙，而未嘗有

死，則又曰「死而不亡」，何也？蓋聖人之於時，隨之而已。時之所當行，聖人不強避；時之所當止，聖人不強為，視其天而已。故有能之，而能不為之，是以有生而不死、有死而不亡者也。（陸農師註）

第三十四章

大道氾兮，其可左右。萬物恃之而生而不辭，功成不名有，衣養萬物而不為主。常無欲，可名於小；萬物歸焉而不為主，可名為大。以其終不自為大，故能成其大。

異文討論

　　本章章句各本之間的出入，初看似乎不少，但是仔細對照，其實並不存在詮釋上的重大差異。王注本「萬物恃之而生而不辭」句，河上本相同，傅奕本作「萬物恃之以生而不辭」，帛書兩本都未見此句。「衣養萬物而不為主」句，「衣養」河上本作「愛養」，傅奕本作「衣被」，於義並無不同，帛書兩本作「萬物歸焉而弗為主」，旨趣亦無異。「以其終不自為大」句，河上本作「是以聖人終不為大」，傅奕本作「是以聖人能成其大也，以其終不自大」，帛書本作「是以聖人之能成大也，以其不為大也」，王注本句中之「其」，無疑即是聖人，乃老子心目中理想的君王。然則各本用字雖有不同，表意其實無異。

章句詮解

　　本章說明「大道」（王注本、河上本、傅奕本等俱作「大道」，帛書甲本、乙本作「道」，無「大」字）之所以為大，乃在於「萬物

恃之而生而不辭,功成不名有,衣養萬物而不為主」。生養萬物而自己絕不居功,照顧萬物而絕不操控宰制,因而成就其偉大。

然而此一「大道」究竟是什麼「道」?從《老子》全書相關章節參觀互證,無疑即是帝王之道、聖人之道,亦即《漢書‧藝文志》所謂「君人南面之術」,而不是很多學者、專家所言西方哲學系統宇宙論、本體論中,孤懸於形上世界、籠罩一切領域的所謂「道體」。

為什麼我能說得如此肯定?試看《老子》書中之第二章、第十章、五十一章和七十七章,把這幾章所述及的相關章句,與本章作一對照即可了然於胸,這種論證與辨識方法正是「以經證經」,不假第二手資料,其結果之不容置辯,可說更無疑義。底下即摘出各章相關章句,並試作解讀、紬繹。

第二章之後半:「聖人處無為之事,行不言之教。萬物作焉而不辭,生而不有,為而不恃,功成而弗居」,在這六句中,「聖人」之作為主詞是直貫全文六句的,「處無為之事,行不言之教」的固是「聖人」,對於「萬物」能「作焉而不辭」、「生而不有」、「為而不恃」的仍然是「聖人」,最後「功成而弗居」的除卻「聖人」還能是誰呢?與本章對照之下,那「萬物恃之而生而不辭,功成不名有,衣養萬物而不為主」的「大道」,豈不是很清楚的正是「聖人之道」嗎?若還不信,下一句「常無欲」就表述得更明白、更確鑿而絕無可疑了。如果此「道」所指的真是西方哲學所謂的「形上道體」,那麼這個「形上道體」還能談什麼有欲、無欲嗎?這豈不是太過荒唐無稽?可是陳鼓應教授在他的《老子今註今譯》於本章「常無欲」注下說:

「這三字顧歡本、李榮本、敦煌本缺。略此（三字，則）其上下文
為『衣養萬物而不為主，可名於小；萬物歸焉而不為主，可名為
大。』兩句恰成對文。然而帛書甲、乙本均有『恆無欲也』句。」

　　為什麼陳教授明明知道王注本、河上本、傅奕本都有「常無欲」
這三個字，而且書寫年代絕對早於顧歡本、李榮本、敦煌本的帛書甲
本、乙本，也一樣有意思完全相同的「恆無欲也」這幾個字，卻一定
要跟這三個字過不去，非要採信顧歡本等三本不可？這到底是什麼原
因呢？

　　個人認為其主要原因，或許可能就是陳教授基於其哲學系專業，
主修西方哲學，素來認定老子所謂「道」，就是西方哲學系統中宇宙
論或本體論作為創生之源或萬理之本的形上道體，偏偏這種型態的
「道」是絕不可論及有欲、無欲的，欲望是倫理學中關乎人生修養的
問題，與這一型態的「道」絕不相干，這是再明白不過的，所以非把
「常無欲」這三個字拿掉不可！明明可以為據者偏偏輕棄而不取，而
不足為據者卻硬拉硬扯，除卻上述原因，實在想不出怎麼會令人殊不
可解到如此地步！

　　我們再看第十章：「（載）營魄抱一，能無離乎？專氣致柔，能
如嬰兒乎？滌除玄鑒，能無疵乎？愛民治國，能無為乎？天門開闔，
能為雌乎？明白四達，能無知乎？生之畜之，生而不有，為而不恃，
長而不宰，是謂玄德。」此章從「（載）營魄抱一」到「能無知（王
注本作「為」）乎」，都是以疑問句的句式來表述，試問老子所問的
對象又是誰呢？從「愛民治國」一句來看，老子所問者當然是國君無
疑。然則此章末節「生之畜之，生而不有，為而不恃，長而不宰，是

謂玄德」，那能生之畜之，能生而不有、為而不恃、長而不宰而身具「玄德」者，亦毫無疑問是能達到老子所設最高標準的國君。但是陳鼓應教授仍然不顧帛書甲本、乙本這幾句明明白白赫然在目，還硬是要贊同馬敘倫的謬見，馬敘倫說：「自生之畜之以下，與上文義不相應」，因而認定係五十一章的「錯簡重出」。我在談第十章時老早說過，古書之「錯簡」是有可能的，但是「錯簡」而「重出」則是絕對不可能的。試想：簡片若由本來的位置錯擺到別的地方去，彼處既有，則此處必無，又怎麼可能重出？這不是極其簡單的道理嗎？道理如此簡單，大學者、大專家為何還要在這些地方硬拗？原因只有一個：他們認定老子所謂「道」乃是籠罩萬物、覆蓋一切，涵括應然、實然（必然）所有領域的形上實體。因此根本就不能接受《老子》書中的「道」只是繫屬應然領域、價值世界的聖人之道、君王之道，也就是真正的而非異化掉了的君人南面之術。其實從邏輯理路上說，任何「道」都不可能同時涵蓋應然與實然（必然）兩個領域，這是不辯自明的哲學常識，也是思考上合理或不合理的基本問題。

至於五十一章：「道生之，德畜之，物形之，勢（帛書作「器」）成之。是以萬物莫不尊道而貴德，道之尊，德之貴，夫莫之命而常自然。故道生之，德畜之：長之、育之，亭之、毒之，養之、覆之。生而不有，為而不恃，長而不宰，是謂玄德。」這一章的後半章由「道生之」到「是謂玄德」，無論文章與義理，其所表述者皆與第十章之末節極為接近。我們先討論「玄德」。「玄德」一詞在《老子》書中凡三見，一在第十章，一在本（五十一）章，另一則在六十五章。第十章中的「玄德」，我們已析論明白，確鑿而無疑乃是君王大德如天，與道冥合，而百姓渾然不覺的玄深之德。六十五章說「故

以智治國，國之賊；不以智治國，國之福。知此兩者，亦稽式。常知稽式，是謂玄德。」然則該章所謂「玄德」者，一望而知亦屬君王之德。

現在再看五十一章：開頭四句「道生之，德畜之，物形之，勢（器）成之」，四「之」字所稱代者即下一句的「萬物」。按理來說，「道」之生萬物是可以的，這不成問題，但是「德」何自而來，且又如何可以畜養萬物？「德」必定是人能體道而有所得者方謂之「德」，若光憑孤楞楞一個「德」字，又如何「畜」？再來，「物」又怎麼能「形」萬物？「勢」（器）又怎麼能「成」萬物？這些都是明顯說不通的。我在 1993 年臺師大國文學報二十二期所撰〈讀老疑義析論──第三章、五十一章〉一文，指出《老子》一書，乃專對君王而說，故而有一些不言自明的習慣性省略，如本章之原意當是：聖人（君王）對於萬物，當以道生之，以德畜之，隨物而形之，順勢（依帛書則是「因器」）而成之。其所以省略「聖人（君王）」，正是因為在老子而言，此書論述、陳說之對象本來即是君王，所以根本不用再提，若還處處標明，反而成了累贅。所以五十一章的「玄德」，當然也毫無疑問的是君王之德。

再看七十七章末節：「孰能有餘以奉天下？唯有道者。是以聖人為而不恃，功成而不處，其不欲見賢。」文中「聖人為而不恃，功成而不處，其不欲見賢」與三十四章之大旨十分貼近，所以本章所謂的「道」，當然就是聖人之道、君王之道。

以上再三論證，本厭其煩，目的就是在說明本章所謂「大道」或「道」，的的確確指的就是「聖人之道」，就是「君王之道」，這是毫無疑問的！

本章癥結既解，底下即分兩節略作詮釋：

　　首先「大道氾兮，其可左右。萬物恃之而生而不辭，功成不名有，衣養萬物而不為主」：「氾」是氾濫，水氾濫則無處不浸不潤，左行則左浸，右行則右潤，引申之可理解為君王能行善政，則其德澤之浸潤將普遍周至一如大水之氾濫，左右畢至，猶如政治之影響力無處而不到。「萬物」在政治世界中，主要指為數眾多的人民百姓。老子認為：君王若能深體大道，施行善政，則德澤所至，將如大水之漫氾，可左可右，遍及所有的事物、所有的人民百姓，萬物均得其霑溉，百姓皆受其潤澤，賴之以生育長養、安居樂業。但是君王卻不會因此而稱說功績、表揚自己。即使治理完善而成其大功，也不會把功勞據為己有。對於所有人民，衣而被之，養而育之，盡心保護，竭力照顧，卻絕不把自己視為可以任意宰制他們的主人。「不辭」意猶不言，不稱說、不表揚。「衣養」河上本作「愛養」，傅奕本作「衣被」，意思並無不同。

　　其次，「常無欲，可名於小；萬物歸焉而不為主，可名為大。以其終不自為大，故能成其大」：君王像這樣總是用心在百姓身上，而完全看不出他有絲毫稱功邀名的欲望，這似乎可以稱之為「小」；所有人民都歸心於他，對他擁護愛戴，而他卻謙卑自抑，不肯自居主宰，對百姓不敢存絲毫操縱控制之念，這樣的心胸，真可以稱之為「大」了。可是正因為他雖然偉大，卻始終不敢自居偉大，所以反而更能使他成為真正的偉大！

　　以上析論闡釋，主要在說明：老子之道絕非鑿空蹈虛，孤懸雲霄而冰涼冷冽，於世人不親，於社會不近；真正的大道其實充滿人間性的自在與溫暖，是腳踏實地而且親切有味的。可是當今的學者專家詮釋老子乃多捨近而求遠，捨中國傳統思想而就西洋哲學系統，真是令

人徒喚奈何啊！

旨趣聯繫

　　第二章、第八章、第十章、五十一章、六十七章、七十七章。

義理參觀

　　＊大道汎兮，充滿八極。及其用之，如在左右。萬物非道不生，而道未嘗自言其能也。萬物非道不成，而道未嘗自名其功也。萬物非道不養，而道未嘗自以為主也。方其小，則不見其朕；及其大，則未嘗主萬物，萬物悉歸焉。聖人亦然，終不自以為大，而萬物終無以過之。唯其不取大，故能成其大。（李息齋註）

第三十五章

執大象，天下往；往而不害，安平太。樂與餌，過客止；
道之出口，淡乎其無味，視之不足見，聽之不足聞，用之
不足既。

異文討論

　　本章章句各本大致相同，帛書本、竹簡本亦不見顯著差異，似無
進一步討論之必要。

章句詮解

　　本章分為兩節：「執大象」至「安平太」為第一節，言君王若能
守道、行道，則可國泰民安，四方來歸。「樂與餌」至「用之不足
既」為第二節，言大道平淡無奇，雖不可見不可聞，然而其用無窮無
盡。

　　「道」本無形象，第四章云：「淵兮似萬物之宗，……湛兮似或
存」，十四章云：「視之不見名曰夷，聽之不聞名曰希，搏之不得名
曰微。此三者不可致詰，故混而為一。其上不皦，其下不昧，繩繩不
可名，復歸於無物。是謂無狀之狀，無物之象，是謂惚恍。迎之不見
其首，隨之不見其後。」二十一章云：「道之為物，惟恍惟惚。惚兮
恍兮，其中有象；恍兮惚兮，其中有物。窈兮冥兮，其中有精，其精

甚真，其中有信。」二十五章云：「有物混成，先天地生。寂兮寥
兮，獨立而不改，周行而不殆，可以為天下母，吾不知其名，字之曰
道。」蓋老子所謂「道」本是國君治國理民之道、帝王總政致治之
理，無形無質，抽象離象，因為此「道」不見形象而實有其理，故謂
之「大象」。在前面所引述的各章中，老子對於「道」極力形容，費
心描述，十四章既已把「道」說成「繩繩不可名，復歸於無物，是謂
無狀之狀，無物之象」，二十一章卻又說「道」是「其中有象，其中
有物，……其中有精，……其中有信」，二十五章更說「有物混成，
先天地生。寂兮寥兮，獨立而不改，周行而不殆」。可能有人會覺
得：老子一下說「有物」，一下又說「無物」；一下說「其中有
象」，一下又說「無物之象」，到底那一個才對呢？其實老子之言
「道」並非自相矛盾，也不是前言不對後語，讀這些章句必須打破文
字使用之執著，而領會老子說實、說有處，是此「道」實有其理；說
虛、說無處，是此「道」不見形象。正因為「道」實有其理，「其中
有精」、「其中有信」，雖無物而「似萬物之宗」，故謂「有物」、
「有象」；正因為「道」不見形象，恍惚窈冥，希夷寂寥，不皦不
昧，繩繩混一，故謂「無物」、「無狀」。

　　君王能守道、行道，亦即能執此「大象」，踐此大道，則普天之
下，人人嚮往，趨而來歸。既已來歸，君王都能給予保護、照顧，不
騷擾、不加害，於是來歸之人民獲得平安康泰，得以久居而樂業。這
裡「安平太」，傅奕本即作「安平泰」，帛書本、竹簡本俱作「安平
大」。關於「安」字，王引之《經傳釋詞》云：

　　　安，猶於是也，乃也，則也。字或作「案」，或作「焉」，其義一

也。……《老子》曰：「往而不害，安平太」，言往而不害，乃得
平泰也。（卷二，「安、案」條）

　　王引之此一說法，在《老子》各本的比對中確有佐證：例如十七
章「信不足，焉有不信焉」，傅奕本作「故信不足，焉有不信」，帛
書甲本作「信不足，案有不信」，乙本作「信不足，安有不信」，竹
簡本作「信不足，安又（有）不信」。

　　另外，嚴復曾經解釋「安平太」，說：「安，自繇（由）；平，
平等；太，合群也。」蔣錫昌對此加以批評，說他「以今人所習用之
新名詞，強合之《老子》」（見古棣《老子通》）蔣錫昌的批評並不
錯，嚴幾道之釋「安平太」，確實是過於穿鑿附會。

　　再來，「樂與餌，過客止」，王弼注云：「樂與餌則能令過客
止，而道之出言，淡然無味。視之不足見，則不足以悅其目；聽之不
足聞，則不足以娛其耳。」所以依王注之意，這兩句與底下「道之出
口」各句所述適成對比，反襯出：音樂足以娛人之耳，美食足以悅人
之口，故能吸引路過之人而使之停步駐足，捨不得離去；然而「道」
卻是平淡樸素，不足以極視聽之娛，盡口腹之樂。

　　最後，「道之出口，淡乎其無味」，言若欲談道論道，則「道」
真的是平淡無味，視之既無眩目動人的華彩，聽之亦無悅耳感人的美
聲，故謂「視之不足見，聽之不足聞」，十四章說「視之不見名曰
夷，聽之不聞名曰希，搏之不得名曰微，此三者不可致詰，故混而為
一」，不可致詰、混而為一者，即是出口淡然無味的「道」。「用之
不足既」，「既」是窮盡的意思，君王誠能守道、行道，則「無為而
無不為」（三十七章），「道生之，德畜之，長之育之，亭之毒之，

養之覆之」（五十一章）；「道」之於用，彌綸六合，經緯萬物，如天地之無不覆而無不載，真可以說是「取之不盡， 用之不竭」，第六章說的「用之不勤」，正是此意。

以上疏釋略畢。但是對於「樂與餌，過客止」句，我還有另外一種看法：我認為「執大象」、「往而不害」、「樂與餌」這三句的主詞都是君王，「與」是動詞，不是連接詞，是「給與」的意思，和「與善仁」、「必固與之」、「常與善人」、「既以與人」之「與」同義。「樂與餌」即君王樂於給與餅餌、食物，猶言君王樂於給與種種好處、利益，是故即使是遠方過客也會因之居止而停留。意指君王布施恩惠，則遠客亦將綏服而來歸。「樂」後人如王弼等都解為音樂，我認為於文理貫串、文義解讀都有未安。章末謂「用之不足既」者，正指前文所謂「天下往」、「安平太」、「過客止」這些功用與效果。

旨趣聯繫

二十七章、三十四章、四十九章、六十三章、六十六章、八十一章。

義理參觀

＊大象者，道也。夫能執古之道，以御今之有，則天下萬物皆歸往之矣。夫聖人視民如赤子，唯恐其傷，而況有事傷之乎？未嘗有以傷之，則歸而往之者莫有受其傷矣。莫受其傷，則天下皆安其夷泰矣。夫樂可以悅耳，餌可以適口，則旅人為之留連，為之歡饜，然非

其所安，不可久處。故《易》曰「鳥焚其巢，旅人先笑後號咷」也。夫執大象者則不然，不以欲樂示於人，故言之出口淡乎其無味，教之入心泊乎其不美。希乎夷乎，雖不足以視聽，然用之不窮，酌之不竭，彌乎千萬年而不可以既。（陸希聲註）

＊道非有無，故謂之大象。苟其昭然有形，則有同有異。同者好之，異者惡之。好之則來，惡之則去，不足以使天下皆往矣。有好有惡，則有所利有所害。好惡既盡，則其於萬物皆無害矣。故至者無不安，無不平，無不泰。作樂設餌，以待來者，豈不足以止過客哉？然而樂闋餌盡，彼將舍之而去。若夫執大象以待天下，天下不知好之，又況得而惡之乎？雖無臭味形色聲音以悅人，而其用不可盡矣。（蘇轍註）

第三十六章

將欲歙之，必固張之；將欲弱之，必固強之；將欲廢之，必固興之；將欲奪之，必固與之：是謂「微明」，柔弱勝剛強。魚不可脫於淵，國之利器不可以示人。

異文討論

本章章句各本之間很少出入。王注本「將欲廢之，必固興之」句，河上本、傅奕本相同，但帛書本作「將欲去之，必固與之」，如此與下文「將欲奪之，必固與之」將有一句重複，故宜依照王注本。

章句詮解

這一章自從韓非以來在釋義上就頗見紛紜，至兩宋程子、朱子更迭有訾議。然而我認為視此章為陰謀權術之論者恐怕都屬誤解，甚至是刻意曲解。本章論述的重點落在「柔弱勝剛強」這一句，由開頭至「是謂微明」，正是為「柔弱勝剛強」預作鋪墊，敘明剛暴強梁者之終致於困弱銷亡；「魚不可脫於淵」二句則是「柔弱勝剛強」此一義理的進一步闡釋與引申。

我們先看「柔弱勝剛強」這一句，王弼注本、河上注本俱是如此；傅奕本作「柔之勝剛，弱之勝彊」，帛書則作「柔弱勝強」，各本字句雖稍有出入，實則其意義與「柔弱勝剛強」並無殊異。

　　何謂「柔弱」？讀《老子》必須始終注意到一個重要的關鍵：此書是老子對君王講話。這個角度對正了，立場把定了，《老子》中很多後人在詮釋上的矛盾便不解而自解，很多彼此齟齬、枘鑿互見的疑難便不攻而自破。如果就一般事物、平常情況而言，強者本自強，弱者自是弱，強者當然勝過弱者，否則名實顛倒錯亂，又將如何論難辨理以取信於人？然而老子在此偏偏違背常情常理而強調「柔弱勝剛強」，由此可見他所謂的「柔弱」、「剛強」必然不是平常意義下的柔弱、剛強，而一定有其特殊的命意。

　　帝王在政治領域、權力世界中無疑是一個絕對的強者，憑藉其掌握的權勢，幾乎可以為所欲為，而莫有能與之抗衡者。但是在政治的世界中，權力的運作畢竟也有一定的軌道必須遵循，此一軌道即是國家的法律與制度。循軌而行，則平穩順暢；脫軌狂馳，則必致傾覆。若國君恃其權勢而違法亂制，鉗束眾口而一意孤行，這就是「剛強」；反之，君王如果能理解到其所欲行者實不合法制，則寧願在法制之前退卻示弱，不敢肆無忌憚而不顧一切地必欲貫徹自己的意志，這即是「柔弱」。在老子看來，君王之遵守法制絕對比違法亂制要好，因此才說「柔弱勝剛強」。其他諸多篇章，曰「絕聖棄智，絕仁棄義」（十九章），曰「曲則全，枉則直」（二十二章），曰「希言，自然。故飄風不終朝，驟雨不終日」（二十三章），曰「知其雄，守其雌，為天下谿」（二十八章）等等，凡在書中闡述謙退卑下、自我節制之旨者，皆為此義之引申與開展。

　　故而本章之「張」、「強」、「興」（帛書作「與」，同「舉」字）、「與」（帛書作「予」），大致而言皆屬張揚、獲取而偏於「剛強」這一面，然而君王一旦「剛強」而行事張揚，唯務獲取，則

最終必致於「歙」、「弱」、「廢」（帛書作「去」）、「奪」。與其說這是事物發展過程中的必然轉化，倒不如說這其實是老子董理史料、釐清史實，因而能在歷史的劫灰中領悟到國家的成敗興衰、朝代的禍福存亡實有其必然規律，此一規律雖似隱微而不彰不顯，實則明確而無爽無失，所以老子謂之「微明」，「微明」者，雖若隱微而其實甚為顯明昭著也！

對於「利器」一詞，各家注解不同：

《韓非子・喻老》：「賞罰者，邦之利器也。在君則制臣，在臣則勝君。」則「利器」是指銛銳鋒利之物。王弼則釋「利器」為「利國之器」，指的就是刑罰。「利器示人」意即君王輕於用法任刑。河上公解為「權道」，「利器不可以示人」意謂「治國權者，不可以示執事之臣」。其意乃告誡國君權勢不可假借於臣下。薛蕙《老子集解》：「利器者，喻國之威武權勢之屬……有國家者……不可矜其威力以觀示於天下，不爾則勢窮力屈，而國家不可保矣。」此意實與王弼相近。張松如教授引《後漢書・翟酺傳》：「臣恐威權外假，歸之良難；虎翼一奮，卒不可制。老子稱：國之利器，不可以示人。此最安危之極戒、社稷之深計也。」據此張教授說：「利器云者，乃指人君賞罰之權，所以控制臣下者也。前句魚不可脫於淵，正為此句作喻，意謂若魚脫於淵，則失去其生機；國之利器示於人，則喪其權勢。」

整個來說，王弼對於本章的注解，恐怕是在《韓非子・喻老》以後「陰謀權術」之說的另一個翻版。他說：

　　將欲除強梁、去暴亂，當以此四者（謂「將欲……必固」等四

者）。因物之性，令其自戮，不假刑為大以將物也。故曰「微明」
也。足其張，令之足，而又求其張，則眾所歡也。

　　王弼此注雖然表面上似未明言，但已隱隱然指出：君王要透過陰
謀權術的運用，對於那些強梁、暴亂者（當指權臣、悍將漸不可制之
類），不直接以刑罰加以翦除，而要鼓動強梁、暴亂者彼此之間去互
相鬥爭，以「眾所歡」的方式「令其自戮」。

　　至兩宋理學盛行，具代表性的學者如程、朱對於道家更多所曲
解、貶抑，如程子論老子：

　　　老子書，其言自不相入處如冰炭。其初意欲談道之極玄妙處，後來
　　　卻入作權詐者上去，如「將欲取之，必固與之」之類。然老子之後
　　　有申韓，看申韓與老子道甚懸絕，然其原乃自老子來。（《二程全
　　　集・遺書卷十八》）

朱子對老子之非議更多更甚：

　　　老子之術，須自家占得十分穩便方肯做，才有一毫於己不便，便不
　　　肯做。伯豐問：「程子曰：老子之言，竊弄闔闢者。何也？」曰：
　　　「如將欲取之，必故與之之類。是它亦窺得道理，將來竊弄，如所
　　　謂代大匠斲則傷手者，謂如人之惡者，不必自去治它，自有別人與
　　　它理會。只是占便宜，不肯自犯手做。」

又說：

老氏之學最忍，它閑時似個虛無卑弱底人，莫教緊要處發出來，更教你枝梧不住，如張子房是也。子房皆老氏之學，如嶢關之戰，與秦將連合了，忽乘其懈擊之；鴻溝之約，與項羽講和了，忽回軍殺之。這個便是他柔弱之發處，可畏！可畏！（以上皆見《朱子語類・卷一二五》）

　　理學家只管衛道，把道家老莊直接視為異端，有意無意之間理解的角度就不免有所偏差。《老子》言簡而意深，有些章句確實索解不易，更增加了誤讀誤解的可能，甚至予人見縫插針的隙罅，本章就是一個很顯著也很有名的例子。

　　由以上的分析與討論，本章應可如此疏解、詮釋：

　　歷史的發展隱隱然形成一套必然的規律，甚至簡直就像是上天不可違逆的旨意、不可抗拒的命令一樣：老天如果要叫他封鎖關閉，就一定會先使他開張揚厲；如果要叫他衰弱滅亡，就一定會先使他強盛壯大；如果要使他廢棄毀壞，就一定會先讓他高舉拔尖；如果要使他剝奪失喪，就一定會先讓他予取予求。這裡面歷經了一個變化的過程，這個變化的過程雖似隱密而細微，其實卻是明白彰著、確切而無可移易的。所以君王一定要認識清楚：作為掌握大權的一國之主，必須身體而力行的一個重要原則，那就是「柔弱勝剛強」：堅持遵守法律制度，寧願謙卑自抑，在國家法制之前柔弱退卻，也絕不剛愎強暴而肆無忌憚地踐踏法律、撕毀制度。不過話說回來，所謂「柔弱」並不是要君王放棄權勢地位，君王確保權位，才能令自己出，好比魚在深淵，才能悠游從容。否則一旦大權旁落，那就像魚脫於淵，必致宰割由人。君王權勢在手，牢牢掌握，就可以賞罰自出，令行禁止，這

是「國之利器」，此一銛利之物鋒銳無匹，若非必要，最好深藏不露。它當然不可假借於人，同時也不宜輕易展示、肆意揮舞，隨隨便便拿來藉之威脅恐嚇，不然稍不留神，便很可能既傷人又害己的！

旨趣聯繫

第十章、三十章、四十三章、五十五章、七十六章、七十八章。

義理參觀

＊將欲云者，將然之辭也；必固云者，已然之辭也。造化有消息盈虛之運，人事有吉凶倚伏之理。故物之將欲如彼者，必其已嘗如此者也。將然者雖未形，已然者則可見。能據其已然而逆睹其將然，則雖若幽隱而實至明白矣，故曰「是謂微明」。柔之勝剛，弱之勝強，正此理也。雖然，謂之微明，則微而明可也，明其微不可也。何謂「微而明」？韜此理以自養，靜深斂退，優游自得，如魚之不脫於淵是也。何謂「明其微」？韜此理以示人，啟釁招尤，借寇誨盜，如以國之利器示人是也。《莊子・胠篋》一篇蓋明此意。利器，兵也，設喻之言。蓋微明之理，聖人用之則為大道，姦雄竊之則為縱橫捭闔之術，其害有甚於兵刃也。（王純甫註）

＊此聖人制心奪情之道。心之為物，出入無時，莫知其鄉。欲以止止之，轉止轉動，聖人知其不可強止，故欲歙反張之，欲弱反強之，欲廢反興之，欲奪反與之。夫欲止動，以止止之，止不可得，必固反之，以動求止，自動觀妄，動已而竭，妄廢真還，自然歸止。動

雖欲動，動心不起，心既不起，止亦不生。此聖人歙心、弱志、廢情、奪欲之道，微而難見，故曰「是謂微明」。此之微明既柔且弱，而能勝天下剛強之欲，以其不離道母也。若離道母，則如魚之脫於淵。魚既不可脫於淵，則國之利器亦不可示人。以此示人，人亦將有不信者矣。此篇世之解者不循其本，多以孫、吳之兵說雜之，此詩、禮之所以發冢也。（李息齋註）

第三十七章

道常無為，而無不為。侯王若能守之，萬物將自化。化而欲作，吾將鎮之以無名之樸。無名之樸，夫亦將無欲。不欲以靜，天下將自定。

異文討論

就本章的章句來看，通行各本與早先書寫的帛書本、竹簡本略有出入。其中比較值得注意的是開頭「道常無為，而無不為」一句：王注本、河上本、傳奕本皆同，帛書本作「道恆無名」，竹簡本作「道恆無為也」。從「無為」、「無名」到「無為，而無不為」，劉笑敢教授指出，這種改動是後來的傳寫者為了「思想聚焦」，藉以突顯書中的主要概念。我認為這樣的解釋相當合理，對《老子》傳寫的進程認識深刻，見解獨到。另外「吾將鎮之以無名之樸」一句，各本都有「吾」字，唯獨最早的竹簡本沒有「吾」字。「吾」到底指的是什麼人呢？老子嗎？聖人嗎？抑或是君王呢？頗為難定，我倒認為此句依簡本拿掉「吾」字，反而比較乾淨俐落，減少了解讀時的困擾。

章句詮解

本章指出：侯王若能無欲無為，則萬物自化，天下自定。在此引起關鍵作用的則是「無名之樸」。

　　在解讀這一章之前，我們應該先看看五十七章的最後一節：「聖
人云：『我無為而民自化，我好靜而民自正，我無事而民自富，我無
欲而民自樸。』」與本章兩相對照，由是可知：本章之「化而欲
作」、「不欲以靜」，都是針對君王來說的，其對象並不是平民百
姓。

　　老子總是強調，政治一事之成或敗，良好或窳劣，其真正的決定
者是在治理者這一邊，而不是在被治理者那一邊；亦即關鍵是君王與
政府，而不是人民百姓。所以老子總是要求一國之君反躬自省、反身
自求，以「聖人」為標準來自勉，節制欲望以自我督促、自我改造，
在修道養德上踏踏實實地下功夫。

　　這裡的「道」仍是指為君為王之道，即使往上推到天地宇宙，終
究還是要落實下來，不可能只是高高孤懸。故而二十五章所謂法地、
法天、法道、法自然，說到底真正足以為法者仍然是最高標準、極致
境界的君王之道，也就是聖人之道。因為要以地為法、以天為法、以
道為法、以自然為法，所以帝王之所以祭天地，而且要制訂一套神聖
莊嚴的儀式，冕服以祭之，這事若要說得實在些，不過就是特意把天
地予以神化，要求君王在天地之前低其首、下其心，好讓那總是習慣
於高高在上的「人」也須懂得謙抑卑下，如果說這也算「以神道設
教」，那麼這正是對君王很重要的教育。

　　「無為」並不是端坐垂拱、一無作為，而是君王不敢妄為，不敢
肆無忌憚地胡作非為。然而是否妄為、是否胡作非為，其判斷的標準
何在？當然只能定在國家的法律制度這裡。君王理政決策，尊重法律
制度，不敢軼出於法制之外而妄為妄行，百官文武亦依法以行政，奉
法以守職，如此整個國家才能在政府部門順暢的運作下把該做的事情

做好，把該解決的問題處理好，這就是「無不為」了。

「無為而無不為」另有一種說法，大抵謂上古素樸，人無邪心，無欲無求，無競無爭，是以君長不過聊以備位，官府當然清靜無事。人人固不知仁義之所適，然而猖狂妄行亦自然蹈其大方；人人無耕耘種作之勞，無日曬雨淋之苦，仍可以含哺而熙、鼓腹而游，真個「黃髮垂髫，並怡然自樂」，純是一派太平晏樂景象。這也是「無為而無不為」的一種解釋，而且似乎大部分人都認為這才是道家老莊「無為而無不為」的本義、確解。

我倒是比較常思考這個問題：是先有人與人之間的攻伐爭鬥，才需要有君長與政府來平爭止亂呢？還是正因為有了君長與政府，才導致並助長了種種傾軋與暴亂？上古茹毛飲血的時代，真的是善良純樸而群居和諧、充裕豐盈而飽食無憂的安樂美好世界嗎？還是這根本只是亂世中人們困苦已極之下一種無可奈何的癡心妄想，而事實上所傳達的乃是對眼前政治的極端絕望與強烈抗議！所以，諸如此類的描述，無論是《莊子‧馬蹄》的「鼓腹而游，含哺而熙，行不知所之，居不知所為」，或出自所謂〈莊子序〉的「不知義之所適，猖狂妄行而蹈其大方；含哺而熙乎澹泊，鼓腹而游乎混芒；至人極乎無親，孝慈終於兼忘；禮樂復乎己能，忠信發乎天光」，若從文化人類學的角度來看，這樣的描述恐怕都只是一種過度被美化的想像而已。

就以上之分析與探討，本章所論或許可以詮釋如下：

真正理想的治國理民之道是君王「無為」，不生事，不擾民，依法行政，循制辦事。主政者雖然掌握大權，也絕不敢踰越法律制度而興風作浪、妄行妄為。是以百姓樂業而安居，四境清夷而無擾，內外交泰，上下均安，如此就可以說是「無不為」了。君主王侯如果能夠

遵守此一治理國家的基本原則，那麼萬物（主要指萬民百姓）即能自化自育。萬物既已自育自化，昇平日久，君王不免也會生起種種貪圖與欲望，想要開疆拓土，想要建立不世功業等等。這時（我）就要用無名的「素樸」來警示他，使他回復安定平靜，不敢妄動妄作。這樣一來，君王就可以擺脫種種貪欲的牽制。君王既已擺脫貪欲，回復平靜，那麼整個天下與所有百姓也就很快地會自行回歸到正常與安定。（「自定」，王注本、河上本、竹簡本俱作「自定」，傅奕本、帛書本則作「自正」。）

旨趣聯繫

　　十五章、十六章、三十二章、四十一章、五十七章、六十七章。

義理參觀

　　＊道常者，無所不為，而無為之之意耳。聖人以無為化物，萬物化之，始於無為，而漸至於作，譬如嬰兒之長，人偽日起。故三代之衰，人情之變，日以滋甚。方其欲作，而上之人與天下皆靡，故其變至有不可勝言者。苟其方作而不為之動，終以無名之樸鎮之，庶幾可得而止也。聖人中無抱樸之念，外無抱樸之迹，故樸全而用大；苟欲樸之心尚存於胸中，則失之遠矣！（蘇轍註）

　　＊道自無而入有，始於喜怒哀樂之萌，而極於禮樂刑政之備。極而不返，化化無窮，則愈失道矣。故聖人於其將流，則復以樸鎮之。既鎮以樸，樸亦無名。雖用無名之樸，亦將若不欲。苟有用樸之心，則樸非其樸矣。不欲以靜，民將自正。（李息齋註）

第三十八章

上德不德，是以有德；下德不失德，是以無德。上德無
為，而無以為；（下德為之，而有以為）上仁為之，而無
以為；上義為之，而有以為；上禮為之，而莫之應，則攘
臂而扔之。故失道而後德，失德而後仁，失仁而後義，失
義而後禮。夫禮者，忠信之薄而亂之首；前識者，道之華
而愚之始。是以大丈夫處其厚，不居其薄；處其實，不居
其華，故去彼取此。

異文討論

　　本章章句比較窒礙難解的是「下德為之，而有以為」這一句。王
注本、河上本這一句相同，作「下德為之，而有以為」；傅奕本作
「下德為之，而無以為」；帛書甲本、乙本則皆不見此句。若作「下
德為之，而有以為」，則與「上義」之「為之，而有以為」無以異；
若作「下德為之，而無以為」，則又與「上仁」之「為之，而無以
為」不能區隔。這樣一來，無論在文理的解析與義理的詮釋上，都很
難作出通暢順適與貼切相應的解釋。劉笑敢教授說：

　　　　帛書本和諸傳世本的最大不同是沒有「下德為之而有以為」一句。
　　　從這一段的結構來看，帛書本作「上德」、「上仁」、「上義」、

「上禮」，排列整齊有序，與下節「失道—失德—失仁—失義—後禮」的順序若合符節，而傳世本加入「下德」一句，以與「上德」對偶，卻使結構變得不合理，顯然是傳世本摹仿上段「上德」、「下德」之對仗而加入「下德」一句，造成文義混亂。（《老子古今》本章「對勘舉要」）

劉教授以上的觀點大體上是約括高明《帛書老子校注》所論而提示其重點，高說辨析清晰扼要，論斷明快有力，於此句混入之來龍去脈剖析入微，足以抉疑而祛惑。原文較長，這裡就不再引述了。比較可惜的是竹簡本不見此章，無以為證。

章句詮解

我認為本章的問題集中在：老子是不是真正否定仁、義、禮？如實而言，老子如果真的否定仁、義、禮，這就等於否定了整個文明世界賴以建構、賴以維繫的人文基礎。沒有了仁、義、禮，人間世界就會退返墮落而回到茹毛飲血，強凌弱、眾暴寡，爭不息而亂不止的野蠻時代，文明失其光明而沉淪於黑暗，價值滅其生機而復返到荒蕪，一切人類社會的理想頓成虛無幻滅。我們要問：老子可能這樣主張嗎？當然是不可能的！其中癥結與誤解所在，底下嘗試加以梳理。

一開頭，老子即以「上德」與「下德」相對：「上德」是上等之德、圓滿之德；「下德」則是下等之德，雖或仍可稱之為德，但是已不能謂之圓滿。在老子而言，「道」是「王道」，「德」是「君德」。最好的、最為上等的君王之德，是君王實有其德，但是卻不自

以為有德，此即所謂「作焉而不辭，生而不有，為而不恃，功成而弗居」（第二章），所謂「生之畜之，生而不有，為而不恃，長而不宰」（第十章），所謂「不自見，故明；不自是，故彰；不自伐，故有功；不自矜，故長」（二十二章），所謂「道生之，德畜之，長之育之，亭之毒之，養之覆之。生而不有，為而不恃，長而不宰」（五十一章），所謂「聖人為而不恃，功成而不處，其不欲見賢」（七十七章）。這些章節所說的其實都是王道君德，而其中最常出現的則是「生而不有，為而不恃，功成而弗居」一義，尤其是「為而不恃」。如何才能真正做到「為而不恃」呢？也就是既要好好地去「為」，同時又可以「不恃」其能呢？君王遣退自我的意志、去除自我的欲望，不以私智己能加諸國家政務之上，所有大政決策完全遵循制度、按照法律，則一切政事皆能在法律制度的規範下，藉著各個部門、各個政府層級的運作，順暢地處理，穩健地完成，因此「為而不恃」實際上也就近乎「無為而無不為」。這樣的君王縱然謙抑而不自以為有德，老子卻認為這才是真正有德，而且是君王最圓滿、最高境界的德，故曰「上德不德，是以有德」。

與此相對的是「下德不失德，是以無德」，「不失德」是君王自負自恃，顯其能而見（現）其賢，不能做到「方而不割，廉而不劌，直而不肆，光而不燿」（五十八章），不免有些拘執固守、不融不化，而自以為有德，所以老子斷之曰「無德」。

再來「上德無為，而無以為」：這兩句是在說明如何才是上文的「上德」。君王最高之德、圓滿之德是「無為」，雖能而不顯其能，雖賢而不見其賢，如愚如拙，謙抑節制，唯知恪遵法律制度，當為則為，仁而不知其為仁，義而不知其為義，禮而不知其為禮，為之而一

若完全無心於為，故謂「無以為」。這樣的君王需要有絕高的智慧與絕大的修養，甚至可以說是已經接近「道」的體現了。

其次「上仁為之，而無以為」：君王「上仁」的表現、最好的仁愛表現，其所作所為只是單純發自仁愛之心，而不是為了什麼原因、基於什麼目的，所以說雖是「為之」，然而尚能「無以為」。

再次「上義為之，而有以為」：君王「上義」、最高的合乎「義」的作為，是基於義而為，因為按照義理、道理應該這樣做，所以也就這樣去做。「上仁」純是愛心的自然流露，「上義」則已經不免由自動而漸漸轉為被動，被世上大家認定的義理、道理所制約，因而有點被迫而為的味道了，故曰「為之，而有以為」。

又次「上禮為之，而莫之應，則攘臂而扔之」：「上禮」之君、最能守禮的君王，他努力循禮而行，但是禮制本是充分具有規範性的，有一定的節文儀式共守共行。所以當自己力求遵循禮節，而對方卻未能同樣以禮節作適當的回應時，紛爭往往就此出現。「攘臂而扔之」，伸手張臂，強拉對方，要求對方也一樣照著禮節來。這一句的描述具見動態，而且形象感十足，充分刻劃出因行禮而引發爭執的場景。

由「道」而至「德」，由「德」而至「仁」，以至於「義」與「禮」，在老子來看，這當然是每下愈況，越來境界越低，甚至可以說是越來越不堪，所以說「失道而後德，失德而後仁，失仁而後義，失義而後禮」，而且淪降而至於「禮」，這已經算是「忠信之薄而亂之首」了。如果認為老子如此說即表示反對、否定仁、義、禮，那麼從句法上、邏輯上推衍起來，老子勢必連「德」也一併反對、一併否定。因為在「失德而後仁」的前面還有「失道而後德」這一句。況

且，《老子》書中經常提到的「德」全部都是正面表述而予以肯定的，如「孔德之容」（二十一章），「常德不離」（二十八章），「上德若谷」（四十一章），「含德之厚」（五十五章），「早服謂之重積德」（五十九章），「玄德深矣遠矣」（六十五章），「不爭之德」（六十八章）等等，不勝枚舉。由此可知老子根本不可能否定「德」、反對「德」，因此「失道而後德，失德而後仁，失仁而後義，失義而後禮。夫禮者，忠信之薄而亂之首」，這種表述方式只能視為對政治現實或治理境界的一種層遞式的說明，意謂講禮、重義、行仁、有德，在治國理民的境界上乃是層遞昇進的，講禮進一步則重義，重義上一層則行仁，行仁昇一級則有德，有德而全備則達道。亦即老子之論道、德、仁、義、禮，初看好像是貶斥式的逐級否定，細思其實乃是獎勸式的逐層提升。

若社會上人人能講禮、守禮，這在我們看來豈不是已經很好了嗎？但老子說「禮」不過是「忠信之薄」，距真正的「亂」僅只一步之遙。蓋人人若真能忠誠信實，又何待「禮」來立節目、設儀範以強人規行矩步？所以當忠誠信實之風漸見澆薄，欺騙詐偽之俗屢見不鮮，此時設禮立法（在古人而言，禮、法實出一源）來加以規範，甚至進一步予以矯正，就變成必要而不可或缺的了。然而人群社會一旦到了非設禮立法不足以維持安定的地步，這其實就不能不承認亂象已見了。奚侗說：「禮尚文飾，文勝則質衰，詐偽萌生，忠信之行因之而薄，爭亂之端由此而起。」（《老子集解》）正是這個意思。故而從治理的境界而言，能講禮還不如能重義。義者，為人應然之理、處事當然之宜，而如何方是合理合宜，畢竟還是須要去分辨、判斷，而「仁」是出自內在的悱惻不忍，發乎純淨的仁愛之心，自然流露而更

不待分辨、判斷，所以重義更不如行仁。但是就君王治國理民之大體而言，都不如能真正體道無為而實有其德，所以老子認為，君王若不能上躋「無為」而合於道、應乎德的最高境界，其下則「為之」而行仁，再下則「為之」而重義，更下乃「為之」而講禮，層層遞降，愈趨愈下。所以老子在此絕非否定「禮」，否則不會有三十一章之「戰勝以喪禮處之」，更不是反對仁義、反對道德（此處「道德」是一般通用義，而非老子之專用義），否則不會有第八章之「與善仁」，不會有十八章之「孝慈」與本章之「忠信」，仁、孝、慈、忠、信等等，不就是仁義道德嗎？

　　以上討論，主要在闡明老子雖重「道」、「德」，但是並不否定「仁」、「義」、「禮」，「失道而後德……失義而後禮」云云，只在說明道、德、仁、義、禮依次遞降，身為君王，有責任提升以期層層上遂，努力躋攀更高境界，切不可自甘淪落於治理層級之卑下。這樣的觀點與所謂「反對儒家思想」根本毫不相干，絕不應妄拉亂扯而混為一談！

　　再來，「前識者，道之華而愚之始」：何謂「前識」？一般可以解釋為「先見之明」，但是在本章中，是什麼樣的「先見之明」會被老子斥為道之虛華而開啟愚妄之始呢？《韓非子‧解老》云：「先物行，先理動，謂之前識。前識者，無緣而妄意度者也。」這是以「前識」為沒有確實根據而胡亂猜測、臆度。這樣的解釋置之本章，我覺得仍是不著邊際。范應元說：「前識猶言先見也。謂制禮之人自謂有先見，故為節文，以為人事之儀則也，然使人離質尚文。」（《老子道德經古本集注》）如此注解，與上一句「禮者，忠信之薄而亂之首」彼此搭配，相互映襯，我認為是比較能貼近老子原意的。

　　最後「是以大丈夫處其厚，不居其薄；處其實，不居其華，故去彼取此」：真正有抱負的君王應該處厚而不居薄，處實而不居華。道、德為厚，而仁、義、禮以次為薄；道、德為實，而仁、義、禮以次為華。老子激勵有大志的君王，稱之為「大丈夫」，冀望君王能把眼光放遠大，由禮上躋於義，由義上躋於仁，更由仁上躋於道、德之境，層層追攀，調適上遂，以達到老子所擬構的治國理民之最高境界。

　　王弼於此章注解累千百言，標舉出他所認為的老子思想的要旨：「以無為用，則莫不載」、「天地雖廣，以無為心；聖王雖大，以虛為主」、「守母以存其子，崇本以舉其末，則形名俱有而邪不生，大美配天而華不作」，不僅為本章作注，實已揭舉出他所了解的老子根本思想，與經考證同為輔嗣作品之《老子指略》所論述者相互呼應。我個人雖然認為王弼之注老不免失誤偏頗，然而於《老子》之詮釋亦足以備一家之說，讀老研老者當然不可不予關注。

旨趣聯繫

　　第二章、第十章、二十二章、三十一章、五十一章、七十七章。

義理參觀

　　＊不可得謂之道，可得謂之德，德在人謂之仁，仁不失其宜謂之義，義以正物謂之禮。故失道而德，失德而仁，失仁而義，失義而禮，自然之次也。自道五降而至於禮，五降之後不足觀矣。夫禮由亂而作，因其有長幼，無禮則亂，故立禮以救之；然至攘臂而仍之，則

禮亦隨喪,然則禮者亂之首也。多知不足以為道,由其多知,惑亂本
真,知不從真,浮妄無實,然則多知者愚之始也。故禮為忠信之薄,
而識為知道之華。聖人處厚不處薄,貴實不貴華,故常不失道本。
(李息齋註)

＊虛無無為,開導萬物,謂之道人。清靜因應,無所不為,謂之
德人。兼愛萬物,博施無窮,謂之仁人。理名正實,處事之宜,謂之
義人。謙退辭遜,恭以守和,謂之禮人。此五者,皆可道之陳迹,非
至至者也。至至者一尚不存,安有其五?故帝王根本,道為之元,德
為之始。道失而德次之,德失而仁次之,仁失而義次之,義失而禮次
之,禮失而亂次之。凡此五者,道之以一體而世主之長短也。故所為
非其所欲,所求非其所得,不務自然而務小薄也。夫禮之為事,中外
相違,華盛而實虧,末隆而本衰。禮薄於忠,權輕於威,信不及義,
德不逮仁,為治之末,為亂之元,詐偽所起,忿爭所因。故莊子曰:
「聖人行不言之教,道不可致,得不可至,仁可為也,義可虧也,禮
相偽也。」此之謂也。(嚴君平解)

第三十九章

昔之得一者：天得一以清，地得一以寧，神得一以靈，谷得一以盈，萬物得一以生，侯王得一以為天下貞。其致之！天無以清將恐裂，地無以寧將恐廢（原作「發」，乃「廢」之省文），神無以靈將恐歇，谷無以盈將恐竭，萬物無以生將恐滅，侯王無以貞（各本多作「貴高」，據易順鼎、嚴靈峰說改為「貞」）將恐蹶。故貴以賤為本，高以下為基，是以侯王自謂孤、寡、不穀，此非以賤為本邪？非乎？故致數輿，無輿。不欲琭琭如玉，珞珞如石。

異文討論

本章之章句異文，必須提出作一說明的是「故致數輿，無輿」這一句。河上本此句作「故致數車，無車」，帛書甲本作「故致數與，无與」，乙本作「故至數輿，无輿」，傅奕本作「故致數譽，無譽」。鄭良樹教授說：「此文可就字面解之。致，聚也。此謂雖聚有數輿車，當自謙無輿車；猶侯王富有民人，當自謙孤寡不穀也。」（《老子新校》）我覺得如此解雖似可通，終屬牽強。劉笑敢教授謂：「《淮南子‧說山》：『求美則不得美，不求美則美矣。』高誘註：『心自求美名則不得美名也，而自損則有美名矣。故老子曰：致數輿，無輿也。』高誘讀為譽。傅奕、范應元等本作『譽』，從文義

看，讀『譽』可從。」這樣解釋，就本章文義而言，可以上下通貫；就《老子》全書思想而言，亦見條理一致，又有傅奕本、范應元本作為佐證，應該是最可取的。

章句詮解

這一章的關鍵字是「一」，幾乎所有的注解、詮釋都把本章的「一」認為是「道」的別名，這樣的認識基本上不算錯，因為在本章的論述中，「天得一以清，地得一以寧，神得一以靈，谷得一以盈，萬物得一以生，侯王得一以為天下貞」，而且要是沒有了這個「一」，「天無以清將恐裂，地無以寧將恐廢，神無以靈將恐歇，谷無以盈將恐竭，萬物無以生將恐滅，侯王無以貞將恐蹶」。由此可見，老子認為這個「一」對於天、地、神、谷、萬物、侯王而言都至關重要，可以說天地、萬物之間，包括自然秩序與人間秩序，盡皆仰賴它來維持其穩定，保障其健全，失去了它就不免使得天地擾攘、萬物絕滅，侯王也將覆墜顛蹶而不得安於其位。

可是如果「一」即是「道」，老子何不直接就用「道」來取代「一」，免得多生葛藤？因此我認為「一」與「道」之間，恐怕不能逕直劃上等號。「一」應該是「道」極為重要、甚至是足以作為其關鍵的部分，但是並不即是「道」，「道」還有其他的重要內涵。

檢閱《老子》八十一章中的「一」，總共使用了十五次，其中單純作為數目或排列順序的「一」有：「三十輻共一轂」（十一章）、「而王居其一焉」（二十五章）、「道生一，一生二」（四十二章，此例的「一」究為何義仍待商量，我則視為類似數目或排列順序）、

「一曰慈」（六十七章）五例，其他十例都接近「道」的義涵，而以本章七例為最多。其他三例分別為：「載營魄抱一，能無離乎」（第十章），「故混而為一」（十四章），「是以聖人抱一為天下式」（二十二章）。

作為數目而言，「一」是數目之最少者，老子在以上三章中使用「一」，我認為其象徵的意義包含了少私寡欲、自我節制與自我損抑，而這一些正是老子「柔弱無為」思想的核心部分。

試看第十章之「抱一」，所涵攝的是「專氣致柔」如「嬰兒」，「滌除玄鑒」而「無疵」，「愛民治國」而「無為」，「天門開闔」而「為雌」，「明白四達」而「無知」，具備以上的修養才能夠「生而不有，為而不恃，長而不宰」。

十四章「視之不見名曰夷，聽之不聞名曰希，搏之不得名曰微，此三者不可致詰，故混而為一」，此「一」涵攝不可視見之夷、不可聽聞之希、不可搏得之微，都是極小、極少者，故亦可視為節制私欲、自我損抑這一類內在修養的象徵。

二十二章寧願以「曲、枉、窪、敝、少」而得到「全、直、盈、新、得」，懷抱這樣的心態才堪「聖人抱一為天下式」，也才能夠做到「不自見、不自是、不自伐、不自矜」，達到「不爭」的境界。

由以上之引述及論證，應可推斷老子之所謂「一」，並沒有什麼神秘不可解、奧窈不可曉的義涵，它單純指向對君王而言具有相當大難度的修養或存心、態度，這些不能直接就說為「道」，但卻是「道」極具關鍵性的支柱，無此則「道」必不可行、不能行。打一個比方：如果說「道」包含了「硬體」與「軟體」，「硬體」即是國家的法律、制度，包括政府組織等基本治理結構，「軟體」則是君王、

掌權者本身少私寡欲而能自我節制、自我損抑，達到「柔弱」、「無為」的境地，具備真正尊重法律、恪守制度的修養或存心、態度，這個「軟體」即是「一」。就國家治理來說，即使有很好的硬體，如果沒有足夠優秀的軟體，國家機器也是絕無可能運轉順暢的！

另外還有一個問題必須稍作澄清：本章之「一」，對「侯王」者才是老子之「實說」，這是整章論述之「主」；對天、地、神、谷、萬物而言，我認為根本就是「虛說」，對於本章之論述，其功能只是作為陪襯之「賓」。這一點從本章的段落結構、論述重點之擺放與最後結論的落點所在，明眼人一看便知道了！為什麼要把對天、地、神、谷、萬物之「一」斷為「虛說」呢？如果考慮到老子的時代背景，考慮到老子當時對自然世界了解之有限與客觀知識成就之稀薄（相較於今日而言），我們認為老子不可能對天、地、神、谷、萬物，具有現代客觀知識意義下的真正認知，所以這一部分的論述只能視為是由侯王之「一」連類推衍過去的，說得明白一點，老子對天地萬物等等之「一」，在這裡只是憑藉想像臆度，而不可能是通過實證的真知灼見。

若不能清楚了解到這一層，而還認真地想要窮原竟委，追究何以「天得一以清，地得一以寧，神得一以靈，谷得一以盈，萬物得一以生」，探討「一」究竟有什麼奧妙的神秘功能，甚至把「一」當作某種不可究詰、不可思議的神秘物事，導向神學性質或宗教信仰這一路的思考，這恐怕都屬誤讀、誤解，說得嚴重一些，甚而是對老子思想某一型態的褻瀆。

劉笑敢教授的《老子古今》精思入微，識見卓越，言必有據，說必有本，論不輕出，斷不妄下，我認為是近年來老子研究集大成式的

重要著作。我前此那些逐章詮釋《老子》實屬淺薄的論述，即從此書多得資借，這一點無須諱言。可是我始終不能贊同劉教授對老子之「道」的定性，劉教授說：

> 老子之道可以概括為關於世界之統一性的概念，是貫通於宇宙、世界、社會和人生的統一的根源、性質、規範、規律或趨勢的概念。概括起來，則包括統一的根源和統一的根據兩個方面。也就是說，道的概念所針對的問題是宇宙萬物一切存在有沒有總根源、有沒有總根據的問題。總根源和總根據是似乎形而上的，但也一直貫通到形而下乃至人生之中，或者說是從存有界貫通于價值界。（《老子古今》‧導輪二‧回歸歷史與面向現實）

雖然劉教授也進一步說明：「在老子的時代，古代聖哲們還沒有認識到要區分實然與應然，也不認為形而上與形而下之間有什麼不可逾越的界限」。但是生於現代的我們，卻不能不釐析清楚「實然」與「應然」的分際，不能不講論明白老子所論只是屬於「應然」領域中為政治國「價值方向之指引」，其實並不真能包括「實然」領域中關於自然世界種種「客觀規律之描述」，那些字面上看起來好像是對存在界天地萬物的種種描述與論說，只是老子在說理時順手拈來作為譬喻與類比之用而已，乃是「虛說」而並非「實說」；只是論說時作為陪襯之「賓」，而切切不能看作論說之「主」。

這也就是說，儘管老子在論述之時，常常舉自然界的天地萬物和種種自然現象為喻，但是這些論說或描述僅僅作為陪襯，其作用只是為了彰顯論旨，遠遠算不上是嚴肅意義下的事實陳述與客觀論證。例

如取「水」為例以喻「道」，而說「上善若水，水善利萬物而不爭，處眾人之所惡」，這完全是老子基於其論旨之需要，而對於水的性質所作的附會，目的只在幫助「君王當善利萬物而不爭，處眾人之所惡」此一論旨之說明，並不是意圖對於水的真實性質作客觀的描述。其他以道為「盅（沖）」為「淵」、為「谿」為「谷」、為「素」為「樸」，甚至取象於「嬰兒」，都是論說舉譬的同一類型。由此亦可以推知：本章「天得一以清……萬物得一以生」和「天無以清將恐裂……萬物無以生將恐滅」云云，也只是論述時取譬以為論旨之助，藉以襯托「侯王得一以為天下貞」和「侯王無以貞將恐蹶」。如果我們真去追問老子：你怎麼知道天之清、地之寧、神之靈、谷之盈、萬物之生都是因為「得一」所致？除非老子真是太上老君這個神仙，可以徹底了知人間世界與自然世界的一切現象，如如照見一切凡人絕不可解的神秘，否則他恐怕是回答不來的！

因此我們必須明確認識到，老子真正想要處理的問題只限於「君王應如何成就良善的國家治理」，這純粹是價值領域、應然領域內的事，並不涉及自然世界、實然領域中屬於客觀認知的物性規律、必然定理的探討。如果硬要如劉教授所論所述，則老子思想必然破綻百出、矛盾屢見，經不起認真的檢驗與嚴格的論證。這裡姑舉「柔弱勝剛強」此一重要概念來說即可明瞭，這個概念只能在價值領域中理解，在實然世界中那是破綻處處、矛盾不通，完全違背事實而不具普遍的合理性、真實的必然性，其他類此之例實在不勝枚舉。

如實以言，這些常被不解老子論述旨趣的人所指摘的破綻與矛盾，實非老子論述之過，乃是由於對老子的誤讀與曲解所引起，真是可歎亦復可惜啊！

　　以上已對本章主要問題作了一些疏解與討論，底下即依字面所述略作詮釋：

　　觀察既往的種種現象與人事百態，可知天因為得一而清，地因為得一而寧，神因為得一而靈，谷因為得一而盈，萬物因為得一而生，而侯王亦因為得一之故，方足以作為教化百姓、輔正人民的君主，成為安定天下的儀型與典範。

　　「一」本來即是數之最少與最小者，因而對於君主王侯而言，它就指向少私寡欲、自我節制與自我損抑，最終達到柔弱、無為的境地。

　　「一」之重要既然如此，所以必須致力於修持養護，以期得「一」。否則，天若無一以清，恐怕就會破裂；地若無一以寧，恐怕就會傾廢；神若無一以靈，恐怕就會消歇；谷若無一以盈，恐怕就會枯竭；萬物若無一以生，恐怕就會滅絕；侯王若無一以貞，恐怕就會顛蹶而失位。所以尊貴者一定要以卑賤為根本，崇高者一定要以低下為基礎。因此君主王侯都不惜借惡名而自稱孤、寡、不穀，這不就是以卑賤作為根本嗎？難道不是這樣嗎？

　　所以說到底，君王已經高高在上了，對於聲名美譽就應該澹泊處之，如果還極力鋪張粉飾，欲以追求名譽聲望，到最後反而得不到人們由衷的讚美。身為君王，要留意切勿讓自己光華耀眼如同美玉，寧可平凡樸實而像一塊毫不起眼的頑石。

　　「琭琭」形容美玉之光華耀目，「珞珞」則形容石頭的樸實無華、毫不起眼。以文意來看，最後這兩句是用「不希望……而寧願」的形式，來表達選擇後者而放棄前者的意願，屬於中文文法上「選擇關係」的一種複句，只不過後一句「而寧願」之文被省略掉罷了。

旨趣聯繫

第十章、十四章、二十二章、四十二章、六十六章、七十八章。

義理參觀

＊孔子曰：「吾道一以貫之」，「一」者何也？天之清，地之寧，神之靈，谷之盈，物之生，侯王之貞，極其至無不同。知天之所以清，即知地之所以寧。知神之所以靈，即知谷之所以盈。知物之所以生，即知侯王之所以貞。《易》曰「天下殊途而同歸，一致而百慮。天下何思何慮？」言其未嘗不一也。若不知一，則必自異，自異則絕物。侯王絕物，物亦絕之。故貴以賤為本，高以下為基，侯王自稱孤寡不穀，此豈非知貴以賤為本邪？輪、蓋、輻、軫，會而為車，物物有名，而車不可名；仁、義、禮、智，合而為道，仁義可名，而道不可名；賞、罰、刑、政，合而為治，賞罰可名，而治不可名。苟有可執，使其跡外見，貴者如玉，賤者如石，皆可以指名，而人始得而貴賤之矣！（李息齋註）

第四十章

反者道之動，弱者道之用。天下萬（帛書等本「萬」作
「之」）物生於有，有生於無。

異文討論

　　本章在章句上各本大體相同。河上本、王注本之「天下萬物」，
於傅奕本、帛書乙本（甲本漫滅不見）、竹簡本則作「天下之物」，
二者文義並無必須釐析的分別，可不討論。「天下萬物生於有，有生
於無」，唯竹簡本作「天下之物生於有，生於無」，「有」下不重
「有」字。一物既已「生於有」，又復「生於無」，這一點實在很難
作出合理的解釋，所以學者普遍認為《老子》原本「有」下原來當有
重文符號，簡本在抄寫時卻遺漏了，這應是很可能的狀況，亦說明
「天下之物生於有，有生於無」才符合《老子》原本之面貌。

章句詮解

　　《老子》常見的八十一章本中，本章是最短的一章，比第六章、
十八章、七十一章更短。雖然極其簡短，可是我認為極其重要，其重
要性可與開篇第一章（「道可道」章，絕非「上德不德」章）並駕齊
驅，甚至有過之而無不及。因為這一章把《老子》一書之要義、老子
思想之精華，提綱挈領作了最精簡的概括，值得有心讀老研老的人特

別重視。

　　老子所提示的「道」是什麼道呢？是聖人之道，是帝王之道，亦
是「君人南面之術」，是在他的時代背景（亦因此而有不可避免的時
代限制）下，以他「守藏室之史」的身分深究歷史，在歷朝各代興衰
存亡的灰燼中尋覓鑽探、提煉概括，所領悟到的一套能使國家長治久
安、完成良善治理的道術。這一套道術直接以君王、以國家首腦為論
說的對象，不是輔相大臣、文武官員，更不是尋常知識份子與黎民百
姓。這一點其實先秦諸子的任何一家即有異趣，亦皆同歸，蓋只要論
及政治，最後無一不指向君王，歸結到國家領導者，只不過老子特出
之處是這一點完全集中而一無分歧罷了。所以老子所論所說的這一套
是指導國君去做、要求君王去實踐的，而且他相信這一套易知易行，
可以付諸實踐是不容置疑的，惜乎當時君王素質不高，不能知亦不能
行，甚至還嗤之笑之：「吾言甚易知、甚易行，天下莫能知、莫能
行」（七十章），「上士聞道，勤而行之；中士聞道，若存若亡；下
士聞道，大笑之，不笑不足以為道」（四十一章）。為什麼老子自認
為易知且易行的「道」，時君世主卻不能知、不能行呢？或許本章的
論述與主張可以給出值得參考的答案。

　　在疏解上一章（三十九章）的時候，我打了一個比方：如果把國
家看成一部機器，想要讓這部機器能夠順暢運轉，就必須有很健全的
硬體和很優秀的軟體。國家的「硬體」就是法律制度和各層級的政府
組織，而追究其實，政府組織也是依法律制度的規定建構起來的，所
以這裡所謂「硬體」可以直接簡化為法律制度；而「軟體」就上一章
而言指的是「一」，其內涵則是君王的少私寡欲、自我節制與自我損
抑。到了本章，老子表達得更為直接、更見簡易明白：「反者道之

動，弱者道之用」，君王能「反」能「弱」，這是使「道」足以靈活啟動、順暢運轉，而且一定能產生良好作用的「軟體」。接下來「天下萬物生於有，有生於無」，「有」、「無」都是指法律制度。「有」是法律制度的條文，一條一條、一套一套，藏之官府有司，可檢可覈，具體而可見，故謂之「有」；「無」則是法律制度的義理、精神，最後則指向人間的公平正義，此即法律制度賴以制定的根據所在，義理、精神也好，公平、正義也罷，都是無形無質、抽象而不可見聞的，故謂之「無」。「有」與「無」所代表的法律制度，正是建構國家，使天下的各種事物在其規範下得以正常維繫、穩定運作最重要的「硬體」，所以說「天下萬物生於有，有生於無」。這裡的「生」指的就是社會的正常維繫與國家的穩定運作，使天下萬物、人民百姓可以安其生、樂其生，自屬「生」的另一種型態。

關於「有」「無」的討論，我在第一章、十一章等各章已有詳細而又深入的說明，此處不煩再贅。不過，由本章所述之「有」「無」，可以確切證明第一章的相關部分應當讀為「無，名天地（或「萬物」）之始；有，名萬物之母」，而非「無名，天地（萬物）之始；有名，萬物之母」。王弼、河上公的讀法是錯的，其注解當然也是錯的；往上推連帛書甲本、乙本的讀法都是錯的。為什麼我能說得如此肯定？因為足以作為根據的第一手資料就在本章。

試看本章的後半說：「天下萬物生於有，有生於無」，這是用被動語氣、反述語法來表現的，如果用主動語氣、平述語法來說，則是：「無生有，有生天下萬物」。我們但看「有生天下萬物」這一句就可以了，試問是「有生天下萬物」，還是「有名生天下萬物」？毫無疑問，根據本章經文正是「有生天下萬物」。「生」物者即為物之

「母」，所以「有」才是「萬物之母」，而絕非「有名」。因之第一章萬無可疑應該正讀為：「道，可道，非常道；名，可名，非常名。無，名天地之始；有，名萬物之母。故常無，欲以觀其妙；常有，欲以觀其徼。此兩者同出而異名，同謂之玄，玄之又玄，眾妙之門（帛書後四句作「兩者同出，異名同謂，玄之又玄，眾妙之門」，較他本為勝）。」

　　老子在第一章藉「無」、「有」尋常之名，寄託非常之義，既賦予非常之義，「無」、「有」就隨即變成非常之名，變成具有特殊義涵的「專有名詞」：以「無」代表法律制度之義理，以「有」代表法律制度之條文。這種「無」、「有」的特殊義涵是老子之前從來沒有人使用過的，所以這樣的「名」真是「非常名」，真的是空前絕後、大非尋常，不是嗎？故而老子說自己的「道」雖然「可道」（五千言字字句句皆「道」其所謂「道」，王弼卻硬說老子之道「不可道」，這真的合理嗎？只能說太過奇怪、絕不合理！），卻是「非常道」，不是一般人所說的、所了解的道，是有特殊內涵的道。正因為一開始就讀錯、解錯，「無」、「有」錯成「無名」、「有名」，接著「常無」、「常有」又錯成「常無欲」、「常有欲」，搞到最後連「此兩者」究竟是什麼也弄不清楚，當然何以說這「兩者」「同出而異名」，又為什麼稱得上「眾妙之門」，也就只能含糊其詞、交代不清了！帛書本第一章的唯一好處是保留了後四句的原貌：「兩者同出，異名同謂，玄之又玄，眾妙之門」，較改寫過的王弼注本、河上注本，更見文理順適，義理浹洽。所謂「兩者」，依上文當然指「無」與「有」，「同出」者，同出於「道」，同為「道」之重要部分；「異名」者，一名「無」，一名「有」；「同謂」者，同屬一物（法

律制度）之不同稱謂，「無」以謂法律制度之義理，「有」以謂法律制度之條文，故而老子才說「異名同謂」：兩者雖有「無」、「有」不同之名，然而其共同之指謂皆為法律制度。「玄之又玄」者，以「無」、「有」作為法律制度的兩種不同名稱，一稱其義理，一謂其條文，前人既無此用法，後人亦聞所未聞，搞得所有學者專家怎麼想也想不通，怎麼弄也弄不明白，所有對老子之誤讀、誤解，追根究柢皆自此而來，這樣能不說它玄上又加玄、深上又加深、黑上又加黑嗎？（後人誤謬而失以千里的注解與詮釋令人頭昏腦脹，所以這裡有必要開開玩笑，或許可以稍稍提神醒腦）「眾妙之門」者，法律制度乃為政治國的基本憑藉，老子所提示的「柔弱」、「無為」、「不言」、「自然」等核心思想，都必須藉此作為標準乃有確定的內涵，一切要道妙理遂皆由此而出，所以「無」與「有」確實稱得上是老子之「道」的「眾妙之門」。

　　除了以法律制度的義理、條文來說明「無」與「有」，還有什麼能順適而貼切地詮釋「異名同謂」呢？河上公的「無欲」、「有欲」嗎？王弼的「始」與「母」嗎？我認為放到第一章、放到《老子》全書，這兩種解釋在第一章的文理上、在《老子》全書的義理上都很難說得順適穩當。因為第一章與本章都提到「無」與「有」，而且這兩章對於老子思想可說相輔相成，關係匪淺，遂又饒讀不休說了一大堆。底下回到本章正題。

　　本章一開始就說「反者，道之動」，什麼是「反」？老子何以說「反」是「道之動」？如果「反」是對宇宙中所有事物、天地間所有現象，關於其運動規律的客觀描述，那麼我們就要嚴肅考慮：老子真有足夠的能力、充分的知識深入到整個宇宙、天地之中，從而確知其

運動規律，因此可以內無虛歉、外無愧色，以百分之一百的信心講出這種話嗎？

其次，如果這真是天地萬物、宇宙萬象的運動規律，老子指出來，萬物萬象固是如此；老子不指出來，萬物萬象也仍然如此。什麼人用什麼方法、再怎麼努力，或根本對此不理不睬、不顧不管，都完全不會改變此一規律。那麼老子特地指陳此一規律到底意欲何為？又具有什麼非比尋常的意義呢？

當孔子說「吾道一以貫之」的時候，孔子之道自是忠恕以修己安人、治國理民以平天下的道術，否則他怎麼可以把宇宙萬物、天地萬象的客觀規律說成「吾道」？當老子說「吾言甚易知、甚易行」的時候，老子之言自是君王易知易行（老子自己認為如此）的柔弱無為之道、君人南面之術。孔子不可能自高自大到以「吾道」為宇宙天地之道，老子亦絕不可能自高自大、自我膨脹到以「吾言」為代宇宙天地立言。所以這裡的「反」自是屬於人間性、應然性的「價值領域」內的事，是老子期勉侯王君主應該去做、應該去實行的。君王能「反」，「道」就由此啟動開展；君王不能「反」，「道」就完全啟動不了、開展不來！凡是說到「反」的章節，都是要求人君要「反」乎時君世主之所為，要謙虛以自抑，要卑弱以自下，如盅如淵之不盈，如谿如谷之居卑，如江如海之善下，如水之不爭而處眾人之所惡。

試看七十八章：「天下莫柔弱於水，而攻堅強者莫之能勝。其無以易之！弱之勝強，柔之勝剛，天下莫不知，莫能行。是以聖人云：『受國之垢，是謂社稷主；受國不祥，是謂（王注本作「為」）天下王。』正言若反。」這一章最值得注意的是與四十章一樣，「反」與

「弱」彼此呼應，說的正是身為君王最重要的心態或修養。老子在談
「反」之前先說「柔弱」，他先以「水」為喻，說「弱之勝強，柔之
勝剛，天下莫不知，莫能行」，必須特別注意的是：在這裡老子所謂
的「柔弱勝剛強」，根本不是關於宇宙中、天地間萬象萬物的客觀描
述，而是君王必須要「知」、必須去「行」的為人或行事之應然原
則。而且下文是用「是以」（河上本、傅奕本用「故」，帛書本用
「是故」，其意相同）來聯結，也就是由「柔弱」可以推衍到「正言
若反」，簡單講就是「反」。什麼是「反」？老子所舉以說明的例子
是「受國之垢，是謂社稷主；受國不祥，是謂天下王」，社稷之主、
天下之王在一般人的心目中，當然是高高在上，何等尊貴；一呼百
應，何等權勢！集顯赫之榮光華彩於一身，污垢、不祥怎麼沾得上
身？但是老子卻偏偏強調：只有那願意承受國家的污垢與不祥，也就
是甘心承擔別人避之唯恐不及的天災地變與種種不幸不祥之事，不躲
不閃，勇於負責，這樣的人才夠資格稱得上是社稷之主、天下之王。
這就是「正言若反」！這不是語言的玩弄，也不是邏輯的翻轉，這是
君王了解到「貴以賤為本，高以下為基」，因而願意自居卑下、自我
損抑的躬身實踐；這也是「玄德深矣，遠矣，與物反矣，然後乃至大
順」（六十五章）之帝王式以負取正的反向思考；這更是「吾不知其
名，字之曰道，強為之名曰大。大曰逝，逝曰遠，遠曰反」，也就是
君王經由漸進的修養，由「大」而「逝」、而「遠」，最終能夠達到
「反」，使心態層層「反轉改變」的君王之德：君主侯王人人皆視之
為顯赫偉大，但老子心目中的賢聖之君卻必須自居卑下、自我損抑，
努力修養，調整心態，把他顯赫偉大的「大相」排遣、消逝（「大曰
逝」），消逝且猶不足，更進一步務須使之遠離（「逝曰遠」），甚

至遠離仍然不夠，必須使之完全反轉（「遠曰反」），以尊作卑，以貴為賤，亦即前文所謂「貴以賤為本，高以下為基」，所謂「受國之垢」、「受國不祥」。設若君王心態不能藉修養以調整、轉變，甘願自我損抑、自居卑下，他又如何真能承擔污垢不祥呢？設若其德不深不遠，不與物反，他又怎麼能達到「大順」呢？

本章所謂「反」之義蘊，大略即如上文所述，此意全書處處可見，俯拾即是，不煩備舉。然而陳鼓應教授卻把「反」解釋成「事物的對立面及其相反相成的作用，亦講到循環往復的規律性」。這種說法毫無疑問是把「反」當作宇宙萬象、天地萬物客觀而具有普遍性的運動規律了。

他進一步說明：

「反者道之動」：在這裡「反」字是歧義的，它可以作相反講，又可以作返回講（「反」與「返」通）。但在老子哲學中，這兩種意義都被蘊涵了，它蘊涵了兩個觀念：相反對立與反本復初。這兩個觀念在老子哲學中都很重視的。老子認為自然界中事物的運動和變化，莫不依循著某些規律，其中的一個總規律就是「反」：事物向相反的方向運動發展；同時事物的運動發展總要返回到原來基始的狀態。下面依次略作說明：

（1）老子認為任何事物都在相反對立的狀態下形成：任何事物都有它的對立面也因它的對立面而顯現。他還認為「相反相成」的作用是推動事物變化發展的力量。

（2）老子重視事物相反對立的關係和事物向對立面轉化的作用。但老子哲學的歸結點卻是返本復初的思想，事物的本根是虛靜的狀

態。老子認為紛紜的萬物，只有返回到本根，持守虛靜，才不起煩擾紛爭。（《老子今註今譯・四十章引述》）

　　我認為陳教授對老子之「反」的看法在大方向上是完完全全錯了，是百分之一百的誤解。整部《老子》，都是老子對君王治國理民之「道」的主觀論述，他主觀上認為君王之治國理民，要想完成良善的治理，使國家能長治久安，就應該依「道」而行。由於此「道」是他通過歷史上朝代興衰存亡、君王成敗得失之深刻觀察所作出的概括與總結，處處以歷史事實為鑑為據，所以雖是主觀看法，論述的姿態和語氣卻好像是在陳述客觀規律一樣。然而畢竟只是他的主觀看法，所以此「道」之是非然否仍可商量，並不見得就是絕對正確的真理，我們後人可以批評、爭論，甚至也可以反對。在不同的時代、不同的地域，他的看法是否仍然正確，也許可以質疑之處就更多。無論如何，老子之「道」，本章之「反」，絕非針對宇宙萬象、天地萬物提出客觀的規律，絕非面向自然界指陳必然的法則，老子不是根據觀察試驗、發現必然規律的「科學家」，他根本不可能具備足夠的有關自然萬象、天地宇宙等科學知識，所以也絕對不可能、不夠格作這一類的陳述，他所擁有的只是關於君王治國理政的深湛智慧，與不忍百姓在昏君虐政下受苦受難的仁心善意。老子是偉大的政治思想家，但是如果要從宇宙萬象、天地萬物客觀的運作規律，與自然界所有事物活動的必然法則，去仔細審視他，去嚴格檢驗他，把他當作科學家，他可就一下子變成很蹩腳、很低劣了！

　　以上主要談「反」，君王能「反」，願意努力做到「反」，則必能去除其高傲驕盈，不再自大自是，全然與時君世主相反而虛懷若

谷、謙沖自牧，以此禮賢而下士，則英俊豪傑必將樂於為用，文武輔弼必能盡心匡扶，又何愁不能合「道」而臻於大治？所以說「反者，道之動」，君王能反，足以啟動善政，開展郅治。

至於「弱」，就是「柔弱」，其最主要的涵義落在：君王既是權勢最大的國家政策與諸般大事之最終裁斷者，一般國君即挾此無比權力而獨斷獨行，為所欲為，甚至違法亂制亦不顧不惜，此即老子所謂「剛強」或「強梁」。反過來君王縱然有所欲行，但是一知道所欲行者不合法律、不符制度，則君王即自行廢棄而不敢再言，這就是「不言」；不敢再為，這就是「無為」。君王能如此尊重法律制度而「處無為之事，行不言之教」，這就是老子所謂的「弱」或「柔弱」。君王既能「柔弱」，必不致違法亂制，必能以身作則而使國家法制受到臣民百姓最大的尊重，然則刑獄不用、囹圄為空也就並非不可能了，這豈不是大「道」之行嗎？所以說「弱者，道之用」，君王能「弱」，就可以使「道」產生種種良善的作用。

然而陳鼓應教授卻說：

> 「弱者道之用」：道創生萬物輔助萬物時，萬物自身並沒有外力降臨的感覺，「柔弱」即是形容道在運作時並不帶有壓力感的意思。（《老子今註今譯‧本章「引述」》）

雖然陳教授是很可敬重的前輩長者，但是我看到這些陳述，就仍然不得不說這實在是不知所云了。絕大部分的學者專家在討論到老子的「反」、「弱」、「有」、「無」時，看法都與陳教授相當接近，即有小異，類皆大同，都向天地萬物與宇宙萬象如何產生、如何運

動、如何作用這些地方著眼，說成宇宙事物的必然規律，而非君王致治的應然法則，連劉笑敢教授所見亦大致上未能出此藩籬。我只能說：真是咄咄怪事啊！

總之，本章言簡而意賅，藉尋常的語言寄託非常的義蘊，概括了「道」最主要的內涵：君王能「反」，不以高貴驕人，而能謙沖自下，必能使賢豪英俊樂為所用，願意匡扶輔佐以成偉業，故大「道」因君王之能「反」而啟動、開展。君王能「弱」，則能少私寡欲，在法律制度之前自我節制、自我損抑，不敢肆意違法亂制，不敢以大權在握而逞其剛強橫暴，如此庶政百務皆能在法制規範下平穩處理，順暢完成，故大「道」因君王之能「弱」而始顯發其作用。

再者，天下萬事萬物都藉著眼前法律制度的規範、運作，才能夠正常維繫、穩定進行，這種維繫與進行正是另一種型態的「生」，故謂「天下萬物生於有」；而所有法律制度條文的制定，都必定本於抽象無形的法律之義、制度之理，故謂「有生於無」。正因為法制的義理，也就是老子所謂的「無」，會隨著時代的進步、社會人群觀念的改變而與之俱進，遂成為立法與修法的「活水源頭」，使法律制度有希望能夠真正體現人間的公平與正義。

「反」與「弱」好比「道」的軟體，「有」與「無」好比「道」的硬體。君王能「反」能「弱」，即是「道」配備了優秀的軟體；國家法律制度之制定、運作都合理而穩定，能體現法制追求公平正義的精神，這就是「道」裝置了健全的硬體。老子充分了解，即令有健全良好的法制規範，也絕對需要有賢君聖主願意全力遵循，盡心護持。所以老子雖然自己說「吾言甚易知，甚易行」，仔細想想，其實這樣的「道」要了解、要實行也具有不小的難度啊！

旨趣聯繫

　　第一章、十一章、二十五章、六十五章、七十六章、七十八章。

義理參觀

　　＊道之用所以在於「弱」者,以虛而已。即在天者而觀之,指我亦勝我,踏我亦勝我,則風之行乎太虛可謂弱矣,然無一物不在所鼓舞,無一形不在所披拂,則風之用在乎弱也。即在地者而觀之,決諸東方則東流,決諸西方則西流,則水之託於淵虛可謂弱矣,然處眾人之所惡,而攻堅強者莫之能先,則水之用在乎弱也。又曰「反」非所以為動,然有所謂動者,動於反也;「弱」非所以為強,然有所謂強者,蓋弱則能強也。雖然,言反而不言靜,言弱而不言強,言動則知反之為靜,言弱則知用之為強。天下之物生於有,有生於無,亦若此而已矣。（王安石解）

　　＊道之周行萬物,非不逝也,而其動常在於「反」,所謂「樞始得其環中,以應無窮」者是也。運動乎天地,非不強也,而其用常在於「弱」,所謂「天下之至柔,馳騁天下之至堅,無有入於無間」者是也。故天下之物生於有,有生於無 。唯「有」為能生天下之物,而「無」又能生天下之「有」,則道之動在於「反」,而其用在於「弱」可知已。然則欲「反」而「弱」者無他,致「一」以極乎「無」而已矣。（呂吉甫註）

第四十一章

上士聞道，勤而行之；中士聞道，若存若亡；下士聞道，大笑之，不笑不足以為道。故建言有之：明道若昧，進道若退，夷道若纇，上德若谷，大白若辱，廣德若不足，建德若偷，質真若渝，大方無隅，大器晚成，大音希聲，大象無形：道隱無名。夫唯道，善貸且成。

異文討論

帛書甲乙兩本，此章皆置於四十章（「反也者，道之動也」章）之前，通行本則置於四十章之後。雖然位置不同，但不致影響義理之詮釋，因為無論放在四十章之前或其後，文理與義理剛好都可以順適而通貫地加以詮解。

本章章句，各種版本容或有些許出入，我認為都無礙於通解。「勤而行之」句，帛書乙本（甲本殘損嚴重，僅餘兩字）作「董能行之」，劉殿爵先生認為當讀成「僅能行之」，如此才能上下文配合，表示即使是「上士」，行道也是一件大大不易之事，然則「中士」之「若存若亡」便很合理《馬王堆漢墓帛書老子初探》。我認為不然，帛書之「董能行之」當從眾本讀為「勤而行之」，如此方能與「中士」之「若存若亡」真正區隔。況且「勤」這個字，如「用之不勤」（第六章），如「終身不勤」（五十二章），檢閱帛書甲本、乙本皆

作「堇」，可見帛書之「堇」即是「勤」字，並無任何特別的理由必須獨獨在此章把「堇」字解為「僅」。況且段玉裁古音十七部，「能」與「而」同屬第一部，古書上這兩字相通相假之例甚多。所以把「堇能行之」讀為「勤而行之」，一若眾多通行版本，不但文理順適，義理也很貼切，並沒有絲毫窒礙難通之處。

另外，「大器晚成」，帛書乙本作「大器免成」，竹簡本作「大器曼成」，近來學者多認為當以帛書「大器免成」為是。晚、免、曼三字音讀相近，義亦類同，我認為下一句既可以是「大音希聲」而非「大音無聲」，則此句作「大器晚成」而非「大器免成」似亦無礙。千百年來亦未嘗有「大器晚成」不可通、不能解之質疑，然則更於此句屑屑置辯，似乎並無必要。

章句詮解

本章無論如帛書本置於四十章之前，或如通行本放在四十章之後，與四十章之「反者，道之動」都有前後呼應之勢，關係極其密切。旨在論述「反常而合道」之理，說明由於大道本非尋常，故中下之主不免溺於流俗之見，對於真正的大道，或迷惑而猶疑，或輕侮而非笑，只有資質最高的「上士」方能完全契入，勤勉力行。

首節之「上士」、「中士」、「下士」，「士」在此即指君王，不必更生疑慮而另持異解。這一點由老子在「建言有之」底下，引述「明道」、「進道」、「夷道」，與「上德」、「廣德」、「建德」，以及下文之「大器」、「大象」，即可確定而無疑。蓋《老子》書中凡是言道、言德，必然指向君王；而「大器」、「大象」這

等名稱，除卻君王，再無其他人可以擔當承受，這一點是再清楚不過的了！

　　由於老子所論的「道」畢竟不是尋常之道，所以亦非尋常資質的君王所可以輕易領會理解，唯有資質上上的賢聖之君，方能對於謙沖卑下、柔弱無為之道，其可以致國家於長治久安、措百姓使安居樂業者，得以深契而篤信，勤勤懇懇，力行不輟，故謂「上士聞道，勤而行之」。至於平庸之主，或誘於富強之說，或牽於攻伐之論，聞此大道，不免猶疑徬徨，畏首畏尾，惶惑瞀亂，顧慮萬端，好像能夠了解，又似乎無感無知，故謂「中士聞道，若存若亡」。最為下劣的國君，一聞此道，則「大笑之」，不但不能相契，還大為嗤笑輕侮，認為荒誕悖謬。正因為其心態習染耽溺，積重難返，而於大道完全偏離，故老子謂「不笑不足以為道」。

　　俞樾據王念孫《讀書雜志》，認為「大笑之」當依他本作「大而笑之」，意謂下士徒以此道為迂闊荒大、誕妄不可行，故嗤之笑之（《老子平議》）。所論雖亦可備一說，但是帛書本亦正作「大笑之」，如此已足以通讀順適，似不煩再增字作解。佛教經籍裡頭說那得聞佛陀說法，為之歡喜讚歎，願意虔心信受奉行的人，須得有數百千年積累下來的無上福緣才辦得到，這與老子此意似乎頗為相近。

　　下文所謂「建言」，即古聖先賢所建立、所流傳下來對君王而言真正的至理名言。這些「建言」大抵是與流俗庸劣之說相反的種種「為君之道」，與上一章（帛書則是下一章）所說的「反者，道之動」前呼後應，在思路或論述條理上同一脈絡。例如「明」之與「昧」，「進」之與「退」，「夷」之與「纇」（「纇」是絲之結節不平處，與「夷」義反），老子總是要求君王以暗昧愚頑自居，以謙

退遜讓自警，寧可和光同塵，而甘願承辱受垢。「上德若谷」，即高居上位之君，其德須如落在卑下幽深之處的山谷，因山谷居卑處下而能容能納。「大白若辱」，「辱」即「䵝」字，有既垢且黑之義。二十八章云「知其白，守其辱」，七十八章云「受國之垢，是為社稷主」，皆謂一國之君堪於蒙辱受垢，然後足以「大白」於天下，德業輝光，日新又新，為臣民所欽敬擁戴。「廣德若不足」，大德寬廣，反若不足。蓋君王謙沖自牧，卑下自抑，不驕不盈，絕不自為表異，故而人之初視乍見者，常以為若有所不足。「建德若偷」，「建」在此通「健」，謂剛健之德，一若偷惰苟且。俞樾說：

> 「建」當讀為「健」。《釋名・釋言語》曰：「健，建也，能有所建為也。」是「建」、「健」音同而義亦得通。「建德若偷」，言剛健之德，反若偷惰也。（《老子平議》）

　　真正想要「無不為」的國君，卻必須「無為」。二十章所謂「眾人皆有餘，而我獨若遺。……俗人昭昭，我獨昏昏；俗人察察，我獨悶悶。……眾人皆有以，而我獨頑似（以）鄙」，這些描述，都可以視為「建德若偷」的注解或引申。「質真若渝」，「渝」《說文》解為「變污」，即水由潔淨變成污穢，在此即改變或變化之意。質樸真純反若變化無常，這是因為君王萬機叢脞，不能不應機隨時作靈活的調整。《易經》以「時變」為大義，孔子之所以為「聖之時」，都是指出為政處事而深明機宜、隨時調整之重要。
　　「大方無隅」，一般而言，「方」必有「隅」，今乃謂大方而竟無隅，蓋指真正能做到大方至正者，則任何措置必求穩重平順，其為

人處事必期其臻於圓融境界，看起來好像無稜無角，其實已到了隨心所欲而不踰矩的地步。

「大器晚成」，「晚成」猶若不成。二十八章謂「樸散則為器」，然則不散之樸乃所謂「大器」，否則既散而為器，即只是一官之長，而不是君王的格局了！

「大音希聲」，我認為這裡的「大音」根本無關音樂，頂多只是取來作為譬喻而已。陳鼓應教授譯為「最大的樂聲反而聽來無音響」，恐不免落於誤依字面以作解。《老子》書中「行不言之教」（第二章），「多言數窮」（第五章），「悠（猶）兮其貴言」（十七章），「希言，自然」（二十三章），以上各章之「言」，都是指君王在國家正規法制之外別作指示、另下命令，這些指示、命令既為非法，那麼最好一次都沒有，是謂「不言」；即使是權變措施（猶今之行政命令），也是越少越好，故謂「貴言」、「希言」。本章所論所述前後皆與王道、君德有關，若中間突然歧出而談論音樂，豈不令人錯愕？

所以這裡「大音希聲」應理解為君王之「大音」最好是無聲而「不言」，否則亦應「希聲」而「貴言」、「希言」，即一切行政、處事最好都遵照法律制度，不宜違背法制而另外對臣僚下達命令、有所指示。

「大象無形」，十四章描述君王之道，說是「無狀之狀，無物之象」，三十五章謂「執大象，天下往」，然則「大象」亦猶「大道」，君王之大道看起來無物無形而似有其象，故謂之「大象」。

「道隱無名」，君王之道隱藏而不見形象，故亦無確切之名足以名狀、形容，而唯有賢聖之君足以悟解、領會，庸凡之主則若存若

亡，而下劣君主必聞之而大笑，否則亦不足以為道。

「夫唯道，善貸且成」，「貸」有施與、資助、寬宥之義，君王之大道，對於百姓黎民樂於施與，善於寬宥，總是想方設法資助而成就之，這才是作為國君者應該邁開大步、行走其上的寬平正直、坦坦蕩蕩的道路。此句帛書作「夫唯道，善始且善成」，則有善其始終、貫徹一致之義，亦不悖於老子之旨。

旨趣聯繫

十五章、二十章、二十二章、二十八章、五十八章、七十七章。

義理參觀

＊道非形，不可見；非聲，不可聞。不先知萬物之妄，廓然無蔽，卓然有見，未免於不信也。故下士聞道，以為荒唐謬悠而笑之。中士聞道，與之存亡出沒而疑之。惟了然見之者，然後勤行服膺而不怠。孔子曰：「語之而不惰者，其回也與！」斯所謂上士也哉。建，立也。古之立言者有是說，而老子取之，下之所陳者是也。無所不照，而非察也。若止不行，而天下之速者莫之或先也。或夷或纇，所至則平，而未嘗削也。上德不德，如谷之虛也。大白若辱者，使白而不受汙，此則不屑不潔之士而非聖人也。廣德若不足者，廣大而不可復加，則止於此而已，非廣也。建德若偷，因物之自然而無立者，外若偷惰，而實建也。質真若渝，體聖抱神，隨物變化而不失其貞者，外若渝也。大方無隅，全其大方，不小立圭角也。大器晚成，器大，不可近用也。大音希聲，非耳之所得聞也。大象無形，非目之所得見

也，道之所寓，無所不見。凡此十二者，皆道之見於事者也，而道之大全則隱於無名，惟其所寓。推其有餘，以貸不足，物之賴之以成者如此。（蘇轍註）

第四十二章

道生一，一生二，二生三，三生萬物。萬物負陰而抱陽，
沖氣以為和。人之所惡，唯孤、寡、不穀，而王公以為
稱。故物，或損之而益，或益之而損。人之所教，我亦教
之。強梁者不得其死，吾將以為教父。

異文討論

　　本章在章句上各本並無特別必須辨說的歧異，但有兩處可稍作說
明。一為「沖氣以為和」句：帛書甲本（乙本此句殘損不見）「沖」
字作「中」，范應元謂「古本作盅」。第四章「道沖，而用之或不
盈」，傅奕本「沖」字即作「盅」，《說文》：「盅，器虛也。從皿
中聲。老子曰：道盅而用之。」由此看來，第四章許慎所見古本
「沖」當作「盅」，謂王者之道當如「盅」之虛而能容，與下文之
「淵」前後相偶，「淵」象徵深而能納，能若「淵」之深而廣納，始
堪為「萬物之宗」。「盅」、「淵」都是實物，老子拿來作為王者之
道的象徵，謂君王當如「盅」之虛、如「淵」之深而能容能納。本章
「沖氣以為和」之「沖」亦當如此作解，意謂虛心下意，容言納諫，
以致祥和。

　　其次是「人之所教，我亦教之」句：傅奕本作「人之所以教我，
亦我之所以教人」，字數較多，但義無殊異。帛書甲本作「故人□□

教，夕議而教人」，殆不可解。高明以為此十字即「古人之所教，亦我而教人」（《帛書老子校注》），而、以兩字相通，然則文意亦與王注本相近。

章句詮解

本章大旨在提醒君王不可驕盈肆意，強梁橫暴，而應謙沖卑下，時時以孤寡自警，能納能容，調和陰陽，以長養萬物，撫育百姓。

首節由「道生一」至「沖氣以為和」：論者或謂「一」即「太極」，「二」即天地或陰陽，「三」即天地或陰陽與此兩者調諧所生之和氣，和氣致祥，然後足以生萬物。我認為縱使可成一說，在《老子》書中卻欠缺明確佐證，近於穿鑿附會。我在詮釋二十五章「人法地，地法天，天法道，道法自然」時，認為應理解為「君王當法地，法地然後再法天，法天之後進一步法道，法道最後更法自然」。此節句法類似，因之我也認為一、二、三只是單純的數目或順序，別無特殊義涵，意即道生一，生一然後生二，生二然後生三，生三然後漸次及於萬事萬物，表達的是萬機之政務，總有輕重緩急，君王能循道而為，然後識其緩急輕重，知其先後順序，故能應務穩妥，處事停當，一如《大學》所謂「物有本末，事有終始，知所先後，則近道矣」。在這裡「物」即是事，事即是「物」，君王真能循道以理政，則可以生一、生二、生三、生萬物，萬事萬物皆可輕重得其所，先後順其序，處理得穩妥停當。「萬物負陰而抱陽」，「陰」背向太陽，而「陽」正對日光，表示任何事物都有陰、陽兩個面向，一邊看得到，一邊看不到，但不管看得到、看不到，它總是確實存在而不可漠視，

所以主政者面對公共事務，得要「沖氣以為和」，沖虛其氣，虛心地放下主觀、卸除自我，不作左右袒，完全按照「道」的原則，依公道、據公義去冷靜處理，這樣才能維持公平，守護正義，使國家社會得到安定與和諧。

這一節切切不可誤認為老子是在陳述自然界天地萬物的生成狀態，因為「沖氣以為和」句所表達的顯然是人（君王）能動的、應然的作為，並不是靜態的、客觀實然的描述。也正因為如此，下文才能馬上接著談王者之自稱孤寡不穀。

「人之所惡，唯孤、寡、不穀，而王公以為稱」：孤、寡、不穀是甚卑至賤的惡名，君王本極尊貴，卻拿這些惡名來自稱，其深意乃在：身為王者，就應當謙抑節制、自卑自下。此節上承「沖氣以為和」，而下啟「故物，或損之而益，或益之而損」，損益之論，當然也是緊扣君王立說。君王之自稱孤寡不穀，這種謙抑自下，如果不只是嘴上工夫，而是實誠領會而且身體力行，則必然可以感動能人異士，而收得道多助之功，這就是「損之而益」；若是恃其崇隆尊貴而驕盈傲慢，自是自用，以為智蓋當世，人莫我若，恐怕就會使得賢德之士隱避，能人幹才遠離，這就是「益之而損」。對待人物如此，處理事情也一樣，捐私以就公，則似損而實益，這就是「損之而益」；背公而徇私，實則欲益而反損，這就是「益之而損」。以上（甚至包括下文「強梁者不得其死」）老子說是「人之所教」，蓋謙言只是受教於上古聖賢，而非自己之所知所悟。「我亦教之」，謂今我亦舉之以教人。王弼注曰：「我之教人，非強使從之也，而用夫自然，舉其至理。順之必吉，違之必凶。故人相教，違之必自取其凶也；亦如我之教人，勿違之也。」詮釋可謂相應。

　　「強梁者不得其死，吾將以為教父」：「強梁」猶言剛強、堅強，在老子使用時是與「柔弱」相對相反的極為負面的用語，形容君王恃其權勢，無畏無憚，既不尊重法律制度之規範，也不聽從骨鯁賢良之諫阻，師心自用，一意孤行，置邦家於危亡覆滅之地。國家既亡，其為君者又豈能獨存？必將隕滅其身或幽囚受辱，不得善終，所以說「強梁者不得其死」。七十六章也說「堅強者死之徒」，這些話，可以說都是危言以聳聽，對君王給予強烈的警告。「吾將以為教父」，「教父」猶言施教之本，也就是以此作為給予君王引導教正的主要原則。

　　陳鼓應教授說：「本章為老子宇宙生成論。這裡所說的『一』『二』『三』乃是指『道』創生萬物時的活動歷程。」

　　正因為如此理解，所以陳教授繼承高亨、陳柱、嚴靈峰等幾位先生的說法，把本章一切兩斷，而懷疑「人之所惡」以下是他章（三十九章）的錯簡。其實現代學者凡是在詮釋本章時，認為前一節所述為「宇宙生成」或「萬物創生」之論者，大抵皆持此說，甚至連劉笑敢教授也不外於是，看看《老子古今》四十二章之「析評引論」部分就可以知道了！

　　陳教授是這麼說的：「本章分兩段，後一段文字是：『人之所惡，唯孤寡不穀，而王公以為稱，故物或損之而益，或益之而損。人之所教，我亦教之，強梁者不得其死，吾將以為教父。』本章是說萬物的生成，和這一段文義並不相屬，疑是他章錯簡。蔣錫昌《校詁》已疑『上下文詞似若不接』，高亨、陳柱、嚴靈峰諸位疑為三十九章文字移入。按：『人之所惡』數句在於提醒人不可驕矜持氣，應謙虛自守。從文義上看，似為三十九章錯移本章。」（《老子今註今譯》

四十二章「引述」）

　　然而王弼注本、河上公注本固然本章全章具在，傅奕古本、帛書甲乙兩本（雖皆有殘損，然以字數計之，則是整章無疑）亦章節完整，所有可知可見的版本無不如此，是則顯然本章「人之所惡」以下至章末「吾將以為教父」，絕不可能是這些學者所認定的「錯簡」，這是可以確定無疑的。有些學者專家研究《老子》，一碰到章句文字、思路條理與自己所設想的互有出入，不去就自己的觀點是對是錯好好深思猛省，卻反過來動不動就指稱《老子》書中出現「錯簡」，如第四章之「挫其銳，解其紛，和其光，同其塵」四句；如第十章之「生之畜之，生而不有，為而不恃，長而不宰，是謂玄德」；如三十四章之「常無欲」；尤其是本章「人之所惡」以下至章末。這些章句都是持「宇宙生成論」、「萬物創生論」以詮釋老子思想者所必然講不通的。自己觀點錯誤講不通，卻反過來誣指是《老子》書中出現「錯簡」。反正千錯萬錯都是《老子》出錯，而不是自己解讀、詮釋的觀點大錯特錯，甚至還從此相沿相襲，沆瀣一氣，豈不真正可歎亦復可笑！

旨趣聯繫

　　第八章、十五章、二十章、二十八章、五十二章、六十六章。

義理參觀

　　＊道生一，方其為道，則一亦未生。一既不生，則安得有二？無二，則一不散，故所以謂之不二，言其未有一也。及其有一即有二，

有陽即有陰；有陰有陽，則又有陰陽之交，故有二則有三，至於三則無所不有矣。萬物抱陽，一也；負陰，二也；陰陽交而沖氣為和，三也。萬物孰不具此三者，然要其本，則必歸於道。道者，未有一之謂也。由其本生於道，故末而不失道，是以天下之物，或損之而益，或益之而損。孤寡不穀而王公以為稱，蓋損之生益也；強梁者不得其死，蓋益之生損也。夫惟損益同源，故自損則必益，自益則必損。聖人未嘗益而自以孤寡不穀為稱，蓋欲使人知強梁者不得其死也。是謂「人之所教，我亦教之」，亦其應世之跡不得不然歟？（李息齋註）

第四十三章

天下之至柔，馳騁天下之至堅。無有入無間，吾是以知無為之有益。不言之教，無為之益，天下希及之。

異文討論

本章章句，各本之間沒有必須處理的重大出入。唯「無有入無間」一句，傅奕本作「出於無有，入於無間」，然而帛書甲本即作「无有入於无間」（乙本殘損，僅剩「无間」二字，估其字數，此句亦應與甲本同），較王注本多一「於」字，文意實無差別。

章句詮解

本章將「柔（弱）」與「不言」、「無為」放在同一章論述，就行文脈絡來看，可知彼此之間關係非常密切。

老子屢次強調「柔弱」，甚至說「弱者，道之用」（四十章），然而「柔弱」的意義到底是什麼呢？

正因為「柔弱」亦是假藉「常名」來寄託特殊義涵，並不容易理解，所以老子必須三番兩次取譬來說明。他以嬰兒（赤子）為喻，說嬰兒「骨弱筋柔而握固」（五十五章），指小嬰兒雖然骨弱筋柔，但握緊的拳頭卻很牢固，意謂柔弱之中自有特殊作用，可以產生強大的力量。他又以萬物草木為喻，說「人之生也柔弱，其死也堅強；萬物

草木之生也柔脆，其死也枯槁。故堅強者死之徒，柔弱者生之徒」
（七十六章）這是說人也好，草木也好，萬物活著的時候都是柔軟
的、柔弱的，但是死後身體不是僵硬，就是枯槁。意謂柔弱是生命力
旺盛的展現，而強硬卻是生機熄滅的表徵。

　　他還以水為喻，說「天下莫柔弱於水，而攻堅強者莫之能勝，其
無以易之」（七十八章）這是說水看似柔弱，但隱藏的力量卻無比強
大，足可摧毀一切堅固之物，而此一現象所涵的義蘊實不可輕忽。所
以老子強調「柔弱勝剛強」（三十六章），要君王「專氣致柔」（第
十章），勉勵君王「守柔曰強」（五十二章），而感嘆「弱之勝強，
柔之勝剛，天下莫不知，莫能行」（七十八章）。

　　老子雖然廣譬善喻，說明了「柔弱勝剛強」，但是前此我早已指
出：凡是思想家選取自然界的事物或現象，來譬喻他所主張的種種抽
象事理，即使這些譬喻看似貼切，但譬喻畢竟只是譬喻，頂多只有文
學的、美學的效用，能使聽到或讀到的人，對於了解其說法多少有些
幫助，但是對於「論證」其主張為正確、為真理則可以說完全無效。
也就是說他所主張的這些看法、這些道理，畢竟都只是思想家個人主
觀上認為「應該如此」，並沒有客觀意義下作為真理的普遍性與必然
性。所以我們對這一類的譬喻與說理必須善體善會，否則就難以了解
其真旨與奧義。

　　例如「柔弱勝剛強（堅強）」，老子固然可以舉嬰兒、草木、水
為喻，說明「柔弱勝剛強」之理，但是質疑者、反對者也可以舉出更
多的事物、現象為例，證明「柔弱勝剛強」為反常、為錯誤，反過來
「剛強勝柔弱」、「強勝弱」才屬正常，才真合理。所以到頭來我們
還是要先弄清楚老子所謂「柔弱勝剛強」究竟是何意義，否則明明反

常甚至錯誤的觀念，老子竟還屢屢強調、再三主張，老子的頭腦難道
會像一團糨糊，所以思考這麼不清楚嗎？

當然絕不會！老子透過歷史，發現那些亡國敗家之主，往往都是
自高自大，師心自用，自以為智計絕倫，不但不肯遵守國家法律制度
的規定，也不肯接納法家（守法之世家，用孟子義）拂士的建言，執
意為所欲為，肆無忌憚，這就是老子所謂的「剛強」、「堅強」。反
過來，「柔弱」即是掌握絕大權力的君王願意虛心下意，在發現自己
之行政處事於法律制度有所違礙時，寧願在國家法制之前示弱，輟而
不行，不敢再議，這就是「柔弱」。君王就他所掌握的權勢而言，無
疑是一個絕對的「強者」，正是這樣的一個強者願意示弱、退卻，屈
己以守法，自己帶頭尊重法律制度，這般作為當然是臣民守法的絕佳
示範，在政治上所引發的良好效應無比巨大，實在勝過君王違法亂制
的惡劣影響太多太多，所以老子才會再三強調「柔」、「弱」的重要
性，而毫不猶疑地宣說「柔弱勝剛強」。

正是在此一意義下，老子才指出「天下之至柔，馳騁天下之至
堅」：君王處理國家事務，嚴格要求自己謹遵法律制度，如此之「至
柔」，才可能對看來至堅難破、繁雜艱鉅的大小國事處理妥適，駕御
隨心而馳騁自如。

「無有入無間」也是在此一意義下的比喻：君王看來似乎並沒有
什麼掀天揭地、驚世駭俗的作為，無聲無息，簡直「無有」，但就是
因為能如此真心實意依法依制，才能不落痕跡，用最少的代價解決最
大的難題而「入於無間」。眼前的問題看似「無間」而不可入，其艱
難幾於無從措手，但唯有合法合制，開大門、走大路，才能夠有最佳
的效果與最少的後遺症。故有現成法制則依法制規範，無適用的法制

則放下私心而尋索作為法制根源的「法意」，探求符合公義公理的方式來解決當前的難題，這正是四十章「有生於無」的另一個要義所在。同時，這也正是君王「無為」、「不言」的政務處理原則。

在《老子》書中把「無為」、「不言」並列討論的只有本章與第二章。第二章先說有美則有不美（惡），有善則有不善，有與無（此處有、無是一般義，非同第一章、四十章之特殊義）、難與易、長與短等等，這些都是相對的，每一個人各依其主觀的看法而有不同的主張。由此可知，在公共事務中，每一個人也依其個人私己的利害而有不同的立場，於是就不免有所爭執。然則作為一國之君，能在眾人紛爭擾攘之下，每遇爭執都自己出面家家曉諭、人人分辨嗎？縱是賢聖之主亦必無此時間、無此能耐，法律制度在處理公共事務時之重要性由此可知。正因為憑藉法律，倚仗制度，君王才能「處無為之事，行不言之教」，於「萬物」「作而不辭，生而不有」；正因為有法律制度，君王才能「為而不恃」；也正因為靠的是法律制度，老子這才說君王「功成而弗居」。

君王依循法律制度處理國事，而不自作主張、任意自為，這是「無為」；君王亦不在法律制度之外另下命令，對臣僚有所吩咐、指示，一切政務的處置都按照體制、遵循程序，這是「不言」。就處理國家政事而言，法律制度才是最權威、最可靠且最有效的憑藉，只是天下君王很少對這一點有透徹的了解，所以老子感嘆說「不言之教，無為之益，天下希及之」。

其實後世儒者亦多以議論法律制度為忌諱，連帶攻擊起法家來亦無所不至。殊不知嚴刑峻罰以威赫，倚勢弄術以玩法，這才是法家異於儒家之處。試思假使剔除了法制，即令君為聖君，相為賢相，又能

憑藉什麼來治國平天下呢？孔子厭惡法制嗎？孔子於為治雖主張「道
之以德，齊之以禮」，但畢竟不能不以「道之以政，齊之以刑」為根
基，所以說「聽訟，吾猶人也，必也使無訟乎！」（《論語·顏
淵》）「吾猶人」者，據法依律以裁斷訴訟刑獄之事，這一部分孔子
也只能與其他官員一樣；而教之以仁，導之以德，使之化成於禮樂而
「無訟」，才是孔子進而有別於其他人的所在。孟子厭惡法制嗎？
《孟子·盡心上》有一則很有趣的記載，在尖銳的問答中表現了孟子
（其實也足以代表儒家）對法律與執法者應有的尊重：

　　桃應問：「舜為天子，皋陶為士，瞽瞍殺人，則如之何？」孟子
曰：「執之而已矣！」「然則舜不禁與？」曰：「夫舜惡得而禁之？
夫有所受之也。」……在這裡孟子毫不含糊地表明：執法者依法行
事、拘捕罪犯，這是受到國家或全民、上天的付託，故應給予最大的
尊重，連掌握行政大權的天子也不可因親情之私加以干涉、阻止。這
個故事雖然只是假設性的狀況，但由此可知，對於司法權應獨立於行
政權之外而不受侵犯，孟子是有清楚的認識的。

　　孔孟對於法律制度的尊重由上舉兩例可知，然而到了黃黎洲卻說
「三代以下無法」，其故何在？法制本來應該為天下蒼生伸張公平正
義，但秦漢以降家天下的格局既成，所有的法律制度一旦碰觸到帝王
的一人之私、一家之私，所謂公平正義就勢必轉彎、讓路，法律頓成
「非法之法」。後來儒者之所以諱言法律制度，實際上也是因為此中
真有難言之痛吧！

旨趣聯繫

第二章、第十章、十一章、二十三章、三十七章、七十八章。

義理參觀

＊以堅御堅，不折則碎；以柔御堅，柔亦不靡，堅亦不病。求之於物，則水是也。以有入有，捍不相受；以無入有，無未嘗勞，有未嘗覺。求之於物，則鬼神是也。是以聖人唯能無為，故能役使眾強，出入群有。（蘇轍註）

＊物本非物，堅者偽體也，雖天下之至堅，其極必歸於無。今天下之至柔已能馳騁天下之至堅，況於無之真，豈不足以破有之偽乎？故無有能入無間。無間者，蹈水火、入金石，其精不亡之謂也。無為之為，其為以道；不言之教，其教以天，故無有能及之者。（李息齋註）

第四十四章

名與身孰親？身與貨孰多？得與亡孰病？是故甚愛必大費，多藏必厚亡。知足不辱，知止不殆，可以長久。

異文討論

本章章句各本高度相同，出入極少。王注本「是故甚愛必大費」句與傅奕本同，較其他各本多出句首「是故」二字，衡諸上下文意，與前三句似乎很難說有明確的因果關係。竹簡本、帛書本俱不見此二字，而於「知足不辱」句上多一「故」字，文意似較順適。

章句詮解

本章警示君王不可好戰取強，圖一己開疆拓土之名，貪他人子女玉帛之利，否則最後亦必「大費」而「厚亡」，不但自取其辱，也將使國家走上危亡的險境。這與四十六章「天下有道，卻走馬以糞；天下無道，戎馬生於郊。禍莫大於不知足，咎莫大於欲得。故知足之足，常足矣」，其意旨並無二致。

以世俗而言，人所最惜最愛者，說到最後大抵「名」與「利」二事即可以概括。「名與身」句談「名」，「身與貨」句談「利」，而「得與亡」句則承前兩句合「名」、「利」而言之。身為君王，已是富貴之極，富有天下，貴極人寰，若論名之與利，無疑是最高之名與

最大之利了，更有什麼不足之欲還要再汲汲營營以貪求的呢？然而不然，歷史上不顧兵凶戰危、生民塗炭，敢於發動戰爭，「爭城以戰，殺人盈城；爭地以戰，殺人盈野」的君王真不在少數。他們要的，說穿了也不過是開疆拓土之名、子女玉帛之利罷了，若說追名逐利俗氣，這些以「武」為謐，史冊上記著赫赫之功的帝王也不見得就不俗氣。

欲壑難填、貪心不足不免令人頭昏腦熱，失去冷靜的判斷能力，於是老子對這些只因貪欲就不惜發動戰爭的君王，當頭就是一盆冷水。他問「名與身孰親」？「親」者近也，愛也。人們常說「身外之名」，那麼真正靜下來想想，「名」與「身」何者與我更親近、更可貴而當惜當愛？毫無疑問的是一己之身。他又問「身與貨孰多」？「貨」是財貨，「多」有重視、珍惜之意。財物、貨利重要，還是自己身體重要？當然也是自己的身體更值得重視、更應該珍惜。

他再問「得與亡孰病」？得名而亡身，得利而喪己，這當然划不來，無疑是比較「病」而傷害比較大的！因為倘若身且不保，要名與利何用？「甚愛必大費，多藏必厚亡」，上句說「名」，下句說「利」（貨）。君王已經是極富極貴了，若於「名」還有「甚愛」而不能割捨者，除卻開疆拓土、讓史冊大書特書之外，恐亦難有其他了。然而勞師動眾，攻城略地，造成國家與人民生命財產的巨大耗損，這豈不是「大費」？發動戰爭，強取敵國之子女玉帛，這是想要「多藏」；然而殺敵一千，自損八百，且殺人父兄，人亦將殺其父兄；貪人子女玉帛，人亦覬覦其子女玉帛。報復循環，永無寧日，長遠來看，必致「厚亡」無疑。

身為國君，貪而不知足，欲而不知止，甚愛則必大費，多藏則必

厚亡，最終亦必然使國家處於戰禍的危殆之中。設若兵敗，重則亡國喪身，輕亦割地求和，無論輕重，都是君王的奇恥大辱。所以有國者當以賢士為寶，不以土地為寶；當以幹才為寶，不以金玉為寶。貪人土地，圖人金玉，終是自招危亡的禍端。

最後老子得出結論，這也是給君王最好的忠告：知足則不辱，知止則不殆，知足知止，才能夠保身全家，使得國泰民安，長長久久，永享無疆之休。

旨趣聯繫

第九章、三十章、三十一章、四十六章、六十四章、八十章。

義理參觀

＊先身而後名，貴身而賤貨，猶未為忘我也。忘我者，身且不有，而況於名與貨乎？然貴以身為天下，非忘我不能，故使天下知名之不足親、貨之不足多，而後知貴身。知貴身，而後知忘我，此老子之意也。不得者以亡為病，及其既得而患失，則病又有甚於亡者，惟齊有無、均得喪而後無病也。愛甚，則凡可以求之者無所不為，能無費乎？藏之多，則攻之者必眾，能無亡乎？（蘇轍註）

＊烈士之所狥者名也，而至於殘生傷性，則不知身之親於名也，故曰「名與身孰親」。貪夫之所狥者貨也，而至於殘生傷性，則不知身之多於貨也，故曰「身與貨孰多」。所狥者名，則世謂之君子；所狥者貨，則世謂之小人。君子小人之所狥雖或不同，而亡其所存則一

也。然則得名與貨而亡其存，則不知亡之病於得也，故曰「得與亡孰病」。是故愛名欲以貴其身也，以甚愛之故，并其良貴而失之，是大費也；蓄貨欲以富其身也，以多藏之故，并其至富而害之，是厚亡也。夫唯有德者知至貴之在己，而無待於名也，故知足而不辱；知至富之在己，而無待於貨也，故知止而不殆。不辱不殆，則可以長久矣。（呂吉甫註）

第四十五章

大成若缺，其用不弊；大盈若沖，其用不窮。大直若屈，大巧若拙，大辯若訥。躁勝寒，靜勝熱。清靜為天下正。

異文討論

本章章句各本有一些微小差異，但看來似無進一步討論的必要。

章句詮解

本章一章之旨，落在最後一句的「清靜」二字。

作為君王，動輒易制變法，以致舉國騷然，這不是清靜。貪人土地城郭，圖人子女玉帛，窮兵黷武，屢出無名之師，以致農田荒蕪，民生凋敝，更不是清靜。自命聖智，驕盈傲慢；撓制枉法，巧言善辯；師心自用，諫言不入；剛強橫暴，無畏無憚，這當然更非清靜之道。

相反的，君王謹守法制，柔弱無為，這是清靜。國富而能不奢不侈，兵強而寧可小國寡民，不貪圖眼前土地城郭之利，不愛慕身後武功赫赫之名，這是清靜。愚頑而若鄙，素樸而無華；寧曲以求全，寧枉以求直；樂於容言納諫，甘願卑身下士，這也是清靜。

俗話說「水至清則無魚」，治國理政也是一樣。君王若倚權仗勢，苛刻壓迫，對於任何事務過求完美潔淨，眼睛裡真容不下一粒沙

塵，國境內必看不得一絲污穢，然則所謂「上有政策，下有對策」，居上者若專以察察為英明，則在下者必致矯偽欺瞞，虛飾塗抹，表面工夫儘管做得光鮮亮麗，扒開內裡則往往是一堆堆一團團的污濁腐臭，不堪聞問。

故而老子說「大成若缺，其用不弊；大盈若沖，其用不窮」：「大成」者，猶言事物之「完成度」已達完美的最高境地。國家的治理，其實很難十全十美，絲毫不見缺憾。因此君王不求全、不責備，雖似有一二欠缺，有一些些不滿人意處，其實反而可以看成是最大的完美，如此其功用方能維持得長長久久，不致產生弊病。君王虛懷廣納，謙沖自牧，以此禮賢，以此下士，英俊豪傑遠近來歸，得道者必多助，反而可以獲致最大的圓滿，且其功用可以無窮無盡。

接下來三句「大直若屈，大巧若拙，大辯若訥」也是同樣的句法結構，同樣的義理內涵：雖若屈曲，反得大直；雖若樸拙，反得大巧；雖若訥於論述，反而最見善辯。蓋君王若能遵循法制，「處無為之事，行不言之教」，柔弱素樸，少私寡欲，在老子看來，這正是若屈而實直，若拙而實巧，若訥而實辯。守住此一原則，當然亦足以「其用不弊」、「其用不窮」。

最後「躁勝寒，靜勝熱。清靜為天下正」：我認為「躁勝寒，靜勝熱」這兩句是承上而言，僅屬於舉例來為上面的論述說明、印證的性質，證明「缺」、「沖」、「屈」、「拙」、「訥」，看似負面，但是只要君王心態端正，最終就可以完全轉化而成為最大的「成」、「盈」、「直」、「巧」、「辯」，這就像躁可以勝寒、靜可以勝熱一樣。老子舉「躁勝寒，靜勝熱」為例，因為這是生活中人人皆有的實際體驗，都知道冷的時候肢體多動動就可以禦寒，熱的時候若能夠

身心都安靜下來，也就可以不感到那麼熱。「躁」與「寒」似若相反，「靜」與「熱」也好像相反，以此印證「大成若缺」、「大盈若沖」、「大直若屈」、「大巧若拙」、「大辯若訥」這些都像「躁勝寒，靜勝熱」一般相反而相成。因而老子在最後總結說「清靜為天下正」，君王面對天下之紛紜擾攘，唯有以平常心處理，遵循法制，清靜無為，讓百姓休養生息，使人民安居樂業，這才足以成為一個優秀的治理者，一個真正夠格的好君王。所謂「正」乃指君王治理方向之正，使百姓寧居、寰宇安定，能夠導正天下，為蒼生指引正確的方向。

我們也許可以說老子以「躁勝寒，靜勝熱」證明「大成若缺」等這幾句所呈現的相反相成之理並不很貼切，但是君王之治國理政，其道乃是「大成若缺、大盈若沖、大直若屈、大巧若拙、大辯若訥」，這本來即屬政治事務甚為玄妙之理，事實上很難有極為吻合的事例可舉以為譬，因此我們只要能得其意而心領神會也就可以了。

須要特別說明的是，「躁勝寒，靜勝熱」句中的「靜」，與最後一句「清靜為天下正」中的「靜」字，兩者意義並不相同：「靜勝熱」之「靜」是一般使用的意義，而「清靜」之「靜」則是老子賦予特殊義涵的用法，與「守靜篤……歸根曰靜」（十六章）、「靜為躁君」（二十六章）、「不欲以靜」（三十七章）、「我好靜而民自正」（五十七章）之中的「靜」字同義，都蘊涵了君王尊重法制、不亂變動、柔弱無為、少私寡欲等意義。

這一點如果不能正確理解，就會像蔣錫昌一樣，看起來好像取證繁富且辨析入微，甚至還想要改動《老子》原文。他說：

此文疑作「靜勝躁，寒勝熱」。二十六章「靜為躁君」，靜、躁對言，其證一也。六十章王注：「躁則多害，靜則全真」，六十一章王注：「雄躁動貪欲，雌常以靜，故能勝雄也」，七十二章王注：「離其清淨，行其躁欲」，皆靜、躁對言，其證二也。《管子‧心術上》：「趮者不靜」，《淮南子‧主術訓》：「人主靜漠而不躁」，亦靜、躁對言，其證三也。《廣雅‧釋詁》三：「躁，擾也」，《一切經音義》十四引《國語》賈注：「躁，擾也，亦動也」，是「躁」乃擾動之義，正與「靜」字相反。「靜勝躁，寒勝熱」，言靜可勝動，寒可勝熱也。二句詞異誼同，皆所以喻清靜無為勝於擾動有為也。（《老子校詁》）

　　蔣錫昌這裡在大方向上並未曲解老子的思想，唯一的錯誤在弄錯了「躁勝寒，靜勝熱」中「靜」字的意思，把「靜」字的平常用法誤認成老子的特殊用法。試取以下各種版本通觀會勘即可明白：

王注本：「躁勝寒，靜勝熱」

河上本：「躁勝寒，靜勝熱」

傅奕本：「躁勝寒，靖勝熱」

帛書本：「趮勝寒，靚勝炅」（甲本）

　　　　「趮朕寒，□□□」（乙本）

竹簡本：「燥勝滄，清勝熱」

　　這些當今最重要的版本都否定了蔣錫昌的推斷。徐大椿云：「凡

事相反則能相制，如人躁甚則雖寒亦不覺，而足以勝寒；心靜則雖熱亦不覺，而足以勝熱。由此推之，則天下紛紛紜紜，若我用智術以相逐，則愈亂而不可理矣。惟以清靜處之，則無為而自化，亦如靜之勝熱矣！」（奚侗《老子集解》轉引）這樣的理解，與老子在本章所指點的義理才是比較相應的。

旨趣聯繫

十五章、二十二章、三十七章、三十九章、五十八章、七十七章。

義理參觀

＊萬物始乎是，終乎是，是大成也。然始無所始，終無所止，故若缺。唯其若缺，故其用日新而不敝。萬物酌焉而不竭，是盈也；然益之而不加益，故若沖。唯其若沖，故其用日給而不窮。大直者，曲之而全，枉之而直者也，故若屈。大巧者，刻雕眾形而不為巧者也，故若拙。大辯者，不言而辯者也，故若訥。如是無他，凡以有本故也。本者何也？今夫寒熱者天地之所為，有形之所不免也，而一躁焉則可以勝寒，一靜焉則可以勝熱，以一時之躁靜猶可以勝天地之所行，況夫體無為之清靜以為天下正，則安往而不勝者乎？故以言其成，則若缺而不敝；以言其盈，則若沖而不窮。其直若屈而伸，其巧若拙而工，其辯若訥而諭。此之謂有本。（呂吉甫註）

＊成與缺，沖與盈，直與屈，巧與拙，辯與訥，皆物之形似者

也。惟道無名，以形求之，皆不可得，故雖成若缺，雖盈若沖，雖直若屈，雖巧若拙，雖辯若訥。蓋其成不以形，其盈不以器，其直不以壯，其巧不以心，其辯不以口，故世以形似求之，皆不可得也。蓋世之言道術未有不偏，如躁勝寒而不可以勝熱，靜勝熱而不可以勝寒，要其各有所止也。惟清靜無為，雖不求勝物，而天下之物莫能勝之，故曰「清靜為天下正」。（李息齋註）

第四十六章

天下有道，卻走馬以糞；天下無道，戎馬生於郊。禍莫大於不知足，咎莫大於欲得。故知足之足，常足矣！

異文討論

本章之章句，王注本與其他重要版本略有出入。值得一談的是王注本「禍莫大於不知足，咎莫大於欲得」二句，其他各本皆為三句：

> 河上本：罪莫大於可欲，禍莫大於不知足，咎莫大於欲得。
> 傅奕本：罪莫大於可欲，禍莫大於不知足，咎莫憯於欲得。
> 帛書本：罪莫大於可欲，禍莫大於不知足，咎莫憯於欲得。
> （以上為甲本。乙本僅存「罪莫大可欲，禍」，以下缺損不見）
> 竹簡本：罪莫厚乎甚欲，咎莫憯乎欲得，禍莫大乎不知足。

由此看來，雖然王注本之二句亦已足以達意，但是參觀眾本，可知原本當有三句。劉笑敢教授於此有細緻的分析，認為竹簡本的語序排列較符合人心理上的發展，見解頗為可取。（《老子古今》本章「對勘舉要」）

本章主旨在提醒掌握大權、有能力發動戰爭的君王切不可輕易言戰，尤其警告貪心不足，而以取人土地城郭、圖人子女玉帛作為戰爭目的的強國之君，戰爭對人己雙方生命財產的損傷極為巨大，其罪

厚，其咎憯（憯通慘，深重之意），其禍大，必須盡一切努力以期避免。

　　劉笑敢教授認為本章分兩個部分，或兩組「意群」，本不相屬，只因內容似有關係才合為一章。劉教授說：「本章明顯似乎包括兩個部分的內容，或曰『意群』。從開始『天下有道』到『戎馬生於郊』為第一個意群，以下為第二個意群。竹簡本只有第二個意群的內容，抄在甲本第一組第六十六章與第三十章之間，前面沒有任何標記和空格，後面有一墨點，無空格。帛書甲本在『天下有道』和『罪莫大可欲』之前都有分章的圓點，可見這本來就是兩個意群，因為短小，內容又似有關係而合為一章。」（《老子古今》本章「對勘舉要」）

　　我不認為本章前後兩節原為互不相屬的兩個「意群」，若知此章意在告誡君王不可因貪欲而好戰，則前後兩節非但不是兩個「意群」，根本是密絲合縫、語意前後聯繫極為嚴密緊緻的同一章，其意旨與前面的四十四章此唱彼和，前後互相呼應。

　　先說「天下有道，卻走馬以糞；天下無道，戎馬生於郊」：這裡的「道」很清楚的絕不是什麼宇宙之道、天地之道，而只能是繫屬於「人」的道。很多學者老是強調，老子之道是宇宙萬象所呈現的、天地萬物賴以運作的形上規律。如果老子所說的道真是這樣一種形上之道，那就根本不可以用「有道」、「無道」來陳述，因為這種形上之道乃是亙古長存的，絕不會因人事變易之故而或存或廢。然則又怎麼能說「無道」？能用「有道」、「無道」來對照說明的，必然是隨人之主觀意願能行或不能行的屬於「人」的道，而不是具有客觀必然性的宇宙之道、天地之道。

　　什麼樣的人會有那麼大的影響力，竟可以因他的作為，使得天下

成為有道的天下或無道的天下？答案很清楚，只有君王。君王能依道
而行，百姓就可以安居樂業，「黃髮、垂髫並怡然自樂」，到處都是
一派祥和寧靜的歡愉景象，既沒有戰爭，當然也就用不上戰馬，本來
要上戰場的馬都可以退下來，到田裡幫助農耕種作。這裡「卻」是退
除；「走馬」是奔跑迅疾的馬，意即可上戰場的雄駿之馬；「糞」是
清掃、除穢，指墾荒種作。反過來如果君王無道，貪人土地，圖人重
寶，悖道妄為，輕啟戰端，兵戈不息，戰禍連年，那真會使得「戎馬
生於郊」：本來戰馬只用雄馬，大戰既積年不息，雄馬不足，只好徵
用雌馬，遂使有孕的母馬在郊野戰場生下小馬。西漢桓寬《鹽鐵論‧
未通》篇這一段正好為《老子》這幾句話作了最貼切的注解：

> 聞往者未伐胡越之時，繇賦省而民富足：溫衣飽食，藏新食陳；布
> 帛充用，牛馬成群；農夫以馬耕載，而民莫不騎乘。當此之時，卻
> 走馬以糞。其後師旅數發，戎馬不足，牸牝入陣，故駒犢生於戰
> 地，六畜不育於家，五穀不殖於野，民不足於糟糠，何橘柚之所
> 厭？

「卻走馬以糞」完全是老子的話，「駒犢生於戰地」意思與「戎馬生
於郊」也毫無兩樣。

其次，「禍莫大於不知足，咎莫大於欲得，故知足之足，常足
矣」：為什麼人間世界會從「卻走馬以糞」之安和樂利，落到「戎馬
生於郊」的悲慘境地？因為戰爭。戰爭殘殺人命，使耕地變成荒野，
如此耗損毀滅，如此可怖可畏，那又為什麼會有戰爭呢？追根究柢歸
結到最後，只因為君王之貪心不足、欲壑難填，其他種種再神聖的理

由說來說去都只是發動戰爭的藉口而已！

所以老子直指其非：生民百姓之所以罹戰爭之慘痛、禍害，只是因為君王之不知足；國家之所以導致民窮財盡、招來敵國興兵報復，其罪咎所在，最大者就在君王之貪心欲得，想圖人土地城郭以擴大自己版圖，想取人子女玉帛以充填自己宮室。

竹簡本之「罪莫厚乎甚欲，咎莫憯乎欲得，禍莫大乎不知足」，也是歸罪於君王之貪心不足、欲望無窮，直斥其罪咎，無絲毫之假借。《春秋》書法，以一字為褒貶，老子在此處，似亦未遑多讓。故君王能知足，不貪不欲，於生民憫戰禍之慘，於百姓懷父母之慈（六十七章：我有三寶，持而保之，一曰慈，二曰儉，三曰不敢為天下先），惜之愛之，時時刻刻以戰爭為戒，盡其所能以止戰為念，即令小國寡民，亦常以為足。這樣的知足才是君王最大而且得以長久的滿足。

若以老子之言為迂為闊，試觀古今中外，幾曾有侵犯土地、掠奪資源，窮兵黷武、貪欲好戰之國而可以長長久久者乎？

旨趣聯繫

三十章、三十一章、五十七章、六十一章、六十七章、八十章。

義理參觀

＊夫天下有道之世，雖有甲兵，無所用；雖有健馬，無所乘。天下無道之時，天子則外攘四夷，諸侯則外侵鄰國，故兵甲動於境內，戎馬馳於四郊，桑梓盡於樵薪，荊棘生於隴畝矣。夫無道之君毒痛天

下，原其所以，其惡有三：心見可欲，非理而求，故罪莫大焉；求而不已，必害於人，故禍莫大焉；欲而必得，其心愈熾，故咎莫重焉。然自非聖人，不能無欲，欲則不能無求，求而不知足，禍之甚者也。嗟夫！凡非真性，皆外物也，夫焉得而有之？人皆有至足者，能知至足之足，則無所不足矣！（陸希聲註）

　　＊天下有道，則能使兵為民；天下無道，則能使民為兵。人能知道，則能使色為空；人不知道，則能使空成色。可欲者，愛也；不知足者，取也；欲得者，有也。由愛生取，由取生有，眾有橫生，遂為無窮之咎。若知取不必外，是謂知足。知足，則無不足矣！（李息齋註）

第四十七章

不出戶，知天下；不窺牖，見天道。其出彌遠，其知彌少。是以聖人不行而知，不見而名（疑當作「明」），不為而成。

異文討論

本章之章句各本略有出入，字數亦稍有加減，但是意義似無殊異，並無特別加以討論之必要。唯「不見而名」一句蔣錫昌有點意見，他說：「『名』、『明』古雖通用，然《老子》作『明』不作『名』。二十二章『不自見，故明』，五十二章『見小曰明』，皆『見』、『明』連言，均其證也。此當據張本改。」（《老子校詁》）所見似可從。「不見而名」雖然並非講不通，但仍以「不見而明」較為順適。二十四章有「自見者不明」句，亦可助此說之一證。

章句詮解

本章所說的「知」與「見」，顯然不是一般人的知覺與見聞，不是運用我們的感官所得到的知覺，不是通過日常所見所聞而獲取的經驗，否則足不出戶，焉能全知天下？目不窺牖，又怎麼可能真知「天道」？如果說的是感官所得到的知覺、經驗，絕不可能「其出彌遠，其知彌少」，因為耳目感官之所知，必然是隨著遊歷之遠涉、經驗之

累積而增加的。其實老子在本章中使用「天道」一詞，早已透露此中消息；而下文「聖人」之稱，亦已明確定位他立說的對象了！

我們由此可以確定，老子在本章中所述者，乃是君王所當知當見、所當解當悟的治國理民之道。如果將此道神聖化，那就類似「天啟之道」，亦即本章所說的「天道」。此道本非單純靠著千里遠涉、多察多識即可獲取的尋常知見，也就是說，普通的感覺觀察與認知經驗是一個層次，而聖人所領悟的治理之道卻是另外一個可謂之為「天道」的完全不同的層次。

老子顯然認為：「天道」並不能單純透過感覺經驗之增加、累積，藉之推導、演繹而得。但是這並不表示老子就一定反對耳目見聞、感官察識，反對直接深入民間親自去訪察鄉里、探尋百姓疾苦。老子畢竟認為，在國家治理這件大事上，上下所司有別，君臣各有所務。君王必須明道、守道、行道，文武眾臣則各有所司，類似一器一用。「道」之與「器」，二者的本質是完全不在同一層次的。

所以君王憑藉國家的法律制度以設官分職，為君者知人善任，而文武百官各司其事，上下分層負責，如首腦之指揮肢體，如臂膀之使令指掌。因此君王即使深居廟堂，足不出戶，亦足以了解天下的種種情況，而無間阻隔閡之弊，故曰「不出戶，知天下」；即使目不窺牖，而周覽史冊，親近賢德，洞悉歷代成敗興亡、何以得何以失之所在，深明為政之理、致治之術，因此治國理民一如成竹之在胸，政事之興廢措置盡皆揮灑如意，如果這不能稱之為「天道」，那還有什麼能稱為「天道」呢？故曰「不窺牖，見天道」。如果不能用心著意於此，縱使跋山涉水，遠出千里，所知所見仍然只是一隅之知、一隙之見，故曰「其出彌遠，其知彌少」。

對於這一章，張松如教授純粹從「對事物的認識」這個角度來看，我認為似乎並未掌握本章的真正意旨。他說：「在這裡，老子只是認為在認識上純任感覺經驗是靠不住的，是無法深入事物的內部、認識事物的全體的。因此，與其說老子否認感覺經驗，毋寧說他是誇大了理性認識的作用。是的，較之外在經驗，他是更重內在直觀自省的。他認為聲色五味，馳騁田獵，都會令人心發狂，心智活動如果向外馳求，將會使思慮紛雜、精神散亂。若想統觀妙徹，則必抑制輕浮躁動，以本明的智慧、虛靜的心境，遵循著天道自然的運行規律，去玄覽外物，才能洞察幽微，徹照深遠，認識事物的真實情況。」（《老子說解》）

另外，古人注解中亦多有以「本性具足」的觀點來詮釋此章的，其實亦未嘗脫離「事物認識」的框架，只是更強調「認識能力內在本具」而多了一重轉折罷了。如蘇轍說：「性之為體，充遍宇宙，無遠近古今之異。古之聖人，其所以不出戶牖而無所不知者，特其性全故耳。世之人為物所蔽，性分於耳目，內為身心之所紛亂，外為山河之所障塞，見不出視，聞不出聽，戶牖之微，能蔽而絕之。不知聖人復性而足，乃欲出而求之，是以彌遠而彌少也。性之所及，非特能知能名而已，蓋可以因物之自然，不勞而成之矣。」（《老子解》）

其後吳澄也說：「天下萬物萬事之理，皆備於我，故雖不出戶而遍知之矣。天道者，萬理之一原，內觀而得，非如在外之有形者，必窺牖而後見之也。不知其皆備於我者，必出至一處而後知此一事，故出彌遠，而知彌少，烏能不出戶而知天下哉？」（《道德真經注》）

雖然國家之治理、政治事務之處置，也並不能離開對事物的認識，但是「對事物的認知」這一部分畢竟只是基礎罷了。君王之治國

理民、解決各種問題，還要倚仗龐大的政府組織、各個層級具備種種能力的幹部，尤其是作為標準規範的法律制度。有了以上這一些，作為首腦的君王（聖人）才能真正「不行而知，不見而名（明），不為而成」，因為他能以千萬人之行為我之行，故能「不行而知」；以千萬人之眼為我之眼，故能「不見而名（明）」；以千萬人之作為，藉著法律制度的執行，這也等於我之作為，故能「不為而成」。如果從純粹事物認知與感覺經驗的角度來看這一章，老子之言似乎透著些許神秘，實在不易索解。不過如果從政府組織與各級官員層層負責的角度來審視，那就顯得順理成章了。因為這只是一個良善的治理者，在心存良善的態度下，真正完成了良善的國家治理罷了！

旨趣聯繫

二十七章、三十五章、五十五章、五十九章、七十七章。

義理參觀

＊出戶而知，知其所可知爾；窺牖而見，見其所可見爾。天下之大，天道之廣，豈可以知知、以見見乎？出戶則離此而有所知，其知能幾也？窺牖則即彼而有所見，其見豈遠也？聖人密運獨化，不以知知，故無所不知；不以見見，故無所不見。天下者，物之所在，使然者也；天道者，道之所在，自然者也。其粗在物，其妙在道，皆不離當體而盡乎知見，何事於出？何待於窺？出戶則有行，窺牖則有見。聖人不行，而本乎智；不見，而本乎心，故天下之事皆可得而知，天道之妙皆可得而名。能知能名，故不為而為，成其所自成也。（張安註）

第四十八章

為學日益，為道日損，損之又損，以至於無為，無為而無不為。取天下常以無事，及其有事，不足以取天下。

異文討論

　　本章章句各本雖略有出入，但是義理基本一致，似無必要作進一步的討論。竹簡本首句作「學者日益」，眾多研究者都以為是逸脫了「為」字，劉笑敢教授則認為這很可能才是原始版本的面貌，後來版本為求句式整齊，才在此句前加上「為」字。他說：「『學者』二字就是從事學習的人，詞義完整，作『為學者』絲毫不能增加任何實質性內容，純粹是為了句式的整齊，而竹簡本的風格總起來看就是比以後的版本樸拙、簡省，所以這裡不一定是脫了『為』字，很可能古本就是如此。」（《老子古今》本章〈對勘舉要〉）其說可備參考。

章句詮解

　　有論者謂老子當然是主張「為道」者，「為道」則必與「為學」相悖相斥，故「為學日益，為道日損」兩句，充分表示老子對「為學」者的貶抑與揚棄。我認為這樣的說法稍欠思考，很值得再作商榷。老子講論的直接對象無疑是君王，而君王必須是「為道」者，而不能僅僅是一個「為學」者。文臣武將、各層各級的官吏，這些政府

的幹部奉法以守職，在他們的職位上增進知識、累積經驗，好讓自己
對於官職內事務的處理，能夠越來越駕輕就熟而漸趨於完善，這就是
「為學日益」。這種知識、經驗之「益」不僅沒有什麼弊病，甚至還
在根本上就是必要的；但是君王作為政府首腦、權力中樞，對於一般
性的知識、經驗雖說不必排斥，但是這些畢竟是屬於為「器」的臣下
必須具備的知能，不是真正「君人南面」而為「器長」者所須用心留
意的道術。

　　對於君王之道，老子在此單提一個「損」字，而且說「損之又
損，以至於無為，無為而無不為」，可見老子認為「損」對於君王之
道而言，乃是一個原則性、綱領性的提挈。然則什麼是「損」呢？最
主要的應當是君王能夠把自己尊貴的身分完全放低，甘願以謙沖卑下
的態度禮敬賢士，吸納真正有能力輔佐治國的人才；更重要的是身為
君王者能夠自我節制、自我損抑，以樸實誠懇的態度尊重法律制度，
嚴格控管行政權力的膨脹與濫用。以上這兩點正緊密呼應四十章中的
「反」與「弱」，而且追究其實，根本是貫串在整部《老子》之中
的，即以前十章而言：「聖人處無為之事，行不言之教。萬物作焉而
不辭，生而不有，為而不恃，功成而弗居」（第二章）是「損」。
「道沖，而用之或不盈；淵兮，似萬物之宗。挫其銳，解其紛；和其
光，同其塵」（第四章）是「損」。「虛而不屈，動而愈出。多言數
窮，不如守中」（第五章）是「損」。「谷神不死，是謂玄牝」（第
六章）是「損」。「聖人後其身而身先，外其身而身存」（第七章）
是「損」。「上善若水，水善利萬物而不爭，處眾人之所惡，故幾於
道。居善地，心善淵，與善仁……不爭，故無尤」（第八章）是
「損」。「持而盈之，不如其已；揣而梲之，不可長保……功遂身

退，天之道」（第九章）是「損」。「生之畜之，生而不有，為而不恃，長而不宰，是謂玄德」（第十章）亦是「損」。

　　以上僅就前十章摘錄，仔細尋索，此意在《老子》全書的每一章中或隱或顯，可說俯拾皆是。八十章「小國寡民，使有什佰之器而不用……雖有甲兵，無所陳之」，這不是節制減損的意味嗎？八十一章「聖人不積，既以為人，己愈有；既以與人，己愈多。天之道，利而不害；聖人之道，為而不爭」，這不是希望君人者莫忘「損」己以利人嗎？

　　所以「為學日益，為道日損。損之又損，以至於無為，無為而無不為」可以理解為：「為學」是知識的增加、經驗的累積，協助君王治理國家的各個層級的官員，能夠博學多聞，使自己隨著歲月而識見多方，經驗豐富，在處理事務、解決問題時，足以應務機敏，處事練達，這當然是很好的。但是作為君王，最重要的並不是「為學」，而是「為道」。君王「為道」的主要原則即是「損」，也就是透過自我的修養，使自己能夠越來越表現得謙沖卑下而不驕不慢，越來越懂得節制損抑而遠離剛強橫暴，能夠「損之又損」，自己損抑又損抑，節制再節制，最後真正達到「無為」的境地：尊重法律，恪守制度；賢德在位，才能在職，那就可以臻至「無不為」的治理效果，使一切國家政事能夠井井有條，百姓萬民可以安居樂業。

　　再來說到「取天下常以無事，及其有事，不足以取天下」：老子既然以謙沖卑下為君王之道，以節制損抑為君王之德，視兵為「不祥之器」，乃有道者所不處；謂「師之所處，荊棘生焉；大軍之後，必有凶年」，隨處點醒君王不可好戰逞強，即使不得已而用兵，戰勝亦必以喪禮處之。這樣一個以「小國寡民」為美的老子，會鼓勵君王以

軍事力量強奪其他國家的城池土地、掠取其他國家的子女玉帛嗎？應該不會，不，顯然不會，絕對不會！所以這裡「取天下」的「取」字不可照一般常用字義解為捕取（《說文·又部》）、奪取、攻取。在本章以外，二十九章云：「將欲取天下而為之，吾見其不得已，天下神器，不可為也」；五十七章云：「以正治國，以奇用兵，以無事取天下」；六十一章云：「大國者下流，天下之交，天下之牝。牝常以靜勝牡，以靜為下。故大國以下小國，則取小國；小國以下大國，則取大國。故或下以取，或下而取」。

　　我們從六十一章之「大國以下小國，則取小國；小國以下大國，則取大國」，可以很清楚、很明確地看出來，這裡的「取」絕不可理解為捕取、奪取、攻取的意思，否則小國怎麼可能「取大國」？因之我認為「大國以下小國，則取小國；小國以下大國，則取大國」，在上下文意上應理解為：大國如能以謙抑而尊重對方的態度來對待小國，就可以取得小國的擁戴；小國如能以自知弱小而崇仰對方的態度來對待大國，就可以取得大國的維護。「取」基本上雖是取得、獲取之意，但在此其正確而貼切的意義還是要隨上下行文而稍作調整。二十九章、五十七章的「取天下」因之也應該是「獲取、得到天下百姓的支持、擁戴」之意。所以本章「取天下常以無事，及其有事，不足以取天下」即應理解為：君王如果想要獲得天下百姓的擁戴，就必須無事無為，亦即行政處事恪遵法律制度，不可剛強橫暴，違法亂制，多生事端；否則一旦逾越法制，背棄軌範，無端生事，就不可能得到天下百姓的擁戴與支持了。

　　至於尋事挑釁，犯境侮鄰，好戰逞強，以致處處烽火，舉國騷亂。刀兵所過，滿目瘡痍，荊棘遍地，民不樂生。如此君王，更不能

說是「無事」，不但不足以「取天下」，反而必遭天下百姓厭棄，恨不得與之偕亡了！

旨趣聯繫

第四章、十五章、二十章、二十二章、二十八章、七十七章。

義理參觀

＊損之者無麤而不遣，遣之至乎忘惡；然後無細而不去，去之至乎忘善。惡者非也，善者是也，既損其非，又損其是，故曰「損之又損」。是非俱忘，情欲既斷，德與道合，至於無為。己雖無為，任萬物之自為，故無不為也。（鳩摩羅什注）

＊無所不知，然後可以言學，故學欲日益。益者已化，然後可以言道，故道欲日損。然益者可以進，損者不可彊。損而不能兼忘其損，未為損也。直須驀地脫落，前後際斷，乃至無為之地，故能無所不為而應用不窮，施於天下，綽綽然矣！（黃茂材註）

第四十九章

聖人無常心，以百姓心為心。善者吾善之，不善者吾亦善之，德善；信者吾信之，不信者吾亦信之，德信。聖人在天下，歙歙焉為天下渾其心。百姓皆注其耳目，聖人皆孩之。

異文討論

　　本章章句各本之異同，大略有兩點可說，一是首句「聖人無常心」，二是末句「聖人皆孩之」。「聖人無常心」句，王注本、河上本、傅奕本皆如此，然而帛書乙本「無常心」作「恆無心」（甲本首句完全缺損，乙本「聖」字亦缺）。如果連結下一句，則「聖人無常心，以百姓心為心」和「聖人恆無心，以百姓心為心」，我認為都可以講得通，因為這兩句其重點原就落在後一句「以百姓心為心」上面。本來在《老子》書中，「常」字如果作名詞用，則具有與「道」相近的涵義，如十六章之「復命曰常，知常曰明，不知常，妄作，凶」；如五十二章之「用其光，復歸其明，無遺身殃，是謂習常」；如五十五章之「知和曰常，知常曰明」。這些章中的「常」字，在帛書本中同樣也是作「常」，不作「恆」，而通行本其他章中的「常」字，帛書本率皆作「恆」。所以此一作名詞用的「常」，其義近似於「道」，不可等閒視之。但是此句帛書既作「聖人恆無心」，由此

「恆」字，可見這裡的「常」所用的就是「常」的一般義，並不具特殊的義涵，所以無論是作「聖人恆無心」或「聖人無常心」，於義理皆可容許，雖然「聖人恆無心」或許可能更接近原本，但是畢竟「以百姓心為心」這一句才是重點所在，上一句是「聖人無常心」或「聖人恆無心」，在義理的呈現上並不會有轉向的差異。

其次，此章末句「聖人皆孩之」，王注本、河上本皆如此，傅奕本和帛書本則作「聖人皆咳之」。高亨說：「『孩』，借為『閡』。《說文》『閡，外閉也。』『聖人皆孩之』者，言聖人皆閉百姓之耳目也。『百姓皆注其耳目，聖人皆孩之』，即謂閉塞百姓耳目之聰明，使無聞無見也，此老子之愚民政策耳！」劉笑敢教授則認為：「陳鼓應將『聖人皆孩之』解釋為『聖人使他們都回復到嬰孩般純真的狀態』，這種講法似乎可以，但把『孩』字轉作使動詞的意味過強，試想要把那麼多百姓轉化為嬰孩般純樸何其難也，實際上高（亨）、陳（鼓應）二說均與上文『以百姓心為心』相矛盾。……『孩』字雖作動詞，但只是意念上的動作，即聖人把百姓當作嬰孩而呵護之、信任之、因任之。這樣理解，才能與上文『以百姓心為心』、『善者善之，不善者亦善之』融貫一體。」劉教授的析論對《老子》原文而言，文詞分析順適，義理詮釋貼切，而高亨之視老子為「愚民」則是完全曲解。「孩」字通行本出現兩次，一為二十章「如嬰兒之未孩」，一即本章「聖人皆孩之」。「孩」、「咳」兩字相通，可以互相解釋：「如嬰兒之未孩」，「孩」通「咳」；「聖人皆孩之」、「聖人皆咳之」，「咳」通「孩」。

章句詮解

在這一章裡頭，老子是這麼說的：最好的君王（聖人）對於百姓，沒有什麼恆常的、一定的心念（無常心），或說總是不存特別的心念（恆無心），而只是心心念念掛著百姓，永遠以百姓的心念為心念，百姓怎麼想，君王就願意這樣想。如果百姓善良，我固然以善良善待他們；即使百姓不善不良，我也不會棄之不顧，仍然像對待善良百姓一樣照顧他們、善待他們。君王如能這麼做，那就真正得到、領悟了君王「善良」的真諦。百姓如果信實，我固然以信實相待；縱然百姓不信不實，我也不會棄之不顧，仍然相信他們終究會回到信實上來。君王如果能做到這樣，那就真正得到、了解了君王「信實」的真諦。

此處「德善」、「德信」的「德」通「得」，傅奕本等多種版本皆作「得善」、「得信」。再來，「聖人在天下」這一節：「在天下」猶言對於天下百姓；「歙歙焉為天下渾其心」，「歙歙」或作「翕翕」、「怵怵」、「惵惵」等異文，其意大抵為收斂凝聚、憂危恐懼，整句是說君王總是努力損抑、節制自己的私欲，心懷憂危戒懼，想方設法要使天下百姓的心思歸於渾樸厚實，讓百姓在聖人無為的教化之下，好像真的人人傾注耳目，諦視聆聽而用心領受，聖人對於他們，就像對待小孩兒一般地細心呵護、著意照顧。

本章特別值得注意的是老子指出：君王為政，當「以百姓心為心」。這當然不能穿鑿附會，訛稱為現代所謂的「民主」，但是這種體察民心、以民為本的思想，與儒家「民惟邦本，本固邦寧」（《尚書‧五子之歌》）的宣示，在為政的理念上實無二致。尤其「善者吾

善之，不善者吾亦善之，德善；信者吾信之，不信者吾亦信之，德信」的提撕，指點君王對於百姓，應當具有像父母對子女一般的慈愛（「慈」為君王慈、儉、不敢為天下先的「三寶」之首，見於六十七章），不管子女如何頑劣，如何違忤悖逆，仍然永遠會用最大的愛心與耐心加以提攜照拂，絕不會嫌棄，絕不會厭憎，永遠保有對孩子改過遷善的寄望。

從這裡我們可以看到，老子之於政治，絕對不會是教君王耍陰謀、弄權術如某些人所誤解的那一套，而是要君王抱持崇高理想，事事以百姓的心意為先，把屬於人民群眾的公共事務徹底治好理好，不走旁門左道，而堅持走堂堂正正的康莊大道。

旨趣聯繫

二十七章、三十四章、五十一章、五十八章、六十六章、八十一章。

義理參觀

＊善惡生乎妄見，妄見生乎自私。公於大道，則雖目睹善惡，而心無殊想矣。故聖人因世之情強立毀譽，而心知善惡本非其實，故不善之善，非憐而恕之，乃不覺有異也。忘善惡之實，真善也，是以萬法雖殊，等為實相；信與不信，混為一體。知一切相無非妄者，故能視不善猶善；知一切相無非實者，故能視不信猶信。當妄知實，當實知妄，此聖智所以異於眾人也。（王元澤註）

＊百姓有善不善，而聖人皆善之；百姓有信不信，而聖人皆信之。夫聖人曷嘗有善、信之心哉？一以百姓之心為善、信故也。是謂同德之善，而非一人之善；同德之信，而非一己之信。故曰「德善」、「德信」也。夫天下之人各一其心也久矣，聖人則合天下之人而渾為一心。百姓皆注其耳目，以我觀彼，以此視我，各相是非，不可一也。聖人見此不喜、聞彼不怒，一以嬰兒遇之，是以彼亦不矜，此亦不慍，釋然皆化，而天下定矣。聖人無常心，以百姓之心為心也如此。此太上治世之大旨所以能無為者哉！（李宏甫註）

第五十章

出生，入死。生之徒十有三，死之徒十有三；人之生動之死地，亦十有三，夫何故？以其生生之厚。蓋聞善攝生者，陸行不遇兕虎，入軍不被甲兵。兕無所投其角，虎無所措其爪，兵無所容其刃。夫何故？以其無死地。

異文討論

　　本章章句，各重要版本間雖亦略見差異，然於義理之詮釋並無太大影響，可不必討論。

章句詮解

　　本章之主旨當在告誡君王應該避免落入「生生之厚」的泥沼；而凡有舉動，當思有備則無患。

　　每一個人都是出於生而入於死，而任何一個正常的人也都貪生而怕死。既然貪生怕死，因而也就努力求生甚而冀望能夠長生，於是妄為種種「生生之厚」，亦即超乎常情常理地使用各式各樣的方法，期望生命能夠長長久久。

　　一般人限於現實條件，雖想「生生」而使自己活得長久，也很難達到老子所謂「厚」的地步，但是掌握大權、擁有無限資源的君王則不然，他既可以不怕勞民，也可以不怕傷財，當君王說「寡人想活得

久一點」，皇帝說「朕想長生而不死」，那一個臣子膽敢說個不字？
於是史書上秦皇、漢武種種「生生之厚」的荒唐作為，真正就成了老
子的「先見之明」了！

《史記‧秦始皇本紀》：「二十八年：齊人徐市等上書，言海中
有三神山，名曰蓬萊、方丈、瀛洲，僊人居之。請得齋戒，與童男女
求之。於是遣徐市發童男女數千人，入海求僊人。三十二年：始皇之
碣石，使燕人盧生求羨門（古仙人）。……因使韓終、侯公、石生求
僊人不死之藥。三十五年：盧生說始皇曰：『臣等求芝奇藥僊者，常
弗遇，類物有害之者。方中人主時為微行，以辟惡鬼，惡鬼辟，真人
至。人主所居，而人臣知之，則害於神。真人者，入水不濡，入火不
爇，陵雲氣，與天地久長。今上治天下，未能恬惔，願上所居宮毋令
人知，然後不死之藥殆可得也。』」

這些方士所言所行之為誕妄詐騙，以今觀之可謂皎然可知。然而
其後漢武帝亦入此輩彀中而無能自脫。《孝武本紀》後人辨非史公所
作，然而歷記少君、少翁（文成將軍）、欒大（五利將軍）、公孫卿
等方士祠神求仙求藥之事，最後說：「今上封禪，其後十二歲而還，
遍於五岳四瀆矣。而方士之候祠神人，入海求蓬萊，終無有驗。而公
孫卿之候神者，猶以大人跡為解，無其效。天子益怠，厭方士之怪迂
語矣，然終羈縻弗絕，冀遇其真。自此之後，方士言祠神者彌眾，然
其效可睹矣。」卷末的評論是：「太史公曰：余從巡祭天地諸神名山
川而封禪焉，入壽宮侍祠神語，究觀方士祠官之言，於是退而論次，
自古以來用事於鬼神者，具見其表裡。後有君子，得以覽焉。」

以上這些話應該是出於太史公，至少亦必有所本。雖未直指武帝
之非，然而察其微意之所在，正是看到帝王只因一己長生之私欲，不

惜大勞民，不顧甚傷財，淨幹些令明白人啼笑皆非的蠢事，這就是老子在本章所示君王最具代表性的「生生之厚」。至於飲食之窮奢極欲，服御之華美侈汰，居室之巍峨壯麗，相較之下已經算是餘事了！

如前所述，然則本章可分兩節：首節由「出生入死」至「以其生生之厚」；次節由「蓋聞善攝生者」至章末「以其無死地」。底下略作疏釋：

生命是一個由生到死的自然而亦必然的歷程，所有的人都是出於生而入於死，但是在由生到死的過程中，有人壽有人夭，生命的長短並不一致。大略說來，十中有三是得生者多而長壽的，十中有三是得生者少而夭亡的，而另外也有不少人卻是因為妄想長生的種種不當作為，反而把自己送進死地的，這類人總也十中有三。這是為什麼呢？說來說去總因過於護生惜生。本已養尊處優，猶嫌不足而想盡辦法尋仙求藥，妄圖長生不死。擁有最大權力與無限資源的君王，更是其中之尤而為史冊所常見。

老子認為：依其所聞所見，對君王而言，若是真正善於調攝自己的生命，養護自己的身體，則行走於陸路必定不會遭野牛與老虎所害；置身於軍隊亦不至於為刀兵所傷，因為他總是設想面面俱到，準備齊整周全，不妄涉險，不輕冒進。所以野牛無處投放牠的觝角，老虎無處施展牠的爪牙，刀兵利器也無處可以容受它的鋒刃。這是什麼緣故呢？因為他是真正的護生惜生，絕非「生生之厚」。他能洞燭機先，他能謹小慎微，總讓自己處於安全穩妥之地，絕不輕易犯險而使自己置身於無可逃脫的死地。所謂「陸行不遇虎兕，入軍不被甲兵。兕無所投其角，虎無所措其爪，兵無所容其刃」云云，並沒有任何秘不可傳的妙術神通，說到底只是有備則無患。

旨趣聯繫

第七章、第十章、四十四章、五十五章、五十九章、六十七章。

義理參觀

＊性無生死，出則為生，入則為死。用物取精以自滋養者，生之徒也。聲色臭味以自戕賊者，死之徒也。二者既分生死之道矣，吾又知作而不知休，知言而不知默，知思而不知忘，以趣於盡，則所謂「動而之死地」者也。生死之道，以十言之，三者各居其三矣，豈非生死之道九而不生不死之道一而已矣。不生不死，則《易》所謂「寂然不動」者也。老子言其九，不言其一，使人自得之，以寄無思無為之妙也。有生則有死，故生之徒即死之徒也。人之所賴於生者厚，則死之道常十九。聖人常在不生不死中，生地且無，焉有死地哉？（蘇轍註）

＊「生之徒十有三」，此練形住世者也；「死之徒十有三」，此徇欲忘生者也；「人之生動之死地十有三」，此斷滅種性者也。凡此十分之中，率居其九皆生生之厚者也。夫有生必有死，是生固死之地矣。兕虎甲兵，將安避之？善攝生則無生矣。故兕之角無所投，虎之爪無所措，兵之刃無所容，何者？彼無地以受之也。厚生者九，無生者一，老子於十者之中闕一自擬，其旨微矣！然聖人無生，非故薄之也，本無生也。昔人云：「愛生者可殺也，愛潔者可汙也，愛榮者可辱也，愛完者可破也。」本無生，孰殺之？本無潔，孰汙之？本無榮，孰辱之？本無完，孰破之？知此者可以出入造化，遊戲死生。（焦竑《筆乘》）

第五十一章

道生之，德畜之，物形之，勢成之。是以萬物莫不尊道而
貴德。道之尊，德之貴，夫莫之命而常自然。故道生之，
德畜之，長之，育之，亭之，毒之，養之，覆之。生而不
有，為而不恃，長而不宰，是謂「玄德」。

異文討論

　　本章章句諸本數處略有小異：其中「勢成之」句，帛書甲本、乙
本「勢」皆作「器」；「夫莫之命而常自然」句，傅奕本、帛書兩本
「命」皆作「爵」。這些小異之處，並不致構成義理解讀的重大改
變。

章句詮解

　　在正式討論本章以前，我們有必要先將第二章、第十章、三十四
章與本章並列對照，因為在這四章之中，有很多句子是相同或至少是
相近的：

> 「天下皆知美之為美，斯惡已；皆知善之為善，斯不善已。故有無
> 相生，難易相成，長短相較，高下相傾，音聲相和，前後相隨。是
> 以聖人處無為之事，行不言之教，萬物作焉而不辭，生而不有，為

而不恃，功成而弗居。夫唯弗居，是以不去。」（第二章）

「載營魄抱一，能無離乎？專氣致柔，能嬰兒乎？滌除玄覽，能無疵乎？愛民治國，能無為乎？天門開闔，能為雌乎？明白四達，能無知乎？生之畜之，生而不有，為而不恃，長而不宰，是謂『玄德』。」（第十章）

「大道氾兮，其可左右。萬物恃之而生而不辭，功成不名有，衣養萬物而不為主。常無欲，可名於小；萬物歸焉而不為主，可名為大。以其終不自為大，故能成其大。」（三十四章）

　　第二章之「萬物作焉而不辭，生而不有，為而不恃，功成而弗居」，第十章之「生之畜之，生而不有，為而不恃，長而不宰，是謂玄德」，三十四章之「萬物恃之而生而不辭，功成不名有，衣養萬物而不為主」，這些文字所表達的涵義與本章「道生之，德畜之，長之育之，亭之毒之，養之覆之。生而不有，為而不恃，長而不宰，是謂玄德」，在《老子》書中，其理路是一脈相承、前後貫串而終歸一致的。

　　第二章「萬物作焉而不辭」，我們前此在討論第二章時，早已說明此句主詞並不是「萬物」，而是上文「聖人處無為之事，行不言之教」的「聖人」，否則「萬物」又豈能對「萬物」「作焉而不辭，生而不有，為而不恃」？所以若將文句理順，即是「聖人處無為之事，行不言之教，於萬物作焉而不辭，生而不有，為而不恃，功成而弗居」。

　　第十章自「載營魄抱一，能無離乎？」到「明白四達，能無知乎？」，都以疑問語氣陳述，老子問的是什麼人呢？我們從「愛民治

國，能無為乎」這一句，即可明確知道其對象是君王。如果其回答都是「能」，而真正達到「生之畜之，生而不有，為而不恃，長而不宰」的境界，則此君王之德即是「玄德」，亦即聖人之德。

三十四章「萬物恃之而生而不辭，功成不名有，衣養萬物而不為主」，「萬物恃之」的「之」是一個代名詞，所稱代的當然就是上文的「大道」。此一「大道」是什麼道呢？由下文「常無欲，可名於小；萬物歸焉而不為主，可名為大。以其終不自為大，故能成其大」，可確定無疑即是「聖人之道」，否則焉能說「常無欲」？又焉能說「以其終不自為大」？可是嚴靈峰先生《老子達解》引奚侗曰：「各本『可名於小』句上，贅『常無欲』三字，誼不可通；茲從顧歡本刪。」又引蔣錫昌曰：「『常無欲』三字蓋涉王注『故天下常無欲之時』而衍。羅振玉貞松堂藏敦煌唐人寫本殘卷無此三字，是也。」嚴先生並且下了按語：「按顧歡本、李榮本、次解本、羅振玉貞松堂藏唐人寫本殘卷，均無此三字。疑係第一章『常無欲以觀其妙』句之錯簡，複出於此，當從奚說刪去。」

奚侗、蔣錫昌、嚴靈峰與陳鼓應等現代學者都認為老子的「道」是宇宙天地自然之道，而君王之道、聖人之道只是從此道派生出來的。既然此道是宇宙天地自然之道，所以絕不能說「常無欲」。他們沒有想到的是，老子所謂「道」根本就是君王治國理民之道，也就是聖人之道，即使上推到宇宙天地自然，也只是強將此「大道」予以神聖化，給它一個神聖偉大的崇高根據，以符合所謂「神器」之名罷了！老子何嘗真正知道宇宙天地、自然萬物之道？他何嘗知道今天屬於純粹科學的、客觀知識的宇宙天地、自然萬物的常規定律？

正因為不了解這一點，所以奚侗才會說「常無欲」是贅語而「誼

不可通」；蔣錫昌才會說「常無欲」是涉王弼注語所衍；嚴靈峰才會說「常無欲」是錯簡複出而當刪去。

事實上三十四章「常無欲」三字，王弼注本有之，河上注本有之，傅奕古本有之，帛書甲本、乙本亦皆赫然在目而作「恆无欲」。由此可知，老子原本即有「常無欲」（恆无欲）三字，而老子所謂「道」確指君王治國理民之道、聖人平治天下之道而絕無可疑。

此一癥結既已梳理，現在我們就可以好好地來看五十一章了：本章的問題集中在前面四句：「道生之，德畜之，物形之，勢成之」，我們從下一句「是以萬物莫不尊道而貴德」，即可推知這四句中的「之」字是指稱「萬物」。然則這四句中的主詞是什麼呢？初步看來好像是「道」、「德」、「物」、「勢」，但「道」生萬物、「德」畜萬物，「道」、「德」當作主詞也許不成問題，可是接下來「物」自己又怎麼能「形」萬物？單憑「勢」又怎麼能「成」萬物呢？這就無論如何講不通了。高亨於其《老子正詁》就直揭其疑，他說：「『物形之』、『勢成之』二句，義不可通，文必有誤。疑此四句當作『物，道生之，形之；德畜之，成之』，蓋轉寫『物』字竄入下文，『形之』二字亦竄入下文，讀者以意增『勢』字耳。『物，道生之，形之；德畜之，成之』，言物乃道生之形之，德畜之成之也。形之謂賦之形也。若『道』上無『物』字，則『道生之，德畜之』『之』字失其所指，此『物』字當在句首之證。生之形之，辭意相依，道之事也；畜之成之，辭意相依，德之事也。且『生』、『形』、『成』為韻，如今本則失其韻，此『形之』二字當在『德』字之上之證。」

高亨因為懷疑這四句文義不通，以致逕直改動經文，他的說法經

過對照各個重要版本，實在沒有確實佐證，即使帛書本之文字也與通行本僅有小異：帛書甲本作「道生之而德畜之，物刑之而器成之」，乙本作「道生之德畜之，物刑之而器成之」，所以高氏懷疑經文有誤倒竄改云云，恐怕不能成立。但是他說「物形之」、「勢成之」二句「義不可通」則是千真萬確，值得我們特別注意，只不過「不可通」的原因別有所在，絕非經文受到誤倒竄改罷了。古今諸家注解疏釋，於此往往大費周章，著力彌縫，但是說來說去仍然似通非通，一無中肯，為何如此？只因錯認「道」之「生」屬宇宙論式的創生之故！

何以說是「錯認」了宇宙論式的創生觀點？因為開頭「道生之」這四句的前面，在文字的表達上省略了「聖人於萬物」這一層意思，老子的原意是：「聖人以道創生萬物，以德畜養萬物，因萬物之質性而形成其形體，順自然之勢而使萬物皆得長成。」四個句子的主詞都是「聖人」，而非「道」、「德」、「物」、「勢」。所以原文如予補足，應當是「聖人於萬物，以道生之，以德畜之，因物而形之，順勢而成之」。這種說法對照我們在前面關於第二章、第十章與三十四章的分析與討論，即可清楚了解而再無可疑了。

所以本章開頭四句的主詞「聖人」或「君王」是省略了，或說隱藏了。很可能老子會有此疑問：「我所說的話，五千言字字句句本來就是針對君王來說的，所以很多地方當然也就用不著挑明講話的對象了，怎麼就引發誤會了呢？」事實證明很多人就是誤會了。所以這四句原意應當是：聖人以道生之，以德畜之，因物而形之，順勢而成之。

這四句的問題既已解決，本章之義理即可略作通釋：聖人治理天下，對於萬物（其重者要者自是萬民百姓），本於道而使萬物遂其所

生，依於德而使萬物得其所養，因萬物之性而發展、表現其特質，順利便之勢而輔助萬物皆能各得成就。因此萬物的生育長養，無不尊崇道而貴重德，凡事依循道德的原則。道之所以尊崇，德之所以貴重，正是因為「道德」的原則乃是排斥操控、宰制，而總是因順自然。所以聖人治民理事，輔助萬物，必然遵循「道德」的原則，使萬物能受到保護照顧，順利地生長養育，亭之毒之而使之安定成熟，養之覆之而使之無憂無慮。且聖人對於萬物，對於百姓，生育照顧而絕不據為己有，無為以為之而絕不自恃己能，長養翼護而絕不宰制操控，這種玄妙深邃的帝王之德就稱為「玄德」。

　　所謂「莫之命而常自然」，「命」即是仗其智、恃其能而任憑君王自己的意志亂下命令、亂作指示，欲圖宰制人、操控事；而「自然」者，指順「自然」的原則而作為，此在君王之治理國家，即是依據法律制度的規定當然而然，君王絕不另出主意而違法亂制。

　　關於「亭之，毒之」的解釋，高亨解為「使之成熟」，他說：「亭」當讀為「成」，「毒」當讀為「熟」，皆音同通用。另外「亭之，毒之」也可以解釋為「使之安定」的意思。《倉頡篇》：「亭，定也。」《廣雅‧釋詁》：「毒，安也。」

　　最後，老子言及「玄德」一詞者，全書共有三章：第十章、本章五十一章，與六十五章。第十章、六十五章一望而知毫無疑問是指聖人之德，然則本章又何獨而不然？

旨趣聯繫

　　第二章、第十章、三十四章、四十一章、六十五章、六十七章。

義理參觀

＊夫物生而後畜，畜而後形，形而後成。其所由生者道也，其所以畜者德也，形其材者事也，成其用者勢也。萬物以能生，故尊道；以能畜，故貴德。道德以生畜之，故自然為萬物所仰，豈有授之爵位而後見尊貴哉？然道者真精之體，德者妙物之用，體可以兼用，用不可以兼體。道可以體德，德不可以兼道。故稟其精謂之生，含其炁謂之畜，遂其形謂之長，字其材謂之育，權其成謂之亭，量其用謂之毒，保其和謂之養，護其傷謂之覆，此之謂大道。既生之而不執有，既為之而不矜恃，既長之而不宰制，此之謂玄德。〈營魄章〉言人同於道德，今此章言道德同於人，是以其辭同而其理通也。（陸希聲註）

＊物非道不生，非德不畜。自其有形，以至於勢長，莫不以道德為主。道之尊，德之貴，至於此極矣。然不自尊其尊，不自貴其貴，其施於物，非有心於物也，莫之命而常自然。自然而生，自然而畜，凡所以長育成熟，以至於養之覆之，莫非自然者。由其自然，故未嘗望物之報。生不辭勞，施不求報，是謂玄德。（李息齋註）

第五十二章

天下有始，以為天下母。既得其母，以知其子；既知其子，復守其母；沒身不殆。塞其兌，閉其門，終身不勤；開其兌，濟其事，終身不救。見小曰明，守柔曰強。用其光，復歸其明，無遺身殃，是為（謂）習常。

異文討論

　　本章章句各本略有小異，因為無礙於義理詮釋，似無分析討論之必要。竹簡本僅見「閉其門」以下六句，而與通行本之「塞其兌，閉其門」句次稍有出入。

章句詮解

　　首節由「天下有始」至「沒身不殆」。「始」與「母」亦出現在第一章：「無，名天地（萬物）之始；有，名萬物之母」。四十章則說：「天下萬物（帛書本、竹簡本皆作「天下之物」）生於有，有生於無」。在這一節，我認為老子所討論的主題是關乎國家治理最重要的根據與標準的問題，這也就是治國理民最根本、最實際的法律與制度的問題。老子所謂的「無」與「有」就觸及到法律制度的兩個面向：「有」用以指稱法律制度的條文，以其藏之官府，可檢可索，故謂之「有」；「無」用以指稱法律制度在條文背後的義理、根源，以

其無形無質、不可見、不可聞，故謂之「無」。

關於「無」與「有」，老子是從國家治理的角度來談的，而不是從一般學者所認定的宇宙論萬物創生的角度。如果從宇宙論萬物創生的角度來解釋「無」與「有」，就必然不能合理說明人間世界中人對於價值選擇的可能性，這一點我在談第一章與四十章時已一再反覆地闡述、說明，此處似可不必再贅。

既然說「天下萬物生於有」，則是「有」生天下萬物，而為萬物之「母」。由此確知首章應該讀成「無，名天地（萬物）之始；有，名萬物之母」，而絕不可讀成王弼注、河上注、帛書本的「無名，天地（萬物）之始；有名，萬物之母」。從字義上來看，「始」即是「母」，「母」無非「始」，「始」、「母」並無真正的分別，都是根源之義。所以「天下有始，以為天下母」，這裡說的「始」就是「無」；「既得其母，以知其子」，所謂「其子」指的就是「有」。這樣解釋，正符合四十章所說的：「有生於無」。

政治一事，就是君王之治理天下這件事。政治世界中君王對種種政治事務的處理，有一個「始」，有一個開始、根源，來作為天下事務裁斷之規範與處置之標準所從出的依據，故謂「天下有始，以為天下母」，這標準、這規範就是法律制度，但是又憑什麼、依據什麼而可以定下這個標準呢？你要定個標準，可以啊，但是這標準要能堂堂正正說得出來，讓大家覺得這標準合情合理，符合公平正義的原則，這樣大家才能心甘情願地遵守。否則假使這標準既不合情又不合理，既說不上公平，也談不上正義，偏頗傾斜，滿滿都只是出於個人的私欲，如此能算什麼標準？

君王對於國家治理，要如何才能「沒身不殆」，在執政的過程

中，要怎麼做才能由始至終平順穩健，內無內亂，外無外患，使百姓都能安居樂業？老子認為其關鍵仍在君王必須去除個人意志，捨私就公，以嚴肅誠懇的態度來尊重法律制度。

「天下有始，以為天下母」：治理國家、穩定社會，有一個最原始的基本原理，來作為裁斷事務之是非然否，藉以定亂息爭的根源，那就是作為法律之義、制度之理的「法制之精神」，也就是公平與正義。「既得其母，以知其子」：如果真能追尋得到、把握得好公平正義，那就可以制訂出良好的法律制度。「既知其子，復守其母」：然而社會隨時變遷，種種情況亦必然隨著社會之變遷而有所改變，如此現有的法律制度就常常不能適用於眼前國家社會的實際狀況。因此作為主政者的國君，既要了解、尊重當前的法律制度，也要隨時省視、隨時檢討，好好衡量現行的法律制度是否符合其原始的公平原則、正義精神，必要時須得改革更新，使之能確實守護整個國家社會的公平正義，這樣國家才能長治久安，君王也才能「沒身不殆」。

「塞其兌，閉其門，終身不勤；開其兌，濟其事，終身不救」：這裡老子指出兩種相對的情況，王弼注說：「兌，事欲之所由生；門，事欲之所由從也。」清朝的高延第加以引申，謂「兌，口也。口為言所從出，門為人所由行，塞之閉之，不貴多言，不為異行。」（《老子證義》）處置國家大事，裁斷是非然否，一切遵循法律制度，君王不敢自命聖智，不敢以私意而出言指示，此即「塞其兌」；不敢凌越法律制度而別為違法亂制之行，此即「閉其門」。君王而能如此，則可「終身不勤」，在位之時不勞不擾，得清靜無為之益。反之，「開其兌，濟其事」，不顧法制，為所欲為，東一個指示，西一個命令，自己想怎麼幹就隨性任意地幹，把文武百官搞得昏頭轉向，

不知道是要聽從君王的指令，還是要遵照國家的法制，久而久之，整個行政體系當然非亂了套不可，所以老子嚴詞警告：「終身不救」！

星火足以燎原，大堤潰於蟻穴，朝政之腐爛敗壞，往往積漸而然。君王若能於細小之處留意，防微以杜漸，一絲一毫不敢苟且，這就是老子所謂「見小曰明」。君王居高位，掌大權，然而權力雖大，卻寧願尊重法律制度；地位雖高，卻甘於以卑下自居，以謙沖自牧，這就是君王在國家法制之前甘願守柔示弱。唯其能示弱守柔，敬謹遵守法制，這樣的「柔弱」才能說勝過違法亂制、為所欲為的「剛強」，所以老子於此說「守柔曰強」。

君王誠能用其智慧之光，灼然照見幽黯細小而防微杜漸，明於為政之道，察於致治之理，真正了解君王遵守法制的重要性，這才是一國之君真正回歸到清明，也才是不以察察為明的真正英明，可以終其一生得到擁護愛戴，不致於給自己帶來禍害災殃，故曰「復歸其明，無遺身殃」，這才是真正「習常」，真正得到了為君為王的經常大道。「習常」，王注本、河上本皆作「習常」，而傅奕本、帛書本等多本則作「襲常」。「習」、「襲」二字古人往往通用，「習常（襲常）」者，猶言習得、承襲古人所傳下來的為君為王之常道與真理。此章陳鼓應教授引張岱年先生《中國哲學大綱》說：「在老子以前，似乎無人注意到宇宙終始問題；到老子乃認為宇宙有始，是一切之所本。」指的應該就是「天下有始，以為天下母」這兩句。我認為詮釋老子如此斷章取義，往往不知不覺間就會掉入穿鑿附會的陷阱，把為君為王之道說成宇宙創生之理。真要如此作解，於本章整章又將如何詮釋？於全書義理又將如何徹始徹終地理出一個符合邏輯、顛撲不破的條貫呢？愚鈍如我，是完全無法明白的！

旨趣聯繫

第一章、十六章、四十章、四十三章、五十六章、七十八章。

義理參觀

＊無名天地之始，有名萬物之母。道方無名，則物之所資始也；及其有名，則物之所資生也。故謂之始，又謂之母，其子則萬物也。聖人體道以周物，譬如以母知其子，了然無不察也。雖其智能周之，然而未嘗以物忘道，故終守其母也。天下皆具此道，然常患忘道而徇物：目悅於色，耳悅於聲，開其悅之之心，而以其事濟之，是以終身陷溺而不能救。夫聖人之所以終身不勤者，唯塞而閉之，未嘗出而徇之也。悅之為害，始小而浸大。知小之將大而閉之，可謂明矣。趨其所悅而不顧，自以為強，而非強也。唯見悅而知畏之者，可謂強矣。世人開其所悅，以身狥物，往而不反。聖人塞而閉之，非絕物也，以神應物，用其光而已，身不與也。夫耳之能聽，目之能見，鼻之能臭，口之能嘗，身之能觸，心之能思，皆所謂光也。蓋光與物接，物有去而明無損，是以應萬變而不窮，殊不及於其身，故其常性湛然，相襲而不絕矣。（蘇轍註）

第五十三章

使我介然有知，行於大道，唯施是畏。大道甚夷，而民好
徑。朝甚除，田甚蕪，倉甚虛。服文綵，帶利劍，厭飲
食，財貨有餘，是謂盜夸，非道也哉！

異文討論

本章章句，關於「而民好徑」一句，王注本、河上本、傅奕本，
甚至帛書本，「民」字皆作「民」，此字通常就是指人民。然而細味
文意，整章自是針對君王無疑。因之奚侗認為「民」乃「人」之誤，
他說：「『人』指『人主』言。各本皆誤作『民』，與下文誼不相
屬。蓋古籍往往『人』、『民』互用，以其可兩通。此『人』字屬君
言，自不能借『民』為之，茲改正。」（《老子集解》）蔣錫昌贊成
其說：「奚氏謂此『民』當改作『人』，指人主言，是也。景龍碑正
作『人』，可謂奚證。」（《老子校詁》）其實「景龍」是唐中宗年
號，中宗景龍二年所立的〈易州龍興觀道德經碑〉，由於避太宗李世
民名諱，只好改「民」為「人」，因此這一版本在此是不足以為證
的。不過這裡若改「民」為「人」，在今天就上下文而言，確實比較
通貫順適而容易理解。

章句詮解

古代皇帝稱「天子」，即位第一件事就是祭天，這叫做「承天景命」，說明帝王是承受天命，須得好好對待在天之下的子民，這才算是替天行道，責任極其重大，絲毫輕忽不得。老子在本章，開頭即先之以期勉，其後則繼之以警戒，語重而心長，足為君王置之座右，時時以此自我惕勵。

首節「使我介然有知，行於大道，唯施是畏」：老子一開始就依仿君王的口氣來期勉君王：「假使上天真能讓我擁有一點點智慧，得以行走在坦坦蕩蕩的大道上，那麼我就一定會謹慎戒懼，避免讓自己走進斜曲不平、險象環生的小路上。」「介然」指微小；「施」意為彎曲斜行，在此指崎嶇難走的小路。

底下老子說「大道甚夷，而民好徑」：我所宣說的君王之道，就治國理民而言，就像一條坦蕩平直的大路，可是很多國君卻偏偏喜歡走上那險仄難行的彎曲小路，自以為找到捷徑，其實卻是坎坷重重、其險不測的小道啊！

「朝甚除，田甚蕪，倉甚虛。服文綵，帶利劍，厭飲食，財貨有餘，是謂盜夸，非道也哉！」：此節描繪當時君王棄大道而行小徑的可厭可惡面貌，形象感十足，最後還毫無假借直斥之為「盜夸」，說這樣的君王有那一點能像保民安民、愛護百姓而真足以替天行道的上天之子呢？根本就是強寇劇盜一樣！

老子是如此描述、如此指責的：朝政極其敗壞（「除」，王弼解為「潔好」，猶言宮室整治得富麗堂皇。近人嚴靈峰從馬敘論「除，借為污」之說，解為「廢也，言朝政不舉而廢弛也。」），田地乏人

耕種，觸目一片荒蕪，倉廩空虛，民多飢餒。但是君王似乎完全不以為意，自己穿戴得一身光鮮，帶著寶劍，自覺威風而趾高氣揚；喝的是瓊漿玉液，吃的是山珍海錯，奢侈浮華，大肆揮霍那聚斂而來的財貨，卻從未想到拿來賑貧濟窮、解救飢寒無告的黎民，這活脫脫的就是為害人民的強賊大盜一般，絕對不是愛民如子的王者之道啊！

　　本章陳述直接而義理顯豁，由此可見老子對君王的期望是如此之殷切，對當代時君世主的督責是如此之嚴厲。這樣悲天憫人的有道高士，能像某些學者所說的導君入邪、逢君為惡，教君王耍陰謀、弄權術，專務愚民以利統治，眼底只有富貴而全身一無風骨的下賤學者嗎？

旨趣聯繫

　　十二章、三十九章、五十九章、六十四章、七十五章、八十一章。

義理參觀

　　＊朝甚除也者，獄訟繁也。獄訟繁則田荒，田荒則府倉虛，府倉虛則國貧，國貧而民俗淫侈，民俗淫侈則衣食之業絕，衣食之業絕則民不得無飾巧詐，飾巧詐則知采文，知采文之謂服文采。獄訟繁，倉庫虛，而有以淫侈為俗，則國之傷也，若以利劍刺之，故曰「帶利劍」。諸夫飾智故以至於傷國者，其私家必富，私家必富，故曰「資貨有餘」。國有如是者，則愚民不得無術而效之，效之則小盜生。由是觀之，大姦作則小盜隨，大姦唱則小盜和。「竽」也者，五聲之長

者也，故竽先則鐘瑟皆隨，竽唱則諸樂皆和。今大姦作則俗之民唱，俗之民唱則小盜必和，故服文采，帶利劍，厭飲食，而資貨有餘者，是之謂「盜竽」（王注本等多本作「道夸」）矣。（《韓非子‧解老》）

＊體道者無知無行，無所施設，而物自化。今介然有知，而行於大道，則有施設建立，非其自然，有足畏者矣。大道夷易，無有險阻，世之不知者以為迂遠，而好徑以求捷，故凡舍其自然而有所施設者，皆欲速者也。俗人昭昭，我獨若昏；俗人察察，我獨悶悶。豈復飾末廢本，以施設為事，夸以誨盜哉！（蘇轍註）

第五十四章

善建者不拔，善抱者不脫，子孫以祭祀不輟。修之於身，其德乃真；修之於家，其德乃餘；修之於鄉，其德乃長；修之於國，其德乃豐；修之於天下，其德乃普。故以身觀身，以家觀家，以鄉觀鄉，以國觀國，以天下觀天下。吾何以知天下然哉？以此。

異文討論

本章帛書本、竹簡本雖見殘損，然全章規模俱在。各本章句出入不大，俱無礙於整體義理之理解，似無進一步討論之必要。

章句詮解

本章所論，老子乃在說明，或說在指點君王：如何能讓國家永續長存。這就不但要「善建」以期「不拔」，還要「善抱」以期「不脫」，使得子子孫孫能夠享國無窮，這樣宗廟才能夠昭穆相續，永遠祭祀不輟。然而如何才算是真正「善建」且「善抱」呢？這就完全有賴於君王之能「修」，因而「修」也就成為本章的論述主題。

老子認為君王不但要修，還要使其修養能夠步步開展，漸漸產生廣大深遠的影響，由身而家，由家而鄉，由鄉而國，最後普及於全天下。然則由此看來，似乎與儒家經典名篇《禮記・大學》的論旨頗有

相近之處，所謂「古之欲明明德於天下者，先治其國；欲治其國者，先齊其家；欲齊其家者，先修其身；……身修而後家齊，家齊而後國治，國治而後天下平」。我認為這一點本來絲毫不必覺得奇怪，因為尋索根源，儒家與道家之學只是各有所重，並無真正的矛盾與衝突，最後目標都是要讓君王把國家治理好，使老百姓能夠安居樂業，達到天下太平的境地，這就是班固在《漢書・藝文志・諸子略敘》裡引了《易經・繫辭下》所說的「天下同歸而殊途，一致而百慮」，認為諸子之學，大抵原本經術，所重雖異，其實指歸則一。以下即分節略作疏釋。

首節「善建者不拔，善抱者不脫，子孫以祭祀不輟」。老子在此是就國家之建立與治理、維繫而言，此由下文之「修之於國」、「修之於天下」及結尾之「吾何以知天下然哉」即明確可知。老子認為：真正善於建立國家的君王，必須為國家構築堅固不拔的根基，而其中最重要的應該就是制訂一套完善的法令制度，作為國政運作的基準。

其次，要如何才能「善抱」而使之「不脫」呢？「抱」是抱持。怎樣才能抱持得牢靠穩固而不致脫卸、不致脫手而難於掌握？換言之，國家的政權要如何才能穩定維繫，一代傳一代地長久傳襲下去，使得子子孫孫可以在宗廟中永遠祭祀而不中輟、不間斷？老子的提點與指示即是「修」，也就是君王本身必須修道養德。

整部《老子》所論，大端所在就是君王的修養。但是君王之修道養德，卻與尋常一般人的道德修養不甚相同。君王之所以為君王，其犖犖大者首在識拔真足以輔相佐助的人才，其次則是切實護持國家的法律與制度。所以老子在四十章作出最精簡扼要的指點：要「反」，要「弱」。君王知「反」，則能放得下尊貴的身分與地位，「反」過

來謙沖卑下以自處，一如大江大海之居卑處下，而為眾流之所匯，則幹材輸誠，賢德歸心；能「弱」則知柔弱無為，捨私就公，在政事裁斷處置時，使國家法制得到最大的尊重，絕不會讓公法屈服在自己的私意之下。所以老子說「反者，道之動；弱者，道之用」。君王之修道養德，由己身開始，其影響漸漸擴大，由身而至家，由家而至鄉，由鄉而至國，由國而至天下。「修之於身，其德乃真」：君王自己修道養德，身體而力行，成為一個夠格的、良善的君王，一言一行，都足以反映其修養之真實。「修之於家，其德乃餘」：君王不但修之於身，嚴格遵守法制，還在家族中以身為範而產生教化，使內親外戚不敢逾越而敗壞法紀，則君道王德沛然有餘。「修之於鄉，其德乃長」：君王不但修之於家，其捨私就公、尊重法制的聲名傳遍鄉里、都城，則君道王德必然可長可久。「修之於國，其德乃豐」：君王已修之於鄉，繼則修之於國，全國上下皆知君王謙沖虛懷、自卑自下，而能以柔弱無為的原則處事行政，堅定護持國家法制之尊嚴，則君道王德乃見豐厚充實。「修之於天下，其德乃普」：君王仍不自以為足，能夠日新其德，而為天下百姓所共知共見，則其德所化自足以普被四海、遍及天下。

　　如何觀察君王是否善建、善抱，是否能夠使子子孫孫祭祀不輟呢？這就要看他在王道君德這方面的修養：觀其身之德是否為真，就可以察知君王是否已修之於身；觀其在家之德是否有餘，就可以察知君王是否已修之於家；觀其在鄉之德是否長久，就可以察知君王是否已修之於鄉；觀其在國之德是否豐足，就可以察知君王是否已修之於國；觀天下之德是否博厚普被，就可以察知君王是否已經修之於天下。

最後，老子說：我們是如何知道君王對於王道君德，已經修之於身，修之於家，修之於鄉，修之於國，終而修之於天下呢？就根據以上所說的原則來仔細觀察、認真檢驗也就可以了。

老子以「聖人」期許君王，聖人的境界當然是修養的至高境界。在儒家那裡，孔子尚且自言：「若聖與仁，則吾豈敢？」同樣的在道家這裡，老子亦謂：「絕聖棄智，民利百倍」，其意正是要君王萬萬不可以聖自居、以智自處，必須虛心自修，知所不足，以期由身家以至於天下，新而又新，日有進境。否則大權在握的君王一旦自命聖智，不免師心自用、強梁剛愎，所有忠言，皆成逆耳，那麼百姓想要安心地過幾天平靜的日子也就大不容易了！

旨趣聯繫

第八章、第十章、二十章、五十八章、五十九章、六十四章。

義理參觀

＊世豈有建而不拔、抱而不脫者乎？唯聖人知性之真，審物之妄，捐物而修身，其德充積，實無所立，而其建有不可拔者；實無所執，而其抱有不可脫者。故至其子孫，猶以祭祀不輟也。身既修，推其餘以及外，雖至於治天下可也。天地外者，世俗所不見矣，然其理可推而知也。修身之至，以身觀身，以家觀家，以鄉觀鄉，以國觀國，皆吾之所及知也。然安知聖人以天下觀天下，亦若吾之以身觀身乎？豈身可以身觀，而天下獨不可以天下觀乎？故曰「吾何以知天下之然哉？以此」，言亦以身知之者。（蘇轍註）

＊此言聖人所以功德無窮，澤及子孫者，皆以真修為本也。舉世功名之士，靡不欲建不拔之功，垂不朽之業，至皆不能悠久者，以其皆以智力而建之，則有智力過之者，亦可以拔之矣。抱，守也；脫，猶奪也，謂失脫也。以機術而守之，則有機術之尤者，亦可以奪之矣。是皆不善建、不善守者也。至若聖人復性之真，建道德於天下，天下人心感服，確乎而不可拔，故功流萬世，澤及無窮，傑然而不可奪。此皆善建、善抱，所以福及子孫，故祭祀縣遠而不絕也。是故學道之人修之於身，故其德乃真。莊子曰：「道之真以治身，其緒餘以為國家，其土苴以為天下。」故曰：「修之家，其德乃餘；修之鄉，其德乃長；修之國，其德乃豐；修之天下，其德乃普。」故以性觀身，則性真而身假；若以我身而觀天下之身，則性同而形忘。以此觀家則家和，以此觀鄉則鄉睦，以此觀國則國治，以此觀天下則天下平。所謂以性融物，則天下化；會物為己，則天下歸，故其德乃普。是以聖人一真之外無餘事，故唯以此。（釋德清解）

第五十五章

含德之厚，比於赤子，蜂蠆虺蛇不螫，猛獸不據，攫鳥不搏；骨弱筋柔而握固，未知牝牡之合而脧（王注本作「全」）作，精之至也；終日號而不嘎，和之至也。（知）和曰常，知常曰明；益生曰祥，心使氣曰強。物壯則老，謂之不道，不道早已。

異文討論

本章各本（包括竹簡本）章句無太大出入，縱有部分異文，亦無礙於義理之了解。若遇須要略作分析者，將視情況於章句詮釋時一併加以說明。

章句詮解

在詮釋本章之前，我們不妨先看章末這幾句：「物壯則老，謂之不道，不道早已。」「不道」或類似的說法先後出現在《老子》書中這幾章：

「大道廢，有仁義」（十八章）

「是謂不道，不道早已」（三十章）

「是謂盜夸，非道也哉」（五十三章）

「謂之不道，不道早已」（五十五章）

　　如果老子的「道」果真如多數學者所認證的，是宇宙中、天地間萬事萬物運作的規律、存在的依據，是一切事物必須遵循、必須跟著走的道路，則此道之籠罩、覆蓋乃是具有百分之百的必然性與百分之百的普遍性者，沒有任何一事一物可以例外、可以閃躲。然而就上文所引，「大道」竟然可以「廢」，也竟然會發生「不道」、「非道」的情況。絕無例外的必然之「道」，竟然容許「大道廢」，竟然容許「不道」、「非道」，這在邏輯的合理性上是絕對不能接受的。

　　當孔子說「道不行，乘桴浮於海」（《論語・公冶長》）的時候，我們知道孔子所謂「道」，是他心目中在政治上足以安邦定國之道，它是人間世界在價值方向上可取可捨，可行但也可以廢而「不行」的，正因為其「道」是屬於「價值領域」內的「道」，所以容許「道」之「不行」；如果其「道」真是指「存在領域」之「道」，則其涵覆的威壓之力就遍及一切存在的事物，而絕不容許任何例外，絕不容許「道」之「不行」，因為這樣的「道」，其性質是完全包舉容納、完全涵蓋覆被的，不允許有一事一物可以例外。

　　現在老子既然說「大道廢」，既然說「不道」、說「非道」，可見其「道」絕非指向「存在領域」，而只可能是「價值領域」。然則有無可能老子所言之「道」分屬兩個性質、層次都不相同的領域，某些章節所說的是「存在領域」，而某些章節所說的是「價值領域」呢？如果真是這樣，那麼老子所謂的「道」就不是純然一個，而是分屬兩種，而且是性質完全不同、彼此不相繫屬的兩種。如果「道」是屬於「存在領域」的那個「道」，老子說了，其「道」固然如此；老

子不說，其「道」亦復如此，然則老子又何必多說？況且，老子在他那個時代，真的已能窮探宇宙之規律、確知天地之奧秘，有能力描述其運作的狀況，故而能以真知真識鑿鑿言之，而無一絲一毫的愧色嗎？我認為那當然是根本不可能的。因此我一再辨析、一再說明老子之所謂「道」，其屬性唯一而不二，正是司馬談、班固所指出的「務為治」的「君人南面之術」（「術」者，《說文》釋為「邑中道也」。故而「道」即是「術」，「術」亦無非「道」。《莊子・天下篇》亦已道、術合言，而謂「道術將為天下裂」），此道此術完全屬於「價值領域」中君王治國理民這一部分，正因此「道」屬於價值領域，所以可取可捨、可行可廢，老子也才會感嘆世間「大道」之「廢」，因而告誡人君之不可行「不道」、不可為「非道」，且期勉之、督勵之而欲其步上政治的坦坦大道！

　　現代學者詮釋老子思想，如陳鼓應教授（《老子今註今譯》）、劉笑敢教授（《老子古今》）等等，其誤皆在混淆了存在領域與價值領域，導致完全無法合理解釋「大道」何以能「廢」，又何以會有「非道」、「不道」的情況發生，而其致誤的根源恐怕都在不敢違背胡適與馮友蘭兩位前輩大師的說法，其詳見於胡先生的《中國古代哲學史》與馮先生的《中國哲學史》中論老子的章節，其書具在，若有興趣追根究柢，可以自行參閱。

　　本章老子通章以「赤子」為喻，強調君王為政，當採取柔弱無為的原則。能柔弱則可達到精氣充盈、精誠專一（精之至）與和氣醇厚、安穩和諧（和之至）的境界。如此方能順守「常」道，「明」於為政，雖若無為而可以無不為。否則不知「常」，必至妄作而流於「益生」；不知「和」，必至剛強而流於「心使氣」，皆非治國理民

應循應守的自然之道。

首節由「含德之厚」至「攫鳥不搏」。老子以「赤子」譬喻修道有德的君王,「赤子」即「嬰兒」。《老子》書中提到「赤子」者僅見於此章,而「嬰兒」則凡三見:

「專氣致柔,能嬰兒乎」（第十章）

「我獨泊兮其未兆,如嬰兒之未孩」（二十章）

「知其雄,守其雌,為天下谿。為天下谿,常德不離,復歸於嬰兒」（二十八章）

以上這三處所論所述,與「嬰兒」相聯繫者,即「專氣致柔」、「泊兮未兆」、「知雄守雌,為天下谿」,皆寄寓柔弱專一、淡泊安靜而甘於居卑處下之義,為君王修道含德的表現。王弼注說:「赤子無求無欲,不犯眾物,故毒螫之物無犯於人也。含德之厚者不犯於物,故無物以損其全也。」意謂聖人含具厚德,跟嬰兒一樣,無私欲,無貪求,不會與眾物衝犯對抗,自己既然毫無傷害他物之心,所以他物也不會作出防禦性的攻擊,故而「蜂蠆虺蛇不螫,猛獸不據,攫鳥不搏」。正因為赤子心中眼中,完全沒有毒蛇猛獸噬人傷人之一念,所以即使毒蛇猛獸當前,照樣咳咳而笑,絲毫不會驚惶震恐,因之也就根本不會啟動防衛甚至先發攻擊的機制。鳥獸蟲蛇感官之敏銳通常遠過於人,人既無懼物害物之心,物亦因而不致有犯人傷人之意。這裡舉赤子為喻,事實如此,一點都不神秘。所以老子在此章所設之譬可以說是形象鮮活而又極其貼切的,只是真正「含德之厚」的乃是修道養德的君王,而不是小嬰兒,那小小嬰兒只管純真天成、任

其自然罷了！

　　其次，由「骨弱筋柔」至「和之至也」。這裡老子主要在說明柔弱無為、無知無欲所達到的精一、和諧境界，反而可以展現強大的力量。剛出生的小嬰兒骨弱筋柔，但小拳頭卻可以握得緊密牢固；對於牝牡交合這件事完全無知無欲，可是生殖器卻可以怒張而挺舉，這是精氣極其充盈的緣故。此義引申而言，即在要求君王之少私寡欲、精誠專一。嬰兒好像整天在大聲哭號，可是聲音卻絲毫不見沙啞（嗄，聲音沙啞），這是和氣極其醇厚的緣故。引申而言，即在要求君王治理施政之穩健和諧、不逞強不妄作。王弼注本之「全作」，傅奕本作「朘作」，帛書本作「朘怒」，竹簡本作「然怒」，當以作「朘作」或「朘怒」為是。「朘」即陽性生殖器，「怒」、「作」皆怒張挺舉之意。

　　最後，由「知和曰常」至「不道早已」。這一節老子直述為政之理：「知和曰常」句，帛書甲本、竹簡本俱作「和曰常」，則「知」字當為後人所增。老子指出：君王為政，安穩和諧方是治理之常道，能深刻認識此一治理之常道，乃見君王明達致治之理，這才是真正的英明。反過來擅自增益天生而違逆自然，違法亂制而妄有舉措，這就叫災殃自取（祥，本指吉凶之兆，在此偏指凶禍災殃）；君王為私欲所驅使而以心使氣，遂至剛愎自用而任性妄為，這就叫剛強、強梁。事物既見強壯，則衰老必然繼之而至，這本是一般事物的常態，然而逞強好壯，卻是違背了國家治理所追求的常道，既然背離常道，又怎麼可能長長久久、生生不已呢？

　　就自然界的萬物而言，由強壯而漸見衰老，這本是自然界生命的定律；但是老子在此所談論的並非自然事物，而是國家的治理。國家

當然要求其永續發展，政治當然要求其生生不已，是故一反自然界的定律，而以「物壯則老」為「不道」，這一點是必須特別留意的。

旨趣聯繫

第十章、十六章、二十章、二十八章、七十六章、七十八章。

義理參觀

＊老子之言道德，每以嬰兒況之者，皆言其體而已，未及其用也。夫嬰兒泊然無欲，其體則至矣，然而物來而不知應，故未可以言用也。道無形體，物莫得而見也，況可得而傷之乎？人之所以至於有形者，由其有心也。故有心而後有形，有形而後有敵，敵立而傷之者至矣。無心之人，物無與敵者，而曷由傷之？夫赤子所以至此者，唯無心也，無執而自握，無欲而自作，是以知其精有餘而非心也。心動則氣傷，氣傷則號而啞，終日號而不啞，是以知其心不動而氣和也。和者，不以外傷內也。復命曰常，遇物而知反其本者也；知和曰常，得本以應萬物者也。其實一道也，故皆謂之常。生不可益，而欲益之，則非其正矣。氣惡妄作，而又以心使之，則強梁甚矣。益生使氣，不能聽其自然，日入於剛強而老從之，則失其赤子之性矣。（蘇轍註）

第五十六章

知者不言，言者不知。塞其兌，閉其門；挫其銳，解其紛（分）；和其光，同其塵，是謂「玄同」。故不可得而親，不可得而疏；不可得而利，不可得而害；不可得而貴，不可得而賤，故為天下貴。

異文討論

　　本章章句各本最大出入在「塞其兌，閉其門；挫其銳，解其紛；和其光，同其塵」六句。「紛」字唯王弼注本作「分」，其他河上本、傅奕本、帛書本、竹簡本俱作「紛」；第四章「解其紛」句，王注本亦作「紛」，然則此處亦當以作「紛」為是。另外就句次而言，王注本、河上本、傅奕本皆如此，但是帛書本、竹簡本「挫其銳，解其紛」兩句則置於「和其光，同其塵」兩句之後，或許這就是最早版本其文句的次第。後出本加以移易可能有兩個原因：其一為據第四章「挫其銳，解其紛；和其光，同其塵」之句次而改易之，以求一致。其二則是認為將「和其光，同其塵」置之六句之末，如此與下文「是謂玄同」在前後連貫上比較緊密。

　　值得附帶一提的是在談論第四章時，譚獻、馬敍倫、陳柱等近代、現代學者，皆以為「挫其銳，解其紛；和其光，同其塵」這四句是「羼誤」（譚），是「五十六章錯簡」（馬），因此置之於第四章

「文義頗為牽強」（陳），所以應當刪去。陳鼓應教授總結各家之說，自己再下論斷：「以上各說甚是。惟帛書甲、乙本均有此四句，其錯簡重出早在戰國時已形成。」也就是說他仍然堅持第四章這四句是「錯簡」，而且其錯屬、誤置早在帛書抄寫的時代就已經形成，帛書甲本、乙本都早就錯了。然而從本章（五十六章）今日可見之最早版本竹簡本、帛書本看來，其句次分明是「和其光，同其塵；挫其銳，解其紛」，與第四章之「挫其銳，解其紛；和其光，同其塵」大不相同，由此可以百分之一百地清楚證明譚獻、馬敍倫、陳柱、陳鼓應等等，所有認為第四章「挫其銳」以下四句為五十六章「錯簡」，因此必須刪去，這一類的說法根本是錯的，而以此為基底來解說、詮釋第四章的觀點也統統都是錯的。比較嚴重的是：此一觀點既錯，其注解、詮釋《老子》一書的所有說法也就必須打上一個大大的問號。我只能說，這真是近代與現代老子學的一個最大的不幸啊！

章句詮解

本章大略可分三節，首節為「知者不言，言者不知」兩句。這兩句在本章中可視為籠罩整章的總提：有真知者不輕於發表議論言說，而習於輕易發表議論言說者卻往往是沒有真知灼見的。

以上說法是一般性的詮解，也不能算錯；但是若扣緊君王的身分來看，則應當這樣疏釋：具有真知灼見、擁有大智大慧、真能了解治國理民之道的君王，絕不輕易在國家法律制度之外另作指示而隨意發號施令；輕於在國家法制之外發號施令、另作指示的君王，其實對於治理國家並不見得就有真知灼見的大智大慧。「言」在《老子》書中

的用法基本上是負面的，指的是君王不肯遵循法制，而喜歡在法制之外對百官下命令、作指示。所以老子要君王「希（稀）言」、「貴言」，最好能夠「不言」，甚至把「不言」提高到與「無為」相等的重要位階，故於第二章曰「聖人處無為之事，行不言之教」；於四十三章曰「不言之教，無為之益，天下希及之」。我認為本章的「言」，應作如是觀，而不只是一般性的言語議論。

　　第二節則是由「塞其兌」至「是謂玄同」。老子認為：最好的君王總是能「塞其兌」，把自身欲望與外在誘惑之間的通口、孔竅給堵塞起來（「兌」即孔竅），因而少私寡欲、淵深含默，如此才足以「閉其門」，杜絕臣民百姓逢迎之門、鑽營之路；他還必須摧折自己銳利的鋒芒，拋棄師心自用、自命聖智的驕橫，來解除臣民百姓紛紜擾攘的種種問題；他更必須柔和自己耀目刺眼的光輝，而以謙沖卑下的身段，與臣民百姓共同承受塵垢污穢。這種君王能自己卸除其睿智英明、高貴尊崇，反過來對臣民百姓俯就趨同，其事其理堪稱玄深奧妙，所以謂之「玄同」。宋代曹道沖說：「至人韜光隱德，暫與同之，於身何浼？玄者，隱密不顯，不自飾智矜俗，獨異於眾。」（《道德真經集註》引）明朝王道（純甫）說：「玄同者，與物大同而又無跡可見也。」（《老子億》）二說可謂深能呼應「玄同」之義。這六句中的「其」字，一、三、五句的「其」代指君王，二、四、六句的「其」代指臣民百姓，所指對象各異，不可混而不別。「同」而特別謂之「玄」，可見這並不是隨波逐流的詭隨世俗，不是無視標準、放棄理想而一味討好人民群眾，欲以欺世盜名的附庸媚俗。老子所謂「玄同」，但看他要求君王必須先自己「塞其兌」，以期少私寡欲；「挫其銳」，以期絕聖棄智；「和其光」，以期謙沖柔

弱，就知道這是要君王在尊重國家法律制度的原則下，正確回應民眾
與社會的願望、期待，堅持政治的理想性以提升國家的教化水準。正
因如此，君王才能高瞻遠矚，以清明的自主與睿智的堅持，不為親
疏、利害、貴賤所左右，一如末節所言。

最後一節，由「故不可得而親」至「故為天下貴」：君王因為能
以「道」自修，以「德」自養，所以能夠自己「塞其兌」、「挫其
銳」、「和其光」，睿智不惑，清明在躬，而獲致對臣民百姓「閉其
門」、「解其紛」、「同其塵」的「玄同」效果。正因為這樣的
「同」乃是「玄同」，而非同乎流俗、合乎污世而日趨日下的那種
「同」，所以欲親之而不可得，欲疏之亦不可得；欲利之不可得，欲
害之亦不可得；欲貴之不可得，欲賤之亦不可得。能如此修道養德的
君王就能夠以獨立出群而又自由自主的心靈，超越於親疏、利害、貴
賤之外。至此境界，方才能夠不為親疏情感所動搖，不為利害趨避所
牽制，不為貴賤榮辱所挾持。如此才堪擔當重任，成為一個良善的國
家治理者，成為一個最稱職的優秀君王，而為普天之下的人民所尊，
為四海之內的百姓所貴。

本章先後用了兩個「故」字，這兩個「故」字都具有承前之條件
以得後之結果的明顯因果性，謂君王先能有此修養，乃能至此境界；
既能到此境界，乃能得此尊貴。由此可知，其最為關鍵之所在，仍是
君王能誠實懇切地修道養德，別無捷徑，亦別無他途。

旨趣聯繫

第四章、第十章、二十三章、二十八章、五十八章、七十八章。

義理參觀

＊道非言說，亦不離言說。然能知者未必言，能言者未必知。唯塞兌閉門以杜其外，挫銳解紛、和光同塵以治其內者，默然不同，而與道同也。可得而親，則亦可得而疏；可得而利，則亦可得而害；可得而貴，則亦可得而賤。體道者均覆萬物，而孰為親疏？等觀逆順，而孰為利害？不知榮辱，而孰為貴賤？情計之所不及，此所以為天下貴也。（蘇轍註）

＊世之所有，皆為夢境。故知者不言，知言之未盡也。世之昧者以夢為實，曉曉誦說，終不離夢，故言不知，由其見之未至也。塞其兌，謹其出也；閉其門，閑其入也。挫其銳者，治其內也；解其紛者，理其外也。和其光者，抑其在己也；同其塵者，隨其在物也。無出無入，無內無外，無己無物，是謂玄同。既得其同，謂之親而遠，謂之疏而近；謂之利而不喜，謂之害而不懼；謂之貴而不高，謂之賤而不下。凡物不足以名之，故能為天下貴。（李息齋註）

第五十七章

以正治國，以奇用兵，以無事取天下。吾何以知其然哉？
（以此）天下多忌諱，而民彌貧；民多利器，國家滋昏；
人多伎巧，奇物滋起；法令滋章，盜賊多有。故聖人云：
我無為而民自化，我好靜而民自正，我無事而民自富，我
無欲而民自樸。

異文討論

　　本章章句須略作討論的有三處：一是首句「以正治國」的「治」
字，王注本、河上本、傅奕本皆作「治」，然竹簡本與帛書甲本、乙
本「治」字皆作「之」。各家解此「之」字，魏啟鵬謂：「之國」，
猶言「為國」。（《楚簡老子柬釋》）廖名春謂：「以正之國」即
「以正用國」。（《郭店楚簡老子校釋》）然而「之國」無論解為
「用國」或「為國」，都是「治理國家」之意，與「治國」一無差
異。

　　其次為「以此」二字，竹簡本與帛書甲本、乙本俱不見，而王注
本、河上本、傅奕本皆有此二字。劉笑敢教授說：「高明綜合俞樾與
蔣錫昌的意見，指出第二十一、五十四兩章都以『以此』二字作為
『章末結句』，回答『吾何以知其然哉』的問題。本章此處不是章
末，不應有『以此』二字。本章提出『吾何以知其然哉』的問題，下

面『夫天下多忌諱，而民彌貧』一段就是回答，不需『以此』二字。竹簡本出土，證明古本此處沒有『以此』二字，高說正確。」（《老子古今》本章「對勘舉要」）

第三處則是「法令滋彰」句，王注本、傅奕本「令」字皆作「令」，而河上本、帛書乙本（甲本殘損不見）、竹簡本皆作「物」。或許《老子》原文即為「法物滋彰」，改為「法令滋彰」，義無殊異。然而不論「法物滋彰」抑或「法令滋彰」，皆非真正反對法律之意，只說明君王之治國理民，過多的苛法與嚴刑並不足以嚇阻大盜強賊而已。

章句詮解

本章主眼就在一個「正」字，章末之「無為」、「好靜」、「無事」、「無欲」皆與此「正」字呼應，可見老子認為治國之道、為政之術亦不外乎正己以正人的原則。至於「天下多忌諱」、「民多利器」、「人多伎巧」、「法令滋彰」皆對應「奇」字，相形相顯，清楚說明用兵當以「奇」，治國為政卻是非「正」不行！

首節由「以正治國」至「以無事取天下」：這是本章論述的主脈，下文涉論所及，皆是對這一節作更進一步的闡發。「正」指正道、常道，治國之正道、常道首在君王尊重法律、循守制度，「處無為之事，行不言之教」，群臣奉法守職，百姓勤勞力作，一切國事的運作皆在可長可久的正常規範下進行。「奇」在此是「正」的反義詞，「兵者詭道」，用兵打仗最重要的是即時掌握機宜，之後就要應機隨宜，變化莫測，再不可死守任何規範。故「背水為陣」本是兵家

大忌，然而項羽卻偏背水陳兵，而且破釜沉舟，示士卒以有死無返的決心，終於大破秦軍，解救鉅鹿之圍，也為自己贏得無比的聲威。「以無事取天下」，這裡的「事」應指武力軍事，也就是動用軍隊而以武力攻城掠地。然而「無事」又如何能夠「取天下」呢？所以「取天下」在此只能理解為「取得天下人民的擁戴」。因之「以無事取天下」即是君王能「無為」、「好靜」、「無事」、「無欲」，修道養德，遵守法制，不貪廣土眾民，不輕攻伐爭戰，於是物阜民豐，國力厚積，近者悅而遠者來，天下百姓自然扶老攜幼前來歸附，對這樣的君王竭誠擁戴了。

　　第二節由「吾何以知其然哉」至「盜賊多有」：「吾何以知其然哉」，這是老子自問，下文則是老子自答，而先以反語逼顯正意：「天下多忌諱」，即國家用苛法嚴刑來強力禁止，這個不行，那個不許，百姓動輒得咎，隨時都有違禁觸法的恐懼，影響所及，整個社會百業的生機都橫受遏抑，工商的活力全慘遭壓制，農工生產固是大受打擊，商業交易也必然蕭條零落，其結果當然就是「民彌貧」了。「利器」本指銳利的武器，引申之亦可指詭詐權謀等一切可以傷人之物。民多利器則挾之以相攻，爭端四起，紛擾屢見，社會就不可能平靜而舉目一片昏暗了，故曰「國家滋昏」。「伎巧」亦猶奇技淫巧，包括智謀機變一類。「人多伎巧」則失其樸實誠恪而多用浮華機巧，風習日趨日下，種種驚世駭俗的現象就越來越多。「奇物」猶言邪事，指不正常的怪異現象。「法令滋彰」言法令細密而嚴酷，如同佈下天羅地網，使人民無所措手足，然而一旦民生困頓，飢寒交迫，盜賊必然處處可見。此句河上本與帛書本、竹簡本同作「法物滋彰」，河上公注曰：「法物，好物也。珍好之物滋生彰著，則農事廢，飢寒

並至，故盜賊多有也。」這裡解「法物」為「好物」，前此似未之見，然亦足以備一說。

最後一節「故聖人云」至章末：我（君王）能尊道貴德，謹守法制，雖無為而不言，萬民亦自受化育，無待刑罰之加於身。我能崇尚清靜，不朝令夕改，多所變易，萬民自能循法守正，又豈待官府督責？我敦睦四鄰，不尚爭戰攻伐，則丁壯得以勤於農桑，天下財貨不致虛耗於兵戈，人民衣食有餘，生活自能富裕豐足。我恬淡自甘，少私寡欲，不營宮室，不廣苑囿，不聚玩好，不畜狗馬，則百姓亦受感化而自趨於樸素真淳。

本章通章奇正對照，以奇顯正。老子先言奇而後言正，說明治國大異於用兵。宋呂吉甫云：「國容不入軍，軍容不入國，其來久矣，則其所以治國、用兵者固不同也。治國者，不可以不常且久者也，故以正而不以奇，正者所以常且久也。兵者不祥之器，非君子之器，故有道者不處；兵而常且久，則是處之也，故以奇而不以正，奇者應一時之變者也。以奇故不能不有以為，以正故不以智治國，國之福也。治國而無所事智，則有事之不可以取天下也明矣。故曰：『以正治國，以奇用兵，以無事取天下』。」（《老子翼》引呂吉甫《老子注》）我認為其說頗能窺見老子之微意。

旨趣聯繫

第三章、十五章、二十章、二十九章、三十一章、六十四章。

義理參觀

＊古之聖人柔遠能邇，無意於用兵，唯不得已然後有征伐之事，故以治國為正，以用兵為奇。雖然，此亦未足以取天下。天下神器，不可為也。為者敗之，執者失之。唯體道者廓然無事，雖不取天下，而天下歸之矣。人主多忌諱，下情不上達，則民貧而無告。利器，權謀也。明君在上，常使民無知無欲，民多權謀，則其上眩而昏矣。人不務本業而趨末技，則非常、無益之物作矣。患人之詐偽而多為法令以勝之，民無所措手足，則日入於盜賊矣。（蘇轍註）

＊我以正治人，由人之本正也。以奇用兵，由兵之本奇也。以無事取天下，由天下之本無事也。凡我之應物者，豈以我哉？亦由物而已矣。古之聖人能以天下為一身、中國為一人者，其治自心出也。我多忌諱，則禁防必設。禁防既設，則民安得而不貧？我以利示民，則民多趨利，民既趨利，則國安得而不昏？我以巧示民，則民多伎巧，伎巧既勝，則奇物安得不滋？我以法治民，則民亦竊法以自便，上下相冒，則盜賊安得而不多？聖人示以無為，示以好靜，示以無事，示以無欲，天下各以其所示者報之。故曰：「德猶風也，民猶草也，草上之風，必偃。」（李息齋註）

第五十八章

其政悶悶，其民淳淳；其政察察，其民缺缺。禍兮，福之所倚；福兮，禍之所伏。孰知其極？其無正！正復為奇，善復為妖。人之迷，其日固久，是以聖人方而不割，廉而不劌，直而不肆，光而不燿。

異文討論

　　本章章句雖各本小有出入，但不致影響義理的解讀。遇須略作辨析者，分別於當句之下說明。

章句詮解

　　本章可分三節。首節由「其政悶悶」至「其民缺缺」：從文理上來看，「悶悶」與「察察」相對，「淳淳」與「缺缺」相對，這是老子對兩種國家治理型態的觀察與描述。二十章說：「俗人昭昭，我獨昏昏；俗人察察，我獨悶悶」，也是以「察察」與「悶悶」兩相對照。為政者用嚴密苛細的法令布下天羅地網般的禁忌，用大量偵騎眼線隨時窺伺刺探，一旦發現絲毫過失與違礙就要繩之以峻法、董之以嚴刑，搞得百姓重足而立，只敢怒以目而不敢怒以言，這就是「察察」。然而上有政策，下必有對策，人們只好想盡辦法暗中抵制，寖假變得狡獪機詐，這就是「缺缺」。高亨云：「『缺』借為『獪』。

《說文》：『獪，狡獪也。』獪獪，詐也。」相反的，君王不以察察為英明，為政但舉大端，不務苛細，律法寬綽，網漏吞舟，社會雖或不無小姦小惡，整體而言，民間卻是寧靜純樸，真個政簡而刑清，甚至接近莊子所說「居不知所為，行不知所之，含哺而熙，鼓腹而遊」那種自由自在的境界。「悶悶」即看來昏昏昧昧、糊裡糊塗，絕無算計，絕不精明；「淳淳」即敦厚樸實。我認為這裡的描述當然只是一個治國理政的基本原則，「悶悶」之政，對待老實的良民百姓可以如此，倘若面對的是劇郡豪強、都下姦猾，政府官員猶只管昏昧糊塗，但知用寬用仁而不濟之以剛猛，如此一味息事，只怕亦絕不足以寧人吧！

此節王弼本、河上本「悶悶」，傅奕本作「閔閔」，帛書乙本作「閔閔）」（甲本殘損），義無不同。王弼本「淳淳」，河上本作「醇醇」，傅奕本作「偆偆」，帛書乙本作「屯屯」，義亦無殊。

第二節由「禍兮福之所倚」至「善復為妖」：大抵在說明政治事務禍福倚伏，變化萬端，為政者必須存心忠厚仁善（此義述之於第三節），隨時善觀事變，方可圖其長遠。

老子說：禍的旁邊往往伴隨著福，福的左右也往往埋藏著禍。這當是老子通過歷代史實的觀察與驗證所概括出來的結論，並不是信口而談的膚泛之語。遇禍敗而知恥明志，發憤洗雪振刷，則轉禍為福；蒙福祐而驕盈傲慢，沈湎迷溺，則轉福為禍。歷史上的明主或昏君都一一用自己的言行作為，為這幾句話作出最貼切的注解。福倚禍伏，誰又能真正知道其中轉變的究竟呢？禍福之間千變萬化，很難說有個確定的規律，往往正又很快變成邪，善又很快變成惡。所以當國家處在安定平穩的時候，君王更應該警醒留意，切不可荒忽懈怠。

　　最後一節，由「人之迷」至章末「光而不燿」：在變化無極、福禍難測的政治現象中，老子提醒君王仍應以寬厚慈仁的原則對待百姓臣民，責己尚嚴，但是待人則宜寬。何以故？因為「人之迷，其日固久」！代有昏君暴主，迭施殘民之政，長久以來對百姓既不能養，更不能教，正是曾子所說的「上失其道，民散久矣。如得其情，則哀矜而勿喜」（《論語·子張》）曾子認識到「人之迷」是居上者之「失其道」，罪咎歸於君王，所以對百姓之誤觸法網者應心懷哀憐，悲之憫之，不可因罪案破解、得其情實而心生喜悅，這種懷抱真是「人道」最真實、最具體的表現啊！然則君王該當如何？老子說「方而不割」，自身言行方正端嚴，而不以其方正輕易割人折人；「廉而不劌」，自己公私分明，廉潔不污，雖似銳利而不以之挫人傷人；「直而不肆」，對人對事正直坦率，而不縱情肆意以其直率侮人辱人；「光而不燿」，自己雖光輝赫赫，但是著意使之柔和，避免燿人之目、刺人之眼，此意即是自己雖富於才能、雄於智略，卻絕不以其才智謀略令人感到壓迫，使人不敢親近。「燿」字同「耀」。

　　這四句話不只對於君王，即使對一般居位掌權的人也都是很重要的提撕。居上掌權者豈能不是才幹優異、品德過人的菁英？然而「方」、「廉」、「直」、「光」，只宜於用來嚴格要求自己，卻不能用同樣的標準來要求別人、要求下屬，否則免不了會造成「割」、「劌」、「肆」、「燿」等傷人損人、侮人辱人的惡劣後果，萬一因此離心離德，甚而至於親者痛、仇者快，那就大事不妙了！由此亦可見，老子期許君王心存溫厚，行多寬仁，真能這樣，那麼權力的姿態、掌權者的面貌就還能夠看見幾分溫暖和煦，而非純然的冰涼與冷酷。

　　關於本章，童書業先生說：「老子至少已經知道矛盾統一的規律，相反的東西是可以相成的……相反的東西可以互相轉化……因為每件事物之中，都包含有否定本身的因素，例如『禍』是『福之所倚』，『福』是『禍之所伏』；相反相成，變化發展，所以說『孰知其極』。『正』可以變成『奇』，『善』可以變成『妖』。這種觀察事物的辯證方法，是老子哲學上的最大成就。」（《老子思想研究》，收於《先秦七子思想研究》內）其說當是承自馮友蘭先生。頗有不少現代學者，動輒以辯證方法詮釋老子思想，好像自然天地與人間世界整個都是禍福倚伏、變化無端，翻手為雲覆手為雨，立身行事全可以沒個定準。其實正常的自然天地自有一定的規律，正常的人間世界亦自有其當然不變的做人做事軌則，只有執正以御變，守經以從權，誠懇地守住「正常」，才能夠談得到肆應「非常」，否則但知鑽探隙罅，伺機窺變，專以詭詐權謀行險徼幸，這與老子說禍福、論奇正的本來用心恐怕就相失不僅千里了！

旨趣聯繫

　　第二章、十五章、二十章、二十二章、二十七章、六十七章。

義理參觀

　　＊天地之大，世俗之見有所眩而不知也。蓋福倚於禍，禍伏於福，譬如老釋生死之相繼，未始有止，而迷者不知也。夫惟聖人出於萬物之表，而攬其終始，得其大全而遺其小察，視之悶悶，若無所明，而其民醇醇，各全其性矣。若夫世人不知道之全體，以耳目之所

知為至，彼方且自以為福，而不知禍之伏於後；方且自以為善，而不知妖之起於中。區區以察為明，至於察甚，傷物而不悟其非也，可不哀哉！知小察之不能盡物，是以雖能方能廉，能直能光，而不用其能，恐其陷於一偏而不反也。此則世俗所謂「悶悶」也。（蘇轍註）

　　＊其政悶悶，若無求於民，而民不以巧應上，故其民醇醇。察察，若有得於己，而民以巧求免，故其民缺缺。天下之事，禍福之相為倚伏所從來久矣。政悶悶者，無得在我，而有得在民；政察察者，有失在民，而有得在我。我得則彼失，我福則彼禍，自然之理也。昧者不知理道之正，專以察為明，以求僥倖之福，遂使正復化而為奇，善復化而為祅。人之迷，其日久矣。是以聖人方而不割，廉而不劌，直而不肆，光而不燿，賞罰刑政，蓋有設而不用，其極則能使奇者反而為正，祅者變而為善。故曰「教化之行，引中人而納於君子之域；教化之廢，引中人而陷於小人之途」，此不可不知也。（李息齋註）

第五十九章

治人事天，莫若嗇。夫唯嗇，是謂早服；早服謂之重積德；重積德則無不克；無不克則莫知其極；莫知其極，可以有國；有國之母，可以長久：是謂深根固柢、長生久視之道。

異文討論

　　本章章句各本高度相近，即使晚出的帛書本、竹簡本亦然，似無必須特別提出分析與討論之處。

章句詮解

　　本章章旨所歸，全在開頭的這一個「嗇」字。此「嗇」字之義通貫整章，其義涵可以視為老子思想最易最簡，同時也是最精粹的提煉。我們甚至可以說：「老子五千，一言以蔽之，曰：莫若嗇。」

　　首節要言不煩點出章旨：「治人事天，莫若嗇。」把整章重點定在「嗇」字上。「嗇」字依《說文》所解：「嗇，愛濇也。从來向，來者向而臧之，故田夫謂之嗇夫。」段玉裁釋之曰：「嗇者多入而少出，如田夫之務蓋藏，故以來向會意。」「濇」即澀字。愛而惜之、滯澀不出，皆含嗇愛惜、多入而少出之意。對於君王而言，「嗇」不僅僅是通常所謂節約、儉嗇，更重要的意義是雖掌握大權，但在權力

運用上能夠自我節制、自我約束，與老子所要求的自居卑下、柔弱無為、素樸守法一脈相通，這正是蘇轍所說的：「凡物，方則割，廉則劌，直則肆，光則耀。唯聖人方而不割，廉而不劌，直而不肆，光而不耀。此所謂『嗇』也。夫『嗇』者，有而不用者也。」（《老子解》）

李嘉謀（息齋）說：「外以治人，內以事天，皆莫若嗇。嗇者，無所不嗇之謂也：謹於內、閑於外，內心不馳、外心不起之謂『嗇』。」（《道德真經義解》）蘇轍所謂「有而不用」，李息齋所謂「謹於內、閑於外、內心不馳、外心不起」，都與君王之少私寡欲、自我節制、約束儉嗇的修養要求共為一貫。

何謂「治人」？「治人」當然是治理人民，是有國的君王所當肩負的處置國家政務、解決百姓問題的責任。至於「事天」，則與「治人」相對，雖然相對，實則相輔相成。蓋從古人的觀點來看，君王是承天之命乃有其國，所以事奉上天最重最要者，即在把國家治理妥善，能夠好好愛養人民、教化百姓，讓社會平順穩定，使所有人都能安居樂業。這就是王弼注所謂「上承天命，下綏百姓」。因此「治人」與「事天」看似兩件事，實際上卻最終歸結到同樣一件事，亦即：所以「治人」者即所以「事天」，所以「事天」者即所以「治人」。

這與孟子所說的「存其心，養其性，所以事天也；夭壽不貳，修身以俟之，所以立命也。」（《孟子‧盡心上》），兩者論述型態頗為相似。如何「事天」？就去「存其心，養其性」；如何「立命」？則是「夭壽不貳（不貳於「事天」之「存其心，養其性」），修身以俟」。因此揆度孟子之意，怎樣才算能「事天」？要能夠存心養性，

其實這也就是「修身」；而怎樣才算能「立命」？則仍然無非就是存心養性以修其身。可見所以「事天」者即所以「立命」，所以「立命」者即所以「事天」，兩件事根本就只是同樣一件事。但是在本章，「治人」是實說，「事天」卻只是虛說。為什麼這麼講呢？因細味整章之意，老子所言仍牢牢落在君王必須先修己，方足以「治人」，也才能「事天」。因之整章總而統之以「嗇」，而所謂「早服」，所謂「重積德」，所謂「無不克」，所謂「莫知其極」，所謂「有國之母」，所謂「長久」，都是落在修己以「治人」上面，並不在「事天」。然則本章即可以如此通解：

君王只有深刻了解「嗇」，真正能夠斂藏節制：在生活上要求自己少私寡欲、節約儉嗇；在君權運作上尊重客觀軌範，自我節制約束，素樸守法，柔弱無為，這才能說得上於君王之道能及早從事、努力實踐；於君道能及早從事、努力實踐，這就叫真能持續不斷地為自己積累德行、為國家積累德業；持續地積累德行，不斷地攢聚德業，那麼君王就沒有克服不了的困難，沒有解決不了的問題；一切問題、任何困難都能處理停當，那就趨近了人所不知的窮深極高的至上境界；到此境界，就真正具備了良好的條件，能承擔君王重責以治理國家；能承擔君位，治理國家，又隨時能反本歸根，篤守其母，那就能夠在位長久，享國無窮。

以上所述，其要在力行儉嗇，而儉嗇正是聖人「三寶」之一，六十七章就說：「我有三寶，持而保之：一曰慈，二曰儉，三曰不敢為天下先。」可見這真正是君王為國家植根至深、樹柢極固，讓國祚能綿延無窮，讓社稷能永續長存，就像人能夠長生久視、享壽萬年一樣。

河上公注可能是因為章末有「長生久視」一句，所以把「事天」解為「治身者，當愛精氣，不為放逸」，把「深根固柢」解為「深藏其氣，固守其精，使無漏泄」，整章注解偏向養生長壽一路。這固然在老學發展的歷史上也是詮釋老子思想的一種型態，然而在我看來，恐怕難逃斷章取義、穿鑿附會之嫌，殊難通盤照應到老子思想的整體與全貌。

旨趣聯繫

第八章、第十章、四十八章、六十四章、六十七章、七十七章。

義理參觀

＊眾人之用神也躁，躁則多費，多費之謂侈。聖人之用神也靜，靜則少費，少費之謂嗇。嗇之為術也，生於道理。夫能嗇也，是從於道而服於理者也。眾人離於患、陷於禍，猶未知退，而不服從道理。聖人雖未見患禍之形，虛無服從於道理，以稱蚤服。故曰「夫唯嗇，是謂蚤服」。知治人者，其思慮靜；知事天者，其孔竅虛。思慮靜，故德不去；孔竅虛，則和氣日入。夫能令故德不去、新和氣日入者，蚤服者也。故曰「蚤服是謂重積德」。（《韓非子·解老》）

＊凡物方則割，廉則劌，直則肆，光則燿。唯聖人方而不割，廉而不劌，直而不肆，光而不燿，此所謂「嗇」也。夫嗇者，有而不用者也。世患無以服人，苟誠有而能嗇，雖未嘗與物較，而物知其非不能也，則其服之早矣。物既已服，歛藏其用，至於歿身而終不試，則

德重積矣。德積既厚，雖天下之剛強無不能克，則物莫測其量矣，如此而後可以有國。後世之小人，有尺寸之柄而輕用之，一試不服，天下測知其深淺而爭犯之，雖欲保其國家，不可得也。吾是以知嗇之可以有國，可以有國，則有國之母也。孟子曰「存其心，養其性，所以事天也」，以嗇治人，則可以有國者也；以嗇事天，則深根固蔕者是也。古之聖人，保其性命之常，不以外耗內，則根深而不可拔，蔕固而不可脫，雖以長生久視可也。蓋治人事天雖有內外之異，而莫若嗇則一也。（蘇轍註）

第六十章

治大國，若烹小鮮。以道莅天下，其鬼不神；非其鬼不神，其神不傷人。非其神不傷人，聖人亦不傷人。夫兩不相傷，故德交歸焉。

異文討論

本章章句各本大體相近，似無進一步討論之必要。

章句詮解

本章之大旨落在前面兩句：「治大國，若烹小鮮」。其後談到鬼神，不過是作為論治道的陪襯而已。關於這兩句，《韓非子·解老》認為：「工人數變業則失其功，作者數搖徙則亡其功。……凡法令更則利害易，利害易則民務變，務變之謂變業。故以理觀之，事大眾而數搖之，則少成功；藏大器而數徙之，則多敗傷。烹小鮮而數撓之，則賊其澤；治大國而數變法，則民苦之。是以有道之君貴靜而重變法。故曰：『治大國者，若烹小鮮』。」王弼注說：「不擾也。躁則多害，靜則全真。故其國彌大，而其主彌靜，然後乃能廣得眾心矣。」河上公注說：「鮮，魚也。烹小魚，不去腸，不去鱗，不敢撓，恐其糜也。治國煩則下亂，治身煩則精散。」

韓非所謂「數撓之，則賊其澤」，河上公所謂「不敢撓，恐其糜

也」與王弼所指出的「不擾也。躁則多害，靜則全真」，都明確地認為老子這一「若烹小鮮」的譬喻，是在指點一個國家治理的重要原則：政府對於治下百姓應該不煩不擾，不可朝令夕改，輕易地、頻繁地變易法令，否則會導致百姓利害反轉而無所適從，社會騷亂紛擾，甚至貪官污吏對無知觸法的良民藉機敲榨勒索，從中上下其手，搞得民間怨聲載道，舉國不安不寧。那種狀況就像「烹小鮮」時還不停翻翻攪攪，如此不但會如韓非說的「賊其澤」，傷害了外表的光澤，恐怕還會使得魚鮮破碎糜爛得不成樣子呢！

其次，何以說「以道莅天下，其鬼不神」？倘若君王能以道為治，讓人民在平和寧靜之下休養生息，百姓完糧納稅，政府不煩不擾，日子就可以過得安定而幸福，不憂有神姦，不畏有鬼害，不必東疑西忌，擔驚受怕，不會哀嘆我生之多艱，只須歡享歲月之靜好。由此可見，生民之害，泰半來自統治者之騷擾。君王若真能「以道莅天下」，自然就「其鬼不神」。接下來的兩句更道出其中底蘊：「非其鬼不神，其神不傷人」。這裡有一個令人稍感困惑的詞語轉換，「其鬼」轉換成「其神」。我認為在這裡「鬼」之與「神」，其詞雖異而其義實同，鬼與神等同一物。當君王能以道為治的時候，官府不煩不擾，社會安定平靜，百姓可以安居樂業，人們就不會一下子懷疑什麼禍事是有神行其姦，一下子又懷疑什麼災殃是有鬼作其祟，所以才說「其神不傷人」。但是一旦君王失道失德，政府因而失靈失能，這時什麼奇奇怪怪、平常絕不可能發生的天災人禍就會接踵而來。比如山林大火焚燒不斷，江河湖泊水源枯竭，火車莫名其妙撞進隧道，優秀人才不安於位，頂尖學生紛紛出走，先前敢衝敢撞的知青覺青突然消聲匿跡，原來敢批敢罵的學者專家竟爾噤若寒蟬，今天擔心缺水，明

日害怕缺電。整個世界條然之間好像變得大不一樣了，突然陌生而不再能認識了。於是不免憂愁恐懼，惶惶不安，懷疑這事必有神姦、那事定有鬼祟，不敢明言君王不道、政府不德，只好說是天地無靈、鬼神作祟。其實老子的意思是鬼神總是在的（當然若說鬼神從來都不曾在，或亦不背老子之意），當君王能「以道蒞天下」時，鬼神退而隱於幽闇之中，人們不覺其神、不知其靈；但當君王失德、政府失道時，鬼神好像就一下子全都若虎兕之出其柙，這事兒鬧個災，那事兒釀個禍，本來就在憂愁恐懼之中，擔心過了今天沒有明天，而心裡上特別脆弱的人民，就會認定那都是由於神姦鬼祟之故，鬼神這就一下子靈應起來了！鬼神的力量就被放大到可畏可懼而足以「傷人」了！

再往前一步推，「非其神不傷人，聖人亦不傷人」：如果單純順著上文的文意，這兩句當然應該解為「非但鬼神之靈不會傷害人，聖人也不會傷害人」，但是仔細推敲，由「其神不傷人」到「聖人亦不傷人」，其間實無明顯的邏輯聯繫。由神鬼之靈不傷人，怎麼就能夠說到聖人亦不傷人這上面去呢？這根本就是兩回事啊！所以我認為老子隱藏在字裡行間的意思乃是：這裡根本原因不在鬼神傷不傷害人，其最重要的關鍵所在乃是聖人之不傷害人，亦即聖人能「以道蒞天下」，能秉道以為政，所以才使得鬼神福佑、風調雨順，社會平穩安定，百姓樂生樂業，衣食既已無憂，歲月因而靜好。反過來如果上有昏愚狂暴之君，肆行煩擾苛虐之政，那麼神姦鬼害、種種幽冥之祟就統統出籠了！

最後「夫兩不相傷，故德交歸焉」：此處之「兩」承上文，當指鬼神與聖人，鬼神於人不傷不害，聖人於民亦不傷不害，人民上得鬼神的護持庇佑，下得聖人的畜育養覆，無憂無懼，安居樂業，所以既

深感鬼神之恩，又甚懷聖人之德。「交歸」猶皆歸、並歸之意，指人民對於鬼神與聖人兩者皆深深感懷其恩德。劉笑敢教授說：「此節帛書本『聖人亦弗傷也』是指聖人不傷『人』還是不傷『鬼』？從『亦』字的用法來看似乎應是『聖人也不傷百姓』。但是，『兩不相傷』的是聖人與鬼，因為上下文完全沒有百姓可以傷聖人或鬼神的意思。無論如何理解，文義都不夠明確、連貫。古書年代久遠，加之《老子》言辭簡短，難以確解，應該不是怪事。我們不妨一邊探索，一邊存疑，不宜強作結論。」（《老子古今》本章「對勘舉要」）

　　這固然是劉教授對於古書在詮釋時態度之矜慎，不欲強作解人、妄下判斷，這種矜持與審慎當然值得敬佩。然而若從文理、義理兩方面來仔細推敲、認真思考，我認為老子之意並不難索解，宋代蘇轍對於此章的文理、義理早已梳理、詮釋得大致不差。他說：「烹小鮮者不可撓，治大國者不可煩。煩則人勞，撓則魚爛。聖人無為，使人各安其自然，外無所煩，內無所畏，則物莫能侵，雖鬼無所用其神矣。非其鬼之不神，亦有神而不傷人耳！非神之不傷人，聖人未嘗傷人，故其鬼無能為耳！人、鬼所以不相傷者，由上有聖人也，故德交歸之。」（《老子解》）蘇子由的詮釋，我認為唯一可商榷者在「兩不相傷」一句。「相」在此恐非「互相」之意，而是與「莫相催」、「我相信」之「相」同解，「兩不相傷」意即「兩不傷人」，指鬼神與聖人兩者皆不傷人害人，故人於鬼神與聖人皆感念其德。若如此作解，則全章文理順適而義理顯豁矣！

旨趣聯繫

十五章、二十章、二十二章、五十八章、六十四章、六十七章。

義理參觀

＊聖人不傷民，固也，而能使鬼神亦不傷人，何哉？蓋人之在道，道之在人，猶魚之在水，水之在魚也，亦何生死之辨乎？方其以道蒞天下，天下之民，其生也泊焉，所以善其生也；其死也寂然，所以善其死也。寂然而已，鬼安得而神乎？生也如彼，死也如此，尚安得有靈響祟厲之為哉？（程俱論）

＊烹小鮮者，攪之則爛，故聖人以無為治天下，雖有神姦，無所用之。非聖人能絕之使不神也，雖神而自不能為人之傷也。何也？以聖人未嘗傷人也。夫聖人不傷人，神亦不能為人之傷，是兩不相傷也。但不傷則德歸焉，豈別有德以不傷之哉？夫德即傷之矣！（李宏甫註）

第六十一章

大國者下流。天下之交，天下之牝。牝常以靜勝牡，以靜為下。故大國以下小國，則取小國；小國以下大國，則取大國。或下以取，或下而取。大國不過欲兼畜人，小國不過欲入事人，夫兩者各得其所欲，大者宜為下。

異文討論

本章章句各本略有些小出入，在我看來似乎無關緊要，若有須作說明者，則於詮釋之時再一併說明。

章句詮解

本章所論在指出國際間大國、小國的相處之道，亦可以說是老子心目中的外交原則。比較特別的是老子主張「大者宜為下」，即強大的國家面對小國時應該自居卑下，不可恃其強大欺壓小國。這和他屢屢強調居於上位、掌握絕大權力的君王，應該在態度上居卑處下、謙沖自牧，以谿、谷、江、海之居於卑下而寬廣能容自我期勉，以水之利物不爭、處眾所惡自我砥礪是一以貫之的。

本章文字清通淺顯，章旨亦易知易曉，似不煩多作詮解，每句略增三數字稍作潤飾，則全章旨意即見豁然開朗。今順通而淺釋之如下：

　　大國與小國相處，大國應當自居於下流。蓋大國身當天下各國交
會而仰望之地，所以應當居下而願為小國之牝。試看獸類之牝牡，牝
常以柔弱而處靜，然而其柔弱之靜固足以勝牡剛強之動。這是什麼緣
故呢？正因牝之處靜而甘願自居卑下啊！

　　故而大國苟能不以其強大凌壓小國，反而以寬厚謙下善待小國，
則必能取得小國真誠的擁戴；小國苟能自知其弱小而尊重大國，甘居
卑下，則必能取得大國竭力的保護。所以有的是自居卑下而獲得擁
戴，有的是甘居卑下而獲得保護。再怎麼說，大國不過是想要使更多
的人受到養育庇護而取得擁戴，小國不過是想要服事大國而取得保
護。因此若要使大國小國都能各取其所欲、各得其利益，那麼前提就
是大國應該先要自居卑下，絕不可恃其強大而對小國任意欺壓霸凌。

　　疏釋既畢，底下對兩節章句的異文稍作討論：

　　其一是「天下之交，天下之牝」兩句：王弼注本、河上注本、傅
奕本其句次俱是如此，然而帛書本則句次翻轉而作「天下之牝也，天
下之交也」，聯結上下文，即成「大國者，下流也，天下之牝也。天
下之交也，牝恆以靜勝牡，為其靜也，故宜為下也」，或許如此更接
近原本，然而王注本等各本亦見文從字順，義理無礙。故只能說是版
本傳寫之異，很難論定兩者之優劣。

　　另外，「故大國以下小國，則取小國；小國以下大國，則取大
國」：王弼本、河上本俱如此；傅奕本作「故大國以下小國，則取於
小國；小國以下大國，則取於大國」；帛書本則作「故大國以下小
國，則取小國；小國以下大國，則取於大國」，末句多一「於」字，
如此則文意由主動翻轉成被動。儘管如此，於義理之詮釋而言，我認
為實無差別。

老子在本章所討論的仍是關乎「權力」。權力當然是一種力量，而任何力量都有可能陷入暴力化的危險，除非它被馴服而限制在適當的軌範中運作。君權固然是一種權力，國家力量其實也是一樣，甚至其摧毀性與破壞力更加可怕。老子總是想要使權力的運用遵循合宜的規範，而能平穩地行走在固定的軌道上，因之要求君王謹守國家法制，以柔弱無為的原則治理國家。我們從本章也可以看出，老子試圖把此一權力運用的原則，從內政推展到外交，希望大國君王能夠了解到，即使國家力量強大，這種強大的力量也應該自我節制、合理運用，否則若大國君王貪欲無窮，以強權霸主的姿態為所欲為、肆虐橫行，那麼四境小國就難有寧日了！

「大國者下流」、「大者宜為下」就是老子目睹亂世中強凌眾暴、生民塗炭，以其悲憫襟懷對大國君王苦口婆心的勸導。然而「吾言甚易知、甚易行；天下莫能知、莫能行」正是老子對當代君王不能修君德、行大道的感歎。君王既已如此，恐怕國家亦然。蓋國際強權壟斷話語權，總有一大堆冠冕堂皇的理由，製造出一大堆假藉公平正義的公約或共識，強迫弱小國家遵守，稍稍拂逆其意，小則制裁懲罰、扼殺民生經濟命脈；大則兵臨城下，肆行蹂躪踐踏，使名城大都一夕之間頓成丘墟鬼域。遙望歷史，俯察當世，便知強權霸國魚肉小邦，其罪其惡古今並無兩樣。然則老子「大國居下流」、「大者宜為下」的殷殷期盼恐怕也只能是一種遠大的理想，甚至是不切實際的奢望罷了！

《中庸》有云：「送往迎來，嘉善而矜不能，所以柔遠人也；繼絕世，舉廢國，治亂持危。朝聘以時，厚往而薄來，所以懷諸侯也」，不貪人之玉帛，不掠人之子女，不奪人之資源，不圖人之土

地,真興滅繼絕,真厚往薄來,古之中國於藩屬之邦確乎能行之矣;今者中國號為和平崛起,絕不稱霸,儻亦有遠識深意如老子之所期許乎!

旨趣聯繫

第八章、二十八章、三十章、三十一章、六十七章、八十章。

義理參觀

*天下之歸大國,猶眾水之趨下流也。眾動之赴靜,猶眾高之赴下也。大國能下,則小國附之;小國能下,則大國納之。大國下以取人,小國下而取於人。(蘇轍註)

*國大而能降,以求物則物必交歸之。牝以靜而下牡,故牝常勝牡。以大國而下小國,則必得小國;以小國而下大國,則必得大國。故大國或下小國以取,小國或下大國而取者,各獲其心之謂也。故大國不過欲畜小國,小國不過欲事大國,夫如是而後兩者各得其所欲。孟子曰:「以小事大者,畏天者也;以大事小者,樂天者也。樂天者保天下,畏天者保其國。」故大國尤宜為下。(李息齋註)

*交,會也。大國者,諸小國之交會,如水之下流,為天下眾水之交會也。牝不先動以求牡,牡常先動以求牝,動求者招損,靜俟者受益,故曰「以靜勝牡」。動求者居上,靜俟者居下,故曰「以靜為下」。大國不恃其尊,謙讓以下小國,則能致小國之樂附;小國甘處於卑,俯伏以下大國,則能得大國之見容。「下以取」,謂大國能下

以取小國之附；「下而取」，謂小國能下而取大國之容也。大國下小國者，欲兼畜小國而已；小國下大國者，欲入事大國而已。兩者皆能下，則大小各得其所欲。然小者素在人下，不患乎不能下；大者非在人下，或恐其不能下，故曰「大者宜為下」。章首「下流」之喻，以喻大國非在人下而能下者；「牝牡」之喻，以喻小國素在人下而能下者。（吳澄註）

第六十二章

道者，萬物之奧，善人之寶，不善人之所保。美言可以
市，尊行可以加人。人之不善，何棄之有？故立天子，置
三公，雖有拱璧以先駟馬，不如坐進此道。古之所以貴此
道者何？不曰以求得，有罪以免邪？故為天下貴！

異文討論

本章章句各本小有出入，然大抵無礙義理之了解，可不必討論。

章句詮解

本章主旨在強調「道」之可貴，若純就老子思想系統而言，理論
意義似乎不大。值得注意的是所論俱針對人事而言，絲毫不涉客觀自
然世界，然則老子所謂「道」之屬性亦由此而可知矣。

整章可分三節：首節「道者，萬物之奧，善人之寶，不善人之所
保」：「奧」本為室之西南隅，為尊貴者所居止，亦為祭神之方位，
在此意指其尊貴與重要。「萬物」特指所有人（「物」本有「人」
義），不分善人、不善人。老子指出：「道」當為所有人之所寶所
貴。所謂「善人」，乃是老子心目中的國家領導者，此由二十七、七
十九這兩章即可證知：二十七章：「聖人常善救人，故無棄人；常善
救物，故無棄物，是謂襲明。故善人者，（不）善人之師；不善人

者，善人之資。」七十九章：「聖人執左契而不責於人，有德司契，無德司徹。天道無親，常與善人。」

此「道」能為所有人之所尊所貴，是因善人（君王）恃之以治國安民；不善之人即使誤觸法網，亦能賴此得到庇護而得以改過遷善。本節為一章大旨所在，下文所論率皆就本節旨意加以引申。

次節由「美言可以市」至「不如坐進此道」：「美言可以市」一句頗難曉解，我懷疑漏脫一字。然而各本俱作「美言可以市」（傅奕本作「美言可以於市」，亦不可解），陳鼓應教授解為「嘉美的言詞可以用作社交」（《老子今註今譯》），衡諸上下文意，似也不見貼切。「尊行可以加人」，「尊行」謂善行之可尊敬者，「加人」猶言居人之上，為人所敬重。針對這兩句，黃釗教授說：「按通行本：『美言可以市，尊行可以加人』，《淮南子·道應訓》及《人間訓》引作『美言可以市尊，美行可以加人』。俞樾及奚侗以為當從《淮南子》。然驗之帛書甲、乙本，正與王弼本及其他古本同。蓋老子此二句，意在貶美言而褒尊行，可證經文無誤。」（《帛書老子校注析》）

我則認為也許還有另外一種可能的情況：原本或作「美言可以市尊，尊行可以加人」，第二個「尊」字重複，原有重文記號，而為抄寫者所遺漏，遂成今日各本所見之面貌。然而此說純屬臆測，絕無佐證，姑存之以備考。若依此臆測，則「美言可以市尊，尊行可以加人」或可解為：美好的辭令或許也可以動人聽聞，因此而贏得尊敬，但是只有真正高尚的德行才可以居人之上，作為領導眾人的君長。「人之不善，何棄之有」，這兩句詞意淺白，但蘊涵之義理實在令人感動而為之肅然起敬。一般而言，不善之人為人所共棄，但是老子卻

對君王說「何棄之有」，期望君王教之導之而終能化之，使之改過自新而向善，可見道心實亦無殊於悲憫眾生之佛心。此道之可貴可重即此而可知，所以說：構建朝廷，擁立天子，設置三公，賴以治國理政，即使先獻上環拱之璧玉，後又奉上雄駿之駟馬，禮品如此貴重，猶不如恭敬地向君王進獻此道。

末節由「古之所以貴此道者何」至「故為天下貴」：老子最後問道：自古以來，由上至下，人們何以貴重此道？豈不是因為善人（君王）得此道以為寶，則可以使國泰、使民安，所求皆得？不善之人即使觸犯罪戾，亦可以蒙受庇護、得到教化，因此改過而免於再犯嗎？此道由古至今，其所以無論善與不善而同為天下人所貴所重，原因正在這裡。

此節中「不曰以求得（多本作「求以得」，義無不同），有罪以免邪」兩句，我認為應該聯繫到上文「善人之寶，不善人之所保」。何以能為善人之寶？因為善人（君王）持此道以為政，則國家康泰、民生安樂，凡為君王所當求者皆能得到，這正是「以求得」。何以能為「不善人之所保」？因君王苟能以道治民理民，則「人之不善，何棄之有」，對於有罪之人定能寬容之，教化之，終能使之改過遷善，免其罪戾，這正是「有罪以免」。善人所求皆可得，不善人有罪皆能免，如此當然天下所有人皆貴之重之了！

旨趣聯繫

義理參觀

　　＊萬物負陰而抱陽，沖氣以為和，則未有一物而不足於道者也。室之有奧，深邃燕閒，而尊者之所處也。萬物莫不有深邃燕閒尊高之處，則道是也。故曰「道者，萬物之奧」。唯其如此，故善人之寶，而不善人之所保也。何則？善人知其善之所自出，則得之而有無窮不貲之富，非其寶耶？不善人知其不善至於此而玄同，則雖有萬惡，渙然而釋矣，非其所保耶？夫言之美者可以市，行之尊者可以加人，則人無善不善，固知美所美而尊所尊也。有道者之於人，猶天地也。天無不覆，地無不載，非特美言尊行之比也，則人之不善，何棄之有？故立天子，置三公，雖有拱璧以先駟馬，所以享於上者，禮之恭、幣之重者也。然不如坐進此道，以道之為天下貴，雖坐而進之，過於恭禮重幣也。天子三公，所以坐而論者不過此而已矣。古之所以貴此道者何也？不曰求以得、有罪以免耶？求以得，則所謂「善人之寶」；有罪以免，則所謂「不善人之所保」也。唯其如此，此所以為天下貴，而古之所以不得不貴也。（呂吉甫註）

第六十三章

為無為，事無事，味無味。大小，多少，報怨以德。圖難
於其易，為大於其細。天下難事，必作於易；天下大事，
必作於細。是以聖人終不為大，故能成其大。夫輕諾必寡
信，多易必多難，是以聖人猶難之，故終無難矣！

異文討論

　　關於本章章句，論者紛紛，或謂「大小，多少」義不可解，上下
必有脫文（奚侗）；或謂「報怨以德」與上下文意不相聯繫，為七十
九章錯簡誤入（馬敘倫）。類此之說，恐皆一時不解老子文義所致。
我認為本章章句各本縱或小有出入，實則並無脫文、錯簡一類的大問
題。帛書甲本文字雖有部分漫滅，猶足以為證。

章句詮解

　　本章章旨大率說明政治事務雖然時有變化，然而主政者若想要成
其功、遂其事，總必須在平時於不著痕跡處打下堅實基礎，如果能為
大於細，圖難於易，臨事謹慎戒懼，則可以不遇困難而鮮少敗壞。
　　全章可分三節，首節由「為無為」至「報怨以德」：老子認為身
負治國理民重任的君王，從事政治事務，與一般的身份、尋常的工作
大有不同，須得自我約束，遵守法制，少私寡欲，無為而為之，也就

是以「無為」的原則處理國事、推動政務。在國家承平安泰、似若無事之時築基打底，體恤民瘼、養恩畜德，把關乎民心所向的事情做好。這就如同於平淡無味處，品嘗出真味至味。是故雖若小事，須以面對大事的謹慎態度來處理；雖若少數，須以處理多數的鄭重態度來面對。亦即小而以大視之，少而以多待之，雖少雖小，絕不敢輕之易之而有絲毫怠慢。高亨說：「『大小』者，大其小也，小而以為大也。『多少』者，多其少也，少而以為多也。視星星之火，謂將燎原；觀涓涓之水，云將漂邑。即謹小慎微之意。」（《老子正詁》）這是完全正確的詮釋。至於「報怨以德」，君王不能比於尋常之人，權大勢重，地位高貴，控制一切利害，掌握所有資源，真要藉權勢報其怨復其仇，又何愁不能？不過君王自當胸襟寬廣、識量遠大，豈能屑屑若小人之銜恨蓄怨？既已居高臨下，則當廓然大度，以德報怨。人苟有心，安知他日不竭盡智能、助成偉業，或拯危濟難、定傾安覆以為回報呢？公子小白能釋當日一箭之仇，乃有管仲輔齊桓成春秋霸業之功，這豈不是王者「報怨以德」的顯例嗎？或許有人說：孔子也只主張「以直報怨」，若要「報怨以德」，則又將何以報德？我認為孔子說的自是一般人，以直報怨足矣，但是老子說的卻是君王，身份既異，處事待人的原則自殊。孔子老子所言，兩皆各得其宜，這並沒有什麼好奇怪的！

　　對於本節「報怨以德」，黃釗教授說：「『報怨以德』與本章上下文不相關聯，疑為錯簡。陳鼓應曰：『「報怨以德」，馬敘倫認為當在七十九章「和大怨」上，嚴靈峰認為當在七十九章「必有餘怨」句下，茲依嚴說移入七十九章。』陳取嚴說，甚是。」（《帛書老子校注析》）

黃教授認為：陳鼓應採用嚴靈峰的說法，要把「報怨以德」從本章剔除而送到七十九章，見解很對。我則認為大錯特錯，一點都不對。帛書甲本「報怨以德」這四個字在本章清清楚楚、明明白白，這幾位先生不解老子真旨，反而動輒藉「錯簡」之謬說，輕於移易章句，屈老以從己，又怎麼能說「甚是」？

次節由「圖難於其易」至「故能成其大」：君王治國理民，日決萬機，其事叢脞龐雜，不能不說「難」；疆域廣袤，幅員遼闊，不能不說「大」。然而再難再大，也只能從輕易細微之處著手。前文已言及「大小、多少」，小固不輕不慢而以大視之，少亦不忽不易而以多待之；此處再強調：艱難之事當於容易處圖之謀之，鉅大之事當於細微處作之為之。蓋天下困難鉅大之事本當把根基先打堅實，從人常輕忽的細微處著手。因此聖人處事，特能深謀遠慮，做紮實細緻的基礎工夫，所以最後終能水到而渠成，雖若「不為大」，而最能「成其大」。

末節由「夫輕諾必寡信」至「故終無難矣」：國家大事，機宜萬端，為君王者尤重守信。故老子欲君王「言善信」（第八章），而謂「信不足，焉有不信」（十七章）。君王之「信」，不僅是一般意義的信守然諾，更重要的是建立並護持國家法制的信用，否則法制一旦受到摧殘踐踏，君王賴以治理國家的威信便會毀壞崩潰。故「君無戲言」，凡有許諾必須格外謹慎，尤其不可違法悖制，否則輕於然諾必致難於守信，最後不可收拾；遇事怠忽慢易、態度苟且隨便，那麼原先料想不到的困難就會隨時隨地迸發出來。因此聖人深知為政之難，事事謹慎持重，既猶之，又難之：決斷遲疑審慎，一再推敲擬議而似若猶豫，故曰「猶」；即令處理小事易事，也絕不敢輕忽怠慢以為容

易，而似若面對艱難，故曰「難」。「猶」字各家大率作虛詞解，意為「即使聖人猶以為難」，雖似可通，但我認為在此當作猶豫之「猶」解，強調聖人處事裁斷時態度之謹嚴審慎，不敢輕易怠忽而似若猶豫，與十五章「豫焉若冬涉川，猶兮若畏四鄰」之「保此道者不欲盈」，其做事態度之謙虛、持重，絲毫不敢盈溢驕慢是完全一致的。當然，決斷之際極其審慎而似若猶豫，與必要時之勇於當機立斷，兩者並不衝突，只是各適其宜罷了！

旨趣聯繫

二十二章、三十二章、三十九章、五十九章、六十七章、七十九章。

義理參觀

＊夫事涉於形則有大小，係乎數則有多少，此怨所由起也。惟道非形非數，而聖人與之為一，以無為為為，以無事為事，以無味為味，愛惡妄除，聖凡情盡，而泊然棲乎性宅，則大小、多少一以視之，而奚怨之可報哉？惟德以容之而已。然此無為、無事、無味也不可力得，至易也；不可目窺，至細也。雖至易，而至難者待此以解；雖至細，而至大者待此以成，豈可以其易與細而忽之哉？學道者亦或有見於此，而又以為大之心奪之，故易與細不常為我有。唯聖人自始至終，為無為，事無事，味無味，而不以世俗所謂大者分其心，故難者、大者當處寂然，了無留礙，而大道自此全矣，此所謂成其大者也。嗟乎！此非特起大丈夫見理明、用心剛者不能信，不能守，而可與輕諾多易之流道哉？（焦竑《筆乘》）

第六十四章

其安易持，其未兆易謀；其脆易泮，其微易散。為之於未有，治之於未亂。合抱之木，生於毫末；九層之臺，起於累土；千里之行，始於足下。為者敗之，執者失之。是以聖人無為，故無敗；無執，故無失。民之從事，常於幾成而敗之。慎終如始，則無敗事。是以聖人欲不欲，不貴難得之貨；學不學，復眾人之所過，以輔萬物之自然，而不敢為。

異文討論

　　本章章句，我認為並無特別需要討論之處。不過有兩位重要的現代學者所提到的兩個問題，倒是值得略作說明。其一是陳鼓應教授認為「為者敗之」以下，「和上文意不相聯，疑是別章文字」，故應別為一章，他說：「『為者敗之』以下，郭店簡本別為一章，簡本由於（抄寫）字體和（簡片）形制不同，整理者分為甲、乙、丙三組，三組章次、內容各不相覆，僅本章文字重出於甲、丙組中，文字略異，可見乃出於不同傳本。」（《老子今註今譯》本章注 5）簡本三組都不是全本，僅是選擇性的摘錄。甲組的抄寫者何以前後兩節沒有連續地抄在一處，丙組的抄寫者又何以只抄寫「為之者敗之」以下，其原因俱皆不明，但是無論如何都不足以證明「為者敗之」這一節文字，

在原本中不是接在「其安易持」這一節之後。王弼注本、河上注本、傅奕古本、帛書甲本乙本等所有《老子》可見版本，無一不是兩節文字上下相續。且自文義言之，前一節論「謹之於始」，後一節論「慎之至終」，故謂「慎終如始，則無敗事」，整章論旨集中在君王當少私寡欲，處理政事由始至終俱應謹慎，不可有絲毫輕忽。文意前後貫串，上下銜接緊密，實在看不出有一分為兩、別為他章的必要。

其次，則是劉笑敢教授關於章末「以輔萬物之自然，而不敢為」的討論。劉教授認為竹簡甲組「聖人能輔萬物之自然，而弗能為」，異於王注本、河上本等各本之「而不敢為」（或帛書甲本乙本、竹簡丙組之「而弗敢為」）。竹簡甲組之「而弗能為」「最能代表老子哲學中的積極意義」。他的看法是這樣的：「從聖人的地位來說，他應該是有相當能力和權威性去建功立業作大事的，但是這裡說『弗能為』，顯然是道家之聖人的身份、職責限制了他不能像一般人那樣為所欲為，或者是他的道德標準限制了他的行為方式。無論怎樣，這都是從主體發出的主動的決定。但是其他各本均作『弗敢為』，則是對外在形勢或行為後果的懼怕而產生的被動的、不得已的態度和方式。竹簡甲組表達的是一種正面的、積極的、主動的態度，而其他各本表現的則是被動的、不得已的、消極的態度。就此來說，竹簡甲組最能代表老子哲學中的積極意義。」（《老子古今》本章「析評引論」）

我完全不能認同，也完全不能理解劉教授的此一說法。按照中文裡「能」字與「敢」字的一般用法，「能不能」表達的是有沒有「能力」的問題，而「敢不敢」表達的則是有了能力之後敢不敢去做的「意願」問題。必須先有能力去為，然後才能進一步談到有無意願、敢或不敢去為。「敢」字《老子》書中共用了十次，其中七次都是以

「不敢」來表達君王（聖人）雖然有此權勢、有此能力，然而更願意自我節制、自我約束而不敢妄為之意，如「不敢以取強」（三十章）、「不敢為天下先」（六十七章）、「吾不敢為主而為客，不敢進寸而退尺」（六十九章）、「勇於不敢則活」（七十三章）。然則本章之「以輔萬物之自然，而不敢為」，怎麼就是「對外在形勢或行為後果的懼怕而產生的被動的、不得已的態度和方式」？而竹簡甲組之「弗能為」表達的才是「正面的、積極的、主動的態度」呢？有強大權勢、有無比能力，而仍願意自我約束、自我節制，願意誠懇遵守國家的法律制度，願意謙沖自下受諫從善、任賢使能，這才是真正勇於對國家、對人民負起責任的表現，才是作為君王真正的勇敢，故曰「勇於不敢」。劉教授向來論不輕出，言必有當，但是在這個問題上，恐怕是於無疑之處卻反生疑而未見其當了！

　　劉教授對此問題的完整論述，其見解與他論老子「道是宇宙萬物一切存在之總根源與總根據」、「人文自然」等論點密切相關，有興趣的朋友請參閱《老子古今》一書之「導論二：回歸歷史與面向現實」與本章之「析評引論」部分。

章句詮解

　　本章上述這兩處問題說完，底下即分三節略加詮釋。首節由「其安易持」至「始於足下」：本節論政治之安定繫於初始之時能見機而善謀。從歷史經驗來看，當社會安定時，努力維持其安定尚屬容易；反之動亂既起，欲撥亂而返治以求其安定則甚為困難。動亂雖未明見徵兆，此時若能洞燭機先，措手謀劃，及早處置，則事變尚易消解於

無形。老子舉物為譬：物當細小未堅時則易於剖判（泮通判），當微弱不固時則易於解散。物固如此，國家社會之事亦莫不然。是故明於政事者，當「為之於未有，治之於未亂」，意即國家雖若安定平靜，不見動亂之徵兆，但是主政者仍應留意檢點，設想種種可能的缺失，細察各項微見的疏漏，先做諸般預防作為，以期弭禍於未然，止亂於無形。蓋合抱的巨木，總是由細若毫末的樹芽所長成的；九層的高樓，總是由一小方一小方的土石所積累堆疊而建築起來的；千里之遙的長途遠程，總是由腳下一步一步開始才終於走到的。治國為政，就像種大樹、起高樓、走遠路一般，必須從無到有，從小到大，步步踏實，持志以恆，由始至終不惰不懈，才能在最後看到真正的成績。

次節由「為者敗之」至「則無敗事」：本節勸導君王戒「為」戒「執」，說明始終謹慎方能期其不敗。何以說「為者敗之，執者失之」？所謂「為」，指君王師心自用、違法亂制而肆意妄為；所謂「執」，指君王自命聖智、固執己見，堅持私意之所是而不能察納雅言、諮諏善道。「為」者必「執」，「執」而必「為」，君王恃權怙勢，肆行無忌，必終歸敗亡而後已，史實昭然可鑑，所以老子說「為者敗之，執者失之」。底下再從正面反覆申論，而謂「聖人無為，故無敗；無執，故無失」：為政守法律，循制度，容言納諫，群策群力，審慎周密，終始不懈。因為能「慎終如始」，所以「則無敗事」；平庸的國君或許開頭尚能謹慎，最終常不免懈怠，所以「幾成而敗」，在接近成功時因突發狀況而失敗。「民之從事」，「民」猶「人」也，指的是常見的庸凡之君，這裡所論乃是君王治理之事，老子不可能真拿一般平民百姓來作對比的！

最後一節由「是以聖人欲不欲」至「而不敢為」：本節仍然回到

君王自身的基本修養，而落實到少私寡欲、不敢妄為。如何才能夠讓君王有全然的專注與充分的敏銳，能夠永遠取得先機而「為之於未有，治之於未亂」呢？如何方能使君王可以無為無執、慎終如始而不敢妄為呢？老子所給出的答案仍是「少私寡欲」，亦即君王必須對私心自我約束，對欲望自我節制，如此可以收攝凝聚，抱一而無離，使心神不致動盪紛馳。君王有此修養，才能專注於幾務，足以敏銳洞察事變，及時給予妥當的處置。前漢汲黯學宗黃老，敢犯主顏色而直言極諫，嘗當面對武帝說「陛下內多欲而外施仁義，奈何欲效唐虞之治乎？」武帝縱然大大不悅，但是對他的敬重卻過於其他大臣。汲黯一眼看出武帝的病根是「多欲」，正因多欲，所以窮兵黷武，弄到百姓疲敝，天下騷動；正因多欲，心神外馳，對潛伏的禍根未能敏銳察覺、專注處理，以致賢姦莫辨，佞諛滿朝，到了晚節甚至朝廷內太子冤死，社會上民窮財盡，追根究柢，可以說都是「內多欲」的緣故。

因此，老子要求君王之所欲必須大異於他人：「聖人欲不欲，不貴難得之貨」，君王必須要求自己少私寡欲，不以珠玉為寶，而以賢良為寶。「學不學，復眾人之所過」，「眾人」在此當指世俗諸多君王，當世君王之所過者，正在習於智詐權謀，溺於黷武好戰，一心貪圖四鄰之土地城郭、子女玉帛；老子則願君王以小國寡民（八十章）為美，以弭兵止戰為善，不學世主之所為，而務去其所行所為之過當者，以復歸治國理民之常經大法。正因守住常經大法，所以最後說「以輔萬物之自然，而不敢為」：這是說作為君王，不敢自命聖智，不敢私行仁義，唯有循法以理民，依制以治國，不敢動輒徇私更張，不敢遇事肆意妄為，此謂「素樸」，此謂「自然」，此即君王之柔弱，此即君王之無為。也就是君王好像只站在輔助的地位，努力守護

國家法制，維持其正常的、順暢的運作，使國事的處理看起來就像純任「自然」而「自己如此」；絕不敢放任私心私欲橫衝直撞，導致國家社會就像籠罩在狂暴的飄風驟雨之中，這就是「輔萬物之自然，而不敢為」。平民百姓對政府的要求其實不多，只是衣食無虞、能安定地過日子。老子願君王對黎民眾庶能夠懷父母之慈，能夠持安已亂，始終謹慎，此中深意於本章略可概見。關於老子「自然」之旨，歷來註解詮釋，多見淆亂失誤，欲知其詳，請參考十七、二十三、二十五各章所論。

旨趣聯繫

十七章、二十三章、二十五章、三十二章、三十九章、六十三章。

義理參觀

＊方其未有，持而謀之，足矣。及其將然，非泮而散之，不去也，然猶愈於既成也。故為之於未有者，上也；治之於未亂者，次也。木也，臺也，行也，積小成大。治亂禍福之來，皆如彼三者。聖人待之以無為，守之以無執，故能使福自生，使禍自亡。譬如種苗，深耕而厚耘之，及秋自穫。譬如被盜，危坐而熟視之，盜將自卻。世人不知物之自然，以為非為不成，非執不留，故常與禍爭勝，與福生贅，是以禍至於不救，福至於不成，蓋其理然也。聖人知有為之害，不以人助天，始終皆因其自然，故無不成者。世人心存於得喪，方事之微，猶有不知而聽其自然者，及見其幾成，而重失之，則未有不以

為敗之者矣。故曰「慎終如始，則無敗事」。人皆狥其所欲以傷物，信其所學以害理。聖人非無欲也，欲而不欲，故雖欲而不傷於物；非無學也，學而不學，故雖學而不害於理。然後內外空明，廓然無為，可以輔萬物之自然，而待其自成矣！（蘇轍註）

第六十五章

古之善為道者，非以明民，將以愚之。民之難治，以其智多。故以智治國，國之賊；不以智治國，國之福。此兩者，亦稽式。常知稽式，是謂玄德。玄德深矣，遠矣，與物反矣，然後乃至大順。

異文討論

本章章句，簡本各組俱皆不見抄寫，而其他各本並無重大出入，可不討論。

章句詮解

本章出現了三個老子思想中的重要觀念，其一是「愚」，其二是「玄德」，第三個則是「反」。這三個重要觀念同時出現，當然是彼此相關的，底下將隨其出現的各節，在詮釋時進一步闡發其義蘊。

為詮釋方便，分本章為兩節，首節由「古之善為道者」到「國之福」：老子所謂「道」，原本就是君王治國理民之道，若是天道，或外於人的其他形上之道，人又怎麼去「為」呢？古人認為君王之所以為大，乃是承受上天任使之大命以治民，所以往上說，君道即是天道。然而說到底，為君之道才是實的，天道云云卻是虛的，說它是虛，是因天道原只是把理想的、最好的君道往上頂上去而形構出來

的，更直白地講，實際上就是「製造」出來的，並非在君道之上還真
別有個天道。否則上天焉能容許君王殘暴苛酷、虐民害民已至其極，
然後方有所謂「革命」？若果真的「天監在上」，何不在君王劣跡略
現、惡行微昭之初即行易之革之？天下之大，明明之天欲覓得一二德
才兼備而足以為君者，又有什麼困難呢？因之本章一開始即直指此道
乃是君王治民之道，而「善為道」之君王，其治民「非以明民，將以
愚之」。老子在全書之首章已經提醒了「名可名，非常名」，強調若
遇到他所說的「關鍵詞」，即令看來好像是尋常之名，卻不能以尋常
之義去理解，例如「無」與「有」，例如「柔弱」與「無為」等等，
看似尋常，老子卻寄託了特別的義蘊與內涵，若還以平常通用的意義
去理解，便會產生重大誤解。本章的「愚」即屬此類。因此若把「非
以明民，將以愚之」看成所謂「愚民思想」，便必然大失老子之旨。
這一點我們可以從老子在書中使用「愚」字，和與「愚」相對的
「知」（智）字，將其前後文義仔細梳理而得：「聖人之治，虛其
心，實其腹；弱其志，強其骨，常使民無知無欲，使夫智者不敢為
也」（第三章），「愛民治國，能無知乎」（第十章），「絕聖棄
智，民利百倍」（十九章），「不貴其師，不愛其資，雖智，大迷」
（二十七章），「眾人皆有餘，而我獨若遺，我愚人之心也哉」（二
十章），「古之善為道者，非以明民，將以愚之」（本章）。第三章
之「無知無欲」，陳鼓應教授解為「沒有詐偽的心智，沒有爭盜的欲
念」，可謂的當。第十章「愛民治國，能無知乎」，帛書作「愛民活
（各本作「治」）國，能毋以知乎」，謂君王不可以巧偽欺詐之智術
治國理民，而應回歸樸素信實。十九章「絕聖棄智」既然可使「民利
百倍」，則所謂「智」必然是君王師心自用、自以為是，把權謀詐偽

誤認作智計奇巧，故老子認為當絕當棄。二十七章「雖智，大迷」，既斥之為「大迷」，則此「智」絕非正面之義可知。

以上所謂「知」（智），於君王之為治而言，既非可取的正面之義，則其所對之「愚」，並不是一般負面的愚蠢無知、蒙昧無識之義亦已彰彰明甚。故二十章之「我愚人之心也哉」，聖人、君王既自許其心為「愚」，則此「愚」必為誠信淳厚、樸素質實，絕非蒙昧愚蠢。因為比起那習慣於欺詐巧偽，專以權謀智術玩弄法制、蒙騙人民的「智者」，當然只能說是「愚」了。君王既然以「愚」自居自許，則其治國理民「非以明民，將以愚之」必不可能是愚民主義，所行者必不可能是愚民政策，絕對不會是採取種種措施，閉塞百姓耳目、封鎖人民心識，存心要使萬民眾庶如鹿如豕，真正愚蠢無知，對政府一味順從，只能任人圈囿豢養，而便於統治者之壓榨、剝削的。

然則本章首節之義當為：古來凡是善於依道以治民的君王，絕不會使百姓變成聰明狡猾之輩，熟知種種欺騙詐偽的伎倆；而只知以身為範，讓人民越來越淳厚樸素，越來越誠恪質實，遠離虛偽狡詐，看起來好像愚蠢無知一般。人民之所以難於治理，就因為狡詐多智，所以君王如果以權詐智術治國，長遠來看，這必然會成為國家的大災難；反過來如果君王施政以淳厚樸素為先，擯棄智術權詐，化民於質樸誠實，這就是整個國家的福氣了！

第二節由「此兩者」到「然後乃至大順」：本節須先略作討論的是「玄德」與「反」兩個義蘊別具的詞語。首先談「玄德」：「玄德」一詞《老子》中出現三次，除本章外，見於第十章與五十一章：「生之，畜之，生而不有，為而不恃，長而不宰，是謂玄德」（第十章），「道生之，德畜之。長之，育之，亭之，毒之，養之，覆之。

生而不有，為而不恃，長而不宰，是謂玄德」（五十一章）。由此可見「玄德」指的是君王之治國，對於人民既能生畜養育，保護周全，卻又不宰制、不操控，絕不會對百姓如奴隸之役使，如罪囚之驅迫，以肆行其剝削壓榨，而是讓百姓能自由自在地安居樂業、平靜生活。君王實有其恩德，而又不自以為有恩有德，其德之玄深遠大是與世俗君王完全相反的，故在本章說：「玄德深矣，遠矣，與物反矣」，這與二十五章之論「道」，曰「吾不知其名，字之曰道，強為之名曰大。大曰逝，逝曰遠，遠曰反」，可以說是先後一致。君王之「道」，此一為君為王的道理或原則落在實踐上就是「德」，「道」之與「德」原只是原理原則與踐履實行之別，所以在上述這兩章中，都是要求君王雖認識到為君為王、位高權重之為「大」，但是卻不可執著其「大」，而要求君王必須踏實修養以消解其「偉大之相」，務令此偉大之表相、皮相「消逝」、「遠離」，最後完全「反」過來變成謙沖自牧、甘居卑下，以其德之深、之遠，而與世俗之庸君凡主完全「相反」。所以老子所謂「反」，正是針對君王異於世俗、反乎一般的修養而言，絕非如某些現代學者所論，是在描述自然世界中事物運作的客觀規律。此中義理之詳細析論，讀者如有興趣，可以參閱四十章「反者，道之動」相關的論述。

以上對於「玄德」與「反」既已略作析論，然則本節也就可以詮釋如下：君王如果能深刻了解「以智治國，國之賊」、「不以智治國，國之福」這兩個治國截然不同的方向，能夠以前者為戒，而以後者為師，那麼就能真正把握到治國理民的楷式與模範，若能對此切實領會並貫徹到底，如此君王就算是能夠履道踐德而具備了「玄德」，此德可謂深邃，可謂幽遠，甚至與世俗一般君王（「物」在此指凡庸

昏闇之主）的所作所爲完全相反，君王必定要達到此一地步，如此而後才算是最順應、最符合治理之道的「大順」境界啊！

旨趣聯繫

第十章、十五章、二十章、四十章、五十一章、六十五章。

義理參觀

＊夫所謂道者，不在耳目聲色之間，而世人目視非色，耳聽非聲，為聲色之所留礙，而不知見聞覺知有出於聲色之外者。今遽告人曰「爾之見聞覺知，皆非真也」，則人孰不怪且笑哉？故道非明民，將以為愚而憐之可也。夫民之愚，留礙於聲色不知自解，吾方示之以無為，示之以澹泊，且猶未悟，而況欲以智示之歟？生民之患在於多智，智不以正，其智為邪。今吾未能覺其邪，而又以智示之，是反開其偽也，故以智治國為國之賊。倘行其所無事，而不開民之機心，機心不生，則純白備，謂之「國福」不亦可乎！上之所行，下之所效，未有我靜而彼動，我素樸而民多欲者，故曰「知此兩者亦楷式，能知楷式，是謂玄德。玄德深矣，遠矣」。由其與物反，是故不可「明民」；由其與道合，是故謂之「大順」。（李息齋註）

＊不以智治國者，開天者也；以智治國者，開人者也。開天則順，順則行其所無事，其政所以不嚴而治。開人則鑿，鑿則失於太察，其民所以不淳而缺。故曰「以智治國，國之賊；不以智治國，國之福」。（劉仲平註）

第六十六章

江海所以能為百谷王者，以其善下之，故能為百谷王。是
以欲上民，必以言下之；欲先民，必以身後之。是以聖人
處上而民不重，處前而民不害，是以天下樂推而不厭。以
其不爭，故天下莫能與之爭。

異文討論

本章章句，各本大略相同，並無必須進一步討論的重大出入。

章句詮解

就章旨而言，本章似可提取章中一前一後的四個字，曰「善
下」，曰「不爭」，老子認為這是作為領導人非常重要的認識與修
養。全章巧譬善喻，文義通透，王弼注《老子》，於本章不著一字，
大概也是因為稍知文字者皆足以隨文知義，更不煩注家多言。

首先以江海為喻，言大江大海之所以能成為「百谷之王」，就是
因為江海之「善下」。這裡的「王」字，當然是老子為了藉「江海」
來說明「君王之道」而特意嵌上去的。在此之前，似乎未見什麼人把
「江海」說成「百谷王」。接著老子把此一本來不具任何意義的自然
現象，賦予它一個具有特殊價值內涵的意義：欲為「王」者必須
「下」，而且還要能「善下」。所以下文接著說：「是以欲上民，必

以言下之；欲先民，必以身後之」。想要好好做個像樣的君王，地位居於萬民之上，尊貴居於萬民之先，受到百姓人民的擁護與愛戴，那麼就必須「以言下之」、「以身後之」，在言與行兩方面都要自居卑下，謙沖以自牧，而且態度上要表現得真誠懇摯，是內在認識與存心的自然流露，不是矯揉造作的虛假表演。所以老子不只說「下」，而且強調要「善下」，善或不善之所繫，就在真誠與虛偽上分判。君王要由最初的單純「認識」，進一步深度滲透到自己的內在心性，終而在言行上自然而誠懇地隨處顯現，這就非得要有相當紮實的修養工夫不可，而修養在本質上其實就是長時間的自我教育！

　　能居卑而善處下，老子認為這一點對君王而言特別重要，所以在書中藉種種居卑處下的自然現象，對君王耳提面命，隨處提撕，隨時點醒。除了本章的「江海」以外，其餘的例如「水」：「上善若水，水善利萬物而不爭，處眾人之所惡，故幾於道」（第八章）；「天下莫柔弱於水，而攻堅強者莫之能勝」（七十八章）。例如「谷」：「谷神不死」（第六章）；「為天下谷，常德乃足」（二十八章）；「上德若谷」（四十一章）。例如「谿」：「知其雄，守其雌，為天下谿」（二十八章）。

　　我們知道，我們所見的自然事物、自然現象可說千姿萬態，若說「水」能利天下，火之利於人者難道就少了嗎？若說「江、海、谿、谷」這些居於卑下之處的自然事物可師可法，換成崇山峻嶺，那種巍峨崢嶸、屹立峻拔的高標，豈不也顯得嚴毅剛正，自是另外一種值得追攀崇仰的人格圖像！然則老子何不取火而偏取於水？何不取山嶽而偏取於谿、谷？其實不為別的，正因為老子說話的對象本就設定為君王，君王權大勢盛，高高在上，其高貴赫奕凌越他人，所以欲其取法

谿谷之卑下而學謙沖，傚效江海之卑下而學能容。君王真能對人民百姓「以言下之」、「以身後之」，真誠懇摯，自居卑下，那麼雖居上位，也絕不會以其權勢施壓強迫，人民當然不覺其重；雖居先在前，也絕不會藉其地位敲榨剝削，人民當然不以為害。這樣的君王對於百姓真正做到了「生之畜之，生而不有，為而不恃，長而不宰」（第十章），真正做到了「天之道」一般的「利而不害」（八十一章），如此獲得普天之下、四海之內的人民百姓一致崇仰推尊、長久不以為厭也就是當然的結果了！最後兩句是總結，「以其不爭，故天下莫能與之爭」：對於君王，老子經常強調「不爭」，例如：「上善若水，水善利萬物而不爭，處眾人之所惡，故幾於道。⋯⋯夫唯不爭，故無尤」（第八章），在這裡，「道」就是君王之道，而君王之道最重要的就是「善利萬物而不爭，處眾人之所惡」，而且只有「不爭」，方能「無尤」。肯把好的給別人，把不好的歸自己；能推讓利益、不爭好處，才能不招怨尤。又如：「不自見，故明；不自是，故彰；不自伐，故有功；不自矜，故長。夫唯不爭，故天下莫能與之爭」（二十二章），在這一章，老子指出「不爭」的具體表現是「不自見、不自是、不自伐、不自矜」，君王能把所有的功勞與成果都推讓給部屬臣下，而自己不居不受，這才是領袖人物的風範。又如：「善用人者為之下，是謂不爭之德」（六十八章），意指領導者虛其心懷而能謙卑以受善言，事成又能推功於下，這就是君王的「不爭之德」。又如：「天之道，不爭而善勝」（七十三章），老子假託「天道」以言「君道」，說只有「不爭」，才是君王的「常勝」之道。這與八十一章所論的「天之道，利而不害；聖人之道，為而不爭」，先後並無二致，只有能做到「利而不害」、「為而不爭」，心思所在想到的盡是把好

處讓給別人，把利益歸與臣民，這樣的君王當然就是「既以為人，己愈有；既以與人，己愈多」，能使文臣願意竭力於朝廷，武將甘心效命於疆場，百姓擁戴，萬眾歸心，這樣一來君王自己豈不「愈多」、「愈有」？何以老子如此強調君王當有「不爭之德」？蓋真正有才有德、具大智慧大能力的君王，其身既是已在最高層，然則又何懼浮雲之遮望眼？所以既為君王，而猶屑屑與臣下爭名爭利、爭功爭伐，那是把自己降格降級，反而顯現其內心深處之缺乏自信、虛歉不安，而自知難堪擔當領袖群倫的大任罷了，不是嗎？

旨趣聯繫

第八章、二十二章、二十八章、六十七章、七十八章、八十一章。

義理參觀

＊「江海所以能為百谷王者，以其善下之，故能為百谷王」，則能為天下王者，亦善下之而已矣，則玄德者，乃所以善下之道也。莊周以為「以此處下，則玄聖素王之道」，而舜之在下，則曰「玄德升聞」，則玄德者固聖人所以處下之道也。以處下之道而居人上，乃所以下之也。聖人之有天下也，以言其位，則固欲上人也，然以孤寡不穀為稱，而受國之垢與不祥，則以其言下之也。以言其序，則固欲先人也，然迫而後動，感而後應，不得已而後起，則以其身後之也。夫惟以其言下之，則「處上而人不重」，不重則以戴之為輕矣。以其身後之，則「處前而人不害」，不害則以從之為利矣。不重不害，此天

下所以樂推而不厭也。夫以其言下之，以其身後之，則不爭者也；樂推而不厭，則天下莫能與之爭者也。非體玄德者，其能若是乎？故曰「夫唯不爭，故天下莫能與之爭」。（呂吉甫註）

　　＊聖人不得已臨蒞天下，其視首出庶物與在民上為何等事哉？故有天下而能以言下民，能以身後民，非忘天下者不能也。是以處民上而民不重，不知其有君也；處民前而民不害，不知其有民也。惟其上下相忘，是以天下樂推而不厭。蓋吾之所取者，非民之所爭也。無為之為，天下且不見其朕，況欲與之爭乎？（李息齋註）

第六十七章

天下皆謂我（道）大，似不肖。夫唯大，故似不肖；若肖，久矣其細也夫！我有三寶，持而保之：一曰慈，二曰儉，三曰不敢為天下先。慈，故能勇；儉，故能廣；不敢為天下先，故能成器長。今舍慈且勇，舍儉且廣，舍後且先，死矣！夫慈，以戰則勝，以守則固。天將救之，以慈衛之。

異文討論

本章章句，各本稍有小小出入，然於義理詮釋並無影響，可不討論。竹簡本自此章以下至八十一章，甲、乙、丙三組皆不見抄寫。

章句詮解

本章提示君王之三寶，慈、儉、不敢為天下先，的確足以概括《老子》一書思想之精華，而三寶之中，尤著意於「慈」，謂君王對於人民，當若父母之慈愛子女一般，意味極為深長。古今謗老疑老，以為老子蓄意非毀道德、反對仁義者，如果真能領會此意，其謗詈、質疑也應該可以止息了！

全章可分三節，然而前後文意其實都扣搭得相當緊密。首節由「天下皆謂我（道）大」至「久矣其細也夫」：首句「天下皆謂我

（道）大」，河上本、傅奕本、帛書乙本（甲本殘損）等各本皆無
「道」字。細味文意，此節主要在說明對君王形象之觀察，而非論
道，故云「若肖，久矣其細也夫」，謂若我之為君為王而肖其大，聲
勢赫赫，炎威迫人，則我老早就反而變成卑微細小，不像個夠格的君
王了。若是論「道」，而竟謂「久矣其細也夫」，那就頗為奇怪。因
之首句之「道」字或許是王弼添上去的，原文當是「天下皆謂我
大」。故首節之義可釋為：天下之人都認為君王應當崇高偉大，可是
我看起來似乎一點都不像。其實正因為內在涵養達到崇高偉大的境
界，所以外表看起來才一點都不像崇高偉大。如果君王只知虛飾妝
點、刻意造作，讓人一看就覺得聲勢煊赫、威儀崇隆，那麼這樣的君
王老早就已經是瑣屑微細、毫不足觀了！

　　第二節由「我有三寶」至「故能成器長」：本節最重要的是老子
提出來的君王三寶，這三寶可以說是把理論完全轉化為能夠付諸實踐
的行動。老子整體深邃的思想在這裡變成君王簡約易行的指向南針。

　　第一是「慈」，君王最為首要的是對人民要有像父母對子女一般
的慈愛，其實也就是五十一章所謂「道生之，德畜之，長之，育之，
亭之，毒之，養之，覆之。生而不有，為而不恃，長而不宰」，對於
治下人民生畜養育，衛護周至，但是絕不據之以為私產，絕不任意宰
制操控。正因為君王有父母般的慈愛，所以才能夠激發最大的勇氣，
勇於承擔責任，勇於退讓謙下，勇於盡一切力量保衛國家、庇護百
姓。

　　其次是「儉」：對君王而言，「儉」不僅僅是平常各種物欲與享
用的節儉，知道居室之一磚一瓦、穿戴之半絲半縷、席上杯盤之所
盛、日夜坐臥之所用，無一不是來自人工民力，所以聲色臭味之欲不

可放縱沈溺，馳騁畋獵之樂不可發狂忘返。除了這一方面的節約儉束，君王之「儉」，更重要的是權勢運用的儉約節制，力求「素樸」。君王之窮奢極侈固然虛耗民力，其為害猶小；如果君王自以為君位天授，便認己為天，更無軌範，更無制約，於是不守法律，不循制度，師心自用，為所欲為，那麼這一方面的失儉、不儉，就足以隳毀綱紀，甚至動搖國本。所以老子要求君王在國家法制之前守柔示弱，不可剛強橫暴，不可違法亂制，故謂「柔弱」；要求君王恪遵國家法制，凡違法悖制者絕不敢妄行妄為，故謂「無為」。一切言行之表現於外者，一舉一動皆忠實履踐法制，故謂「見（現）素」；所有思慮之懷抱於內者，心心念念皆篤實遵循法制，故謂「抱樸」。素、樸之於君王，即對於國家法制的規定，不敢以私心私欲作苟且權巧的歪曲解釋，就像素之不染顏色、樸之不事雕刻。老子屢屢提撕的素樸、柔弱、無為，寄望君王對於自己所掌握的至大權勢，在運作使用時能夠自我節制、自我約束，這才是重中之重的君王之「儉」。唯其能「儉」，對於國家法制，君王護持於上，百官循守於下，上行下效，舉國從風，綱紀為之肅然，郅治於焉開展，足以夜不閉戶、路不拾遺。君王之「儉」，其影響如此廣大而深入，所以老子說「儉，故能廣」。

第三則是「不敢為天下先」：此意即是先前六十六章所說的「善下」、「不爭」，不敢自居為聖，不敢自命為智，是故能效谿谷之處卑，能法江海之居下。正因為君王自居卑下，不敢為先，謙沖損抑，能容能納，所以賢良獻其謀，材能效其力，如此君王就足以匯聚各方各面的英傑，容納各色各樣的豪俊，使得國無逸士，邦無遺賢，這樣君王真的就能垂衣拱手，看似無為，其實真能無所不為。二十八章

云：「樸散則為器」，君王須是未斲之樸，廣聚眾長；臣下則是已雕之器，散而僅具一器之用。所以老子說：「不敢為天下先，故能成器長」，因為君王不敢自以為聰明才智為天下第一，於是謙沖下士，尊賢敬能，以此匯聚、容納天下的英俊豪傑，統率、領導這些賢良才俊，使自己成為「眾器之長」，成為所有賢良才俊之士的領袖、君長。

最後一節，由「今舍慈且勇」至「以慈衞之」：此節老子反過來講，如果君王不能對人民先有如父母之慈，卻喜歡裁斷勇決，逞強好事，則恐不免輕啟戰端，等同草菅人命；如果君王不能儉以持身，一方面在物欲享受上自知省約，另方面在權勢運用上自我節制；反而在服御器用上奢侈靡費，在國政決策上經常以君權凌越國法，如此若要政通人和，廣受擁護愛戴，那又怎麼可能呢？如果君王不能謙沖自持，自卑自下而甘居人後，反而自以為智計卓絕，才略無倫，天下健者，舍己更無他人，以是驕盈傲慢，則必致賢良遠去，英傑寒心，對這樣的國君，老子嚴厲警告曰「死矣」！這也就是說，君王若不能自己好生涵養，先用心致力於慈、儉、不敢為天下先，日積月累，以此營造堅實的基底，則其勇、其廣、其先，必然只會成為紙糊的虛假芻像，一戳即破，一推就倒，甚且恐怕還會給國家與人民帶來覆亡的莫大危險。

章末老子特別強調，三寶之中，「慈」更是寶中之寶，君王真有父母之慈，能愛民如子，生畜養育，護之使安，保之得全，照顧得無微不至，然則縱有敵寇侵略，百姓人民必能群起效命，「以戰則勝，以守則固」，這就等於國家在危急存亡關頭必能得到神力解救，必能得到上天保衛，而其先決條件即在君王對於人民要有如父之愛、如母

之慈！不顧民生，不惜民命，視人命若草芥，無一念之慈、無毫毛之愛的君王，是活該被厭棄的；滿腹私心，剛愎自用，不恤公理、不聽眾議，不惜殘民以逞的君王，是不夠格居上在位的；自以為聖，自以為智，偏執傲慢，不能容言，不肯納諫，史上那些忍心坐視疾疫漫衍、死亡枕藉，而竟不動絲毫惻隱；忍心不管水潦旱災、家園圮墟，而竟不肯一伸援手，諸如此類，這樣的君王，老子認為根本就是該死的，該丟到歷史的垃圾桶裏去的！總之，不能慈，不能儉，卻又自以為智計權謀居於天下之先，如此君王，其實是根本沒資格當國君的！

旨趣聯繫

第八章、十五章、二十二章、六十四章、六十六章、七十八章。

義理參觀

＊夫道曠然無形，頹然無名，充遍萬物，而與物無一相似，此其所以為大也。若似於物，則亦一物耳，而何足大哉？道以不似物為大，故其運而為德，則亦悶然以鈍為利，以退為進，不合於世俗。今夫世俗貴勇敢，尚廣大，夸進銳，而吾之所寶，則慈忍、儉約、廉退，此三者皆世之所謂不肖者也。世以勇決為賢，而以慈忍為不及事，不知勇決之易挫，而慈忍之不可勝，其終必至於勇也。世以廣大蓋物，而以簡約為陋，不知廣大之易窮，而儉約之易足，其終必至於廣也。世以進銳為能，而以不敢先為恥，不知進銳之多惡於人，而不敢先之樂推於世，其終卒為器長也。蓋樸散而為器，聖人用之，則為官長。自樸成器，始有屬有長矣。勇、廣、先三者，人之所共疾也，

為眾所疾，故常近於死。以慈衛物，物之愛之如父母，雖為之効死而不辭，故可以戰，可以守。天之將救是人也，則開其心志，使之無所不慈，無所不慈，則物皆為之衛矣。（蘇轍註）

＊我自處也易，物無所不濟，難。故即三者推慈以為先，而終復明之：以為戰則勝，守則固，是今之所急也。天若救斯民，必使有為慈者出而衛之，此老氏之所怛然有期於天下者與！（葉夢得解）

第六十八章

善為士者不武，善戰者不怒，善勝敵者不與，善用人者為之下。是謂不爭之德，是謂用人之力，是謂配天，古之極。

異文討論

本章章句，各本並無重大出入，可不討論。

章句詮解

本章「不武」、「不怒」、「不與」、「為之下」云云，可以視為「善下」與「不爭」的延伸，老子總括而謂之「配天」、「古之極」，可見對此非常重視。王弼注「士」是「卒之帥」，注「武」是「尚先陵人」，則「善為士者不武」意為善於領軍的將帥不尚先、不陵人，指不先敵而動，不輕啟戰端，不出無名之師欺凌他國。「善戰者不怒」，所謂「怒」指暴躁而容易為個人情緒所激動，不能平其心、靜其氣。兵凶戰危，而統軍為帥者竟不能平心靜氣，對於瞬息萬變的戰場機宜，勢必不能作出全盤的掌握與正確的判斷，容易激怒則容易受騙，其決斷與指揮很可能就會出大問題。「善勝敵者不與」，所謂「與」，王弼注為「爭」，高亨解為「對鬥」（《老子正詁》），意思就是與敵軍在戰場上捉對廝殺、決戰爭勝。然則「善勝

敵者不與」，當指最好的克敵致勝方式並不是在戰場上與對方短兵相接，以殺傷決勝負，而是運用各種謀略，以期能夠不戰而屈人之兵。蓋即使在戰場上打敗對方，自己也難免傷損，所謂「殺敵一千，自損八百」即是。「善用人者為之下」，指領導者真能「善下」，對於賢良之英、才能之傑，能夠虛懷謙恭以敬之，自卑自下以重之，則英傑爭馳，人樂為用。凡所謂「不武」、「不怒」、「不與」、「為之下」，老子總而括之，曰「不爭之德」。君王而有「不爭之德」，真能做到推功伐、辭名利，讓予群下，就可以「用人之力」。此意貫串全書，為老子對君王所經常提撕、再三叮嚀者，參看六十六章可知。退讓不爭，不逞其強；卑下謙沖，用人之力，對一個君王，一個政治上的最高領導者而言，老子認為這是最重要的涵養，同時也是至高無上的智慧，所以在此贊之曰「配天」，曰「古之極」，肯定這種品德是自古以來足可上配天道、最為至極的君王之德。

　　《老子》中與本章類似的提法，在此之前已不僅一見，所以有學者認為此章本來是旁注之文，為抄寫者所不辨而亂入本文之中。我認為此說全無證據，本來老子於其重要觀點就經常叮嚀反覆，再三闡發、申述，不避重複，本章不過是其中之一例而已。

旨趣聯繫

　　第八章、三十章、三十一章、六十一章、六十七章、六十九章。

義理參觀

　　＊士當以武為本，行之以怯。若以武行武，則死矣。聖人不得已

而後戰，若出於怒，是以我故殺人也。以我故殺人，天必殃之。以吾不爭，故能勝彼之爭。若皆出於爭，則未必勝矣。人皆有相上之心，故莫能相為用，誠能下之，則天下皆吾用也。（蘇轍註）

＊士之為言「事道而以將人為任者」也。事道則以不爭而勝，將人則用人之力。若然者，何所事武哉？故曰「善為士者不武」。為士而無所事武，則善戰者不怒，善勝敵者不爭，善用人者為之下，固其宜也。何則？體道者不爭，不爭則天下莫能與之爭，則善為士者不武，善戰者不怒，善勝敵者不爭，是謂不爭之德也。體道者能下人，能下人者樂為之用，而不自用，則善用人者為之下，是謂用人之力也。德則不爭，力則用人，雖用兵之危，我猶無為，況其他乎？無為為之，之謂天德。至於無為，則與天同而無以加矣。故曰「是謂配天，古之極」。（呂吉甫註）

第六十九章

用兵有言：「吾不敢為主，而為客；不敢進寸，而退尺。」是謂行無行，攘無臂，執無兵，乃無敵（王注本原作「扔無敵，執無兵」）。禍莫大於輕敵，輕敵幾喪吾寶。故抗兵相若（王注本原作「相加」），哀者勝矣！

異文討論

　　本章異文，必須討論的是「執無兵，乃無敵」兩句。王注本「是謂行無行，攘無臂，扔無敵，執無兵」，河上本句次與王注本相同，但是「扔無敵」作「仍無敵」。傅奕本句次不同王注本，後兩句作「執無兵，仍無敵」。帛書甲本作「是胃行无行，襄无臂，執无兵，乃无敵」，乙本作「是胃行无行，攘无臂，執无兵，乃无敵」。關於這個問題，樓宇烈先生在他的《王弼集校釋》中有總結性的說明，他說：「『扔』字，疑當作『乃』。長沙馬王堆三號漢墓出土帛書《老子》甲乙本經文均作『乃』。觀王弼注文說『言无有與之抗也』之意，正釋經文『乃无敵』之義。故似作『乃无敵』於義為長。作『扔』者，因經文『執无兵』誤在下（當在『攘无臂』下、『乃无敵』上），又因三十八章『則攘臂而扔之』句，不明其義者妄改也。」（《老子道德經注校釋》）然則這四句當作「是謂行無行，攘無臂，執無兵，乃無敵」。由行陣到手臂，由手臂再到兵器，這樣的

句次排列也是按照由鉅而細的順序而顯得比較合理的。

章句詮解

本章仍可視為「善下」與「不爭」的進一步引申，只是側重在用兵打仗，因而分章時別立一章。底下即略作詮釋：

「用兵有言」下兩句，當是引自上古賢哲關於用兵作戰的名言。在三十章、三十一章，老子為君王陳說對於戰爭應有的基本態度，明言戰爭之不得已而絕不可逞強：「以道佐人主者，不以兵強天下，其事好還。師之所處，荊棘生焉，大軍之後，必有凶年。善者果而已，不敢以取強……果而不得已，果而勿強」（三十章），「夫唯兵者，不祥之器，物或惡之，故有道者不處……不得已而用之，恬淡為上，勝而不美，而美之者，是樂殺人。夫樂殺人者，則不可以得志於天下矣。……戰勝，以喪禮處之」（三十一章）。

由此可知，老子充分了解戰爭破壞與摧毀之可怕，對生命、財產在戰爭中所受的巨大傷損，心懷強烈悲憫，因之極言戰爭之「不得已」，其意蓋謂除卻抵禦外侮侵略、維護國家尊嚴以外，絕不應只仗恃自己軍力強大，卻因貪婪無厭、欲取人玉帛子女而四處征伐、橫行無忌。所以老子在此強調「不敢為主，而為客」，意即不敢巧立名目，以種種藉口率先發動戰爭；而寧願只為抵禦外侮、抗拒侵略，不得已才出師防衛。「不敢進寸，而退尺」，不敢進逼侵人一寸，而寧願退讓一尺。此意即三十章所謂「不敢以取強」，不敢恃強而進，以非理欺壓他國，而寧願多所退讓，除非真不得已，否則絕不輕言進兵。

　　正因為國家的軍隊站在正義這一邊，不為貪婪掠奪而戰，只為抵禦侵凌而戰，師出有名，士氣昂揚，所以軍隊布陣之行列、將士奮起揮舞的手臂、執持以抵禦的兵器，這一些本來在戰鬥或勝或敗當中相當重要的條件，反而相對來看就不那麼舉足輕重了。行軍布陣、軍隊訓練、兵器利鈍竟然變成可有可無，甚而似乎消失不見（無行、無臂、無兵），觀老子之意，應該只是在強調軍隊「為何而戰」的重要性，強調「師以義動」在戰爭勝負中具有決定性的主導地位，相形之下，其他的部分就退居次要了，因而老子接著斷定「乃無敵」，君王真能掌握好這一點，就可以戰無不勝，無敵於天下。《孫子兵法・始計》篇「經之以五」，五項中居於領先而最為重要的就是「道」，「道者，令民于上同意者也。可與之死，可與之生，民不詭也」，君王平常視民如子女，待之有恩有慈，所以上下一心，打起仗來人民可以為君王捨生赴死，加之國家師以義動，當然可以凝聚民心士氣，發揮無敵的戰力。孫子所謂「道」，就是君王治國有道，愛民有方，於是君民同心，舉國一意，這與老子所言實無二致。

　　再來老子說「禍莫大於輕敵，輕敵幾喪吾寶」，這裡的「輕敵」恐未必是指戰場上的輕視敵軍，而是君王自恃軍力強大，在作戰爭決策的時候，毫無正當的名義，純為貪婪而輕舉妄動，以為敵人易與，己方必勝，因而輕率言戰。這種「輕敵」接近於「喪吾寶」，聖人（君王）之寶，一般可以說是土地，是人民，是自己的王位；若按照老子「三寶」之說，則是慈、儉、不敢為天下先。戰爭乃生死存亡的頭號大事，而竟然輕敵，輕敵則大可能戰敗，戰敗則喪師辱國，使眾多青壯子弟枉死沙場，這如何談得到「慈」？貪人城池土地、強取子女玉帛，當然遠遠不是「儉」；恃強輕戰，貪功冒進，又絕非「不敢

為天下先」。輕敵則此「三寶」皆不得保，所以說「幾喪吾寶」。

最後說「故抗兵相若，哀者勝矣」，「相若」傅奕本、帛書本皆作「相若」，王弼注本、河上注本皆作「相加」。然而觀王弼之注曰：「若，當也」，由此可見王注本原文亦當作「相若」。「哀者勝矣」，「哀」字如解為「哀傷」，則整個文意似乎與上文不能相承相接。易順鼎說：「『哀』即『愛』，古字通。詩序：『哀窈窕而不淫其色』，『哀』亦當讀為『愛』。『抗兵相加（若），哀者勝』，即上章『慈，以戰即勝』也。」（《讀老札記》）

按王弼注「哀者必相惜而不趣利避害」，似亦以「哀」為「愛」，故謂「哀者必相惜」云云。有所愛者必吝惜，因為吝惜，則必儉之嗇之，故而審慎持重，不敢輕發妄動，這與上文「不敢為主，而為客；不敢進寸，而退尺」、「禍莫大於輕敵，輕敵幾喪吾寶」之意頗能相承相續。然則章末兩句其意即是：所以當兩國舉兵相抗時，如果原本勢均力敵，彼此相當，則為國以慈以儉，能愛惜人民一如父母，而且謹慎持重絕不輕啟戰端的一方，勝算是比較大的！

旨趣聯繫

第八章、三十章、三十一章、五十九章、六十四章、六十七章。

義理參觀

＊主，造事者也；客，應敵者也。進者，有意於爭者也；退者，無意於爭者也。苟無意於爭，則雖在軍旅，如無臂可攘，無敵可因，無兵可執，而安有用兵之咎耶？聖人以慈為寶，輕敵則輕戰，輕戰則

輕殺人，喪其所以為慈矣。兩敵相加，而吾出於不得已，則有哀心，哀心見而天人助之，雖欲不勝，不可得也。（蘇轍註）

＊此申言慈之寶。用兵有言者，用兵者嘗有是言。為主，肇兵端以伐人也；為客，不得已而應敵也。進寸，難進也；退尺，易退也。仍，就也。不為首兵，但為應兵，雖為應兵，亦不欲戰。不敢近進，寧於遠退。進戰者，整其行陣而行。攘臂以執兵，前進以仍敵。不行，則雖有行如無行；不攘，則雖有臂如無臂；不執，則雖有兵如無兵；不仍之，則雖有敵在前如無敵也。（吳澄註）

第七十章

吾言甚易知，甚易行；天下莫能知，莫能行。言有宗，事有君。夫唯無知，是以不我知。知我者希，則我者貴，是以聖人被褐懷玉。

異文討論

　　本章各本異文，須略作討論者為「知我者希，則我者貴」兩句。這兩句王注本、河上本同為「知我者希，則我者貴」，然而傅奕本作「知我者希，則我貴矣」，帛書乙本為「知者希，則我貴矣」，甲本殘損，尚可見「我貴矣」三字，其他以字數推之，當與乙本相同。若依王注本「則我者貴」，則「則」屬動詞，義為「以之為則」，有效法之意。遍查《老子》，書中使用「則」字，除此之外另有三十一處，皆為連接詞，無一作動詞用者。因此以傅奕本、帛書本比對而觀，此處似不當例外用作動詞。且自文意推敲，全章以是否「知我」為主旨，似不應歧出而再另立「則我」一意。故當依傅奕本、帛書本作「知我者希，則我貴矣」為是。

章句詮解

　　本章老子感歎，當世君王於己所言者既不能知，亦不能行。然觀章末「知我者希，則我貴矣，是以聖人被褐懷玉」，於君王多所期勉

以外，更見誘掖激勵之意，由此可知對於自己所主張的聖人之道，老子還是頗有信心的。底下即稍加詮釋，對關乎權力的深層問題亦就個人淺見略作討論。

何以老子會說他這一套「君王之道」原本易知易行，可是當世的君王卻無一能知能行？我認為關鍵所在可能是對於「政治權力」此一物事，在認知與執持掌握之態度上的差異。對於君王所掌握的政治權力，老子認為必須受到制約而在既定的軌範中運作。在軌範內正常運作的權力就像是和風時雨，足以遍潤萬物而使之欣欣向榮，順遂成長；但是政治權力如果由於受到君王私心私欲的驅使，因而軼脫常規正軌而暴衝狂馳，這種情況老子有一個生動而貼切的比喻：就像是「飄風驟雨」（二十三章）。飄風驟雨是狂暴的、不正常的自然力量，這種暴力型態的自然力量具有摧毀萬物的極為可怕的破壞性。同樣的，通過歷史長遠的深度觀察，老子看到軼脫常軌、不受制約的政治權力，也一定造成權力的暴力化，充滿毀滅的破壞性，足以使國家亂象橫生，使社會生靈塗炭，甚至導致亡國覆家、改朝換代的災難性後果。所以老子對君王給予嚴厲警告：「飄風不終朝，驟雨不終日」，不循軌道狂馳亂撞，只見破壞與毀滅的國家暴力絕不可能長久，就像自然界的狂風暴雨一樣，不可能終朝終日！

君權必須受到制約，只能在既定軌範中運作，這既定的軌範就是國家的法律制度。法律制度不是只給人民百姓遵守的，老子強調君王必須第一個率先遵守。君王以謹敬嚴肅的態度遵守法律制度，己心所欲行者倘若違背國家法制，則君王寧願在法制之前示弱而改弦易轍，絕不敢越法悖制而肆行妄為，對此老子即謂之「柔弱」。身為君王，絕不敢自命為聖、自居為智，絕不敢師心自用而在違背法制的情況下

妄有作為，對此老子即謂之「無為」。老子以史為鑒，希望君王能做到「柔弱」、「無為」。然而世俗君王畢竟非賢非聖，一旦在位掌權，看待法律制度，其態度往往就不是這樣。在他們深心之中，法律制度當然只是給人民百姓遵守的，卻不是用來規範君王、制約君權運作的。所以一朝大權在握，地位高高在上，不免俯視一切，於是群臣只能唯唯諾諾，至於法制，當然透過種種機巧權詐的手段而任我玩弄驅策，完全為我君王的至高權力服務。換言之，君權為主，群臣為僕，而法制不過就是奴，我心之所欲即是國家的法制律令。於是君王的權力意志輾壓一切客觀規範，這樣的君權運作，就真正到了無法無天的地步了！權力的本質，本來就是向外展現強迫的巨力，令人不得不俯首聽命，並不是自我限縮、接受制約，所以從歷史看來，願意從諫守法的君王，從來都只是少數的特例而絕非多數的常態。

　　老子要求手握大權的君王「柔弱」、「無為」，顯然這完全不是順循權力的本質，而且根本就是逆、就是反，所以老子不得不要求君王少私寡欲、修道養德，以艱苦的內在修養扭轉權力本身的暴衝慣性，只可惜，這一點實在太困難了！法制現成，君王只須柔弱無為、守法循制就可以了，這不是易知且易行嗎？何以君王竟莫能知、莫能行？因為君王也是人，人心中總有暗黑非理的部分，設非賢聖而且涵養有日，那麼這一暗黑非理的部分勢必就很容易受到誘發，而與權力本身難以馴服的暴衝慣性相雜相染！

　　另外一點，君王身居高位而掌握大權，習於發號施令而不慣於聞過納諫，欲其反過來卑身自下，如谿谷江海之能容能納，對君王而言，那也是逆向操作而絕非順勢而為，故而亦屬極其困難而大非易易。四十章說「反者，道之動；弱者，道之用」，本來位尊而高貴，

今乃欲其「反」為卑下，君王之道才能善其「動」；本來強大而掌權，今乃欲其示「弱」而屈己守法，君王之道才能起其「用」。一欲君王之禮賢下士，一欲君王之循守法制，看來似乎是易知易行，實際上對於權力的本質而言，卻是相逆相反而極為困難的挑戰。然則天下君王之「莫能知、莫能行」，或許也就不是太過意外的事了！

底下「言有宗，事有君」，「宗」與「君」在此都是要旨、重點之意。老子說：我所言者或許不少，然而自有其易簡之旨，旨要所在，就是「弱」而屈己以從法，「反」而卑身以下士。君王處事，自有本末先後，重點所在，就是第二章說的「處無為之事，行不言之教」，亦即君王循制而不違法妄為，守法而不亂下指令，如此一來政府大小官員方能不受君權干擾，可以秉公依法行政、循制辦事。然則所謂「宗」、所謂「君」者，其義仍在君王之篤守素樸、恪遵法制而已。

再來「夫唯無知，是以不我知」：正因為時君世主往往鼠目寸光，所見不及長遠；智術短淺，所慮無過子孫，對足以使國家長治久安的君王大道一無所知，毫無覺悟，所以對我所說的這一套王道君德不能了解，當然也就不能勤勉力行。大部分君王都若存若亡、似有似無，更有一些是聞之大笑，以為荒唐謬悠、迂腐可笑。

最後「知我者希，則我貴矣！是以聖人被褐懷玉」：然而正因為對於我所說的這一套君德王道，能夠用心去了解、願意踏實去踐履的君王非常稀少，所以我的論述與建議這才顯得非比尋常且特別貴重啊！因此由這一點看來，真正的聖人、真正的明君總是實誠地務修其內，而絕不虛假地塗飾其外的，就像雖然外表穿的是毫不起眼的粗褐布衣，懷裡卻揣著大塊價值連城的寶玉，只有慧識在胸、目光如炬之

人才能真正了解、真正賞識。「聖人被褐懷玉」，最好的君王必定是不營其外而努力實修其內的。《論語》、《孟子》所載，孔孟對門下弟子的教導，也有很大部分著重於內在的道德修養。老子談的集中在君王之道，孔孟所論則有相當部分著重在出仕為臣，無論為君為臣，說到底接觸的都是政治權力，政治權力有神性、魔性兩個面向：神性彰顯，則其人大公無私，可以如春風之吹呴、如時雨之普降，膏澤滋潤遍及人民百姓；若果魔性暴出，則其人必以公權謀私利，鞭策百姓，不恤死活；剝削壓榨，敲骨吸髓。掌握政治權力而欲彰顯其神性、降伏其魔性，無論為君為臣，都需要真養實修，澡雪心性，洗滌神魂，培植高尚的人格，樹立貴重的品德。只有人格崇高，道德厚重，才能真正驅除權力的魔性，成功遏阻權力所伴隨的腐化，否則即使有再多的外在制約、再嚴厲的酷刑重罰，其實都不可能真正管用。

　　何以古今所見，權力越大，腐化越甚？因為權力之魔是會呼朋引伴、嘯聚成群的，掌權者若沒有真養實修，正心誠意，謹私慎獨，當然就怪不得廟堂上小人群聚，彼此遮掩，互相照應，大夥兒說起話來儼然若聖賢，做起事來卻無恥如禽獸了！當老子充滿自信說「吾言甚易知、甚易行」的時候，老子看到的是權力神性的一面，不被「我可以盡情操控人、宰制事；我可以不聽別人的，別人卻一定要聽我的；我可以任何事都隨性任意，讓所有人都必須服從順承」這般權力孥靈所誘所惑，而展現了正大清明的理想性；可是當老子大歎「天下莫能知、莫能行」的時候，權力所顯露的卻正是魔性的那一面，因之所聞所見盡是政治現實中腐化的惡臭。現實世界逼人而來，讓老子亦不免言之無奈。我想，其深層原因而為我們所不能不痛切承認的畢竟是：要求掌權的人自發自動作真實誠懇的內在修養，使自己能顯耀權力的

神性輝光，使自己能調適上遂，而不致隨權力的魔性瘋狂起舞、墮落沉淪，這一點未居位時說來容易，一旦居高處上，大權在握，那時做起來可實在是大難特難啊！

旨趣聯繫

　　第八章、十五章、二十二章、五十八章、六十六章、六十七章。

義理參觀

　　＊道甚易知易行，而亦難知難行。所謂易知者，無道可道，無學可學，無為可為，無事可事，豈不甚易知甚易行者哉？然至道不可道，而言語皆非學不可，學而心動即偽，為無為而寂然不為者未必是，事無事而終日事事者未必非，此其所以為難，而天下莫知莫行也。蓋聖人言有宗、事有君，故言在此而義在彼，事雖是而心不同。知言之宗，則言之差殊不必問也；知事之君，則事之差殊不必疑也。夫唯人之無知，是以不我知。夫唯不我知，此我之所以為貴。使我之知不出於眾之知，則為我者亦不足貴矣！（李息齋註）

　　＊吾言甚易知，是以天下莫不知；甚易行，是以天下莫能行。甚矣人之好為苟難也！然雖莫能行，何者而不行？雖莫不知，何者而我知乎哉？何也？以吾言一出於宗，而吾行一制於君，而我無知焉故也。使吾而有知，則人亦將以吾之知而知吾矣，是以知為天下役也，非大君與宗主矣，何足貴乎？（李宏甫註）

第七十一章

知不知，上；不知知，病。（夫唯病病，是以不病）聖人不病，以其病病，是以不病。

異文討論

　　關於本章章句，王注本「不知知，病」句，河上本同；傅奕本、帛書乙本作「不知知，病矣」，帛書甲本則是「不知不知，病矣」，雖亦可以通解，然參校各本，俱不見第二個「不」字，則帛書甲本此「不」字應為衍文。另外，王注本「夫唯病病，是以不病」兩句，河上本、傅奕本皆有之，然檢查帛書甲、乙本都不見此二句。劉笑敢教授說：「景龍碑本、多種敦煌本都沒有這兩句。其文句與內容，與下文最後兩句『以其病病，是以不病』明顯重複，應作衍文刪去。」（《老子古今》本章「對勘舉要」）說法可取。

章句詮解

　　本章文義明白曉暢，無須更作譊譊，底下即略為詮釋：人君若能深刻了解自己才智有限，於政務種種必然有不知不曉者，因此樂於虛己下問，勇於周諮廣納，則必可在施政上裨補罅漏，少犯過錯。這種君王定能日有進境，成為真正的賢君明主。君王能有此認識、能持此

態度，可稱上等。君王如果不知、無知，而竟以為自己智無不周、慮無不備，驕盈傲慢，再不肯禮敬賢德、信任才能，怡聲下氣地請教高明英傑之士，這就是君王之失道了！失道者寡助，國家的弊病就會越來越多，累月經歲，很難妥善解決。這種君王恐怕就會敗德失政，日趨日下。最好的有道君王就是「聖人」，聖人為治，得道則多助，所以賢德者在位，才能者在職。講道進德，輔弼多士；拾遺補闕，諫諍有人。因而能圖難於其易，能為大於其細，能謀之於未兆，能治之於未亂，故而可以使國富民殷，可以得長治久安。聖人之「不病」，是因為能「病病」，一旦察覺弊病，馬上想方設法除弊除病。聖人深知謹小慎微，未兆而謀，未亂即治，即時發現問題，有效解決問題。政治上真有弊病，能夠迅即面對，絕不隱諱逃避，所以都能及時處理，妥善解決，不至於因蟻穴而潰堤、因星火而燎原。國事繁劇，叢脞萬端，不可能完全不出問題。然而有道之君必能發覺弊病，正視問題，又有眾多賢德才能為輔為助，這就如同有病而得醫，對症而下藥，針砭既施，病自痊癒。人何能免於生病呢？平日若善保善養，有病則良醫良藥，如此病既治好了，自然也就沒病了！

旨趣聯繫

　　四十一章、四十八章、五十八章、六十三章、六十六章、六十七章。

義理參觀

　　＊道非思慮之所及，故不可知。然方其未知，則非知無以入也。

及其既知而存知，則病矣。故知而不知者，上；不知而知者，病。既不可不知，又不可知，唯知知為病者，久而病自去矣。（蘇轍註）

＊知者逐物，故多偽；不知者返本，故近真。人能知不知為近真，知知為多偽，則為上矣。儻不知知之為偽，而徒益其知，則是以病為藥，其病有不可勝言者。惟知知之為病，是以不病。聖人所以不病者，以其知之也。（李息齋註）

＊道以知入，以不知化。知，即釋氏之知無也；不知，即釋氏之無知也。始以知無遣其有，隨以不知遣其知。萬法歸無，無亦不立，非上而何？彼於虛空之中橫生意見，清淨之內忽起山河，揑目生華，迷頭認影，則病矣！凡有知皆妄也，凡有妄皆病也。學者方狃以為玄覽，寶而持之，病奚從瘳乎？聖人之不能廢知，猶夫人也，而知不為病者，知知之為病故耳。知其為病，則勿藥而病瘳矣。「知不知，上」，所謂「生而無生，真性湛然」也。「不知知，病」，所謂「無生而生，業果宛然」也。「唯其病病，是以不病」，所謂「知幻即離，不作方便」也。（焦竑《筆乘》）

第七十二章

民不畏威，則大威至。無狎其所居，無厭其所生。夫唯不厭，是以不厭。是以聖人自知，不自見；自愛，不自貴，故去彼取此。

異文討論

本章章句，各本並無必須進一步討論與釐清的差異。

章句詮解

開頭兩句「民不畏威，則大威至」，大抵有兩種解釋：其一是：人要是不畏懼懲罰，有過失而不悔悔，則更大的罪過、更可怕的懲罰就在前頭等著他。其二是：當人民不畏刑罰，甚至不懼死亡的威嚇，決心與暴君暴政對抗時，那麼君王最可怕的夢魘就臨頭了。如果僅僅斷章（句）取義，則上述兩種詮釋俱無不可。但是假使聯繫下文，則第一種解釋對於上下文意，就似乎未能順適地相應相承。所以我認為應採第二種解釋比較妥當。況且以《老子》行文之文例而言，經常以君與民相對，而因為老子立論的對象本來就是面對君王，所以行文時常常把「君」這一邊省略而不予明言，因為老子認為這本來就是不言而可以自明的。試舉數例：

（君）不尚賢，使民不爭；（君）不貴難得之貨，使民不為盜；

（君）不見可欲，使民心不亂。（第三章）

（君）絕聖棄智，民利百倍；（君）絕仁棄義，民復孝慈。（十九章）

（君）其政悶悶，其民淳淳；（君）其政察察，其民缺缺。（五十八章）

是以（君）欲上民，必以言下之；（君）欲先民，必以身後之。（六十六章）

民不畏死，（君）奈何以死懼之（七十四章）

況且所接下文「無狎其所居，無厭（壓）其所生。夫唯不厭（壓），是以不厭」都是提醒或甚至是警告君王不可任意以壓迫、威嚇的手段，試圖使百姓因畏懼而不敢反抗。所以採取第二種解釋則上下文見其文從字順；若採取第一種解釋，則不免使這兩句顯得孤懸無援而不能順理，亦復不能成章了！故而開頭兩句意指：當人民可以把自己的身家性命都豁出去，再也不怕君王的任何壓迫、威嚇時，那麼君王自己可就面臨最大、最可怕的威脅了！「無狎其所居，無厭其所生」：「狎」在此通「狹」，「厭」在此同「壓」。老子警告君王，政府施政，絕對不可以妨害人民之安居樂業，不可以讓百姓的住處太過狹窄，使他們連個遮風蔽雨的地方都沒有；不可以壓縮百姓的生計，讓他們連養活一家老小的基本營生都幹不了。否則真正到了活不下去的地步，百姓就只好被逼著鋌而走險，起來造反、鬧革命了！

「夫唯不厭，是以不厭」：第一個「厭」字同「壓」。這兩句意為：正因為君王能以慈臨民，子愛百姓如父母，絕不壓縮、斷絕百姓的生計，所以百姓才會對君王擁護愛戴，始不厭而終不棄。「是以聖人自知，不自見；自愛，不自貴，故去彼取此。」句中「見」字同

「現」，「自見」意為凸顯自己的才幹與能力。此節意為：因此聖人自知才能、智慧都極其有限，所以謙沖自牧，禮敬賢德之英，愛重才智之雄，絕不敢自高自大，專會凸顯自己聖無不通、表現自己智無不能。聖人言行謹慎，自愛自重，深知自己地位之高貴，不過是來自上天與百姓之託付，所以取法谿谷江海之居卑處下，勇於容言納諫，絕不敢自居尊貴而驕盈傲慢。因此在兩者之間，總是去彼而取此，自我節制，自我約束，修道養德，無敢放佚。

以上雖對本章作了粗略詮釋，不過若仔細尋索前後文義，則不免稍覺「聖人自知，不自見；自愛，不自貴」一節，旨在說明聖人當謙抑卑下，不可自居聖智而驕盈傲慢、目中無人。這與上一節警告君王，對於人民不可徒恃威壓，劫脅恐嚇，蹙狹其居處，妨害其生計，在兩節文字之間用「是以」來銜接，就上下文的聯繫貫串來看，似乎未見其密絲合縫，真能一意相承。況且「是以不厭」、「是以聖人自知」，兩「是以」緊接相重，這在全書之中也僅此一例，不能不說不太尋常，而懷疑「是以聖人自知」以下幾句，恐是他章所闌入。

《老子》奧賾深邃，自古已稱難讀，今以不學淺識，竟爾類似吹毛而求其疵，大類不敬。或許這只是由於對老子之精義慧識，未能真有體貼的解會吧！

旨趣聯繫

四十九章、五十一章、五十八章、六十五章、七十四章、七十五章。

義理參觀

＊夫性自有威，高明光大赫然，物莫能加，此所謂大威也。人常患溺於眾，妄畏生死，而憚得喪。萬物之威雜然乘之，終身惴惴之不暇，雖有大威而不自知也。苟誠知之，一生死，齊得喪，坦然無所怖畏，則大威燁然見於前矣。性之大可以包絡天地，彼不知者以四肢九竅為己也，守之而不厭，是以見不出視，聞不出聽，蕞然其甚陋也，故教之曰「無狹其所居」。彼知之者，知性之大而吾生之狹也，則愀然厭之，欲脫而不得，不知有厭有慕之方囿於物也，故教之曰「無厭其所生」。夫唯聖人不狹不厭，與人同生，而與道同居，無廣狹淨穢之辨，既不厭生，而後知生之無可厭也。聖人雖自知之，而不自見；雖自愛之，而不自貴以眩人，恐人之有厭有慕也。厭慕之心未忘，則猶有畏也。畏去，而後大威至也。（蘇轍註）

＊夫欲人之畏愛者，皆內不足而外慕者也。聖人足於內，視人之喜不加益，其不畏不加損，是以皆與之無為。蓋居物之上，使人畏己者易，使人不畏己者難；使我忘人者易，使天下兼忘我者難。民不畏威，非天下兼忘我者不能也，此豈非所謂道德之威乎？聖人之遇物，隨所遇而安，故不狹其所居，不厭其所生，蓋知其所居所生者皆非其實也。我惟不自厭，故生亦莫吾厭。由其自知，而不自見其有知；由其自愛，而不自貴其有愛。使其有自見自貴之心，則狹其所居，厭其所生，有不能一日安矣！（李息齋註）

第七十三章

勇於敢則殺，勇於不敢則活。此兩者，或利或害。天之所
惡，孰知其故？（是以聖人猶難之）天之道，不爭而善
勝，不言而善應，不召而自來，繟然而善謀。天網恢恢，
疏而不失。

異文討論

關於本章章句，比較需要討論的是「是以聖人猶難之」一句。高
亨說：「『是以聖人猶難之』句，嚴遵本、六朝寫本殘卷、景龍碑、
龍興觀碑並無之。此句乃後人引六十三章以註此文者，宜據刪。」
（《老子正詁》）驗之帛書，乙本正無此句；甲本殘損，然以字數推
之，亦明顯無此句。從上下文意來看，此句在此似屬多餘，高亨謂
「乃後人引六十三章以註此文者」，應是比較合理的推斷。至於馬敘
倫說「乃六十三章錯簡複出者」（《老子校詁》），則恐不然，因為
既屬「錯簡」，則於理而言不當再「複出」。凡是校勘《老子》而執
「錯簡複出」之說者，無論在哪一章，恐怕都是不合理的錯誤認知。

章句詮解

本章藉「天」立論，謂「天之所惡，孰知其故」，謂「天之道，
不爭而善勝……」，謂「天網恢恢，疏而不失」，看來似乎有點玄深

的神祕味道，其實一點都不神祕。老子教導人君，從來都不裝神弄鬼，偶然提到天地鬼神，都只是為了說法的方便，其根柢無一不是從長遠歷史事實的觀察凝聚、鍊鑄而出，所以若能別具隻眼，能穿越時間的長流，平心而觀，便知老子所謂「道」，完全是清明的理性觀照下所示現的政治應然的、甚至是必然的定律。君王如果有足夠的智慧而能平心鑑照，便會心悅誠服而識其易知易行；凡夫俗子心愚眼鈍，不免聞之而大笑，「不笑不足以為道」。實心行道，能慈能儉，不敢為天下先，則可致長治久安；否則任你權謀機變，詭詐萬端，好話說盡而壞事做絕，心心念念只有權勢與私利，最後必然會被天下人所識破，在歷史的巨輪輾壓之下，終究會破裂粉碎而歸於灰飛煙滅的。

　　本章可分兩節，首節由「勇於敢則殺」至「孰知其故」：一般說來，國君大權在握，至尊至貴，挾其尊貴與權勢，令則行，禁則止，一呼而百應，還有什麼「不敢」的呢？然而老子卻明明白白告誡君王：「勇於敢則殺，勇於不敢則活」，這說明縱使貴為君王，也有必須遵守而切不可違背的國君之道、王者之理。這些道理能否謹敬持守，敢或不敢違背，在政治效應上，可說是成敗立分、生死立判。因而要讓他能夠遵道循理，始終不敢以大權在握而肆其橫暴、妄行妄為，這在權大勢重、似乎無所不能的君王，尤須具有過人的勇毅沉雄之氣，否則不足以抗拒來自權力陰暗面的可怕誘惑。正因為這種「勇於不敢」，最能使國家在平靜中進步，獲致長治久安，也使君王的政治生命與肉體生命得以長長久久，故曰：「勇於不敢則活」。相反的，不知為國之艱，不識治理之難，君王自命聖智，剖判仁義，勇於以一人之所欲違背國家的法制，敢於以一己之所好抵拒臣下之諫諍，這樣的「勇敢」勢必招來亡國喪身的悲慘結局，所以老子說：「勇於

敢則殺」。以君王的特殊身份，「敢」才是常態，「不敢」而真能抗拒誘惑反而是難得一見、特顯超塵絕俗的「勇」，所以說：「勇於不敢」。「此兩者或利或害」：「勇於敢」則亡國喪身，「勇於不敢」則國家長治，社會久安，其中利害於君王而言，豈不彰彰明甚？老子卻故意說成「或利或害」，這一懸宕或許正是為了讓君王能好自思量吧！

「天之所惡，孰知其故」：上天之所惡、上天之所好，短時間內似乎不太容易清楚地看出來，為惡者時時張狂，為善者往往消沮，老天真正有賞善而罰惡嗎？誰能知道其中之原委與究竟呢？所以老子這麼問。不過當我們一旦把時間拉長，則知善惡之報，分毫不爽，歷史之所以可作為君王成敗存亡的鑒戒，原因即在這裡，只是那不能或不肯從歷史經驗中擷取智慧的昏君闇主不知道罷了！所以「天之所惡，孰知其故」可視為老子之自問，「天之道」以下至「疏而不失」則是老子之自答。除了是老子之自問自答，當然也可以視為老子對君王提問，隨即向君王曉諭的一段話。

第二節由「天之道」至「疏而不失」：老子這麼認真地說「天之道」，說「天網恢恢」，實在值得深入玩味。蒼天在上，冥冥漠漠，無聲無息，不言不語，何嘗真告訴我們有什麼「道」？所以仔細思量，認真推想，「天道」即從「人道」表現，而就老子論述的宗旨看來，「天道」即從「君道」表現。此道或許並不是一時半刻就可以驗證，然而既已說之為「道」，它就表幟了是一條可行甚至必行的道路，昭昭然呈現出一套不可違背的規律。君王能遵循這一套規律，就是可使國家得到良善治理的好國君；反之，對這一套規律嗤之以鼻，不信不行，甚至悍然故反其道，那麼就不免把國家搞得天翻地覆，把

百姓弄到水深火熱，這樣的君王在史冊春秋之筆上，就會留下昏君甚至暴君的污名。所以這裡所謂「道」，所謂「天之道」，可以說就是闇然而日彰的「君王之道」。它是「不爭而善勝」，不競不爭，沖淡謙讓，美名推予臣下，大利歸於萬民，雖居高但肯自卑，雖位尊但能自下，如此「不爭」，又豈能不「善勝」？試看以下各章，即知老子對君王之叮嚀反覆，而足以作為本句的印證：

「上善若水，水善利萬物而不爭，處眾人之所惡，故幾於道。居善地，心善淵，與善仁……夫唯不爭，故無尤」。（第八章）

「不自見，故明；不自是，故彰；不自伐，故有功；不自矜，故長。夫唯不爭，故天下莫能與之爭」。（二十二章）

「江海所以能為百谷王者，以其善下之，故能為百谷王。是以欲上民，必以言下之；欲先民，必以身後之。……以其不爭，故天下莫能與之爭」。（六十六章）

「善用人者為之下，是謂不爭之德，是謂用人之力，是謂配天，古之極」。（六十八章）

「既以為人，己愈有；既以與人，己愈多。天之道，利而不害；聖人之道，為而不爭」。（八十一章）

它「不言而善應，不召而自來」：上天冥漠無語，雖然冥漠不語，卻始終與君王的所作所為密切呼應，善則應之以善，惡則應之以惡，即使有時還覺得冥昧中只見波瀾動盪翻覆，但是一旦把眼光放在滔滔滾滾的歷史長河中，自見森嚴的規律，長遠看過去，此一規律分毫不爽。所以說：上天即使不言不語，然而善於與君王的作為相呼應；即使不宣不召，但是循道則國家治平，悖道則社會擾亂，治之與亂，老天是按照君王的所作所為而讓結果自己到來的。它「繟然而善

謀」：「繟然」本是形容衣帶之寬鬆，在此指寬緩而綽有餘裕。上天似乎什麼事都不幹，什麼人也不管，看似安閒從容，寬緩不迫，但是一切事態的進程與變化，從最後的結果追溯最初的原因，看來卻又按部就班，該怎樣就必然會這樣，好像謀畫素定，老早就已經安排好了似的。章末「天網恢恢，疏而不失」：這是老子最後的總結，也是經過一系列推闡之後的終極論斷。「恢恢」是寬廣貌，老天這一張網，近看那網目似乎寬廣疏闊，吞舟可漏，可是當我們把時間拉長，把距離拉遠，長長遠遠地看過去，那網目可就真正變成細細密密了，什麼都逃不過，什麼都躲不了，說它寬疏，其實從無遺漏爽失，這張網對於無道之君是不會有漏網之魚的！

　　「天道無親，常與善人」（七十九章），老子說這話並不含任何宗教意味，更不是偏執的迷信，而是通過歷史縱深觀察所得的定律，既是政治領域的定律，也是世間為人的定律。本章談論「天之道」，我們也當作如是觀。

旨趣聯繫

　　十五章、二十二章、六十六章、六十七章、七十九章、八十一章。

義理參觀

　　＊勇於敢則死，勇於不敢則生，此物理之常也。然而敢者或以得生，不敢者或以得死，世遂僥倖其或然而忽其常理。夫天道之遠，其有一或然者，孰知其好惡之所從來哉？故雖聖人猶以常為正，其於勇

敢未嘗不難之。列子曰：「迎天意，揣利害，不如其已。」患天道之難知，是以歷陳之。不與物爭於一時，要於終勝之而已。天何言哉，四時行焉，百物生焉，未有求而不應者也。神之格思，不可度思，矧可射思。夫誰召之哉？繟然舒緩若無所營，而其謀度非人之所能及也。世以耳目觀天，見其一曲而不睹其大全，有以善而得禍、惡而得福者，未有不疑天網之疏而多失也。惟能要其終始而盡其變化，然後知其恢恢廣大，雖疏而不失也。（蘇轍註）

＊敢為惡之人，乃天所惡，然天之所惡深昧難測，何以知其果為天所惡之人乎？其人雖可殺，聖人猶有難之之意，而不敢輕易殺之也。聖人不輕易殺之，則為惡者皆得漏網，而天網不漏也。天之於惡人，非如人之以力與爭，而天定自能勝人；非如人之以口與言，而其應如響應聲，其報應之速，不待召之而自來。至惡有惡報，雖用智計，不可逃免。天雖無心，坦然平易，而巧於報應，有非人謀之所能及。此天網恢恢廣大，似若疏而不密，然未嘗失一惡人，無得漏網者，聖人雖不殺之，而天自殺之也。（吳澄註）

第七十四章

民不畏死，奈何以死懼之？若使民常畏死，而為奇者，吾得執而殺之，孰敢？常有司殺者殺，夫代司殺者殺，是謂代大匠斲。夫代大匠斲者，希有不傷其手矣！

異文討論

　　本章章句，除帛書兩本之外，其他各本出入不大。帛書之異於各本者，主要在「則恆有司殺者」句上多了「若民恆且必畏死」一句。高明說：「『不畏死』與『畏死』之『畏』字，皆可訓『懼』，即所謂不懼怕死和懼怕死。民『不畏死』，指官府刑罰酷苛而民不聊生，因生不若死，所以死而不懼，故曰『奈何以殺懼之』。民『畏死』，指教民以道，安居樂生，倘有詭異亂群者，以法執而殺之，故謂『夫孰敢矣』。但是，『必畏死』之『畏』字與前兩個『畏』字意義不同，乃謂犯罪當死之義。如《禮記·檀弓》：『死而不弔者三：畏、厭、溺。』杜佑《通典》卷八十三自注引王肅說：『犯法獄死謂之畏』，即本文『必畏死』『畏』字本義。『若民恆且必畏死，則恆有司殺者』，謂民有犯罪以律必死者，則常由有司治之。甲、乙本經文『不畏死』、『畏死』與『必畏死』三層意義條理分明，足證《老子》原本當如帛書有『必畏死』一句，世傳今本將此句脫漏，使上下經文脫節，晦澀難解，顯必有誤，均當據帛書甲、乙本補正。」

（《帛書老子校注》）

高明的說法，現代學者劉笑敢《老子古今》、李水海《帛書老子校箋譯評》等皆從之，然而黃釗卻說：「此段之前，帛書甲、乙本並有『若民恆且必畏死』句，考河、王、傅及其他諸今本，均無此句。疑傳抄致誤，當從今本，刪去此句。」（《帛書老子校注析》）我認為黃釗的看法比較可從，理由有兩點：

第一：帛書「若民恆且不畏死」、「若民恆且畏死」、「若民恆且必畏死」，這三句的句式結構基本上是一樣的，不同之處只是在「畏」上面加或不加副詞（不、必）而已。然則有什麼理由前兩個「畏」字解釋為「畏懼」，第三個「畏」字便要解釋為《禮記‧檀弓》因「犯法獄死」故「死而不弔」之「畏」呢？這不是太過牽強了嗎？

第二：除帛書之外，所有版本包括傅奕古本、敦煌抄本、唐代碑本等等，無一有「若民恆且必畏死」之句，豈有僅存帛書為是，而所有其他諸本俱非之理？難道其他眾本皆一無所據而不可從嗎？若照《禮記》「畏」義解之，「若民恆且必畏死，則恆有司殺者」，文字實是窒礙難通，何以本章非從文字不通的帛書不可？我一向認為帛書在校勘上可作一定程度的參考，但把帛書視為權威版本而一唯帛書是從，則大可不必。老實說，若原先沒有通行各本而只有帛書本，這樣的《帛書老子》真能文從字順地讀得下去嗎？與通行本對照，帛書之異文大部分是音同、音近，而其字義卻相去懸隔而不可曉解，這種型態的異文之大量出現，我認為極可能是「聽寫」而非「抄寫」的失誤。「抄寫」是持原本對照，失誤可能性不大；「聽寫」則是一人持原本誦讀，很多人邊聽讀、邊書寫，誦讀者已可能讀錯，書寫者更可

能不顧上下文義，而只把音同、音近的字亂寫，遂造成今日我們所見帛書兩本異文滋多的面貌。為什麼不用「抄寫」而偏要用失誤較多的「聽寫」？我的推測是因為當時富貴人家墓葬對《老子》的需求量太大了！

以上所說雖屬推測，但是應該接近真實情況。由此而來的結論只有一個：帛書甲本、乙本絕非《老子》版本的善本，更談不上權威版本。

章句詮解

本章最重要的意義所在是：老子認為君王不可干預司法，必須尊重執法部門根據國家法制判決來作為刑殺的依據，而不可「代司殺者殺」，也就是即使貴為君王，亦不可任一己之私心代替公法，恣意刑殺。從古到今，有不少注解者把本章的「司殺者」解釋為「天道」（如河上公、陳鼓應等），若順著此一思路下去，則「天道」（猶言上帝）可以處理一切事情，可以解決一切問題，還要政府何用？如此不至於萬事放任不管的「無政府主義」不可，這是絕對與老子著書五千言的核心關懷完全相背的！

以下即分兩節略作詮釋。

首節由「民不畏死」至「孰敢」：「民不畏死，奈何以死懼之」：任何正常人都不可能不怕死，但是當政府逼得人民生無可歡時，人民可就死無所懼了。故而老子警告國君：如果在暴政逼迫下實在活不下去，這時人民就根本連死都不怕了，非起來造反、鬧革命不可。所以君王為什麼要靠峻法嚴刑、以死以殺來威嚇百姓，好讓百姓

畏懼呢？這樣做說到底是沒有用的！「若使民常畏死，而為奇者，吾得執而殺之，孰敢」：「為奇」指為惡犯罪，在此特別指反抗統治而與政府作對。這幾句承接上文文意，老子說：如果人民就只是單純怕死，而那些造反作亂、敢於反抗政府的人，君王一定能全部都抓起來殺個乾乾淨淨，一個也逃不掉，那麼還有誰敢犯法作亂？老子的意思是：由於暴政、虐政所引起的「官逼民反」，君王光靠刑殺絕不足以止亂，因為在這種情況之下，人民必然前仆後繼，再怎麼殺也殺不完的！

第二節由「常有司殺者殺」至章末「希有不傷其手矣」：自古及今，有很多注解家、詮釋者望文生義，誤解老子「柔弱」、「無為」之旨，以為老子主張出世離俗，故謂「柔弱」是為人柔和退讓，不與人較是非、爭曲直；謂「無為」是遇事無所作為，一切隨順自然，不謀不求。不知老子所謂「道」是君王之道，是「君人南面之術」。老子認為在王者之道、國君之術中最為重要的是君王的權力必須在國家法制的規範之下運使，絕不可任意違法悖制，而使自己掌握的權力像一頭不受駕馭、暴衝亂闖的猛獸。所以「柔弱」是君王必須在國家法制之前示弱退卻，而「無為」是君王不可在國家法制之外妄行妄為。「柔弱」、「無為」真正體現的是君王對於國家法律、制度的高度尊重而不敢任意踰越。

在這樣的理解下，與其把「常有司殺者殺」句中的「司殺者」解釋為「天道」，倒不如解釋為「國家的司法部門」。因為「司殺者」如果真是「天道」，政府的職能就不免大大削弱，甚至等於完全放棄；但是「司殺者」若是指國家司法部門，那麼本章所展現的政治意義就非比尋常，因為那就意指君權對司法權的尊重。「柔弱」、「無

為」是君權（代表行政權）對法律、制度（代表立法權）的尊重；君王不可「代司殺者殺」，是君權、行政權對司法權的尊重，然則老子的政治思想已不期然而然地打響了人類歷史上行政、立法、司法「三權分立」的先聲，這比法國的啟蒙思想家孟德斯鳩（1689-1755）要早上兩千年以上。我覺得這樣的提法並不是特意去穿鑿附會，說西方人有什麼重要思想，中國人一定老早就有。老子並沒有強調行政、立法、司法三權必須分立的明確主張，他思考的只是君權的行使要如何才比較合理，比較不會產生弊端。如果君權獨大，行政權沒有適當的監督與制衡，一旦國家不幸而碰上昏君、暴君，君權就形同橫衝直撞的怪獸，那能不傷人無數呢？可惜的是，由於時代限制，老子只能提示理念，並沒有明確指出有效而具強制性的可行辦法，因此兩千多年來也從未能真正打開我國歷史上治亂循環的政治死結。

依此理解，則第二節即可說為：國家有常設的司法部門（如後世秋官、刑部等等），百姓犯法觸刑，即使罪大不赦，自有司法部門依法審理、依律執行，君王絕不可不依法制而光憑一己之好惡，代替司法部門執行刑殺之職，否則就如同代替大匠去斲木削材。那不具備專門技術、從未拿過快斧利鋸，而又敢於代替大匠斲木削材的人，是很難避免傷到自己的手的！老子的意思就是警告君王，說君王如果橫暴不法，專以好惡肆行殺戮，這不但不能有效嚇阻，最後還一定會激起人民更強烈的反抗，終至遭到推翻而嚐到亡國喪身的苦果的！到這個地步又豈僅僅是「傷其手」而已！

旨趣聯繫

十七章、二十三章、四十九章、五十八章、六十七章、七十二章。

義理參觀

＊政煩刑重，民無所措手足，則常不畏死，雖以死懼之，無益也。民安於政，常樂生畏死，然後執其詭異亂群者而殺之，孰敢不服哉？司殺者，天也。方世之治，而有詭異亂群之人恣行於其間，則天之所棄也，而吾殺之，則是天殺之而非我也。非天之所殺，而吾自殺之，是代司殺者殺也。代大匠斲，則傷其手矣；代司殺者殺，則及其身矣！（蘇轍註）

＊此言世之刑法不足恃以為治也。民不畏死，吾奈何以死懼之？使民果畏死，有為奇者執而殺之，則殺一人足以為治矣。然愈殺而愈不可禁，則刑之不足恃也。秦人用法嚴，其網密，而姦宄不勝；漢用法疏，網漏吞舟之魚，而天下歸於漢，此亦足以見矣。天道福善禍淫，是有司殺者於冥冥之中，不可逃也。若必代司殺者殺，如代大匠斲，未有不傷手者也。（李息齋註）

第七十五章

民之飢，以其上食稅之多，是以飢。民之難治，以其上之有為，是以難治。民之輕死，以其上求生之厚，是以輕死。夫唯無以生為者，是賢於貴生。

異文討論

本章章句，各本間略有一些小出入，遇有必要，則於每一節詮解時加以說明。

章句詮解

本章可分兩節。第一節由「民之飢」至「是以輕死」：首先，「民之飢，以其上食稅之多，是以飢」：「飢」字王注本作「饑」，其他河上本、傅奕本、帛書本等各本皆作「飢」。饑饉、饑荒字作「饑」，飢餓則用「飢」，此處衡其文意，當以作「飢」為是。「其上食稅」，王本、河本、傅本等各本皆如此，唯帛書本作「其取食稅」，字句雖異，所表達的文意實無不同，李水海教授《帛書老子校箋譯評》於此有詳細辨析，可資參考。老子勇於替輾轉溝壑中的可憐百姓講話，他指出：人民之所以飢餓乏食，是因為居於上位的統治者橫徵暴斂，重稅壓榨，層層盤剝，錢糧上繳之後，一家老小就只好經常挨餓了。

　　「民之難治，以其上之有為，是以難治」：「有為」與「無為」相對，「無為」是指君王謹守法制，不敢踰越國家法制而肆行妄為；「有為」則恰恰相反，君王不守法律、不循制度，為了遂行一己私欲，不惜違法悖制而胡作非為。在上位者既已如此，人民就不免有樣學樣，犯法觸網者必多，即使有屬禁嚴刑也全不管用，當然就很難平平穩穩地治理了。「民之難治」各本皆同，唯有帛書本作「百姓之不治」，有學者就針對「難治」、「不治」之間極力辨析，以為兩者涵義大不相同，我倒是認為並沒有值得一提的相異之處。「民之輕死，以其上求生之厚，是以輕死」：「以其上求生之厚」句，王注本、河上本、帛書本等諸多版本皆無「上」字，唯傅奕本作「以其上求生之厚也」。嚴靈峰先生說：「『上』字原闕，傅奕本、杜道堅本俱有『上』字，王注云『言民之所以僻，治之所以亂，皆由上，不由下也。民從上也。』依注並上二例，當有此一『上』字；因據傅本並注文補正。」（《老子達解》）我認為嚴說可從，理由有三，其一：本章「民之飢，以其上食稅之多，是以飢；民之難治，以其上之有為，是以難治」，這兩小節都是以「民」與「其上」相對，則下一節亦沿用此一文例是順理成章的。這一點嚴先生已予點出。其二：此節若無「上」字，則文為「民之輕死，以其求生之厚，是以輕死」，人民因為「求生之厚」，反倒造成他們「輕死」的後果，以因果而論，實在只能說甚為牽強。但若是由於在上位者「求生之厚」，窮奢極欲，遂對百姓苛捐重稅，大肆剝削，逼得百姓不顧生死，鋌而走險，這樣說人民之「輕死」就很合理了，歷史上這種例子不是很多嗎？其三：若此句無「上」字，則章末兩句「夫唯無以生為者，是賢於貴生」，便成為告誡人民「無以生為」的話，與本章前面的「民之飢，以其上食

稅之多，是以飢；民之難治，以其上之有為，是以難治」完全聯繫不起來，就文理之順適與義理之浹洽而言，都是無可理喻的明顯錯誤。由以上三端，可知此句當有「上」字。所以這幾句的意思是：人民之所以不顧身家、不惜性命，敢於造反作亂，與政府對抗，那都是因為在上位者只顧窮奢極侈，揮霍無度，於是對百姓橫徵暴斂，讓百姓到了「生無可歡，死無可懼」的地步，既然活不下去，人民就「輕死」而再也不怕峻法嚴刑的死亡威脅了！

最後一節只有兩句話，也可以說是本章的結論：「夫唯無以生為者，是賢於貴生」：《老子》五千言，陳說立論的對象就是君王，君王養尊處優，極富極貴，有最優越的條件厚其生、養其身，而多數君王也總是藉其富貴窮奢極欲，厚待自己。因之老子常常以嗇（五十九章）以儉（六十七章）勸勉君王，要君王少私寡欲（十九章），與此旨趣相同者還有：「甚愛必大費，多藏必厚亡，知足不辱，知止不殆」（四十四章），「禍莫大於不知足，咎莫大於欲得」（四十六章），「聖人欲不欲，不貴難得之貨」（六十四章），「朝甚除，田甚蕪，倉甚虛，服文綵，帶利劍，厭飲食，財貨有餘，是謂盜夸。非道也哉」（五十三章），甚至還近乎危言聳聽地說：「益生曰祥」（五十五章），說：「人之生，動之死地，亦十有三。夫何故？以其生生之厚」（五十章）。君王一味厚生、益生而超過正常程度，反而會給自己召來戕生害命的災殃；欲生其生，徒務其厚而踰越常度，反而會讓自己走向死地。這正是本章章末「夫唯無以生為者，是賢於貴生」之義：君王欲貴其生、厚其生，心力都放在這上面，卻把治國理民的大事丟在一邊，這怎麼可以呢？倒不如以平常心看待，對於養生一事順其自然，適可而止，這比過度貴生、厚生要勝過多多呢！

旨趣聯繫

四十四章、四十六章、五十章、五十三章、五十五章、七十四章。

義理參觀

＊一夫之耕足以食數口，則奚至於飢哉？而至於飢者，非以其上食稅之多故飢邪？織而衣，耕而食，是謂同德，奚難治哉？而至於難治者，非以其上之有為故難治邪？甘其食，美其服，安其俗，樂其居，則奚至於輕死哉？而至於輕死者，非以其生生之厚故輕死邪？是以聖人無事而民自富，無欲而民自樸，則至於食稅之多而飢，無有也；無為而民自化，好靜而民自正，則至於有為而難治，無有也；自富自樸，自化自正，而不飢以難治，則至於生生之厚而輕死，無有也。蓋所以生生之厚而至於輕死者，以其踶跂好知，爭歸於利而不可止故也。夫唯生生之厚，遂至於輕死，則無以生為者賢於貴生可知矣。是故聖人不自見以外其身，不自貴以遺其生，知其無以生為而已矣！（呂吉甫註）

＊上多取則下貧，上有為則下亂，必然之理也。我欲厚其生，則不顧人之生，我厚而彼薄，彼安得不輕死？聖人之於生蓋不得已，彼視其生，若無以生為也，豈肯厚吾之生而奪人之生哉？是之謂「賢於貴生」。（李息齋註）

第七十六章

人之生也柔弱，其死也堅強；萬物草木之生也柔脆，其死也枯槁。故堅強者，死之徒；柔弱者，生之徒。是以兵強則不勝，木強則兵。強大處下，柔弱處上。

異文討論

　　本章章句，各本之間出入不多，必須談一談的只有「木強則兵」一句。王弼本「木強則兵」，於義難通；傅奕本、河上本作「木強則共」，高明認為「共」假借為「烘」，意指木強則為伐木者樵採而燎之於火灶（《帛書老子校注》），其說實亦迂曲牽強。俞樾云：「案『木強則兵』於義難通。河上本作『木強則共』，更無義矣。《老子》原文作『木強則折』，因『折』字闕壞，止存右旁之斤，又涉上句『兵強則不勝』而誤為『兵』耳。『共』字則又『兵』字之誤也。《列子・黃帝篇》引老聃曰：『兵強則滅，木強則折』，即此章之文，可據以訂正。」（《諸子平議》之《老子平議》）俞曲園此說論證平實合理，後人接受者較多。

章句詮解

　　本章可分兩節，第一節由「人之生也柔弱」至「柔弱者生之徒」：首節老子想要說明「堅強者，死之徒；柔弱者，生之徒」，所

以舉出他所觀察到且為人所皆知的屬於自然界的兩件事例作為譬喻說理之助，一件是「人之生也柔弱，其死也堅強」，另一件是「萬物草木之生也柔脆，其死也枯槁」。

　　我要特別指出來的是：以上這兩件事如果作為譬喻以助其說理，那麼它也許可以算是成功的。但是如果要進一步以此作為論述的證據，以證明「堅強者死之徒，柔弱者生之徒」這個說法具有普遍性與必然性，證明此說百分之百正確，我認為並不成功，而且永遠不可能成功、絕對不可能成功。為什麼呢？因為那是兩個不同領域內的事，不可以拿來藉此證彼。「堅強者死之徒，柔弱者生之徒」，老子說的是「價值領域」內的事，也就是「應然領域」內的事；而人之生死、萬物草木之生死，那是自然領域內的事。「價值領域」與「自然領域」屬性不同，並不能彼此互證。當老子說「堅強者死之徒，柔弱者生之徒」，這是對君王的指引，意指君王應該「柔弱」而不可「堅強」，因為柔弱得生，而堅強必死。「堅強」老子或說為「剛強」，指的是君王居高處上，恃權怙勢，為了伸張一己的主張，為了滿足一己的欲望，不守國家法制，不聽諫諍勸阻，強悍狠愎，肆行妄為，不管任何後果都堅持到底。「柔弱」則相反，君王願意在國家法制之前示弱退讓，願意在大臣勸諫之下易轍改弦，捨棄自己私心之所願所欲，屈己去私而俯就公法、順從公意。老子三番兩次強調君王應「專氣致柔」（第十章），強調「柔弱勝剛強」（三十六章）、「弱之勝強」（七十八章），是因為老子認為君王願意在國家法制之前示弱退讓、捨私就公，一定比強悍狠愎、不惜違法悖制而肆行妄為要勝過多多。至於「人之生也柔弱，其死也堅強；萬物草木之生也柔脆，其死也枯槁」，這是屬於自然世界的生命現象，是具有必然性與普遍性的

自然界之客觀規律，無關乎人心之意願究竟如何，人心之所願所欲並不能改變自然世界中生命的生死變化。但是君王在「柔弱」與「堅強」（剛強）之間卻一定可以作出某一種價值方向的選擇：「柔弱」比較好，屬於正向價值；「堅強」比較不好，屬於負向價值。「價值領域」內的事是人能依自己的意願作選擇的，「自然領域」內的事則是人完全不能以自己的意願作選擇的，兩者屬性不同，層次各異。

若僅僅是文學性的藉譬喻、類比以說理，好讓別人更容易明白你的主觀性看法，那麼你無妨藉此（自然）喻彼（價值），不過，明白雖較明白，仍然不足以證明你的主張之正確而具有必然性與普遍性。若是嚴格的演繹論證，則要求邏輯的絕對合理，那麼看起來似乎類似的自然現象，永遠不可能真正證明價值方向的選擇是否正確。

人的心靈是如此奇妙，無論自然現象所呈現出來的是何種面貌，人心永遠都可以只憑主觀想像而作出自己的認定。所以無論老子再苦口婆心，舉出多少種自然現象為例，如水之柔弱、谿谷江海之卑下，也不見得能說服所有的國君願意柔弱卑下。因為價值領域內的事永遠是主觀性的選擇，不是任何客觀性的自然現象可以類比而真正說服的，是以願意相信的就相信，而不肯相信的任你舌燦蓮花也沒辦法讓他相信。其實不僅老子所說如此，孔子所說亦如此，所有先秦諸子，孟子、荀子、韓非子等等，甚至絕大部分中國古代思想家所說皆是如此。

總之，所有思想家舉任何自然現象為例，皆不足以證明他在價值領域內的主張為必然正確，包括談人性善惡、談道德修養、談國家治理等等都是一樣。很多現代學者不能認識到這一點，仍然認為老子的思想、主張涵蓋了人文世界（價值領域、應然領域）與自然世界（實

然領域、必然領域），認為老子所謂「道」是宇宙中、天地間一切現象（包括人文領域與自然世界）的總根源、總原理（劉笑敢教授《老子古今》即持此說），我必須誠懇地、認真地指出來，這種看法是錯誤的！老子和絕大多數的古代中國思想家一樣，他們想要處理的問題仍然只限於主觀的價值領域中人性、修養、政治等方面（其論述在客觀知識這一部分隱而不顯，僅涵攝於代代傳承的經驗之中。他們並非真正的、有意的排除知識，因為沒有知識是不可能解決問題的），只不過老子更集中在政治而完全針對君王來論述而已。

　　以上這個問題歷來誤解叢生，而且似乎已經積以往之非而成今日之是，所以不嫌辭費力為辨正。然則此節老子之意即可通釋如下：人活著的時候，尤其是剛剛生下來還在嬰兒狀態、最能顯現生命力的時候，軀體總是比較柔軟、比較柔弱的；而在死亡的狀態下，軀體就變得強直僵硬。同樣的，其他萬物草木亦是如此，活著的時候動物則軀體柔軟，草木則枝葉脆弱；等到既已死亡，動物軀體變成堅硬，草木枝葉變成枯槁。由此可知，君王之治國理政，強硬僵固、剛愎堅悍，會使國家社會走向混亂敗壞甚至破滅覆亡的可怕後果；若是君王願意適時柔軟示弱，拋棄私欲而屈就公法，這反而是足以養護國家生機，使國家能維持生存、繼續發展的良善表現。

　　第二節由「是以兵強則不勝」至「柔弱處上」：如前所論，老子所謂「柔弱」與「堅強」（剛強）都不是通常所用的意義，這裡的「兵強」也不應以一般的意義來理解，否則兵力強大怎麼會打不了勝仗呢？「兵強」在此意指君王毫無正當名義，只是憑藉強大軍力欺凌他國，意圖奪人土地城郭、取人子女玉帛，也就是赤裸裸地藉武力侵略，遂行擴張，完全是無理可說的「不義之戰」，這種不義之戰當然

會激起強烈的反抗，同時招來他國的干涉，即使軍力再強大，最後打敗仗的可能性就大大增加了，故謂「兵強則不勝」。至於「木強則折」，其義近似莊子所謂「山木自寇」，樹木高大強壯，其材堪用，就會招來砍伐，斧削之而斤折之，故謂「木強則折」。

章末最後兩句近似結論：「強大處下，柔弱處上」：「處」是「居」的意思，以樹木而言，根幹堅固強大，而枝葉比較柔軟細弱，所以樹根樹幹總是居於低處、下位，樹枝樹葉總是居於高處、上位。老子藉此說明，君王高居百官萬民之上，所以應該「柔弱」；至於奇才異能之士，對於這些能力強大、才幹卓絕的人，政府就應該以能處職、量才任用，讓他們在君王之下接受君王的領導與指揮。

其實我們應該認識到：以客觀世界的萬物而言，強大者未必處下，柔弱者亦未必處上，此一現象是根本沒有普遍性且完全沒有必然性的，所以老子所謂「強大處下，柔弱處上」當然是就「價值領域」、「應然方向」立言，針對身居上位的君王，要求君王應該以「柔弱」自處，而且時時以「柔弱」（意即在國家法制之前退讓示弱）來自我砥礪罷了！

旨趣聯繫

第十章、二十八章、四十章、四十三章、五十五章、七十八章。

義理參觀

＊沖氣在焉，則體無堅強之病；至理在焉，則事無堅強之累。兵以義勝者，非強也，強而不義，其敗必速。木自拱把以上，必伐矣。

物之常理，精者在上，粗者在下，其精必柔弱，其粗必強大。（蘇轍註）

＊此章汎言柔弱之必生，剛強之必死。柔弱雖非所以為道，而近於無為；剛強雖不離於道，而涉於有為。無為則去道不遠，有為則吉凶悔吝隨之，益遠於道矣。（李息齋註）

第七十七章

天之道，其猶張弓與？高者抑之，下者舉之；有餘者損之，不足者補之。天之道，損有餘而補不足；人之道則不然，損不足以奉有餘。孰能有餘以奉天下？唯有道者。是以聖人為而不恃，功成而不處，其不欲見賢。

異文討論

　　本章章句，各本之間雖有些許出入，然不足以影響義理之詮釋，可不置論。

章句詮解

　　本章大致可分三節，首節由「天之道」至「不足者補之」：王注本「其猶張弓與」，河上本作「其猶張弓乎」，傅奕本作「其猶張弓者歟」，三者皆近於無所知或至少不確定的猜測語氣。帛書乙本（甲本闕損）作「猶張弓也」，則是肯定語氣。二者語氣或有不同，表意則近乎一致。我認為如作猜測語氣，則尚存一點溫婉的忖度意味，較能表達人對上天由於仰望的距離感而產生的崇敬之忱，這可能較接近老子的原意。「天之道」、「天道」究竟是什麼？究竟何在，又如何表現？這是一個自古以來即不斷浮現的問題。人窮則呼天，當窮迫困窘至於已極，茫茫人間無可告無可訴之際，只能呼天而告之，這時的

「呼天而告」，情感上常是不免怨懟的：「我言行良善，我操持誠正，老天為什麼讓我淪落到這樣的地步呢？」老天當然不會回應，也不予理會。所以「天道」如何，這事還真的很難說。老子所說的「天之道」，不會是上天真正向人們說的「我的道就是什麼」，否則那個天就比較像宗教中的上帝；這個「道」應該也不是專就一時半刻、一人一事去看的，而是透過長久積累的歷史事實去觀察、去歸納，所提煉出來的政治必須走的方向或必須遵守的規律。此一走向或規律，短時間專就個別的人與事來看或許並不明顯，但是當時間拉到足夠長久，人與事的變化與發展就顯現出一定的方向與明確的規律，老子所說的「天之道」即屬此一型態。然則首節即可如此詮釋：相應於君王與政治上的應有作為，天道就好像是張弓射箭吧！射箭之時張開弓以箭頭瞄準鵠的，太高了就要壓下來一些，太低了就要往上再舉高些，總要調整到不偏不倚、不高不低，這樣一箭射出才能正中鵠的。張弓射箭必須不偏不倚、不多不少，其他事情也是一樣，所以過多而有餘的，老天就予以減損；太少而顯得不足的，老天就予以增補。

　　第二節由「天之道，損有餘而補不足」至「損不足以奉有餘」：本節承上節之意，而以「天之道」與「人之道」相互對照。天之道要求不偏不倚、至中至正，有餘則減損之，不足則增補之。人之道卻不然，反過來還「損不足以奉有餘」。這裡的「人之道」應指世俗君王昏庸暴虐者之所行所為，治下百姓已經衣食艱窘，不足以仰事俯畜了，君王不但不能悲憫而加以憐恤，還照樣橫徵暴斂，極力搜刮以奢侈自奉。這怎麼可以呢？這樣的君王如何能上體天心以履踐天道呢？

　　第三節由「孰能有餘以奉天下」至章末「其不欲見賢」：這一節我們首先應當注意到「奉天下」三個字，由「奉天下」之文，我們即

知道這只能是對治理天下、面對百姓的君王所說的話，絕不是對普普通通的一般人，而由下文之「有道者」、「聖人」更足以印證此一看法。君王居高處上，既富且貴，才智足以知人，舉措足以濟世，真可以說是「有餘」者了，「有餘」而不能持之以「補不足」，持之以「奉天下」，則天道必予以削除減損。然而誰能做到以己之「有餘」而「奉天下」以補其不足呢？只有「有道者」，只有體道行道的君王。君王而能「有道」就是「聖人」，聖人施政，一定謹守法制，凡有作為絕不師心自用，絕不仗恃己能而無忌無憚、妄作妄為；功成業就而絕不居其功，總是推功讓名給百官臣下，使文武幹部能順利展現其才幹與能力。有道的君王是絕不會只想要顯揚自己過人的能耐的！

　　本章雖說天道是「高者抑之，下者舉之；有餘者損之，不足者補之」，說天道是「損有餘而補不足」，初看似乎「有餘者」、「不足者」兩邊平行並列，但是從章末「聖人為而不恃，功成而不處，其不欲見賢」仔細思量，則知老子真正的著眼點仍在「高者」、「有餘者」，確然係針對君王立說，欲君王雖賢雖能而「不欲見賢」，不可自恃其能而搶著表曝自己的能力，應該謙抑自損、推功辭名給文武百官而「不欲見賢」。

旨趣聯繫

　　第十章、二十二章、三十四章、三十九章、四十一章、六十七章。

義理參觀

＊張弓上筋，弛弓上角，故以況天之抑高舉下。天無私故均，人
多私故不均。有道者贍足萬物而不辭，既以為人己愈有，既以予人己
愈多，非有道者，無以堪此。為而恃，成而處，則賢現於世，賢現於
世，則是以有餘自奉也。（蘇轍註）

＊此言天道之妙，以明聖人法天以制用也。弓之為物，木殺高而
有餘，弰下而不足，乃弛而不用也；及張而用之，則抑高舉下，損弰
有餘之力，以補弰之不足，上下均停，然後巧於中的。否則，由基、
逢蒙無所施其巧矣。天之道亦猶是也，以其但施而不受，皆損一氣之
有餘，以補萬物之不足，均調適可，故各遂其生。人道但受而不施，
故人主以天下奉一己，皆損百姓之不足，以補一人之有餘。衰寡益
多，故民不堪其命。誰能損有餘以奉天下哉？唯有道者達性分之至
足，一身之外皆餘物也，故堯舜有天下而不與，即以所養而養民，乃
能以有餘奉不足也。是以聖人與道為一、與天為徒，故法天制用，雖
為而不恃其能，雖成而不居其功，此損之至也。損己至，故天下樂推
而不厭。雖不欲見賢，不可得也。「其不欲見賢」一句，謂我心本不
欲見賢，而人自以我為賢矣。此益也，由損而至。故「唯天為大，唯
堯則之」，此之謂也。（釋德清解）

第七十八章

天下莫柔弱於水，而攻堅強者莫之能勝，其無以易之。弱之勝強，柔之勝剛，天下莫不知，莫能行。是以聖人云：「受國之垢，是謂社稷主；受國不祥，是為天下王。」正言若反。

異文討論

本章章句各本之間無大出入，可不討論。「柔之勝剛」句，帛書乙本作「水之勝剛也」（甲本殘損），「水」明顯為「柔」字之誤，其他各本皆作「柔」。

章句詮解

本章可分兩節，由「天下莫柔弱於水」至「莫能行」是第一節：老子在這裡又提到水的「柔弱」，說「天下莫柔弱於水，而攻堅強者莫之能勝」。我們要了解：水之「柔弱」是一種自然現象，水之「攻堅強」的力量為其他諸物所「莫之能勝」，也算是一種自然現象。當然我們可以質疑：天下萬物之中水真是最柔弱的嗎？若要「攻堅強」，真的沒有任何其他物事可以勝過水嗎？但是當我們看到下文「弱之勝強，柔之勝剛，天下莫不知，莫能行」的時候，就知道老子用意之所在，是要君王能夠了解「柔弱」，而且實行「柔弱」，因為

君王之「柔弱」可以勝「剛強」。所以重點在此：就君王而言，什麼是老子所謂的「柔弱」？什麼又是「剛強」？又為什麼「柔弱」可以勝「剛強」？至於天下萬物之中，水是不是真的最為柔弱？欲攻破堅強者，是不是真的沒有任何一物可以勝過水？這兩個問題其實並沒有那麼重要，所以也就不值得太認真。我們前此已不止一次（例如在七十六章）極力辨析、闡述，所有自然事物、任何自然現象，皆不足以真正證明思想家在「價值領域」內所主張的道理確為真實不虛，思想家只不過是藉自然物象作為譬喻以資類比，好使他所闡揚的道理因而比較容易為人所了解，也比較容易說服人接受而已。因此水之柔弱是不是真的天下第一？是不是攻破堅強的結果真的無物能勝？其實這不該是老子說了算，老子並不是真正了解自然現象的科學家，他是個有智慧的思想家，我們只要能相應地、正確地理解他的思想就可以了，若要從客觀知識的角度看老子思想，而且還想進一步追根究柢，那就完全擺錯了重點。

對君王來說，治理國家、處事行教最重要的標準、最客觀的依據即是法律制度。當君王的意願與法制相牴觸時，君王能夠以遵守法制為重，願意自行退卻示弱，這一種君王對自己所掌握的權力在面對國家法制時的自我節制、自我約束，老子即謂之「柔弱」，有時也使用單詞而說成「柔」或「弱」。反之，君權無限擴張，即使在國家法制之前也無畏無忌、硬衝硬撞，強要把君王的私欲私願遂行到底而不顧任何後果，如此老子即謂之「剛強」、「堅強」或「強梁」，有時也簡而言之說為「剛」或「強」。老子之強調「柔弱勝剛強」，就是指出君王尊重國家法律制度無可比擬的重要性，因為不守法制的君王，

他所掌握的權力就勢必變質而成為具有巨大破壞性的暴力，足以禍國殃民，使社會動盪不安，把國家推向危殆甚至覆亡！

然而在政治場域中實際運作的權力卻十足是個可怕的怪物，絕大多數的君王都會受其引誘，一掌權就不願再受法律制度約束，視法制若韁繩，一心只想掙脫，最後甚至把國家法制踩在腳底下，此時君王唯我獨尊，他的命令好像就直接變成法制，無人敢於抗拒，於是君威輾壓一切，這種「剛強」帶來的權力滋味，又怎麼可能讓君王願意回頭對法制退讓而「柔弱」呢？由此看來，君王對於「柔弱勝剛強」之「莫能行」，也只能說是勢所必至了！

此中糾結的問題既已梳理，則第一節即可詮釋如下：天下之物，沒有比水更為柔弱的了。水雖柔弱，但是若論最能衝擊攻破、最能滲透裂解堅固強硬之物的，卻沒有任何物事能勝過水的。所以「柔弱」其實蘊蓄了絕大的力量，千萬不可以小看。轉換到政治場域來說，弱足以勝強，柔足以勝剛，君王之「柔弱」絕對勝過「剛強」，因為「柔弱」之謙下退讓、謹守法制，一定勝過「剛強」之違法亂制、妄作妄為。此中道理天下君王無人不知無人不曉，可是卻總無一人能真正實踐、勇往力行！

第二節由「是以聖人云」至章末「正言若反」：上一節老子談「柔弱」，這一節重點則落在「反」。何謂「正言若反」？所謂「正言」，即端正莊重之言，即道理正確之言，也就是對於君王最正確、最重要的話；「反」則是從反面、從另一面去看。然則「正言若反」意即對君王而言，最正確、最有道理的話，就要從近似反面的角度去思考、去領會。上文聖人說：「受國之垢，是謂社稷主；受國不祥，是為天下王」，這意思就是說：能承擔國家所有污垢，承受人所不能

堪的骯髒卑污之事，這才夠資格稱為「社稷之主」；能承擔國家所有
災難異變、不吉不祥等人人避之唯恐不及之事，這才能成為「天下之
王」。聖人這番話初看頗為奇怪，君王不是舉國之內地位最為高貴，
權勢最為烜赫的人嗎？怎麼卻反過來成為最卑最下必須承擔所有污垢
穢惡、災難妖祥的倒楣鬼？不錯，老子正是認為身為君王就必須這
樣。君王不能只看到王冠上金玉閃耀的光芒，卻聽不到水澇旱荒中眾
多災民啼飢號寒的悲音。不能只要尊貴，只想坐著聽歌功頌德；卻逃
避責任，不肯站著聽批評詈罵。不能美事則爭功，壞事就委過。老子
認為夠格的君王正好必須「反」過來，挺起肩膀，豎起脊梁，把榮光
尊貴暫擺一邊，把污垢不祥一肩挑起。既然已經在這個位子上了，就
要以一身任天下之重，國家的污垢不祥自己不能躲避，不能叫別人頂
替，這就是「反」，反乎古今昏君庸主之所作所為，重新為君王立下
一個截然相反的全新標竿。

　　本章所述，與四十章先後輝映，彼此印證，兩者的重點都提到
「反」與「弱」。四十章說：「反」者，道之動；「弱」者，道之
用。兩句話道盡作為一個君王難能而又難為的要務，可謂言約而義
豐：欲期君王的大道得以順利啟動，君王必須能「反」，能拋卸尊貴
而甘居卑下、謙沖自牧，此所以廣聚英才、善得輔佐；欲期君王的大
道真能產生作用，君王必須能「弱」，能棄私就公，在國家法制之前
示弱退讓，不敢以私欲凌駕公法而妄作妄為，這是示天下以遵守法
制，為百姓臣民垂示典範。

　　老子直接提到「弱」與「反」的章節並不多見，但是兩者的義蘊
與精神實際上卻是貫穿全書，隨處滲透，可以說是君人南面之術、王
者理政致治之道最核心的部分，也是老子獨異於百家諸子的真知灼

見，值得有心研讀《老子》者所特別關注。關於「弱」與「反」，現代學者頗有從「宇宙事物運作之客觀規律」這個角度作詮釋的，其見解之新異奇特自是古人注疏所不及知、各家詮解所未嘗到。這種觀點之為誤謬，我在析釋四十章時已作過詳細的辨正，說明老子之言「弱」、言「反」，皆是從「價值領域」中身為君王者應有的修養與作為著眼，絕非「實然（必然）領域」中萬物運作規律之客觀性描述。因為在老子當時不可能具備自然科學這方面充分的知識，所以根本沒這個現代科學家才有的能耐。老子指導君王，用的是歷史積累下所領悟的智慧，而非自然界的客觀知識。儘管你可以不同意他君王應當「弱」、應當「反」的主張，但是不能硬生生把他說成是科學知識的先知，誤認他提出的「弱」與「反」是在指陳宇宙中或天地間萬物運作的規律。

　　總之，老子思想的卓異獨絕處、神采煥發處，完全在政治智慧之超塵絕俗，根本不在客觀知識。

旨趣聯繫

　　第八章、三十六章、四十章、六十六章、六十七章、七十六章。

義理參觀

　　＊天下之物，唯水為能因物之曲直方圓而從之，則是柔弱莫過於水者也；而流大物、轉大石，穿突陵谷，浮載天地，唯水為能，則是

攻堅強者無以先之也。所以然者,以其雖曲折萬變,而終不失其所以
為水,是其無以易之也。夫水之為柔弱,而柔弱之勝剛強,天下莫不
知,而老子數數稱之,何也?以天下雖莫不知而莫能行也。夫聰明睿
智,足以有臨矣,則其患者豈在於材力之不足也?顧未能損有餘以奉
天下。持之以柔弱,而常為名尸、智主、事任、謀府之所累耳。故老
子論道德之將終,而數數及此,又引聖人言以信之,曰「受國之垢,
是謂社稷主;受國之不祥,是謂天下王」,明所以服天下者在此而不
在彼也。夫三代之主,必先其令聞,而曰受國之垢與不祥而為社稷
主、為天下王,何也?蓋必先其令聞,非過名之言也,不及名之言
也。受國之垢與不祥,則過名之言也,名不足以言之也。不及名之言
應事,應事,言之變也;過名之言體道,體道,言之正也。正言,而
曰受國之垢與不祥,故曰「正言若反」。湯、武之言曰「萬方有罪,
在予一人」,此知以國之垢與不祥而受之者也。(呂吉甫註)

　　*以堅強攻堅強,雖能勝之,終必缺陷,故攻堅強者莫勝於柔
弱。柔弱者,不期勝而自勝也。故又戒之曰「其無以輕易柔弱為
也」,畢竟柔弱能勝剛強,而剛強者不與焉。夫山藪藏疾,至柔也;
川澤納汙,至弱也。苟為社稷之主,而不能受多方之垢;為天下之
王,而必欲國家之無夭蘖、四海之無凶人,可得耶?雖欲剪除而撲滅
之,只自勞耳!此蓋若反於正言,其實天下之正言也,不可不察也!
(李宏甫註)

第七十九章

和大怨，必有餘怨，安可以為善？是以聖人執左契，而不責於人。有德司契，無德司徹。天道無親，常與善人。

異文討論

　　本章章句，各本略有出入，然於義理之詮釋關係不大，可不討論。遇須略作說明者，則於該句下加以說明。

章句詮解

　　本章可分兩節，由「和大怨」至「而不責於人」為第一節：「和大怨，必有餘怨，安可以為善」，老子如此說，是對人情有精微觀察、對人心有深刻了解的警醒之言。知道人於我有怨而願意去和其怨，這當然已經算是好的，所謂「冤家宜解」即是。然而老子卻說「安可以為善」，認為並不是最好的做法。因為大怨雖勉強去「和」，卻「必有餘怨」，很難真正「船過水無痕」。初有小怨，不能謹小慎微而即時化解於無形，反而積之累之，小怨竟成大怨。蓄怨既久，怨終成毒，怨毒既然發作，勢必會造成破壞與傷害，即使最後勉強和解，彼此之間的感情與信任早已蕩然無存，此後又豈能真正敞開胸懷、推心置腹而沒有絲毫懷疑、沒有纖介猜忌呢？和大怨既不足為善，然則又當如何？老子謂「是以聖人執左契，而不責於人」。此

處有兩個重點，第一為「執左契」，第二還要「不責於人」。「左契」帛書甲本作「右契」，對這個問題，劉笑敢教授說：「此節傳世本文字是『是以聖人執左契』，帛書甲本作『執右契』，乙本同傳世本作『執左契』，甲乙本孰是孰非，取決於古代以左為上還是以右為上，因為本文聖人應取上位而不責於人，才能無怨。崔述認為古代楚國上左，其他各國上右，學者從之者甚多。據此說，高明認為此處經文應從帛書甲本作『執右契』。高說依據帛書甲本之孤證，似難成立。此處甲本抄漏兩字，可見抄寫之粗率，以此粗率抄寫之孤證為正本，令人難安。」（《老子古今》本章「對勘舉要」）高明之說，其詳見《帛書老子校注》，雖可參閱，仍以劉說較見持平。古書版本之先後，未必是決定正誤的可靠依據。所幸者本章老子之意相當清楚，不論所執是「左契」抑或「右契」，在義理詮釋上皆不致於產生歧異，都是指站在處理事情的制高點上、居於控制所有狀況的樞要地位、佔據了掌握對方命脈的有利位置，就像債權人實實在在地、白紙黑字地牢牢握著欠債的契券一樣。其次，「不責於人」，在這裡意猶不要脅、不壓迫對方，雖然捏著債權，但絕不脅迫欠債者還債，絕不給欠債者一點點償還的負擔與壓力。這就如同明明有恩於人，但不著恩德之相，不落下一點一滴施恩於人的痕跡，不顯露一絲一毫有恩於人的臉色。總之，彼此無牽無掛，人我兩相自在。如此不給別人壓力，自己就不會招來怨憎。然則第一節即可釋為：與別人相處，與他國相交，自己不能謹之於初、慎之於始，等到結了讎、構了怨，即使再想盡辦法與對方講和，讎雖好像解了，怨雖好像釋了，其實必然多少仍留有餘怨，很難真的不存絲毫芥蒂，如此怎麼能說是處理人我關係最好的方式，可以達到最良善的狀態呢？所以聖人總是這麼做：雖

然牢牢掌握著債權或約定的契券，卻絕不剋日限期給人壓力，脅迫對方必須如期償還，要求對方必須依約兌現。

第二節由「有德司契」至章末「常與善人」：「有德司契」文意承接上文，即「有德司契，而不責於人」之省略；「無德司徹」則又與上相對相反，為「無德司徹，而必責於人」之省略。「徹」字，朱謙之《老子校釋》訓為「剝」，引日人大田晴軒《老子全解》曰：「『徹』字，諸家或為通，或為明，或為徹法之徹，要皆不悟此一章之言為何所指，故紛紜謬說，如一鬨之市耳。按徹，剝取也。《豳風・鴟鴞》曰：『徹彼桑土，綢繆牖戶』，毛傳：『徹，剝也。』《小雅・十月之交》曰：『徹我牆屋，田卒汙萊』是也。有德但以合人心為主，故不取於民；無德不以民情之向背為意，故唯浚而剝之為務。」我認為此說意思或許不誤，但引《詩經》而直接把「徹」字訓為「剝取」則不可。司契之「契」字為名詞，司徹之「徹」字亦當是名詞，否則又如何「司」而與「司契」相當？故「徹」自當是周朝「徹法」之徹，不論取九之一或取十之一，都是指必然課徵之稅收。司契而不責，老子以為有德；司徹而必責，則是無德。有德方為善人，故章末結之以「天道無親，常與善人」。

如此則第二節即可釋為：有德之人總是居心寬厚仁善，多方替人設想。雖然手裡掌握著契券，卻絕不剋日限期，脅迫對方必須償還；無德之人卻是只想著自己的利益，不顧別人死活，就像牢牢抓住徹法收取租稅一般，不管對方日子能不能過，到時都非得繳交租稅不可。一個人是不是善良仁厚，看他居心與為人就知道了。天道看似並不對誰特別親近厚待，但是時日一久，我們就知道，老天總是對居心仁厚的人護佑更多一些，對為人善良的人幫助更多一些。

　　太史公身遭奇慘，所以借《史記・伯夷列傳》來一抒憤懣：「若至近世，操行不軌，專犯忌諱，而終身逸樂，富厚累世不絕。或擇地而蹈之，時然後出言，行不由徑，非公正不發憤，而遇禍災者，不可勝數也。余甚惑焉！儻所謂天道，是邪？非邪？」史公所甚感不平而深致質疑者，很可能就是老子「天道無親，常與善人」這兩句話。老子這話真的對嗎？或是不對呢？其實不只史公說的「近世」，整個迢迢遠遠的歷史，要舉出反面的例證那可真是不勝枚舉，史公只是不幸而以身親歷，所以對這兩句話痛切質疑若此罷了！我們要知道，整個歷史上下數千年，真正說來人與事何止億萬，然而「常事不書」，史書所記必然不是尋常之人、尋常之事。人之所遇非常理，事之所歷非常道，若此而能為史家注意及之且書於史冊者，其實也不過是億萬尋常之外的一二非常而已。然則常道常理何在？必須說，正是老子通過歷史長遠觀察所思考、所領悟而期勉於君王者：「天道無親，常與善人」！我們總不能以一時反常的際遇，拿來質疑已經歷時久遠後經常的、應該講究的道理，否則一切人間的善良美好勢必俱成夢幻泡影，而整個世界就頓時淪落入於虛無矣！本章所述，君王不但在內政上對待臣民當念茲在茲，處理外交事務對待其他國家之際更須時時以此為念。

旨趣聯繫

　　二十七章、四十一章、四十九章、五十八章、六十一章、六十七章。

義理參觀

＊夫怨生於妄，而妄出於性。知性者不見諸妄，而又何怨乎？今不知除其本而欲和其末，故外雖和而內未忘也。契之有左右，所以為信而息爭也。聖人與人均有是性，人方以妄為常，馳騖於爭奪之場，而不知性之未始少妄也。是以聖人以其性示人，使知除妄以復性，待其妄盡而性復，未有不廓然自得，如右契之合左，不待責之而自服也。然則雖有大怨懟，將渙然冰解，知其本非有矣，而安用和之？彼無德者乃欲人人而通之，則亦勞而無功矣。徹，通也。天道無私，惟善人則與之、契之，無私也。（蘇轍註）

＊執左契不責於人，無心待物也。契者，刻木為券，中分之，各執其一，而合之以表信。取財物於人曰責，契有左右，左契在主財物者之所，右契以付來取財物之人。王元澤曰：「《史記》云：『操右契以責事』，《禮記》云：『獻田宅者操右契』，則知左契為受責者之所執。」澄謂執左契者，己不責於人，待人來責於己，有持右契來合者即與之，無心計較其人之善否。和怨者有心於為善人也，不若無心待物，如執左契而不責於人，靜中觀物而任其自然也。有德，無心待物；無德，有心待物。徹，通也。古者助法，周改助為徹法，恐八家私田所收之不均，故八家私田亦令通力合作而均收之，八家所得均平而無多寡之異。司左契者，任人來取，無心計較其人，故曰「有德」；司徹法者患其不均，有心計較，故曰「無德」。和怨者恐善人受害，有心為之，亦如司徹者有心於為力弱之家，恐其所得者寡矣。（吳澄註）

第八十章

小國寡民，使有什佰之器而不用，使民重死而（不）遠徙。雖有舟輿，無所乘之；雖有甲兵，無所陳之；使人復結繩而用之。甘其食，美其服，安其居，樂其俗。鄰國相望，雞犬之聲相聞，民至老死不相往來。

異文討論

本章章句，各本略有些小出入，然不影響義理詮釋。異文處若有必要，則隨句予以說明。

章句詮解

本章文字前後一氣直貫，為解說方便分成兩節。首節由「小國寡民」至「使人復結繩而用之」：關於「小國寡民」，各家說法不一，劉笑敢教授大致作了歸納：

1、畸形狀態的早期奴隸制。（古棣《老子通》）

2、農民的平等的理想社會。（詹劍峰《老子其人其書及其道論》）

3、古代小自耕農的空想，幻想回到沒有壓迫剝削、沒有戰爭的原始公社時代。（張松如《老子說解》）

4、人像動物一樣生活的原始社會，是處於危亡階段的氏族貴族

把往古回憶作為理想畫圖來救命的表現。（李澤厚《中國古代思想史論》）

5、針對當時的廣土眾民的政策而發，是帶著時代的創傷，逃向原始的樂園，想為時代開倒車。（胡寄窗《中國經濟思想史》）

6、激於對現實的不滿，而在當時散落農村生活基礎上所構幻出來的桃花源式的烏托邦。（陳鼓應《老子今註今譯及評介》）

劉教授指出：「諸說各有其理，有些說法更有可取之處。然《老子》文字簡約，其人其時一去不回，我們要為之作出一個確切可靠的解釋甚至定性式判斷，實在困難。為之戴上現代人發明的政治帽子，對古人似乎未必公平，對今人未必有益。」（《老子古今》本章「析評引論」）

這樣的看法平實中見其謙遜與矜慎，極可佩服。但是我認為老子之鼓吹「小國寡民」，背後真正之深意與苦心所在，最大可能是為了遏止國際的戰爭，解救人民的苦難。春秋之末，戰國的腳步實已逼近，大國固然蓄意兼併，擴張無厭，小國在威脅下亦不得不救亡圖存。所以國無大小，都在想辦法富國強兵，以應付不可避免的戰爭，而最後不管如何，直接受苦受難的都是百姓。老子雖然常常談到用兵，但是其中心思想非常清楚，所論完全聚焦在弭兵止戰，寄望有權宣戰出兵的君王千萬不可輕易發動戰爭。故謂：「不以兵強天下」（三十章），謂「兵者，不祥之器」、「樂殺人者，則不可以得志於天下」、「戰勝，以喪禮處之」（三十一章），謂「用兵有言：吾不敢為主，而為客；不敢進寸，而退尺」（六十九章），甚至警告「兵強則不勝」（七十六章）。

由此看來，老子宣揚「小國寡民」的諸多好處，極力描述其居家

之簡單素樸，生活之甘、美、安、樂，其深意所注、苦心所寄，正在要求君王不可務擴張、樂兼併，不可為了貪圖廣土眾民而窮兵黷武，因為人民真正的幸福生活、百姓最實在的安樂日子，在寡民小國中已經足以充分實現！其次，「什佰之器」，王注本、傅奕本皆如此，河上本作「什佰人之器」，帛書甲本作「十百人之器」，乙本作「十百人器」。俞樾以為「什佰之器，乃兵器也」（《老子平議》）；高明謂「十百人之器，系指相當於十、百倍人工之器」（《帛書老子校注》）；古棣引古書為證，說明「十百人之器」為「十倍、百倍於人之器，即用上新式工具，一人可抵十人、百人之功」（《老子通》）。古棣、高明兩說接近，應可接受。再次，「重死而不遠徙」，王注本、河上本、傅奕本同此，而帛書甲、乙本俱無「不」字，作「重死而遠徙」，「遠徙」之「遠」字作動詞用，義即「遠離於遷徙」，有絕不輕易遷徙之意，較「不遠徙」之「不遷徙至遙遠之地」程度上更排斥遷徙。衡諸上下文意，帛書於此或許更存原本之真。值得注意的是「遠徙」何以和「重死」想提並論？所謂「徙」絕不是相隔三里五里的搬搬家，而是可能必須歷盡艱危、跋山涉水，到一個人生地不熟的地方討生活，所以除非遇上大災大難或為巨奸大惡、仇人怨家所逼的死境，在原居地實在活不下去，否則是不太可能攜家帶眷、翻山越嶺長途跋涉去冒險的。

再次，「復結繩而用之」：結繩記事是在上古無文字之時，既已有舟輿，有甲兵，則時非上古可知，而本章「結繩而用」句上著一「復」字，然則老子之「復結繩而用之」明擺著是意在象徵的夸飾說法，實際上指的是回到最簡單、最樸實的生活型態，並非真正要毀棄一切文明，讓人們退回到穴居野處、結繩以記事的上古生活方式。

　　以上梳理既畢，然則本節之意即可釋為：君王何必為了貪圖廣土眾民而發動殘酷的戰爭呢？真要給百姓幸福的生活，小國寡民就完全可以了！國家小，人民少，治理起來也容易得多，那些使用起來一人可抵十人、百人之功的機械器具也就用不著了；由於生活過得踏實，所以人民樂生而重死，也不致於為了謀生而輕易遷徙。即使有舟船、車輿，因為根本不用遠行，所以也沒什麼搭乘的需要；即使有盔甲、兵器，因為根本沒有戰爭，所以也從來用不上。這樣的生活極簡單、極純樸，幾乎像是又回復到上古結繩記事那種單純質樸的景況了。

　　第二節由「甘其食」至章末「民至老死不相往來」：本節所述，老子像是淡墨輕勻，絲毫不用華彩，三數筆就勾勒出一幅平和安詳、靜謐如圖畫的鄉居生活，沒有緊張，也感受不到壓迫，看似不足為奇，然而在各國刀兵相見、殺伐之聲盈耳的年代，這種單純的幸福卻成了萬難企及的奢望與空想。老子在書末著此一章，倒像是一聲沉重的歎息了！後世淵明之記桃花源，詩文當是由此起興。然則本節之意即可釋之如下：君王真能以小國寡民為美，不侵不奪，無爭無戰，那麼百姓就可以在和平安泰中過著寧靜而幸福的日子，人人飲食簡單而若享用甘旨，衣服素樸而若穿戴華美，茅屋草廬足以安頓一家老小，風俗淳厚能讓鄰里相親相樂。鄰近諸國，男女老少望而可見，雞鳴狗吠聲聲可聞。不過由於政教異而風俗殊，習慣了各過各的日子，所以人民由出生到老死，彼此之間一輩子也不會互相往來，當然也就不會有任何衝突了。

旨趣聯繫

三十章、三十一章、四十四章、四十六章、六十一章、六十六章。

義理參觀

＊老子生於衰周，文勝俗弊，將以無為救之，故於書之終言其所志，願得小國寡民以試焉，而不可得耳。民各安其分，則小有材者不求用於世。什佰人之器，則材堪什夫佰夫之長者也。事少民樸，雖結繩足矣。內足而外無所慕，故以其所有為美，以其所處為樂，而不復求也。民物繁夥，而不相求，則彼此皆足故也。（蘇轍註）

＊小國寡民，則民淳厚。蓋國大民眾，則利害相摩，巧偽日生，觀都邑與聚落之民，質詐殊俗，則其驗也。無道之世，民貧土瘠，而利欲勝乎好生，末盛本衰，而貪求在乎外慕。故觸刑犯險如履平地，而車轍足跡交乎四方矣。樂生遂性，則重死安土，無求則不遠徙，此盡性之治，民亦盡其性者也。竊嘗考《論語》與《孟子》之終篇，皆稱堯舜禹湯聖人之事業，蓋以為舉是書而加之政，則其効可以為此也。老子大聖人也，而所遇之變適當反本盡性之時，故獨明道德之意，以收斂事物之散而一之於樸，誠舉其書以加之政，則化民成俗，此篇其効也，故經之義終焉。（王元澤註）

第八十一章

信言不美，美言不信。善者不辯，辯者不善。知者不博，博者不知。聖人不積，既以為人，己愈有；既以與人，己愈多。天之道，利而不害；聖人之道，為而不爭。

異文討論

　　本章與八十章這兩章，帛書甲本、乙本置於通行本六十六章（江海所以能為百谷王者）與六十七章（天下皆謂我道大）之間，與各本章次有異，然而何以致此殊異，其故已不可得知，似亦看不出此中有任何重要意義。

　　本章章句，各本相異之處，在王注本、河上本「善者不辯，辯者不善」兩句，傅奕本作「善言不辯，辯言不善」，帛書本（甲本殘損較多，乙本完好）作「善者不多，多者不善」，且句次置於「知者不博，博者不知」之後。高明謂：「從經義分析，原講三層意義：一為『信言不美』，二為『知者不博』，三為『善者不多』。今本文次顛倒，經義重疊。前言『信言不美，美言不信』，後又言『善言不辯』或『善者不辯』，前後經義重複，其中必有訛誤。甲、乙本同作『善者不多，多者不善』，正與下文『聖人無積，既以為人，己愈有；既以予人矣，己愈多』文義聯屬，足證今本有誤。」（《帛書老子校注》）此一說法注意到前後文義之推衍與呼應，分析精細，論斷近理。

章句詮解

本章可分三節，首節由「信言不美」至「博者不知」：凡有所言，比較重要的是其言是否信實，至於言辭之美或不美，就似乎無關緊要。老子說「信言不美，美言不信」，應當是提醒君王，凡當聽言之時，所應注意者在其言之信實與否，而非言辭之華美悅耳。因此若有人質疑：信言一定不美，而美言一定不信嗎？我認為這一點確實不見得必然如此。對於老子的言論，作為國家的領導人只要心知其意而能得其旨趣就可以了，並不須要在一章一句上窮根究柢、辨析毫釐，也不須要於一言一語上拘執死守、亦步亦趨，否則顧此或致於失彼，就難免有膠柱鼓瑟、刻舟求劍之弊了。用心於治國理民，與專意作學究工夫，這兩者畢竟不是相同的路數。底下「善者不辯，辯者不善」與「知者不博，博者不知」其理亦同。然則此節文義即可釋之如下：說了信實當理的話，往往就再也顧不得費心把言辭妝點得絢麗、修飾得華美；反過來過分注意要把話說得華美絢麗的，恐怕其言就不見得信實而真正合理了。對人對事了解得透徹深入，且真正有智慧的人不見得知識廣泛、博聞多見；反過來那看似廣聞博見、好像什麼都懂的人，也不見得真有智慧、對人對事了解得透徹而深入。真正善良、真能替人設想，把事情處理得妥帖穩當的人，不見得是因為他擁有的多，所以才捨得給予；那多才多能、擁有豐厚資源的人，也不見得就樂善好施、待人處事都能設想周到、措置良善。（以上釋義依帛書文句）

第二節由「聖人不積」至「己愈多」：「不積」是不事積貯，不務私藏，自己所擁有的都要想辦法散出去，心甘情願地樂在給予而讓

臣民得到利益。「既」是全部皆盡的意思。作為君王，乃是國家的領袖，當然擁有大量財富，掌管豐沛資源，而君王的第一要務便是吸納最好的人才來輔佐自己。所以君王當以人才為寶，而不以金玉為寶。儒家經典《大學》也說：「財聚則民散，財散則民聚」，君王想要得到群英眾俊歸心，得到最優秀的人才傾力來幫助自己，就要不惜重幣，以大禮盡其誠懇；想要讓百姓安其居、樂其業，竭誠擁戴，就得輕徭薄稅，讓百姓多得利益。然則本節老子之意即可釋之如下：真能達到聖人境界的最好的君王，就能夠不事積貯，不務私藏，知道大量散發金玉貲財，獲取英傑佐助、得到民心擁戴。把自己所擁有的盡數散發，為人排憂，替人解難，若能如此，君王必將獲得回報，所擁有的反而更為寶貴；把自己所得到的全部給予臣民百姓，使百官既富且貴，使萬民樂生樂業，如此國家有事時文武爭馳、百姓效命，這樣君王所得到的反而更為豐厚。

　　第三節由「天之道」至「為而不爭」：王注本、河上本、傅奕本「聖人之道」這一句，帛書本作「人之道」，卻不見「聖」字。高明認為世傳本「聖人之道，為而不爭」，是聖人有「為」，與老子聖人「無為」之旨不合，所以認定「聖人之道」的「聖」字乃後世淺人妄加，當依帛書本作「人之道」。劉笑敢教授對此加以評論，他以為：「無為並非毫不作事，『為而弗爭』仍是無為的一種表現。本章『人之道』與第七十七章『人之道』有所不同，本章加『聖』字可免一般讀者困惑。此『聖』字並非必須，但加之也不會造成誤解或混亂。」（《老子古今》本章「對勘舉要」）劉教授所論極是，高氏執著於「無為」之表面字眼，而不能真正了解其內涵，他這種看法，在《老子》書中可提出作為反證者不勝枚舉，其觀念之為誤謬不待多辨。何

況這裡的「聖人之道」，正是直承上文之「聖人不積」，文意先後呼應，因此，與其說是世傳各本多了「聖」字，倒不如說其實是帛書本抄漏了「聖」字。我認為在這裡「天之道」不異「聖人之道」，而「聖人之道」亦即「天之道」，行文時雖然各自單舉孤行，但是文義上卻是彼此相互補足的，也就是說，老子之原意當為：「天之道，利而不害，為而不爭；聖人法天，其道亦在利而不害，為而不爭」，之所以成為今本所見的面貌，那只是為了避免文句之重複而已！

本節問題既經梳理，然則其義即可釋之如下：天道對於萬物，總是生、畜、養、育，利而不害；聖人對於治國理民，也總是依循天道，為而不恃，功成而不爭。「天之道」在政治上落實下來就是「聖人之道」；而所謂「聖人之道」為君王所當依循者，也無非就是老子所領悟的「天之道」，兩者事實上是一而非二。

旨趣聯繫

第七章、二十二章、二十七章、四十九章、五十一章、六十六章。

義理參觀

＊信則為實而已，故不必美；美則為觀而已，故不必信。以善為主，則不求辯；以辯為主，則未必善。有一以貫之，則無所用博，博學而日益者，未必知道也。聖人抱一而已，他無所積也，然施其所能以為人，推其所有以與人，人有盡而一無盡，然後知一之為貴也。勢可以利人，則可以害人矣；力足以為之，則足以爭之矣。能利能害，

而未嘗害；能為能爭，而未嘗爭，此天與聖人大過人而為萬物宗者也。凡此皆老子之所以為書與其所以為道之大略也，故於終篇復言之。（蘇轍註）

＊此結通篇立言之旨，以明老氏立教之宗也。「信言不美」者，斯乃釋疑之辭，以明道本無言，因言顯道之意也。首章云「道可道，非常道」，以可道之道，乃言說也。老子自謂道若可言，即非真道矣。今上下五千餘字，豈非言耶？既已有言，則道非真矣，因於終篇以自解之，以釋後世之疑耳。然「信」，舊註「實」也，謂真實之言，即由衷之言也。美言，華美之言，乃巧言也。老子意謂道本無言，因言以顯，但我所言者，字字皆從真實理中流出，第藉之以彰道妙，故信實而不美。非若世人誇誕浮辭，雖美而不信也。且世衰道微，人心不古，當時學者不達無言之旨，乃嘵嘵好辯尚博，各擅專門，如楊朱、墨翟、御寇、公孫之徒，祖述相傳，以辯博為宗，自以為善。殊不知以多歧亡羊、多方喪真，去道轉遠。老子因而斥之曰「孰知不言之教、不辯之辯哉？」以彼辯者則不善於道，果善於道，則自不辯矣。且道本無言，乃至約也，但了悟於心，可目擊而喻，妙契無言，自不容聲矣，何事於博哉？故曰「知者不博」。時人不知出此，徒事多聞，增益知見，以博為知，其實不知，多言數窮，故曰「博者不知」。以彼不知大道體虛，運而不積，而彼以積為務，故愈增障礙。殊不知有積則有散，有散則有窮；無積則無散，無散則無窮。聖人體虛合道，忘言任真，了無所積。由其不積，則不窮，所謂「虛而不屈，動而愈出」，如樞得環中，以應無窮。既以為人己愈有，既以與人己愈多也。且天乃無言之聖，聖乃有言之天。以天道不

積，其體至虛，故四時運而不竭，利盡萬物而不傷其體，故曰「天之道，利而不害」。害，非害物之害，乃不傷己之意。聖人法天利用，故終日運用，為物作則，而了然無物可當於情，故曰「為而不爭」。爭，謂與物競也。斯蓋虛心游世，超然獨立於萬物之上矣。老子學問工夫真實直捷處，盡在於此。故結全書立言之旨，妙盡於是矣。學者勉哉！（釋德清解）

國家圖書館出版品預行編目(CIP) 資料

老子別裁 : 依法而治 / 郭鶴鳴著. -- 初版. --
臺北市 : 元華文創股份有限公司, 2023.06
面 ; 公分

ISBN 978-957-711-313-9 (平裝)

1.CST: 老子 2.CST: 研究考訂

121.317   112008013

老子別裁 : 依法而治

郭鶴鳴 著

發 行 人：賴洋助
出 版 者：元華文創股份有限公司
聯絡地址：100 臺北市中正區重慶南路二段 51 號 5 樓
公司地址：新竹縣竹北市台元一街 8 號 5 樓之 7
電　　話：(02) 2351-1607　　傳　　真：(02) 2351-1549
網　　址：www.eculture.com.tw
E - m a i l：service@eculture.com.tw
主　　編：李欣芳
責任編輯：立欣
行銷業務：林宜葶
出版年月：2023 年 06 月 初版
定　　價：新臺幣 680 元

ISBN：978-957-711-313-9 (平裝)

總經銷：聯合發行股份有限公司
地　　址：231 新北市新店區寶橋路 235 巷 6 弄 6 號 4F
電　　話：(02)2917-8022　　傳　　真：(02)2915-6275